Herausgegeben von
Gero Kalt und Michael Hanfeld

Schlecht informiert 2

MEDIENKRITISCHE REIHE

Gero Kalt
Michael Hanfeld (Hg.)

Schlecht informiert 2

Wie Medien die Wirklichkeit verzerren.
Fallbeispiele aus den Jahren
1993–1995.

Institut für Medienentwicklung und Kommunikation GmbH
in der Verlagsgruppe Frankfurter Allgemeine Zeitung GmbH

IMK

CIP-Titelaufnahme der Deutschen Bibliothek

Schlecht informiert: wie Medien die Wirklichkeit verzerren / Institut für Medienentwicklung und Kommunikation GmbH in der Verlagsgruppe Frankfurter Allgemeine Zeitung GmbH.
Gero Kalt; Michael Hanfeld (Hg.). – Frankfurt am Main: IMK.
(Medienkritische Reihe)
NE: Kalt, Gero [Hrsg.]; Institut für Medienentwicklung und Kommunikation <Frankfurt, Main>
2. Fallbeispiele aus den Jahren 1993–1995. – 1995
ISBN 3-927282-39-1

Die „Medienkritische Reihe“ wird herausgegeben von Prof. Dietrich Ratzke.

Umschlaggestaltung: Robert Jungmann, Frankfurt am Main
Druck: Union Druck Halle GmbH, Halle

Inhaltsverzeichnis

2. Tarifpolitik

3. Banken

6. Einzelne Unternehmen

III. Umwelt/ Wissenschaft/ Medizin/ Ernährung

1. Umwelt

Zu diesem Buch

Zu einem unerwartet großen Erfolg wurde der erste Band von „Schlecht informiert“, kaum daß das Buch auf dem Markt war. Die zahlreichen medienkritischen Beiträge – in den Jahren 1989 bis 1991 im Frankfurter Informationsdienst „Medien-Kritik“ erschienen – sprachen keineswegs nur die Experten an, sondern stießen vor allem bei interessierten Laien auf eine große Beachtung. „Es ist wichtig, daß jemand den Medien auf die Finger schaut und Verfehlungen auch dauerhaft dokumentiert – nicht nur als Warnsignal für den Bürger, sondern auch als Lehrbuch zum Nachschlagen für den journalistischen Nachwuchs,“ teilte uns ein Leser mit.

Wir haben uns daher entschieden, das Projekt mit Beispielen aus den Jahren 1993 – 1995 fortzusetzen. Wieder haben Redakteure und freie Mitarbeiter der „Medien-Kritik“ – die bis zum Sommer 1995 am F.A.Z.-eigenen Institut für Medienentwicklung und Kommunikation erschienen ist – rund 100 Fälle einseitiger, diffamierender oder schlecht recherchierter Medienberichte zusammengetragen. Dem Vorwort von damals ist daher nichts hinzuzufügen, wir haben es übernommen und können jedes Wort noch heute unterstreichen.

Die Herausgeber

Frankfurt am Main, im Oktober 1995

Einleitung zum ersten Band 1989-1991

Dieses Buch belegt die Vermutung kritischer Bürger, daß sie von vielen Journalisten oft „schlecht informiert“ werden. Erstmals werden Beispiele mangelhafter Medienberichterstattung in umfassender Form aufgespürt und publik gemacht. Die Autoren, erfahrene Fachjournalisten und Experten aus verschiedenen Bereichen, haben ungezählte Behauptungen der Medien nachrecheriert, hier werden sie dokumentiert, analysiert und vor allem kritisiert.

Dazu mußten die Kritiker keineswegs in die Mottenkisten längst vergangener Jahre greifen. Die Lektüre macht in erschreckender Weise deutlich, daß wir täglich – in Zeitungen und Zeitschriften, von Hörfunk und Fernsehen – Artikel und Sendungen präsentiert bekommen, die jeder Vorstellung von einem fairen und informativen Journalismus widersprechen.

Erschreckende Beispiele

An verschiedenen Beispielen wird aufgezeigt, wie Menschen diffamiert werden. Als Zielscheiben regelrechter Kampagnen – die nicht selten in Rücktrittsforderungen gipfeln, bevor auch nur die Spur eines Beweises gegen den Beschuldigten vorliegt – sind sie dem Rufmord andersdenkender Journalisten oder skandalfreudiger Medien ausgesetzt. Dies gilt für Sozialisten wie Gregor Gysi ebenso wie für bürgerliche Politiker von Helmut Kohl bis Rita Süssmuth.

In anderen Fällen deckt dieses Buch gezielte Manipulationsversuche auf, bei denen Journalisten den Bürgern eine vorgefertigte Sicht der Ereignisse vermitteln wollen. Da arbeiten bekannte Fernsehmoderatoren mit Geschichtsklitterung, persönlichen Gefühlsappellen und dramatisierenden Filmbeiträgen; da muß sich ein bekanntes Nachrichtenmagazin den mehrfach belegbaren Vorwurf falscher Berichterstattung gefallen lassen.

Es wird auch dargestellt, wo mangelnde Recherche zu einer verzerrenden Einseitigkeit führt, die mit einer objektiven Information nichts mehr zu tun hat. Vor allem bei ökologischen und ökonomischen Themen sind haltlose Übertreibungen und eine ungerechtfertigte, sensationelle Aufmachung immer wieder zu registrieren. Nicht selten dienen ungeprüfte Zahlen und dubiose Spekulationen als Grundlage für Angriffe gegen Unternehmen oder gewagte Szenarien, die einer Überprüfung nicht standhalten. Da werden Unterstellungen verbreitet, Ängste geschürt und Katastrophen prophezeit, bei denen Experten nur mit dem Kopf schütteln können.

Doch nicht immer sind die Verfehlungen so gravierend. Häufig führen Nachlässigkeit, die Grenzen redaktioneller Möglichkeiten, technische oder personelle Zwänge dazu, daß der Bürger „schlecht informiert“ wird. So ist der Wirtschaftsberichterstattung in vielen Fällen vorzuwerfen, daß sie für

Durchschnittsbürger unverständlich ist. Den öffentlich-rechtlichen Fernsehanstalten, die ihre Gebühren für die Grundversorgung erhalten, muß der Vorwurf gemacht werden, daß sie grundlegende Probleme unserer Gesellschaft ignorieren.

Macht der Medien

In einer Gesellschaft, in der die Medien als „vierte Gewalt" bezeichnet werden, dürfen solche Erscheinungen nicht unkommentiert bleiben. Denn: Journalisten sind privilegierte Menschen. Nicht selten können sie ihre Themen nach persönlichen Interessen auswählen und einer breiten Öffentlichkeit vorstellen. Durch Auswahl von Bildern, Interviewpartnern, Fakten sowie durch ihre kommentierende Wortwahl haben sie die Möglichkeit, ihren Beiträgen eine subjektive Richtung zu geben, diese aber als objektive Wahrheit „zu verkaufen". Via Bildschirm und Titelseiten verbreitet, finden sie dann große Beachtung und können zu einer gerade laufenden Diskussion beitragen – sie gelegentlich sogar beeinflussen.

Diese Möglichkeiten haben die von einer verzerrenden Berichterstattung Betroffenen nicht. Natürlich können verärgerte „Opfer" ein Flugblatt drukken, eine eigene Zeitschrift herausgeben oder gar eine Gegendarstellung erwirken. Doch mit welchem Erfolg? Meist verhallen die Proteste ungehört. Die Chance, ein angemessenes Gegengewicht zu einseitigen Berichten zu schaffen, besteht kaum.

Kontrolle der Kontrolleure

Die vorliegende Fallsammlung besteht aus drei Hauptkapiteln – "Politik", „Wirtschaft" und „Wissenschaft/Umwelt/Medizin". Diese wurden wiederum thematisch untergliedert, so daß der Leser die Möglichkeit hat, nur die ihn interessierenden Themenschwerpunkte auszuwählen.

Die abgedruckten Analysen und Kommentare stammen aus dem wöchentlich erscheinenden Fachinformationsdienst „Medien-Kritik", der vom Institut für Medienentwicklung und Kommunikation in Frankfurt am Main herausgegeben wird. Sie wurden in den vergangenen beiden Jahren geschrieben und müssen stets vor dem Hintergrund der Faktenlage verstanden werden, die zum Zeitpunkt der Veröffentlichung vorlag.

Die „Medien-Kritik" hat es sich zur Aufgabe gemacht, den Vertretern der „vierten Gewalt" sorgfältig auf die Finger zu schauen. Sie stellt Öffentlichkeit her, wenn Darstellungen nicht haltbar sind. Die „Medien-Kritik"

- macht Kontrollinstanzen in den Rundfunkgremien aufmerksam;
- sensibilisiert die redaktionell Verantwortlichen;
- will das Bewußtsein der Journalisten schärfen und sie anregen, sorgfältig zu arbeiten;

- möchte die Bürger aufklären, sie auf Schwachstellen in der Berichterstattung hinweisen und ihre kritische Haltung fördern;
- versucht, Anregungen für die Ausbildung junger Journalisten zu geben.

Journalistische Grundsätze

Grundsätzlich orientieren sich die Kritiker an den Grundregeln journalistischer Arbeit, wie sie im Pressekodex des Deutschen Presserates, in den Programmrichtlinien der Fernsehanstalten und in den Medienstaatsverträgen festgelegt sind. Allgemein anerkannt ist dabei der Grundsatz: Die Medien erfüllen eine wichtige Aufgabe in der Gesellschaft. Indem sie die Bürger informieren, fördern sie deren Möglichkeiten, sich ein Bild über die Ereignisse zu machen. Unerwünscht ist ein Journalismus, der im Dienst der eigenen Profilierung oder eines einzelnen Interessenten steht. Daraus lassen sich Kriterien ableiten:

- Der Journalist soll seine Informationen nach bestem Wissen und Gewissen auswählen und bearbeiten. Die Quellen sollten gekennzeichnet sein, Behauptungen müssen im Rahmen des Zumutbaren sorgfältig überprüft werden.
- Die Darstellung sollte es dem Leser/Zuschauer erleichtern, sich ein möglichst umfangreiches Bild von der Problematik zu verschaffen. Einseitigkeiten und tendenziöse Darstellung dienen diesem Ziel nicht.
- Gezielte Dramatisierung oder Übertreibung, die nicht der Information, sondern der Emotionalisierung dienen, sind zu vermeiden. Dies gilt auch für Fotos und Filmbeiträge. Betroffenheitsjournalismus verstellt den Blick für die Fakten. Unangemessene Dramatisierung oder Panikmache dienen nicht der sachlichen Informationsvermittlung.
- Niemand darf wegen seines Aussehens, der Zugehörigkeit zu einer ethnischen, religiösen, sozialen oder nationalen Gruppe diskriminiert werden.
- Vorverurteilungen sind im Rechtsstaat zu unterlassen, bis der Betroffene gerichtlich verurteilt ist. Der Journalist ist weder Staatsanwalt, Richter noch Henker. Es gilt der Grundsatz „in dubio pro reo“.
- Die Berichterstattung muß, unter Berücksichtigung des jeweiligen Publikums, verständlich sein.
- Veröffentlichte Meldungen, die sich im nachhinein als falsch erwiesen haben, müssen unverzüglich und in angemessener Weise richtiggestellt werden.

Konstruktive Kritik

Wer dieses Buch liest, der mag den Eindruck gewinnen, daß die meisten Medien in Deutschland unzuverlässig berichten, daß vielen Journalisten nur daran gelegen ist, ihre politischen oder wirtschaftlichen Interessen durchzusetzen. Natürlich gibt es bei der Vielzahl von Publikationen und Sendern in unserer pluralistischen Gesellschaft schwarze Schafe. Doch dies darf nicht zu einer grundsätzlichen Verdammung unserer Medien führen. Das wird auch mit dieser Fallsammlung nicht bezweckt. Im großen und ganzen muß man der überwiegenden Zahl deutscher Journalisten ein Lob zollen. Die kontinuierliche, kritische Medienanalyse zeigte nämlich auch: In den meisten Redaktionen wird gründlich und vorbildlich gearbeitet, werden Informationen zuverlässig bearbeitet und verbreitet.

In diesem Sinne soll dieses kritische Buch verstanden werden – nicht als Pranger für die Sünder, sondern eher als Ansporn für alle, die ihr Handwerk gewissenhaft ausüben. Und: Es soll dem Leser die Notwendigkeit vermitteln, in Zukunft etwas kritischer zu sein, selbst wenn bekannte Journalisten oder renommierte Medien berichten.

Unser Standpunkt: Wer keine staatliche Kontrolle der Medien möchte, muß eine kritische Selbstkontrolle und eine möglichst große Transparenz akzeptieren. Dazu gehört auch, daß unabhängige Fachjournalisten (wie die der „Medien-Kritik“) die Medienberichterstattung beobachten und kritisieren.

I.
Politik

MK-Dokumentation

Keine Minimalrechte für Leserbriefschreiber?

Wie der „Spiegel" den Sinn von Leserbriefen entstellt

Leserbriefschreiber haben es schwer. Sie machen sich oft große Mühe und haben doch kein Recht auf Abdruck. Schlimm wird es jedoch, wenn Schreiben geschickt manipuliert werden. So erging es kürzlich Dr. Karl-Geert Malle aus Ludwigshafen. Malle: „Hat eigentlich ein Leserbriefschreiber überhaupt keine Minimalrechte?" *„Medien-Kritik"* dokumentiert Brief (8. November), Abdruck (15. November) und Beschwerde (18. November):

„Sehr geehrte Damen und Herren,
Spiegel-Redakteure sehen den Herausgeber offensichtlich aus anderer Perspektive als Spiegel-Leser. Deshalb bitte ich Sie, folgenden Leserbrief zu veröffentlichen: Als Studenten haben wir die seinerzeit 70 Pfennig für einen Kaffee investiert, um den Spiegel aus der Lesemappe konsumieren zu können. Als Familienväter sind wir auf die Straße gegangen, weil Augstein verhaftet worden war. Und heute – ist er ein Monument, ganz ohne Frage. Durch die allwöchentliche Wiederholung dieses Umstandes in den eigenen Artikeln wird allenfalls der Sockel brüchig. Er kann doch schreiben, soll er es bitte auch tun. Statt dessen nervt er uns Woche für Woche mit einer eitlen Selbstbespiegelung, die Daniel Doppler und seinen Brüdern fremd war.

Die verstorbene Schauspielerin, dadurch wird sie geadelt, daß einst Er ihr einen Geburtstag ausrichtete. Ob Adenauer, Strauß, Brandt oder Gorbatschow, wichtig ist allein, wie oft Er mit ihnen kommunizierte (hat da vielleicht Stolpe ein Defizit?). Und nun ist auch der Kennedy-Mord geklärt, Er glaubt, Oswald war es ganz allein. Und so weiter und so fort. Das untertänige Interview liegt voll im Trend. Mein Geburtstagsvorschlag: Von nun an die Beiträge des Herausgebers mit *‚Wir, Rudolf, von Spiegels Gnaden'* einleiten. Fürs 9. Jahrzehnt bleibt ja noch *‚Ich, Rudolf, Herausgeber und Allmächtiger'*."

Der Text im *„Spiegel"* vom 15. November 1993 lautete: „Als Studenten haben wir seinerzeit 70 Pfennig für einen Kaffee investiert, um den „Spiegel" aus der Lesemappe konsumieren zu können. Als Familienväter sind wir auf die Straße gegangen, weil Augstein verhaftet worden war. Und heute – ist er ein Monument, ganz ohne Frage."

Der Beschwerdebrief, vom „Spiegel" nicht gedruckt, lautete:

„Sehr geehrte Damen und Herren,
mein Leserbrief enthielt eine scharfe Kritik an Ihrem Herausgeber. Profis, die Sie sind, muß ich nicht erklären, daß Kritik dadurch an Gewicht ge-

winnt, daß sich der Kritiker als früherer Sympathisant ausweist. Es stand Ihnen frei, den Brief abzudrucken. Sie haben das Kunststück geschafft, ihn so lange zu verkürzen, bis eine Ergebenheitsadresse übrigblieb. Alle Achtung! So ist Ihnen ein bemerkenswertes Beispiel des von mir kritisierten Byzantinismus im Spiegel gelungen. Weiß so etwas eigentlich die ganze Redaktion, die Chefredakteure, gar der Herausgeber? Machen Sie das häufiger? Und keinem schlägt dabei das vielbeschworene journalistische Gewissen, keiner schämt sich? Armer Spiegel!" IMK

(MK 51/93, 20. 12. 1993)

Journalisten kontra Politiker

„Hauptsache Kreuzigung"

Über Moralpredigten, Anklagen und Selbstkritik

So wie weiland Marcus Portius Cato, Staatsmann und „Censorius" im Alten Rom, gegen den Sittenverfall der römischen Oberschicht wetterte, so tönen seit geraumer Zeit einige meinungsführende Medien. Aus ihrer Sicht pfeift Deutschland sozusagen aus dem letzten Loch – moralisch gesehen. Und wer ist daran schuld: die Politiker.

Jüngstes Beispiel einer solchen Strafpredigt: In der „Welt" (10. April) hielt Josef Nyary der Nation und ihrer politischen Klasse die „Zehn Gebote" vor. Er zählte sie auf und konstatierte: Sie werden alle mißachtet. Allen voran sündigten Politiker, die schwörten, „zum Wohl des Volkes zu handeln (‚So wahr mir Gott helfe')", „danach aber häufig zum eigenen Wohl" agierten und „die Kollegen aus der jeweils anderen Partei" verleumdeten.

„Verlotterte Republik"

Die Grundmelodie für die publizistischen „Cato-Reden" intonierte der „Spiegel" (18. Januar) in seiner Titelgeschichte „Affären, Filz und Kumpanei: Verlotterte Republik". Da hieß es im Vorspann, Ministerin Schwaetzer kassiere für Lobby-Tätigkeit, Kanzler Kohl lasse sich Feste von Sponsoren finanzieren, der Bundespräsident den Betriebsausflug. „Ein dichtes System von Gefälligkeiten und Abreden regiert die politische Szene. Statt Führung oder Perspektiven überall Filz." Die Maßstäbe für das Anstößige seien verloren gegangen, das Gefühl für Schicklichkeit, die Trennung von Allgemeinem und Geschäftlichem, von eigenen und Parteiinteressen. Parteien würden zur Beute von Unternehmen, so wie der Staat zur „Beute der Parteien" geworden sei. „Demokratische Umgangsformen und politische Moral verkommen; Stilfragen gelten nicht mehr – Zeichen für die verlotterte

Republik." Wirtschaft und Politik, so der „Spiegel", hätten kein ehrliches Verhältnis zueinander gefunden. „Sie verkehren konspirativ, fast immer haftet dem Umgang zwischen beiden Seiten ein Geruch von Bestechung und Bestechlichkeit an." Als Hauptverantwortlichen der Misere ortete das Magazin Bundeskanzler Kohl. Ihm gehe es „weiterhin vorrangig um die Sicherung seiner Macht". Da er nur Mittelmaß um sich dulde, könne es keine moralische Wende geben.

Am 25. Februar zog der „stern" nach. Unter der Schlagzeile „Der große Mißbrauch" war zu lesen: „Die öffentlichen Kassen sind leer, die Schuldenberge wachsen. Der Aufbau Ost wird immer teurer, und täglich gibt es neue Sparappelle. Doch zugleich werfen Politiker und Beamte das Geld für unsinnige oder überzogene Projekte zum Fenster hinaus – und immer mehr Bürger versuchen, mit Tricks und Schiebereien ihr Geld vor dem Staat zu retten oder ihn zu schröpfen." „stern"-Chefredakteur Rolf Schmidt-Holtz resümierte in einem Editorial: Die politische Führung – Regierung wie Opposition – sei ohne Konzept, ohne Vision – die Bundesregierung ein Chaos-Club, ihr Markenzeichen Konfusion. Und weiter: „Schlimmer noch. Politiker, die dem Volk Wasser predigen, trinken selbst Champagner. Traumreisen in München, ein Traumschiff in Stuttgart, Karossen für Urlaub und Wochenende zum Nulltarif. Die Häuptlinge sind vom Stamme Nimm ... Die Mächtigen und Reichen reizen aus und überreizen, raffen und optimieren." Das Unanständige habe Konjunktur, alles sei möglich, was nicht ausdrücklich verboten sei: „Die Amigos lassen grüßen." Am Zustand der Republik sei vor allem schuld, daß heute derjenige in hohem Ansehen stehe, „der viel Geld macht – egal wie". So stelle sich die Bundesrepublik heute dar: übergewichtig, untrainiert und erschöpft. Ihre Krankheit heiße Egoismus.

Erschreckend findet auch F.A.Z.-Mitherausgeber Johann Georg Reißmüller (29. März) den Zustand der Republik. Er listete auf, „worüber die Maßgeblichen in ihren Reden in unserem Land nicht sprechen": von den Schmierereien an Hauswänden über die wachsende Kriminalität, den Vandalismus Jugendlicher, die Verwahrlosung in Zentren der Großstädte bis hin zu prozessualen Rechthabereien. Reißmüller: Wer solche Erfahrungen überdenke und zusammenfüge, der wundere sich, daß die Politiker immerzu von den „mündigen Bürgern" und von „Lebensqualität" redeten. „Der fragt sich, was sich Politiker wohl denken, wenn sie sagen, am wichtigsten sei es, die Freiheit des einzelnen zu vergrößern. Der bekommt eine genaue Vorstellung davon, was sich alles verwirklicht bei der Selbstverwirklichung, die Politiker als obersten Grundwert in unserem Staat preisen. Der fängt an zu überlegen, ob der Bevölkerung und dem Staat nicht Kurskorrekturen gut täten, und an vielen Plätzen andere Politiker."

„Ein Komment der Mächtigen"

Es ist offensichtlich: Auch wenn die Gesellschaft, die Bürger gescholten werden, die scheltenden Journalisten wollen allemal in erster Linie die Politiker treffen. Unmißverständlich formulierte Volker Wolff in der „Wirtschaftswoche“ (26. Februar) im Zusammenhang mit den Vorwürfen gegen die Politiker Streibl, Späth, Schwaetzer und Möllemann: „Unübersehbar ist, daß in unserer Republik Länder wie weiland Herzogtümer geführt werden und sich Nehmerqualitäten auch auf Sachmittel und Dienstleistungen erstrecken. Hier gilt so etwas wie ein Komment der Mächtigen – und zwar über alle Parteigrenzen hinweg ... Hier gilt ferner die tatkräftige Akzeptanz dieses Komments bei gewissen Unternehmern.“ Die Maßstäbe des politischen Handelns seien „die der radikalen Maximierung des individuellen Nutzens“.

Im „Spiegel“ (5. April) erläuterte Rudolf Augstein, warum Oskar Lafontaine kein Pardon verdiene und sein Vorwurf „Schweine-Journalismus“ die „Spiegel“-Journalisten nicht treffen könne. Augstein: „Das Privatleben von Politikern geht uns Journalisten nichts an, wohl aber ihr Umgang, wenn man das öffentliche Interesse geschädigt sehen muß. Oskar erlaubt sich zu viel, und darum sind diejenigen, die es aufdecken, Schweine.“ Daß der französisch angehauchte „Barockfürst“ im kleinsten Flächenland Deutschlands nach dem Mozart-Motto ‚Cosi fan tutte‘ nicht „allein zum Schwein der Nation“ gemacht werden wollte, könne man verstehen. „Zwar handeln nicht alle so wie er, aber doch etliche. Nur ist außer Strauß, damals Boß des größten Flächenlandes, keiner so sorglos mit den Geldern der Steuerzahler umgegangen wie Lafontaine.“ Er habe sich zwar nicht wie ein „Schwein“ benommen, das habe ihm niemand vorgeworfen. Was die Leute störe, sei: „Ein sozialdemokratischer Spitzengenosse hatte den angemessenen Instinkt vermissen lassen.“ Man müsse kein Moralist sein, um zu erkennen, daß hohe Staatsdiener sich andere, strafrechtlich gar nicht relevante Maßstäbe gefallen lassen müßten.

In der „Welt“ (8. April) nahm Hannes Burger diesen Gedankengang auf. Heute vergehe kaum ein Tag, an dem nicht ein Mangel an Ehre in der deutschen Politik beklagt werde. Mit Forderungen nach einem „Ehrenkodex“ und einem „Ehrenrat“ solle nun „die viel belächelte alte Tugend“ wiederbelebt werden. Medien seien es, die lauthals nach weniger Geld, mehr Kontrolle und Transparenz im „Beziehungsgeflecht“ von Politikern rufen, vor allem aber nach strengeren Verhaltensregeln und mehr Ehrenpflichten für sie und ihre Familien. „Gleichzeitig sind viele Medien – offenbar im verschärften Konkurrenzkampf um ‚Enthüllungen‘ – heute schneller als je zuvor bereit, Politikern nach Belieben die Ehre abzuschneiden und den Beschuldigten auch noch die Beweislast für ihre Unschuld aufzubürden.“ Burger gab zu bedenken, daß der Vergleich zwischen Politikern und Beamten im Hinblick auf Verhaltensregeln nicht nur hinke, sondern in vieler Hinsicht ungerecht und teilweise sogar falsch sei. Wirklich privilegiert seien nur Politiker, die zugleich Beamte ohne Risiko seien, oder in ihren Verbänden oder Gewerkschaften abgesicherte Funktionäre.

Burger weiter: „Alle anderen Politiker haben meist nur einen Vier- oder Sechsjahresvertrag vom Bürger. Danach müssen sie wieder Klinken putzen um Wählerstimmen, ihre Leistungen oder Mißerfolge von Berufenen wie Unberufenen öffentlich erörtern und sich von Konkurrenten bis in die Intimsphäre hinein bloßlegen lassen. Bei Verbänden wie Medien müssen sie um jede nur erdenkliche Wahlwerbung buhlen. Wer von den vielen Neidern möchte so von seiner Kundschaft abhängen und seine Arbeit oder Ware permanent öffentlich in Frage stellen lassen?" Jede indirekte Wahlkampfhilfe für einen Politiker – etwa durch Einladungen zu medienwirksamen Auftritten – übersteige an materiellem Wert meist bei weitem jede streng reglementierte Geschenkannahme.

„... wir verstärken jede Hysterie"

Massive Medienschelte übte Peter Boenisch von „Bild". Unter der Überschrift „Hauptsache Kreuzigung – ohne Richter und ohne Gerechtigkeit" schrieb er in der „Welt am Sonntag" (4. April): „Es ist – eine Woche vor Ostern – Zeit zur Selbstkritik. Denn in den Medien ist schon seit langer Zeit jeden Tag Karfreitag. Jeden Tag schlagen wir einen ans Kreuz. Von Stolpe bis Krause, von Späth bis Streibl, von de Maizière bis Lafontaine. Die politische Konfession spielt keine Rolle. Hauptsache: Kreuzigung. Die Medien sind die Henker." Ohne Richter und oft auch ohne jede korrigierende Gerechtigkeit urteilten sie im Namen des Volkes – „selbstverständlich nie im eigenen Interesse, nie für unsere Auflagen oder unsere Einschaltquoten", sondern nur und ausschließlich für die ausgebeuteten Bürger, für die vernachlässigten Obdachlosen und für die geschundene Natur. „Wir relativieren nichts und übertreiben dauernd. Wir widersprechen nicht Volkes gelegentlich falscher Stimme, sondern wir verstärken jede Hysterie . . . Wir haben nicht die Kraft, uns einzugestehen, daß noch nie Menschen mit so hohem Verbreitungsgrad wie wir so wenig gewußt haben, aber dies besser als jeder andere."

In „Focus" (5. April) stellte Kurt Faltlhauser, stellvertretender Vorsitzender der CDU/CSU-Bundestagsfraktion, den Journalisten eine Frage: „Wenn ein Politiker sich nicht mehr auf die Hazienda eines befreundeten Unternehmers einladen lassen kann, kann sich dann ein Journalist von einem Unternehmer (privat oder offiziell) einladen lassen, wenn er über dessen Unternehmen Berichte schreibt? Kann eine Heerschar von Journalisten sich noch einladen lassen auf eine Fraktionsfahrt, wenn klar ist, daß diese Einladung der Versuch der ‚positiven Beeinflussung' für zukünftige Berichterstattung sein könnte?" Das Resümee des Bundestagsabgeordneten: Eine Gesellschaft, die nur die Politik an den Pranger stelle, aber die gleichen Erscheinungen des „Verflochtenseins" in anderen Bereichen für völlig unproblematisch halte, sei eine verlogene Gesellschaft. „Ich plädiere für die Beendigung der kollektiven Heuchelei!" sp

(MK 16/93, 19. 4. 1993)

Bundespräsident

„Unbeholfen, aber lieb"

„Spiegel" und „stern" betreiben Kampagne gegen Steffen Heitmann

Was hatte Jens Reich doch für eine gute Presse. Als die überparteiliche Initiative „Frankfurter Einmischung" den Bürgerrechtler im Juni als Kandidaten für das Bundespräsidentenamt vorschlug, reagierte die Presse überwiegend wohlwollend. Reich sei ein Kandidat mit Format, aber wohl leider ohne Chancen, war allenthalben zu lesen. Wie anders ergeht es da dem sächsischen Justizminister Steffen Heitmann. Kaum vom Bundeskanzler ins Rennen geschickt, sieht sich Heitmann einer vor allem von Journalisten getragenen Kampagne ausgesetzt, die deutlich macht, worauf es – in den Augen einiger Medien – bei einem Präsidentschaftskandidaten ankommt: nicht auf die Persönlichkeit des Vorgeschlagenen, sondern auf denjenigen, der ihn vorschlägt. Das bedeutet im Falle des von Helmut Kohl geförderten Heitmann, daß er wie selbstverständlich von „Spiegel", „stern", „Frankfurter Rundschau", „taz" und Fernsehjournalisten kampagnenhaft bekämpft wird.

Am 1. September, als noch nicht klar war, wen Kohl und die CDU zum Nachfolge-Kandidaten von Richard von Weizsäcker erwählen würden, spekulierte Udo Bergdoll in der „Süddeutschen Zeitung", das vielleicht größte Manko des Kandidaten Heitmann sei, daß er „noch keine Chance gehabt" habe, „sich einem größeren Publikum bekannt zu machen". Das übernahmen in den nächsten Tagen politische Gegner und Journalisten für ihn, mit durchschlagendem Erfolg: Binnen drei Wochen wurden bruchstückhafte Zitate Heitmanns über die Nazi-Vergangenheit Deutschlands, den Umgang mit Fremden und die Rolle der Frau in der Gesellschaft in den Medien so oft und so verkürzt kolportiert und von Reportern entsprechend kommentiert, daß Heitmann gegen das Image ankämpfen muß, er sei ein ultrakonservativer Reaktionär.

FR und „taz" errichten Klischee vom Fremdenfeind

Daß er ein solcher sei, behauptete zuerst die „Frankfurter Rundschau" (2. September). „Durch bedenkliche Äußerungen zu Ausländern und zu Frauen" sei er aufgefallen „und dadurch, daß er sich in der Verfassungskommission als ‚CDU-Rechtsaußen' profiliert hat, wie sich Mitglieder" erinnerten. „Den sächsischen Frauen entwarf der Justizminister ungefragt ein Modell ihrer Zukunft. Sie sollten doch bitte schön an Herd und Windeltopf zurückkehren, denn es sei an der Zeit, ‚Mutterschaft bewußt wieder ins Zentrum der Gesellschaft' zu stellen", schrieb tags darauf die „taz": „Rassismus und Neofaschismus mag der einstige Oppositionelle nicht wahrzunehmen. Rechtsextremistische Gewalt in Sachsen wertet der Minister als ‚Reaktion auf die Überforderungssituation' von ‚meist jugendlichen Tätern', die das ‚zur Stärkung des eigenen Selbstwertgefühls‘ brauchen.“ Und: „Im Frühjahr 1992, angesichts rechtsextremer Wahlerfolge und anhaltender Gewalt gegen Ausländer, haute er wild entschlossen auf den Stammtisch. Er schwätzte von der ‚Fülle der Ausländer‘ in Deutschland und der ‚Fremdheit‘, die einem in Städten mit einem hohen Ausländeranteil ‚entgegenschlägt‘, wo doch ‚nur ein bestimmtes Maß an Überfremdung‘ erträglich sei.“ Chefredakteur Michael Sontheimer (20. September) höhnte, Heitmann sei ein „Stammtisch-Kandidat“. „Sein gedankliches wie gestisches Repertoire“ ähnele „dem eines bigotten Pfaffen aus Wilhelm Buschs Karikaturenalbum“. Als Präsident sei er „gemeingefährlich“: „Stellen wir ihn uns vor, wie er nach Amtsantritt bei fortgesetzten Angriffen auf Ausländer tabubrechend darüber zu räsonieren beginnt, ob denn nicht doch zu viele Nichtarier in Deutschland lebten.“

„Kohls Grüßonkel für den deutschen Spießer“

Auf Attacken der Hamburger Zeitschrift „Spiegel“ gegen Heitmann mußte das Publikum nicht lange warten. Bei der CDU tobe „der doppelte Wahlkampf“, schrieb das Magazin am 6. September. Der sächsische Ministerpräsident Kurt Biedenkopf spekuliere, daß es nach der Bundestagswahl 1994 zu einer großen Koalition komme, mit ihm als Bundeskanzler und Johannes Rau als Bundespräsident. Helmut Kohl setze daher aus taktischen Gründen auf Heitmann, auch wenn er umstritten sei: „Macht nichts. Heitmann muß ran, weil Kohl ihn als Symbolfigur für den Wahlkampf braucht.“ „Rechter Mann, rechte Zeit“, charakterisierte der „Spiegel“ doppeldeutig den sächsischen Minister, der „knallharte Überzeugungen“ vertrete und „die klassischen konservativen Werte“ wieder „radikal ins Zentrum der Gesellschaft“ rücken wolle, wobei ihm „manchmal ein fanatischer Zug um den Mund“ spiele. Eine Woche später (13. September) wußte der „Spiegel“ mitzuteilen, „Kohls Kandidat“ sei „bislang durch reaktionäre Sprüche und polarisierendes Gehabe“ aufgefallen. In altbekannter Manier versuchte das Magazin, aus dem Lebenslauf von „Kohls Grüßonkel für den deutschen Spießer“ verwerfliches Verhalten herauszulesen. Der Versuch war ebenso krampfhaft wie lahm. „Nebulös“ habe Heitmann über „seinen Job beim Bezirkskirchenamt Dresden“ berichtet. „Mitarbeiter“ schilderten ihn „als einen, der vor den SED-Machthabern katzenfreundlich buckelte“. „Kritische Christdemokraten“ hielten ihm vor, „er habe mehrmals dienstlich oder privat in den Westen reisen dürfen“. „Bei den Demonstrationen vor der Wende“ habe Heitmann „lieber hinter der Gardine“ gestanden, sei sogar in die Oper gegangen, statt gegen die SED zu demonstrieren. Gegen diese Unterstellungen setzte sich Heitmann zur Wehr. Am 20. September druckte der „Spiegel“ einen Brief ab, in dem Heitmann die Bemerkungen zu seiner Rolle in der Wendezeit richtigstellte. Er schrieb unter anderem: „Richtig ist, daß ich am 8. Oktober nicht unter den Demonstranten war, die auf der Prager Straße in Dresden eingekesselt wurden und aus denen die ‚Gruppe der 20‘ entstand. Am Nachmittag dieses Tages waren mein Sohn und ich mehrfach durch Polizeiketten gehindert worden, zum Ort des Geschehens zu gelangen. In der Oper war ich an diesem Tage nicht."

Auch die Hamburger Illustrierte „stern" mochte sich bei der vom „Spiegel" betriebenen Anti-Heitmann-Kampagne nicht der Stimme enthalten. Chefredakteur Rolf Schmidt-Holtz griff gleich zweimal (9./23. September) selbst zur Feder, um ein vernichtendes Urteil über den Kandidaten zu formulieren: „Überfordert und gefährlich" sei Heitmann, überschrieb der „stern"-Chef seine Schmähkritik, bei der er Äußerungen Heitmanns über die Nazi-Vergangenheit Deutschlands als letzten Höhepunkt „eines Reihenabwurfs verbaler Brandsätze" einordnete. „Wer so redet, ist gefährlich. Er gibt den Rassisten und Neonazis neue Nahrung. Das ist Stammtisch auf rhetorisch gehobenem Niveau. Er will, so stellt es sich der Kandidat vor, als Volkes Stimme in die Villa Hammerschmidt einziehen. Der Bundespräsident als Lautsprecher des gesunden Volksempfindens, um Gottes Willen", schloß Schmidt-Holtz. Schon vorher hatten die „stern"-Autoren Michael Backhaus und Ulrich Völklein den CDU-Kandidaten verunglimpft. Der „Neu-Politiker", so die „stern"-Schreiber, wirke „wie ein in die Jahre gekommener Konfirmand – unbeholfen, aber lieb". Zwei Wochen später erschien Heitmann dem „stern" schlicht als „Zumutung": „Ein Präsident für den Stammtisch, nicht für Deutschland." Weniger brutal, aber endgültig negativ urteilte Robert Leicht in der „Zeit" (23. September) über Heitmann. „Wenn Heitmann dem ‚deutschen Normalbürger' eine Stimme geben will, dann soll er sie doch als solcher erheben – aber nicht als Bundespräsident, schon gar nicht als ein Nachfolger, der mit wenigen Sätzen alles einreißt, was Richard von Weizsäcker mit seiner Rede zum 8. Mai subtil und substanzreich zugunsten der Deutschen aufgebaut hat." Merklich zurück mit wertenden Urteilen über Heitmann hielt sich die „Süddeutsche Zeitung". SZ-Kommentator Klaus Dreher (13. September) zählte Heitmann „zu jener ehrbaren Sorte der Konservativen, die den Werten des Fortschritts und der Aufklärung eher skeptisch gegenüberstehen, als daß sie sie fördern. Und er verfügt über jene einfache Gemütsverfassung, die nur von jenen belächelt wird, die sie nicht haben." In einem großen, von Heribert Prantl sehr fair geführten Interview gab die SZ Heitmann die Möglichkeit, die in den Medien kursierenden Zitate einzuordnen. Diesmal brachte sich Heitmann selbst in Schwierigkeiten. So behauptete er, daß in Deutschland die Themen Ausländer und Nazi-Vergangenheit tabuisiert würden und kritisierte den Maastricht-Vertrag: „Europa kann man nicht von oben verordnen. Da müssen die Bürger mitgehen. Wenn sie nicht mitgehen, nützt das gar nichts, was da in Brüssel oder Straßburg gemacht wird." In der „Frankfurter Allgemeinen Sonntagszeitung" (19. September) nahm Hugo Müller-Vogg das zum Anlaß, Heitmann Polarisierung vorzuhalten. Die Kritik an Maastricht offenbare „mangelndes Verständnis für Entscheidungsprozesse in einem parlamentarischen System und ist als scharfe Kritik an der Europa-Politik des Kanzlers und seines Außenministers zu verstehen."

„Gedankenmüll über Steffen Heitmann ausschütten“

Werbung für Heitmann machte die konservative Presse. „Unser neuer Präsident?“, fragte „Bild“ (1. September) auf der Titelseite. „Bild“-Kommentator Horst Fust meinte, Heitmann sei „glaubwürdig und unverbraucht“. „Seine Rolle als Kirchen-Jurist im SED-Staat war makellos, seine moralische Kraft bei der Wende bewundernswert.“ Drei Tage später stellte die „Bild“-Zeitung ihren Lesern den CDU-Kandidaten mit großem Foto, freundlicher Personenbeschreibung und Interview vor. „Mut hat der Mann“, überschrieb die Münchner Zeitschrift „Focus“ (6. September) ihr Heitmann-Interview. „Focus“-Chefredakteur Helmut Markwort befand (13. September), „einige Angriffe“ auf Heitmann grenzten „schon an Vorverurteilung ohne Delikt“. In der F.A.Z. wurde Heitmann von Friedrich Karl Fromme (10. September) in den höchsten Tönen gelobt: „Die Gesichtszüge zeigen eine Mischung aus Härte und Empfindsamkeit; dazu Skepsis und auch das Bewußtsein einer christlichen Pflicht, dem Menschen doch zu vertrauen.“ Heitmann bevorzuge „die leisen Töne“. „Natürliche Autorität geht von ihm aus: Zugewandtheit zu den Menschen, aber auch Distanz. Ironie ist ihm ein Schutzschild. Dennoch ist er für andere da, er vermeidet jeden Hochmut.“ Daß Heitmann „einen schweren Gang“ gehe, schrieb Martin S. Lambeck in der „Welt“ (18. September): „Die Kampagne gegen ihn ist in vollem Gange. Er wird als ‚Kohls Quoten-Ossi‘ diffamiert. Schon melden sich frühere Mitarbeiter des sächsischen Landeskirchenamtes zu Wort, er sei im Umgang mit den DDR-Behörden ein Leisetreter gewesen. Doch sie gehören ausgerechnet der SED-Nachfolgepartei PDS an.“ Fritz Ullrich Fack erinnerte sich (F.A.Z., 13. September): „Was nun nach der Benennung des Dresdners Heitmann losbricht, folgt einem wohlbekannten Schema. Karl Carstens haben die Hamburger Blätter vor der Wahl nachgerufen, nicht in die Zeit zu passen, den deutschen Knobelbecher in Juchtenausführung zu tragen und geistig am Nierentisch der fünziger Jahre zu sitzen (Raddatz in der ‚Zeit‘). Den gleichen Gedankenmüll werden sie nun über Steffen Heitmann ausschütten.“

„Die Ossis packen‘s doch nicht“

So auch im öffentlich-rechtlichen Fernsehen, in dem sich manche Presse-Parole wiederfand. Friedrich Küppersbusch (ARD, 5. September) rief die „ZAK-Präsidentiade“ aus. Wer den Nachbarn wegloben wolle, habe jetzt die Chance, nach dem Motto: „So unbekannt wie der Heitmann sind wir schon lange.“ In den „Tagesthemen“ (ARD, 13. September) berichtete Jörg Hafkemeyer: „Erst zogen sie den Kandidaten, auch aus der Tasche, dann schoben sie ihn, nun will er auch.“ Begeisterung verbreite sich bei der CDU nicht. „Die einen sagen: den kennen wir nicht. Die anderen sagen: der kann das nicht.“ Anschließend berichtete Johanna Holzhauer wohlwollend über den Kandidaten Johannes Rau und ließ den SPD-Politiker Reinhard Höppner zu Wort kommen: „Die Kandidatur von Herrn Heitmann wird außerordentlich problematisch. Das kann eine Blamage werden. Ich hab' manchmal fast den Eindruck, daß das gewollt ist. Denn, wenn man jemandem einen Hut aufsetzt, der ihm drei Nummern zu groß ist, wird rauskommen: Die Ossis packen's doch nicht. Das läuft gegen uns." Im ZDF-„Morgenmagazin" (15. September) wollte Moderator Cheno Jobatey von einem Schweizer Kollegen, der gerade die morgendliche „Presseschau" bestritten und sich dabei negativ über Heitmann geäußert hatte, wissen, wie es im Ausland wirke, wenn sich ein deutscher Bundespräsident „ausländerfeindlich äußert". Wenn er durch Fußgängerzonen gehe und meine, nicht mehr in Deutschland zu sein oder Ausländer nur für potentielle Wäschediebe halte. Wie die vorschnellen Urteile deutscher Journalisten über einen potentiellen Präsidentschaftskandidaten, der wenige Wochen zuvor noch weithin unbekannt war, im Ausland wirken, wollte Jobatey nicht wissen. MH

(MK 39/93, 27. 8. 1993)

Bundespräsident

Respekt nach dem Rücktritt

Der Rückzug Steffen Heitmanns und das Ende der Kampagne

Öffentlichen Respekt von allen Seiten erntete Steffen Heitmann, bis vor zwei Wochen Kandidat der Union für das Amt des Bundespräsidenten, erst, als es zu spät war – bei seinem Rücktritt. Vorher ging er durch ein publizistisches Sturmgewitter, das ihm alles einbrachte, was die Medien hierzulande zu bieten haben: Unterstützung und heftige Entlastungsangriffe gegen innerparteiliche Kritiker in F.A.Z. und „Welt", Lob und Kritik in der „Süddeutschen Zeitung", intellektuelle Maßregelung in der „Zeit" und eine Stimmungskampagne von Blättern wie „Frankfurter Rundschau" und „taz", vor allem aber den Magazinen „Spiegel" und „stern" und einigen Sendeanstalten der ARD.

Begleitet war das heftige Pro und Kontra um die Person von der stetigen Beteuerung der Kampagnenbetreiber, daß es überhaupt keine Fronde gegen Heitmann und seinen politischen Ziehvater, Helmut Kohl, gebe. Erst als der sächsische Justizminister seine Kandidatur für das Präsidentschaftsamt zurückzog, vermerkten einige Kommentatoren – unabhängig von ihrem Urteil über Steffen Heitmann –, daß die öffentliche Urteilsfindung nicht fair verlaufen sei. Eine solch reflektierende Kommentierung fand sich am Tag von Heitmanns Rückzug erstaunlicherweise bei RTL und ARD, nicht aber bei ZDF und Sat 1. Dort dominierten Stimmen, die nahelegten, die Debatte um Heitmann habe sich quasi naturgesetzlich zu jener Posse entwickelt, die sie schließlich darstellte.

„Vielen Menschen ... fällt ein Stein vom Herzen"

Auf Heitmanns unerwarteten Abschied reagierten die öffentlich-rechtlichen Sender wie gewohnt und souverän. Das ZDF nahm ein „Spezial" ins Programm, bei der ARD zeichneten der Mitteldeutsche Rundfunk (MDR) und der Westdeutsche Rundfunk (WDR) gemeinsam für einen „Brennpunkt" verantwortlich. Dort, wie auch in den später folgenden „Tagesthemen", fand sich ein Dualismus in der Berichterstattung, der der parteipolitischen Farbenlehre folgte. Vom MDR, dem aus den eigenen Reihen zuvor Hofberichterstattung in Sachen Heitmann vorgeworfen worden war, kamen Berichte und Kommentare, die den Kandidaten aus Sachsen vor allem als Opfer unfairer Anwürfe sahen. Die vom WDR inhaltlich bestimmten Beiträge und Moderationen betonten hingegen die angebliche Minderwertigkeit des Kandidaten Heitmann und das fehlgeschlagene politische Kalkül des Bundeskanzlers.

„Mit dem Verzicht Steffen Heitmanns", sagte Nikolaus Brender (WDR) im „Brennpunkt", gehe „eine monatelang unselige Debatte um das höchste Staatsamt, das diese Republik zu besetzen hat, erst einmal zu Ende. Vielen Menschen, die in Deutschland gerade in dieser Zeit von Krisen und Zukunftsangst geschüttelt werden, fällt ein Stein vom Herzen. Erleichtert haben die meisten auf diesen Schritt Heitmanns heute reagiert." Gestürzt sei er nicht durch das Zutun anderer, sondern „über seine eigenen Worte, zur deutschen Geschichte, zur Rolle der Frau in der Gesellschaft, zu Europa." Wolfgang Kenntemich (MDR) sah die Ursachenverteilung im „Tagesthemen"-Kommentar genau umgekehrt. Kohl habe sich verschätzt und Heitmann in der Öffentlichkeit nicht immer eine gute Figur abgegeben, aber: „Wie immer man zu ihm stand, festzuhalten bleibt: Kein anderer Präsidentschaftskandidat zuvor war einem solchen Trommelfeuer von Verleumdungen, Verdrehungen und Haßtiraden ausgesetzt wie der CDU-Mann aus Sachsen. Daß er dies eine Weile ertragen hat, ehrt den Menschen Heitmann." Als Grund der „Tiraden" führte Kenntemich „den Zustand Deutschlands drei Jahre nach der Wiedervereinigung" an: „Unser Land ist im Innern zutiefst zerstritten, bei weitem nicht geeint. Konfrontation, Kalkül und kalte Taktik bestimmen politisches Handeln. Zuhören, geschweige denn Aufeinanderzugehen, das ist nicht in."

Die innere Einheit oder Rolle und Einfluß der Medien brachte ZDF-Chefredakteur Klaus Bresser bei seinem Kommentar in der „heute"-Sendung nicht ins Spiel. Er wies die Verantwortung für die zerstrittene Debatte um die Weizsäcker-Nachfolge allein Helmut Kohl zu: „Des Kanzlers Kandidat gibt auf. Und Helmut Kohl spricht von Kampagne – unerträglich, beschämend, diffamierend! Lassen wir das! Steffen Heitmann ist nicht das Opfer einer Kampagne. Steffen Heitmann ist der Leidtragende der Personalpolitik des Bundeskanzlers. Er schließlich hat ihn als Kandidaten erfunden. Was dann folgte, waren gewiß harte öffentliche Auseinandersetzungen. Und mitunter wurde dabei auch die Person attackiert, wo es um die Qualifikation hätte gehen müssen. Aber dahinter stand doch immer die in einer Demokratie nicht nur erlaubte, sondern notwendige Frage: Was muß einer mitbringen, der sich um das höchste Amt im Staat bewirbt? Muß er, der allein durch das Wort wirken kann, sich nicht so genau und so sensibel ausdrücken, daß er nicht andauernd mißverstanden wird? Darf er, der Orientierung geben soll, wirklich über deutsche Vergangenheit, über Ausländer und über die Rolle der Frau wie am Stammtisch reden? Muß er nicht zusammenführen, statt viele gegen sich aufzubringen?" Kohl habe, so meinte Bresser, schlicht den falschen Mann gewählt. Zurück bleibe ein Schaden für Heitmann, für das Präsidentenamt und für Kohl: „Die Heitmann-Posse ist vorüber."

„Wir, die Bürger, fordern jetzt ..."

Ohne Hintergrundanalyse kam Tewe Pannier in seinem Kommentar im Sat 1-„Newsmagazin" aus: „Der Leidensweg des Steffen Heitmann ist zu Ende. Und wir konnten es eben sehen und hören: dem Mann ist ein Stein vom Herzen gefallen. Seine Entscheidung, jetzt zurückzutreten, war richtig. Denn die Diskussion um ihn, um das Amt, hat uns alle belastet. Was bleibt, ist der Respekt für einen ehrlichen, geradlinigen Mann, wie immer wir über seine Meinung denken." Danach gefiel sich Pannier als Anwalt eines angeblich harmoniesüchtigen Publikums: „Wir, die Bürger, fordern jetzt: kein Gerede mehr, kein Gehakel mehr, kein Parteienstreit und vor allem kein Wahlkampf um das Amt des Bundespräsidenten. Wir haben Unruhe genug im Land. Also, Ihr in Bonn: Holt die Kuh vom Eis und kümmert Euch dann wieder um's Tagesgeschäft." Froh war RTL-Chefredakteur Dieter Lesche: „Heitmann will also nicht mehr. Gott sei Dank! Denn die Peinlichkeit hat damit ein Ende, und wir dürfen wieder auf einen akzeptablen Weizsäcker-Nachfolger hoffen", rief Lesche im „RTL aktuell"-Kommentar aus. Doch wies er auch, deutlich wie kein Kommentator bei ARD, ZDF oder Sat 1 an diesem Tage, auf die Rolle der Medien hin: „Aber beim Aufatmen darüber, daß wir noch einmal davongekommen sind, sollte es nicht bleiben. Wir müssen nachdenken, zum Beispiel darüber, ob wir mit dem Kandidaten Heitmann wirklich fair umgegangen sind. Ganz am Anfang seiner Kür, also vor zwei Monaten, kannte kein Mensch diesen Heitmann. Aber über Nacht hatten Dutzende von Politikern und noch mehr Journalisten ein klares und fertiges Bild von ihm. Und natürlich war es ein schlechtes. Mit Verlaub: Das war lausiger Stil, und wir sollten uns in Zukunft hüten, so – mit wem auch immer – umzugehen. Daß sich in der Folge der Kandidat Heitmann mit Fleiß selbst demontierte, steht auf einem ganz anderen Blatt und war vielleicht nur vorauszusehen von Menschen, die Heitmann sehr gut kennen." MH

(MK 49/93, 6. 12 1993)

Bundespräsidentenwahl

„Menschen zum Freiwild erklären“

Arnold Vaatz (CDU) fordert Entlassungen wegen ARD-Satire

Gegen die Art, in der sich der Kabarettist Richard Rogler in der ARD-Satiresendung „Nachschlag“ über den inzwischen von seiner Präsidentschaftskandidatur zurückgetretenen CDU-Politiker Steffen Heitmann äußerte, hat der sächsische Umweltminister Arnold Vaatz in einem Schreiben an den Rundfunkratsvorsitzenden des Westdeutschen Rundfunks, Reinhard Grätz, scharf protestiert und die Entlassung führender Mitarbeiter des Westdeutschen Rundfunk, aus dessen Haus der Satirebeitrag stammt, gefordert.

In seinem Brief an den Vorsitzenden des WDR-Rundfunkrates wirft Vaatz dem Kabarettisten Rogler unter anderem vor, er habe gegen die Menschenwürde verstoßen, die Persönlichkeitsrechte Heitmanns verletzt und die „Grenzen des Zumutbaren“ überschritten. Die erste Textpassage, die Vaatz Anlaß zu seiner Kritik gab, zitiert er in dem Schreiben an Reinhard Grätz wie folgt: „Steffen, Du wirst Präsident, keine Sorge, wir machen das! Auf Deinen Berliner Amtssitz, da kommt die Reichskriegsflagge drauf, Auschwitz wird internationales Tagungszentrum, und Deine Frau wird am Herd festgekettet, wenn sie für Dich Königsberger Klopse macht.“

Zwar könne Satire „überzeichnen und übertreiben“, schrieb Vaatz an den WDR, doch sei es ein „Gebot des Anstandes gegenüber den Betroffenen und deren Nachkommen, auf Auschwitz als Instrument von Satire zu verzichten und den Opfern des Völkermordes der Nazis nicht im nachhinein rheinische Karnevalshüte aufzusetzen“. Rogler habe den ausgewiesenen Demokraten Heitmann, „wichtigster Gestalter der sächsischen Landesverfassung“, den Zuschauern als politischen „Wegbereiter des Faschismus vorgestellt“. Heitmann sei „leider ohne Möglichkeit einer Gegenwehr“ und werde „mit einem auf diese Weise zerstörten Ruf leben müssen. Zersetzungsmaßnahmen des Ministeriums für Staatssicherheit hatten im seltensten Fall so zerstörerische, demütigende und das Leben belastende Wirkungen wie die Bemühungen des WDR, mit dem Mittel rufmörderischer Satire Menschen zum Freiwild zu erklären.“

Die zweite Äußerung Roglers, die Vaatz zu seinem Protest bewegte, war: „Ach, ich hab‘ diesmal wirklich lange überlegt, ob ich über diesen Herrn Heitmann aus dem Osten nochmal was sagen soll. Langsam wird es ja wirklich unangenehm. Das wäre übrigens früher in der DDR nicht so passiert. Da waren die professioneller. Den hätte man kurzerhand für psychisch krank erklärt, zur Erholung an die Ostsee geschickt, wo er dann bei einem Fluchtversuch nach Schweden rüber in einem Unwetter ganz zufällig tragisch ums Leben gekommen wäre.“ Hier verletze Rogler nicht nur Anstand und Würde, schrieb Vaatz, sondern bestreite „einem Menschen, dessen Auffassungen er nicht teilt, kurzerhand das Lebensrecht".

Vaatz schloß seinen Brief an den Rundfunkratsvorsitzenden des WDR mit der förmlichen Bitte, der Rundfunkrat möge sich mit dieser Angelegenheit befassen und über fünf Punkte abstimmen: Verurteilung der zitierten Beiträge des Kabarettisten Rogler, Entschuldigung bei Heitmann (schriftlich und auf dem Bildschirm), Aufforderung an den Intendanten, die Zusammenarbeit mit Rogler einzustellen, den verantwortlichen Redakteur und den Chefredakteur „von ihren Pflichten zu entbinden" und schließlich: die Abberufung des Intendanten. MH

(MK 50/93, 13.12. 1993)

Bundespräsidentenwahl

„Verstanden haben Sie diese Satire offenbar nicht"

WDR-Intendant Nowottny weist Beschwerde gegen Heitmann-Satire ab

Der Intendant des Westdeutschen Rundfunks, Friedrich Nowottny, hat die Programmbeschwerde des sächsischen Umweltministers Arnold Vaatz (CDU) gegen zwei ARD-Satirebeiträge der Reihe „Nachschlag", in denen der Kabarettist Richard Rogler den zurückgetretenen CDU-Präsidentschaftskandidaten Steffen Heitmann mit Auschwitz in Verbindung gebracht hatte, abgewiesen. Die Satire stelle keinen Verstoß gegen das WDR-Gesetz dar, verletze weder die Menschenwürde noch die Persönlichkeitsrechte Heitmanns.

In zwei Texten Roglers erkannte Vaatz solche Verstöße: „Steffen, Du wirst Präsident, keine Sorge, wir machen das! Auf Deinen Berliner Amtssitz, da kommt die Reichskriegsflagge drauf, Auschwitz wird internationales Tagungszentrum, und Deine Frau wird am Herd festgekettet, wenn sie für Dich Königsberger Klopse macht." Und: „Ach, ich hab' diesmal lange überlegt, ob ich über diesen Herrn Heitmann aus dem Osten nochmal was sagen soll. Langsam wird es ja wirklich unangenehm. Das wäre übrigens früher in der DDR nicht so passiert. Da waren die professioneller. Den hätte man kurzerhand für psychisch krank erklärt, zur Erholung an die Ostsee geschickt, wo er dann bei einem Fluchtversuch nach Schweden ganz tragisch ums Leben gekommen wäre."

WDR-Intendant Nowottny stellt sich auf den Standpunkt, mit diesen Texten habe Rogler nur Interview-Äußerungen Heitmanns aufgegriffen. Er habe nicht „behauptet, daß Herr Heitmann aktiv für das Hissen der Reichskriegsflagge auf dem Amtssitz des Bundespräsidenten eintritt oder das ehemalige Konzentrationslager Auschwitz in ein Tagungszentrum umwandeln will. Er macht lediglich den Umstand überdeutlich, daß Herr Heitmann ihm unwillkommene Bundesgenossen in den Reihen rechtsextremistischer Gruppierungen hat und veranschaulicht die möglichen politischen Folgen rechtsextremistischen Gedankenguts". Auschwitz sei eine „Metapher" für die Folgen. Es könne auch „keine Rede davon sein", schreibt Nowottny zur zweiten Textpassage, daß Rogler „Herrn Heitmann das Lebensrecht bestreitet und ihm ein ähnliches Schicksal herbeiwünscht". Im Gegenteil erinnere Rogler „auf diese Weise an die unmenschlichen Praktiken der DDR-Justiz und verdeutlicht zugleich die politische Toleranzbreite in der offenen demokratischen Gesellschaft. An dem notwendigen Respekt vor dem Leben von Herrn Heitmann und dessen körperlicher Unversehrtheit fehlt es also nicht. Ebensowenig werden Gewalttätigkeiten verharmlost." „Ihre Feststellungen machen deutlich", belehrt Nowottny den CDU-Politiker Vaatz schließlich, „daß Sie zwar erkannt haben, daß Roglers Beitrag satirisch gemeint ist. Verstanden haben Sie diese Satire aber offenbar nicht." Für die rechtliche Einordnung komme es darauf an, „die der Satire wesenseigene Verzerrung nicht als eigene Aussage, sondern als Mittel zur besonderen Beleuchtung des eigentlichen Aussagekerns zu begreifen".

Er persönlich, schreibt der WDR-Intendant noch, halte die Rogler-Beiträge allerdings für „phantasielos und überzogen". Dem „Qualitätsanspruch einer bundesweit ausgestrahlten Fernsehsendung" genügten sie nicht. Dennoch empfiehlt Nowottny „Gelassenheit". Es stehe einem demokratischen Rechtsstaat „gut an, Satire zu ‚ertragen'". Nowottny jedenfalls „möchte auf Satire nicht verzichten, schon gar nicht im deutschen Fernsehen". Arnold Vaatz hat derweil angekündigt, er werde sich nun an den WDR-Rundfunkrat wenden. MH

(MK 3/94, 17. 1. 1994)

„Rotlicht-Affäre"

Fünf Minuten vor Sendebeginn

Lafontaine stoppt „Panorama"-Beitrag, ARD berichtet trotzdem

Sichtlich konsterniert leitete „Panorama"-Moderator Joachim Wagner die jüngste Ausgabe seines Magazins am vergangenen Montag, 15. Februar, ein. Kein Wunder: Die NDR-Sendung wollte einen Bericht über Oskar Lafontaine und die sogenannte „Rotlicht-Affäre" bringen. Doch dazu kam es nicht: Der saarländische Ministerpräsident ließ die Ausstrahlung des Beitrags per einstweiliger Verfügung verhindern. Nur wenige Minuten vor Beginn der Sendung habe die Redaktion die einstweilige Verfügung erreicht, sagte Joachim Wagner vor der Kamera. Das Hamburger Landgericht hatte am selben Abend in einem Eilverfahren über den Antrag auf einstweilige Verfügung entschieden.

In dem „Panorama"-Beitrag sollte ein „ehemaliger Berufskrimineller" mit schwerwiegenden Vorwürfen gegen Lafontaine zu Wort kommen. Der „Panorama"-Zeuge soll Mitte der achtziger Jahre in einem Polizeiverhör ausgesagt haben, Lafontaine habe als Saarbrücker Oberbürgermeister die „Rotlicht-Szene" vor geplanten Polizei-Razzien gewarnt. Der NDR gibt an, der „ehemalige Berufskriminelle" habe den Ermittlungsbehörden in „vielen anderen Punkten seiner Aussage" als „glaubwürdiger Kronzeuge" gedient. Doch trotz seiner für Lafontaine belastenden Angaben habe es die Saarbrücker Staatsanwaltschaft seinerzeit „nicht für erforderlich" gehalten, dem „Anfangsverdacht einer Strafvereitelung" nachzugehen. Hierbei handele es sich um eine „völlig unverständliche Entscheidung", befand „Panorama". Bestätigen ließ sich das NDR-Magazin diese Ansicht von dem Kieler Strafrechtler Professor Heinz Wagner. Zu den aufgeworfenen Fragen habe man Oskar Lafontaine um eine Stellungnahme gebeten, die jedoch von der Pressestelle der Saarbrücker Staatskanzlei abgelehnt worden sei, teilte der NDR weiter mit. Ein wenige Stunden vor der „Panorama"-Ausstrahlung eingegangenes Dementi Lafontaines habe man in der Sendung erwähnen wollen.

Dossiers über das Privatleben für die Medien

Die Saarbrücker Staatsanwaltschaft hat den Vorwurf, sie habe das erforderliche Ermittlungsverfahren nicht eingeleitet, gegenüber der Presse „mit aller Schärfe" zurückgewiesen. Nach Angaben des saarländischen Justizministeriums hat es in besagtem Fall aufgrund des von „Panorama" zitierten Zeugen ein Verfahren wegen gewerbsmäßiger Hehlerei gegeben. Ein Ermittlungsverfahren gegen Lafontaine wegen Strafvereitelung im Amt (was laut NDR erforderlich gewesen wäre) sei jedoch nicht eingeleitet worden. Das Vorgehen der Staatsanwaltschaft sei aber korrekt gewesen. Das bescheinige auch ein kürzlich in Auftrag gegebener Überprüfungsbericht der Generalstaatsanwaltschaft, in dem das Vorgehen der Justiz in diesem Fall noch einmal untersucht worden sei.

Oskar Lafontaine sprach im Zusammenhang mit dem gestoppten „Panorama"-Bericht von „Schweinejournalismus". Für ihn stelle sich die Frage, „ob Politiker noch einen Mindestehrenschutz haben in dieser Republik", wenn die Medien verbreiteten, was „irgendein Krimineller irgendwem über irgendeinen Politiker erzählt". Jahrelang sei sein Privatleben ausspioniert worden, sagte Lafontaine. Informationen und Gerüchte über ihn würden als Dossiers kursieren und interessierten Medien gegen hohe Geldsummen angeboten.

Einen Tag nach dem verhinderten „Panorama"-Beitrag führte der NDR vor, wie man einen Bericht trotz eines gerichtlichen Verbots in Umlauf bringen kann: Für die ARD-„Tagesthemen" berichteten Kuno Haberbusch und Christoph Lütgert über den von Oskar Lafontaine gestoppten „Panorama"-Beitrag. Sie zeigten den Zuschauern dabei eben jene Ausschnitte aus dem „Panorama"-Bericht, die Lafontaine hatte verhindern wollen, in denen der besagte „ehemalige Berufskriminelle" seine Aussage bekäftigte, mit der er Lafontaine bei einem Polizeiverhör schwer belastet hatte.

Kuno Haberbusch und Christoph Lütgert schilderten detailliert den weiteren Fortgang der Ereignisse: „Bei der Saarbrücker Staatsanwaltschaft hatte ‚Panorama' nachgefragt, warum nach diesen brisanten Vorwürfen nicht gegen Oskar Lafontaine ermittelt worden sei. Doch statt einer Antwort kam von der Staatsanwaltschaft per Fax am vergangenen Freitag – also drei Tage vor der Sendung – eine aggressive Presseerklärung. Sie nahm den Landesvater eilfertig in Schutz und beschimpfte dafür die fragenden Journalisten um so heftiger. Recherchen von ‚Panorama' wurden als ‚journalistische Unterstellung' und ‚anmaßende Vorwürfe' abqualifiziert. ‚Grob rechtswidrig' sei es, die Arbeit der Staatsanwaltschaft in Zweifel zu ziehen. Schließlich habe der beschuldigte B. seine protokollierten Aussagen zurückgezogen, behauptete die Staatsanwaltschaft." Das aber sei nicht richtig, entgegneten die „Tagesthemen". Der „Panorama"-Zeuge bestreite „vehement", daß er seine Aussage zurückgezogen habe. Statt Antworten auf die vielen offenen Fragen sei aus Saarbrücken dann die einstweilige Verfügung gekommen, gegen die der Norddeutsche Rundfunk inzwischen Widerspruch eingelegt hat.

Journalisten verhindern „Bananenrepublik"

Den „Tagesthemen"-Bericht über die „Panorama"-Geschichte und die Informationsverweigerung der Saarbrücker Staatsanwaltschaft nutzte Ernst Elitz für einen „Tagesthemen"-Kommentar, in dem er zu ausgiebiger Selbstbeweihräucherung ansetzte und so tat, als ob schon alle Ungereimtheiten der „Rotlicht-Affäre" geklärt seien. Er stimmte das hohe Lied des aufrechten Journalismus an. Der „Rotlicht-Skandal" beweise, so Elitz, daß die Journalisten nicht mit den Politikern in einem Boot säßen, sondern die „richtige, kritische Distanz" wahrten: „Aber es hat den Anschein, als wenn einige Politiker es inzwischen schon für Majestätsbeleidigung halten, wenn Journalisten unbequeme Fragen stellen. Aber das wollen und können wir uns nun wirklich nicht abgewöhnen. Deutschland ist ja im Moment voll von beleidigten Politikern. Aber statt Verbalinjurien zu streuen, sollten sie sich lieber dazu entschließen, klare Auskünfte zu geben und nicht die beleidigte Leberwurst zu spielen. Es ist nun mal von öffentlichem Interesse, mit wem diejenigen verkehren, die in unserer Gesellschaft die allgemeinen politischen Verkehrsregeln festlegen – nicht nur in Saarbrücken."

Weder „Panorama“ noch der „Spiegel“ seien für den Zustand der Gesellschaft und die „Unsitten einiger Politiker“ verantwortlich, urteilte Elitz weiter und stilisierte die Journalisten zu Gralshütern der Demokratie: „Sicher stünde die Bundesrepublik heute nicht so gut da, wenn sie nicht kluge Politiker gehabt hätte und hat. Aber sicher wäre sie auch eine Bananenrepublik geworden, wenn nicht der sogenannte Enthüllungsjournalismus immer wieder den Finger in die Wunden gelegt und Skandale aufgedeckt hätte.“ So einfach ist das also: Die Politiker sorgen für die Skandale, die Journalisten klären sie auf, beurteilen, wer mit wem verkehren darf und wer nicht, und erledigen so ganz nebenbei noch die Arbeit der Justiz. MH

(MK 8/93, 22. 2. 1993)

Politiker

„Eine so dünne Suppe“

„Spiegel“-Attacke gegen Edmund Stoiber endet als klassische Ente

Wohl selten ist eine Attacke des Magazins „Spiegel“ so schnell in den Medien versandet wie die am 21. Februar auf der Titelseite als „Neuer Amigo-Fall“ angekündigte Aufmachergeschichte über Edmund Stoiber. „Die letzte Hoffnung“ war der Artikel überschrieben, der dem bayerischen Ministerpräsidenten vorwarf, er habe mit der Demission von Umweltminister Peter Gauweiler „Ordnung und Moral“ demonstrieren wollen, stecke nun aber „selbst im Zwielicht“: „Als Chef der Bayerischen Staatskanzlei ließ er sich von Steuersünder Zwick an die Côte d'Azur fliegen.“

„Te saludo, amigo Edmundo“

Als „Saubermann“ wolle sich Stoiber profilieren, Bürgermeistern und Landräten habe er „schöne Nebeneinkünfte aus mannigfaltigen Aufsichtsratsmandaten zusammengestrichen“, seine Minister dürften „nicht mehr hintenherum hinzuverdienen“, Gauweiler habe er „in den Rücktritt getrieben“, der „von CSU-Idol Franz Josef Strauß geprägten Vergangenheit der politischen Geschaftlhuberei und Geschäftemacherei“ wolle er entkommen, doch „die Vergangenheit läßt ihn nicht los“. Denn auch Stoiber, brandmarkte der „Spiegel“, verstoße gegen die Maßstäbe der Moral in der Politik. Er habe sich in der Vergangenheit „bei Autofirmen schwere Wagen ausgeborgt“ und sei auf Kosten der Firma MBB in den Urlaub geflogen. Doch das sei nicht alles: „Edmund Stoiber und seine Frau Karin haben sich auch von dem Steuerflüchtling Eduard Zwick, dem Bäderkönig von Bad Füssing, aushalten lassen. Und dies zu einer Zeit, als gegen Zwick bereits ermittelt wurde und ein Haftbefehl ins Haus stand." In „Münchens gebildeten Kreisen", spottete der „Spiegel", dürfe „neu gegrüßt werden: Te saludo, amigo Edmundo, im Freundeskreis der Schnorrer und Strauß-Spezln".

Erst nach dieser langen – im Original noch opulenter formulierten – Vorrede kam das Magazin zum sachlichen Kern des Korruptionsvorwurfs: „Am Montag, dem 5. September 1983, stiegen der Leiter der Bayerischen Staatskanzlei, Staatssekretär Edmund Stoiber, und Gemahlin Karin auf dem Flughafen Riem an Bord einer Cessna 441 ‚Conquest' – Kennzeichen D-ICKH – des Flugcharter-Unternehmens ‚Air-Flight'. Bester Laune, erinnern sich Begleiter, seien die beiden gewesen, daß sie mal dem Regierungsstreß entfliehen konnten." Nach der Landung „im sonnendurchfluteten Cannes" sei das Paar ins „verträumte Provinznest Cogolin zum Luxusrestaurant ‚La Fenière'" gereist. Und dort habe anläßlich des 68. Geburtstages von Franz Josef Strauß dann eine rauschende Party stattgefunden, Champagner, trockener französischer Weißwein und Langusten „satt". Und jetzt endlich wartete der „Spiegel" mit dem vermeintlichen Skandal auf: Den Flug der Stoibers bezahlt habe der steuerflüchtige Unternehmer Zwick, beziehungsweise dessen Tochter – 7598,96 Mark. Stoiber habe wissen müssen, „daß er und seine Frau vom Steuerhinterzieher Zwick freigehalten worden waren", unterstellte der „Spiegel", teilte aber immerhin noch mit, daß erst einige Monate nach dem Ausflug an die Côte d'Azur gegen Zwick Haftbefehl erlassen worden sei.

Doch anders als an so vielen Wochenenden zuvor, verwandelte sich der vom „Spiegel" inszenierte Angriff dieses Mal nicht in eine breite Kampagne. Die „taz" (21. Februar) meinte zwar, „Ministerpräsident Stoiber wurde beim streibln erwischt", aber nicht einmal solche der CSU-Parteigängerschaft unverdächtigen Zeitungen wie die „Frankfurter Rundschau" und die „Süddeutsche Zeitung" machten bei der „Spiegel"-Tour mit. Statt dessen teilte die „Frankfurter Rundschau" auf ihrer Titelseite mit: „Stoiber weist Vorwürfe gegen Reise auf Zwicks Kosten zurück." Auch die „Süddeutsche Zeitung" befaßte sich in einem langen Artikel mit den von Edmund Stoiber auf einer eilig einberufenen Pressekonferenz gegen den „Spiegel" vorgetragenen Argumenten. Die F.A.Z. berichtete, Stoiber habe die Behauptung des „Spiegels", er habe sich von dem Füssinger Unternehmer Zwick zu einer Vergnügungsreise nach Südfrankreich einladen lassen, als „Unverschämtheit und Hinterfotzigkeit" bezeichnet. Stoiber habe jede persönliche oder politische Beziehung zu Zwick geleugnet und gesagt: „Ich kenne den Mann überhaupt nicht." Wer für die damalige Reise zur Geburtagsfeier von Franz Josef Strauß finanziell aufgekommen sei, „wisse er auch heute noch nicht": „Es widerspricht völlig der Lebenserfahrung, den Einladenden zu fragen, ob er die Einladung bezahlt." Die „Welt" referierte nicht nur die Aussagen Stoibers, sondern brachte zur Unterstützung auch noch ein „SPD-Ehrenzeugnis für Stoiber" bei: „Bayerns SPD-Vorsitzende Renate Schmidt stellte dem Regierungschef inzwischen ein Ehrenzeugnis aus. ‚Ich halte die Darlegung des Ministerpräsidenten hinsichtlich der Geburtstagseinladung für glaubwürdig‘, erklärte sie nach Stoibers Pressekonferenz in München.“

„Altlasten aus der Strauß-Ära“

„Nicht hinter jeder Enthüllung steckt ein brisanter Fall. Manchmal kommen auch klägliche Rohrkrepierer heraus. Die Vorwürfe, die der ‚Spiegel‘ gegen Bayerns Ministerpräsidenten Edmund Stoiber zusammengetragen hat, sind eine so dünne Suppe, daß man Stoibers Empörung darüber verstehen kann. Daß für die Reise zum Geburtstag von Franz Josef Strauß, der 1983 in Südfrankreich feierte, Strauß nicht selber aufkam, sondern sein Spezi, der Steuerflüchtling Eduard Zwick, braucht sich Stoiber nicht anlasten zu lassen“, kommentierte die „Frankfurter Rundschau“ und meinte: „Das Problem für Stoiber ist, daß ihm die vagabundierenden Altlasten aus der Strauß-Ära in die Quere kommen.“ Ganz ähnlich interpretierte die „Süddeutsche Zeitung“ den vom „Spiegel“ hochgespielten Vorgang: „Der Geist von Franz Josef Strauß hat Edmund Stoiber nun doch eingeholt. Oder waren es Geister, die eine alte Rechnung benutzten, um eine Rechnung mit Stoiber zu begleichen?“ Nicht einmal Strauß habe die „Steuervorteile“ seines Freundes Zwick kennen müssen. „Erwiesen scheint aber zu sein, daß Stoiber mit der Zwick-Affäre nichts zu tun hatte. Er war auch nicht zuständig. Daß er an dem Geburtstagsflug teilgenommen hatte, ist seit vielen Jahren bekannt.“

Es werde jetzt ein nachgeholter Wahlkampf gegen Franz Josef Strauß geführt, „in dem ein Straußen-Ei unter seinen Erben nach dem anderen in die Pfanne gehauen wird“, kommentierte Hannes Burger in der „Welt“ (22. Februar): „In einer Art ‚Stellvertreterkrieg‘ gegen die Nachfolger wetteifern Hamburger Magazine nun darin, abwechselnd neue ‚Affären‘ zu enthüllen, die im Kern nie ein Geheimnis waren.“ Daß der zurückgetretene Umweltminister Gauweiler hinter dem Kampagnen-Versuch stecke, legte die F.A.Z. als Verdacht nahe und meinte: „Die ganze Angelegenheit ist nichts als eine Luftblase. Ausnahmsweise kann auch ein CSU-Politiker recht haben: Man fragt den Einladenden nicht, wie er die Einladung bezahle. Es mag sein, daß Strauß sich des Freundesdienstes jenes Unternehmers bedient hatte. Aber zu Stoibers Gunsten braucht hier nicht einmal bayerische Weitherzigkeit bemüht zu werden.“ MH

(MK 9/94, 28. 2. 1994)

Politiker

Klassische Vorverurteilung

Vorwürfe gegen Finanzminister Waigel gehen ins Leere

Seit langem ist die „Süddeutsche Zeitung" intensiv bemüht, Verbindungen zwischen den Firmen des früheren DDR-Unterhändlers Alexander Schalck-Golodkowski und bayerischen Fleischkonzernen aufzudecken und dabei auch hochrangigen westdeutschen Politikern angebliche Begünstigungen unlauterer Machenschaften nachzuweisen. Ende März schien es die SZ geschafft zu haben: „Waigel verhindert per Sondererlaß Anklage wegen Subventionsbetrugs in Höhe von 300 Millionen Mark", titelte die „Süddeutsche" am Samstag, 20. März, auf Seite eins. Sie lag damit genau neben den Fakten, schrieb SZ-Autor Hannes Krill doch über einen Erlaß des Finanzministeriums, mit dem Waigel persönlich überhaupt nicht befaßt war. Doch die Schlagzeile blieb nicht ohne Wirkung. Die Vorwürfe wurden von den Medien über das Wochenende hinaus breit gestreut.

Die Vorgeschichte: Die Staatsanwaltschaft Augsburg ermittelte gegen den Fleischkonzern Moksel, der sich des Subventionsbetrugs schuldig gemacht haben soll. Es geht um den Vorwurf, daß für die Ausfuhr von westdeutschem Schlachtvieh nach Osteuropa Subventionen einkassiert worden sind, die für den Export ostdeutscher Schlachttiere gedacht waren. Die Regelung galt bis zum Tag der deutschen Einheit, dem 3. Oktober 1990. Zwei Tage vor dem Stichtag soll eine Firma Schalck-Golodkowskis Subventionen in Höhe von 300 Millionen Mark beantragt haben, die Moksel zugeflossen sein sollen. Die „Süddeutsche" berichtete, das Finanzministerium habe am 15. Januar dieses Jahres mit einem „Sondererlaß" rückwirkend für eine Entschärfung der Zuschußvergabekriterien gesorgt, so daß die Staatsanwaltschaft den Subventionsbetrug nicht mehr weiterverfolgen könne. Die SZ nannte das den „Sondererlaß", mit dem „Bundesfinanzminister Theo Waigel (CSU) verhindert" habe, „daß der Allgäuer Fleischkonzern Moksel wegen Subventionsbetrugs verhaftet werden kann".

Vorwürfe trotz Klarstellung vervielfältigt

Gegenüber der Presse nannte Waigel die Vorwürfe „absurd". Der Staatssekretär im Finanzministerium, Zeitler, bezeichnete sie auf einer Pressekonferenz am 21. März als „grobe Irreführung", die offenbar wider besseres Wissen begangen worden sei. Waigel sei nie mit dem Erlaß befaßt gewesen, von dem die Firma Moksel obendrein gar nicht betroffen sei und nicht profitieren könne.

Gegenüber der „Medien-Kritik" erklärte das Finanzministerium, man habe den zuständigen Redakteur der „Süddeutschen Zeitung" vier Tage vor Erscheinen des Artikels in einem einstündigen Telefonat ausführlich über den

Erlaß informiert und ihm mitgeteilt, daß der Minister nicht mit ihm befaßt gewesen sei. Am Donnerstag abend – zwei Tage vor Erscheinen des SZ-Artikels – sei ein Fax beim Ministerbüro eingegangen, in dem erneut nach Waigels Beteiligung gefragt worden sei. Die Antwort habe man der SZ einen Tag vor Erscheinen, am Freitag, 19. März, um 16.15 Uhr zugefaxt. Der Chefredakteur der „Süddeutschen Zeitung", Dieter Schröder, sagte, daß es sich hier um eine „technische Panne" gehandelt habe, die Information aus dem Ministerium und der Andruck hätten sich überkreuzt. Die Angaben des Finanzministeriums seien noch in den Text aufgenommen worden, bei Vorspann und Schlagzeile sei das unterblieben. Als „etwas voreilig" könne man den Vorgang bezeichnen, räumte er ein.

Trotz der Vorinformation jedenfalls, erschien am 20. März der Waigel belastende Artikel, gegen den die Landtagsfraktion der CSU inzwischen Beschwerde beim Presserat eingelegt hat. Und trotz der anschließenden öffentlichen Klarstellung des Ministeriums wurden die von der SZ erhobenen Vorwürfe vervielfältigt. Sie hatten sich schon vorher in der „taz" gefunden, die am 23. März auf ihrer Titelseite ein Porträt Waigels mit vorgehängten Rinderhälften zeigte, nebst der Schlagzeile: „Waigel und die Prager Filets". Zwar lasse sich Waigel persönlich „offenbar" nichts nachweisen, schrieb das Blatt, „doch Krauses Verfehlungen nehmen sich niedlich aus gegen Waigels Unfähigkeit". Auch die „Frankfurter Rundschau" (22. März) fällte ihr Urteil rasch. Zwar sei abzuwarten, ob sich die Vorwürfe bewahrheiteten, schrieb die FR, urteilte aber trotzdem: „Wundern würde es kaum noch einen, wenn es so wäre." Auch wenn Waigel persönlich nicht mit der Sache befaßt gewesen sei, politisch sei er verantwortlich. Auch die F.A.Z. (22. März), die später (1. April) erleichtert feststellte, daß sich die Vorwürfe gegen Waigel aufgelöst hätten, hatte zunächst Bedenken: „Unfaßbar wäre, wenn sich tatsächlich als Gefälligkeit erweisen sollte, was das Bundesfinanzministerium zugunsten eines häufiger genannten Viehhandelsunternehmens aus dem Allgäu (Waigels politischer Heimat) unternommen hat." Der „stern" (25. März) kopierte die SZ-Geschichte. „Waigel, Kiechle und der Fleischbaron", titelte die Illustrierte ihren Text über den Erlaß, für den Waigel „politisch verantwortlich" sei. „Focus" (29. März) beanspruchte den Skandal für sich: „Die Moksel-Affäre, von ‚Focus' (11/93) ins Rollen gebracht", gewinne für Waigel „neue Dimensionen", weil sich herausgestellt habe, daß sein Ministerium vom Landwirtschaftsministerium vor Zuschüssen für den Fleischkonzern Moksel gewarnt worden sei.

„Ein handfester Zeitungsskandal"

Die „Süddeutsche Zeitung" rückte von ihrer Darstellung nicht ab. „Zu einem Betrug gehören immer zwei: der Betrüger und der Betrogene. Wenn der Betrogene erklärt, er sei weder getäuscht noch geschädigt worden – dann tut sich der Staatsanwalt schwer. Dies ist die Grundkonstellation des Falles Waigel/Moksel. Das Bonner Finanzministerium handelt nach dem

Motto: Was Subventionsbetrug ist, das bestimmen wir." So kommentierte Heribert Prantl die Vorgänge am 23. März. Einen Tag später brachte seine Zeitung – offenbar als Wiedergutmachung – auf der Titelseite einen Artikel, der über Waigels Zurückweisung der Vorwürfe berichtete: „Zu einem SZ-Bericht vom vergangenen Wochenende, der auf Informationen der Augsburger Staatsanwaltschaft beruhte, erklärte Waigel gegenüber der ‚Süddeutschen Zeitung', er sei zu keinem Zeitpunkt mit einem Erlaß des Ministeriums vom 15. Januar befaßt worden. Deshalb gebe es auch keinen ‚Eingriff des Finanzministers' in ein Verfahren, von dem die Firma Moksel profitiert haben solle." Und: „Waigel erklärte, er sei ‚besonders empört' über die Formulierung in der SZ, die Firma Moksel habe ‚ihren Sitz im Allgäu, der Heimat Waigels'. Damit werde der Eindruck enger Beziehungen zwischen ihm und dem Unternehmen erweckt. ‚Ich unterhalte keine Bekanntschaft und keine Beziehungen zu Herrn Moksel oder zur Firma Moksel', versicherte Waigel der SZ."

Der Chefredakteur der „Augsburger Allgemeinen", Gernot Römer, fand derweil (22. März), es spreche einiges dafür, „daß die Affäre, die Finanzminister Waigel angehängt werden soll, in Wahrheit ein handfester Zeitungsskandal ist": „Noch ist der Vorgang nicht restlos aufgeklärt. Aber der Verdacht drängt sich auf, daß dieser auf Waigel gezielte Schuß mit der grassierenden Seuche zusammenhängt, Tag für Tag Affären zu enthüllen und – so nicht vorhanden – auch Nichtigkeiten als solche auszugeben. Vielleicht läßt der Fall auch Journalisten einmal über ihr Tun nachdenken." MH

(MK 15/93, 13. 4. 1993)

Spionage

„Jetzt auch noch Willi"

„Bild"-Zeitung führte Bremer Fußballmanager als KGB-Mann vor

Wie man die eigene Aufmachergeschichte sogleich als Fälschung entlarvt, bewies die „Bild"-Zeitung am 11. Februar. „Werder-Lemke: Ich war KGB-Spion" lautete der Titel der als „sensationelle Enthüllung" angekündigten Top-Story. Im winzig gedruckten Fortsetzungsteil der vermeintlichen Sensationsgeschichte folgte auf Seite zwei schon der Gegenbeweis der Titelzeile, mit der die „Bild"-Zeitung das Leserinteresse auf Kosten der Wahrheit anzog: „Werder-Lemke: Die Russen bekamen nur Spielmaterial."

Doch bevor „Bild" die genauen Umstände der Agententätigkeit Lemkes preisgab – er berichtete dem Hamburger Verfassungsschutz von dem Anwerbeversuch des KBG und gab an die Spionageabwehr weiter, was die

Russen von ihm wissen wollten –, tat das Boulevardblatt erst einmal so, als ob Lemke im Auftrag des KGB spioniert habe: „Heute startet die Bundesliga in die dramatischste Rückrunde aller Zeiten. Die größte Sensation aber gab's schon vor dem ersten Anstoß. Willi Lemke (47), der Manager von Meister Werder Bremen, gestand Unfaßbares: ‚Ich habe für den KGB gearbeitet.' Lemke, früher Landesgeschäftsführer der Bremer SPD, stand vier Jahre lang in Diensten des sowjetischen Geheimdienstes. ‚Ums Geld ging's mir nicht. Andere Dinge waren wesentlich wichtiger', sagte Lemke gestern. Wie er angeworben wurde, warum er plötzlich alles gesteht -", das sollten die „Bild"-Leser auf der nächsten Seite erfahren. Dort erblickten sie den Kommentar von Jörg F. Hüls „Jetzt auch noch Willi". Auch hier war nicht zu erkennen, daß Lemke nicht im Sinne des KGB, sondern des Verfassungsschutzes arbeitete, im Gegenteil: „Wir haben uns fast schon daran gewöhnt, daß die Spione der Stasi und des KGB in den Vorzimmern der Bonner Regierung gesessen haben. Wir haben erfahren müssen, daß die Schnüffler beim Fernsehen, in den Zeitungsredaktionen und in der Industrie hockten. Und jetzt auch im Sport. Da, wo wir geglaubt haben, daß die Regeln von Anstand und Fairneß noch gewahrt werden, bekennt Werder Bremens Manager Willi Lemke: Ich war ein KGB-Spion. Das einzig Gute an diesen Enthüllungen ist für uns die Erkenntnis: Die Systeme haben ihr ganzes Geld, ihre ganze Kraft in diese ekelhafte Schnüffelei gesteckt – und sind daran erstickt."

Mit Billigung des Verfassungsschutzes

Erst aus der zwischen vielen anderen Texten versteckten Fortsetzung der Skandal-Geschichte war zu entnehmen, wie der heutige Fußballmanager 1969 als Student Kontakt zum KGB bekam, sich anwerben ließ, sich dem Verfassungsschutz offenbarte: „Ich wollte nicht als U-Boot gegen den eigenen Staat arbeiten." Die F.A.Z. (11. Februar) schrieb: „Willi Lemke, der Manager des Fußball-Bundesligavereins Werder Bremen, war in den Jahren 1969 bis 1974 Doppelagent. Das SPD-Mitglied, seinerzeit wissenschaftlicher Planer der Universität Bremen, hat mit ausdrücklicher Billigung des Hamburger Verfassungsschutzes Informationen an den sowjetischen Geheimdienst KGB weitergegeben. Partei und Lemkes Arbeitgeber waren über diesen Teil seiner Vergangenheit informiert . . . Als Grund für sein Tun nannte Lemke Abenteuerlust, Eitelkeit und staatspolitisches Pflichtgefühl" – das hätte als Sensation doch eigentlich auch für „Bild" reichen müssen, allemal besser als ein falscher Aufmacher und ein moralisierender Kommentar, der die Tatsachen verdrehte. MH

(MK 8/94, 21. 2. 1994)

Kampagnenjournalismus

Ein klassischer Rufmord

„taz" führt Kampagne gegen Charlotte Höhn weiter

Wenn die Berliner „taz" einmal jemanden ins Visier genommen und zum Ziel einer Kampagne erkoren hat, dann läßt sie von ihrem Opfer so schnell nicht ab. Unermüdlich werden Artikel mit dem Ziel verfaßt, den zum Abschuß Freigegebenen immer stärker in ein ungünstiges Licht zu rücken. Besonderen Elan legt das Blatt an den Tag, wenn es um die Enttarnung vermeintlicher Ultrakonservativer, Rechtsextremisten oder Rassisten geht. Zeitgenossen, die die „taz" in diesem Dunstkreis sieht, verfolgt sie mit Inbrunst und unter Mißachtung journalistischer Gebote. Das war bei dem sächsischen Justizminister Steffen Heitmann so, das bahnt sich bei der Familienministerin Claudia Nolte an und das wurde demonstriert am Beispiel von Charlotte Höhn, der Direktorin des Bundesinstituts für Bevölkerungsforschung in Wiesbaden. Just zum Auftakt der Weltbevölkerungskonferenz in Kairo, an der Frau Höhn teilnahm, eröffnete die „taz" (3. September) ihre Kampagne mit der Schlagzeile „Reinrassige Ansichten", Untertitel: „Deutsche Vertreterin bei Kairoer Konferenz hält Afrikaner für weniger intelligent."

„‚Ist das erstrebenswert, daß sich Menschen, die krank sind, vermehren? Ist das vielleicht gut?' Wenn jemand, der selbst an einer möglicherweise vererbbaren Krankheit leidet, so etwas fragt, dann ist das seine persönliche Entscheidung", schrieben Susanne Heim und Bernd Pickert. „Als bevölkerungspolitische Äußerung ist es untragbar." Das Zitat, so die „taz"-Autoren, stamme von Charlotte Höhn, die gerade die Bundesrepublik in Kairo vertrete. „In einem Gespräch mit den Journalistinnen Ulrike Schaz und Susanne Heim" habe sie „noch andere nicht zu rechtfertigende Positionen" vertreten, die in der „taz" in einem kurzen Text nachzulesen waren. Schon 1990, hieß es weiter, habe sich Frau Höhn dem Vorwurf ausgesetzt gesehen, „sich doch ein bißchen zu stark an die Rassenideologie und Eugenikforschung der NS-Wissenschaft anzulehnen". In einer 1990 publizierten Bibliographie habe sie nämlich im Vorwort geschrieben, „daß die Bevölkerungswissenschaft in der Zeit zwischen 1933 und 1945 ‚eine ernstzunehmende Wissenschaft' gewesen sei". Viel mehr als diesen scheinbar skandalträchtigen Hinweis gab die „taz" am 3. September nicht. Sie wartete die Wirkung des schwerwiegenden Verdachts ab, um sie dann wieder als Schützenhilfe in eigener Sache zu verwenden. Und tatsächlich machte in den Medien plötzlich die Geschichte von der angeblich rassistisch eingestellten deutschen Bevölkerungsforscherin in Kairo die Runde. Wer mochte da bei aller Aufregung fragen, wie das „Interview" zustande gekommen war und auch noch die Reaktion der Beschuldigten abwarten, die ja im fernen Kairo weilte? Bevor Frau Höhn sich äußern konnte, stand der Vorwurf des Rassismus im Raum, in dessen Natur es hierzulande liegt, daß er beim Beschuldigten, selbst wenn er im nachhinein seine Unschuld zu beweisen in der Lage ist, einen Makel hinterläßt.

„Erbin Hitlers“

Und so war schnell der SPD-Politiker Freimut Duve zur Stelle, um Charlotte Höhn als „Erbin Hitlers“ zu bezeichnen, was die „taz“ wiederum als Zitat an den Anfang ihres nächsten Artikels über die Bevölkerungsforscherin stellte. Es fanden sich zudem eine Bundestagsabgeordnete der SPD, die Präsidentin der Internationalen Liga für Menschenrechte und eine wissenschaftliche Mitarbeiterin der Grünen, die den Rücktritt von Frau Höhn forderten. „Rassistische Äußerungen im akademischen Gewand“, zitierte die „taz“ die Menschenrechtsfunktionärin Alisa Fuss, „seien genauso gefährlich wie die Taten rechter Schlägertrupps“. Afrikanische Delegierte, so die „taz“, „reagierten empört auf die Äußerungen Höhns. ‚Solche Statements sind sehr beleidigend für die afrikanischen Delegierten‘“, habe ein Vertreter aus Uganda gesagt. Manfred Kulessa schließlich, Vertreter der evangelischen Kirche, habe der „taz“ gesagt: „Wenn das stimmt, wie Frau Höhn zitiert wird, dann ist das ein Skandal. Dann muß man sich fragen, ob sich Frau Höhn nicht besser aus dem Geschäft zurückzieht.“ Drei Tage später verließ Charlotte Höhn die deutsche Delegation in Kairo vorzeitig. In der Zwischenzeit hatten sich einige Medien der „taz“-Kampagne angeschlossen. Die „Frankfurter Rundschau“ verließ sich ganz auf die Vorlage aus Berlin und kommentierte (10. September): „Jetzt mal ganz unter uns, man traut es sich ja kaum auszusprechen: daß der Neger ein bißchen weniger im Kopf hat als unsereiner, das wissen wir doch alle. Man kann das freilich etwas eleganter ausdrücken: Die ‚durchschnittliche Intelligenz der Afrikaner‘ ist ‚niedriger als die anderer‘. Wer bei diesen Sätzen gerade mit dem Kopf genickt hat, ist ein Rassist. Und wer solche Ansichten laut äußert, wie es die Chefin des Wiesbadener Instituts für Bevölkerungsforschung, Charlotte Höhn, getan hat? Die ist es auch, wenn sie sich nicht schnell und nachdrücklich davon distanziert.“

„Weitreichende und beleidigende Schlüsse“

Nur wenige Journalisten versuchten, die Hintergründe des „Interviews“ zu ergründen. Noch weniger wagten, Zweifel am Vorgehen der „taz“ anzumelden. Ansgar Skriver, der für den ARD-Hörfunk aus Kairo berichtete, tat beides. In den Programmen von WDR 3 und NDR 4 schilderte er (7. September) seine Erkenntnisse. Zu dem „Gespräch mit den Journalistinnen Ulrike Schaz und Susanne Heim“, aus dem die „taz“ zitierte, habe ihm Frau Höhn gesagt, die beiden Autorinnen hätten sich „ihr nicht als Journalistinnen, sondern als Historikerinnen vorgestellt, die um ein Gespräch baten und dann zur Vereinfachung ihrer Arbeit ein Tonband mitlaufen lassen wollten. Nach anderthalb bis zwei Stunden habe sie das immer unangenehmer werdende Gespräch abgebrochen. Auf die ihr später zugesandte Tonbandabschrift habe sie schriftlich so reagiert, daß der gesamte Text von ihr nicht autorisiert werde. Nie sei ihr gesagt worden, daß es sich um ein ‚Interview' gehandelt habe. Die ‚taz' bezeichnete ihren am Samstag veröffentlichten Text als ‚Interview', bei dessen Lektüre sich sofort der Verdacht aufdrängt, es handele sich um Manipulation. Diese Vermutung hat sich inzwischen voll bestätigt, und man muß sich fragen, wie es möglich ist, daß der SPD-Bundestagsabgeordnete Freimut Duve, die Präsidentin der Internationalen Liga für Menschenrechte, Alisa Fuss, und weitere, heute in der ‚taz' namentlich genannte Personen weitreichende und beleidigende Schlüsse ziehen aus einem anscheinend ohne weiteres für zutreffend gehaltenen denunziatorischen Tonband-Gespräch. Anscheinend ist reihum nach Meinungen über Zitate gefragt worden, ohne daß die Antwortenden deren Authentizität geprüft haben. Mit welch seltsamen Methoden hier gearbeitet wird, zeigt auch der Umstand, daß Manfred Kulessa, Vertreter der evangelischen Kirche in der deutschen Delegation, von der heutigen ‚taz' mit Äußerungen zitiert wird wie: das sei ein Skandal, wenn das stimmte. Kein Wort stammt von Kulessa. Eine Gegendarstellung ist unterwegs. Sauerei, sagte er dazu." Zwei Tage später (9. September) berichtete Skriver, wie die „taz" zu den Zitaten afrikanischer Delegierter gekommen sei: „In Kairo wurden zum Beispiel afrikanische Delegierte auf Einzelzitate angesprochen, was sie dazu meinten, daß eine deutsche Delegierte Afrikaner für weniger intelligent halte. Die jeweiligen Reaktionen – ohne Kenntnis der Umstände – kann man sich leicht vorstellen. Und die werden dann wieder in Deutschland zitiert, um Frau Höhn anzuschwärzen."

Derlei Aufklärung über das dubiose „Interview" beantwortete Bernd Pikkert in der „taz" (9. September) mit dem Hinweis, Frau Höhn habe „viel Zeit gehabt, sich gegenüber den Interviewerinnen inhaltlich zu korrigieren. Sie hat das nicht getan. Sie wollte nur nicht, daß die Öffentlichkeit davon erfährt". Drei Tage später druckte die „taz" einen Ausschnitt aus dem Gespräch, der um einen Absatz länger war als der zuerst publizierte Auszug, um dem Vorwurf entgegenzutreten, es sei etwas aus dem Zusammenhang gerissen worden. Daß sich freilich auch damit der Charakter des Gesprächs dem Leser nicht erschließt, erkennt nur, wer den Disput über die zwei, drei „taz"-Zitate hinaus verfolgen kann. Am 17. September meldete die „taz" ihren Erfolg: „Charlotte Höhn vom Dienst suspendiert." Das Bundesinnenministerium forderte sie nach ihrer Rückkehr aus Kairo auf, einen dienstlichen Bericht abzugeben. Ob der Vorfall Konsequenzen haben werde, hieß es damals, werde danach entschieden. Die Suspendierung von Frau Höhn dauert bis heute fort, ein disziplinarrechtliches Vorprüfverfahren wurde eingeleitet, die Entscheidung des Ministeriums, das dem Bundesinstitut vorgeordnet ist, steht aus.

„In eine Falle getappt"

Einige Tage nach der Aufregung ließ Klaus Natorp in der F.A.Z. (27. September) die Dinge Revue passieren. Er rekonstruierte das Zustandekommen des „Interviews“, das ein halbes Jahr vor seiner Veröffentlichung im April 1994 als Streitgespräch entstanden war. „Im erregten Hin und Her“, so Natorp, „fielen dann schließlich jene selbst von Frau Höhn später als ‚unglücklich‘ bezeichneten Äußerungen über angebliche Intelligenzunterschiede bei bestimmten Völkern und über Denkverbote, die es in der Wissenschaft nicht geben dürfe. Liest man das ganze Interview im Zusammenhang, ist allerdings unschwer zu erkennen, daß die Passage über die Intelligenzunterschiede nicht Frau Höhns Meinung wiedergibt, sondern nur von ihr referiert wurde. Sie ist da regelrecht in eine Falle getappt, die ihr vermutlich bewußt gestellt wurde. Dafür spricht auch, daß ihre angeblich rassistischen Bemerkungen von den beiden Damen nicht sofort veröffentlicht wurden, sondern erst Monate später, nämlich Anfang September zum Beginn der Weltbevölkerungskonferenz in Kairo, wo Frau Höhn in der deutschen Delegation eine wichtige Rolle spielte. Die Weitergabe der aus dem Zusammenhang gerissenen Gesprächsfetzen an die Berliner Zeitung ‚taz‘ wird für die Informantinnen möglicherweise noch ein Nachspiel haben, denn Frau Höhn sagt, sie habe das Gespräch mit den beiden schließlich abgebrochen, sie der Täuschung bezichtigt und eine Abschrift des Tonbands verlangt. Diese hat sie auch erhalten, konnte sie jedoch wegen Zeitmangels in den Tagen der Vorbereitung auf die Kairoer Konferenz nicht gleich bearbeiten, sie hat den beiden Damen das auch mitgeteilt. Ausdrücklich fügte sie hinzu, sie könne das Interview so nicht autorisieren und erwarte, ‚daß Sie das Interview nicht zitieren‘. Trotzdem gaben die Interviewerinnen, aus denen laut ‚taz‘ auf einmal ‚Journalistinnen‘ geworden waren, den ihrer Meinung nach Frau Höhn disqualifizierenden Interview-Ausschnitt weiter.“ Charlotte Höhn habe das Interview, schrieb Hans Harald Bräutigam in der „Zeit“ (7. Oktober), „nicht autorisiert, denn am Ende kamen ihr die beiden Fragerinnen doch komisch vor. Vorverurteilt wurde die Direktorin allein aufgrund der ‚taz‘-Veröffentlichung, wo von jenem Gespräch nur wenige Zeilen übrigblieben“.

Leider blieb Aufklärung über den vermeintlichen Skandal um Frau Höhn, der sich bei genauem Hinsehen als Skandal um die Methoden der „taz“ entpuppte, wie sie Skriver und später Natorp und Bräutigam leisteten, Mangelware. Die „Frankfurter Rundschau“ etwa, die im Fahrwasser der „taz“ gesegelt war, druckte am 5. Oktober eine kurze Gegendarstellung von Charlotte Höhn ab, in der es zu einem FR-Beitrag hieß: „In dem Artikel wird behauptet, ich hätte die mir zugeschriebenen Äußerungen in einem ‚taz‘-Interview gemacht. Diese Behauptung ist falsch. Ich habe der ‚taz‘ niemals ein Interview gegeben.“ Mit diesem lapidaren Hinweis mußten sich die Leser der „Frankfurter Rundschau“ begnügen. Und die ertappten Auslöser der Kampagne halten auch nicht inne – im Gegenteil, sie machen weiter. Die mal als „Historikerin“, mal als „Journalistin“ auftretende Susanne Heim erklärte in einem Leserbrief in der F.A.Z.: „Zusammen mit Ulrike Schaz arbeite ich zur Zeit an einem Buch zur Geschichte der Überbevölkerungsdiskussion in diesem Jahrhundert. Das Gespräch mit Frau Höhn ist in diesem Zusammenhang entstanden. Wir kannten sie bis dahin nur aus ihren Veröffentlichungen und haben von dem Gespräch nichts Spektakuläres in irgendeiner Hinsicht erwartet. Schon gar nicht hatten wir eine Veranlassung, ihr eine Falle zu stellen. Es gab vorab weder Pläne noch Absprachen, wo das Interview veröffentlicht würde. Frau Höhn hat jedoch im Verlauf des Gesprächs mehrfach deutlich gemacht, daß sie von einer Veröffentlichung des Interviews ausgeht. Letztlich werden ihre Ansichten aber nicht mehr oder weniger brisant je nachdem, ob sie sie gegenüber einer Journalistin oder einer Historikerin äußert, ob sie in einer Zeitung oder einem Buch veröffentlicht werden." Die Äußerung sei aus dem Munde einer Bevölkerungsforscherin ein Skandal an sich, meinte Susanne Heim, die sich in ihrem selbstrechtfertigenden Leserbrief freilich vollständig um die Frage herumdrückte, warum sie die Interviewfetzen in der „taz" veröffentlichte. Auch die „taz" sind in der Zwischenzeit keinerlei Selbstzweifel überkommen. Am 1. Dezember läutete das Blatt die zweite Runde der Skandalierung ein. „Höhn hat Schaden angerichtet", schrieb Bernd Pickert. „In der gesamten Debatte um ihre Äußerungen hat sie nicht fertiggebracht, was – wenn sie wirklich mißverstanden worden wäre – das logischste gewesen wäre: Höhn hätte sich schlicht entschuldigen müssen. Den Sturm der Entrüstung hat sie selbst provoziert, nicht die ‚taz', die jetzt von ihr verklagt wird." Wann hat man so etwas je gehört? Da fordert die „taz", daß sich Frau Höhn, selbst wenn sie mißverstanden worden sein sollte, entschuldigen müsse. Auf den Gedanken, daß der gegen alle Regeln fairen Journalismus verstoßende und den Skandal so virtuos ausschlachtende Urheber des Ganzen sich zu entschuldigen hat, kommt die „taz" anscheinend nicht.

MH

(MK 50/94, 12. 12. 1994)

Politik

„Keine Fairneß und fast keine Regeln"

Pressehatz auf Familienministerin Nolte ist eröffnet

Nach nur vier Wochen Amtszeit ist die neue Familienministerin, Claudia Nolte, in der öffentlichen Wahrnehmung angekommen, wo sie einige Medien haben wollen: am äußersten rechten Rand des politischen Spektrums, wo sich Wertkonservative schnell dem Verdacht ausgesetzt sehen, sie unterscheide nicht viel von den extremen Rechten. Inhaltlich werden solche Vorhalte nicht immer untermauert, bisweilen reicht eine vorverurteilende Kampagne, wie es im Fall des sächsischen CDU-Politikers Steffen Heitmann geschah. Der Jungpolitikerin Claudia Nolte ergeht es jetzt genauso. „Der weibliche Heitmann?", fragte die „taz", als Frau Nolte ihr Amt antrat, und gab eine Vorlage für andere, in dieselbe Kerbe zu schlagen. Das ARD-„Morgenmagazin" nun verschärfte die Verdächtigung und trieb die Negativberichterstattung über die Ministerin auf ihren vorläufigen Höhepunkt: Südwestfunk-Redakteur Thomas Leif hatte in dem Kalender „Komm mit", der in der katholischen Kirche lange Zeit an Meßdiener verteilt wurde und sich dem Vorwurf, revisionistische und rechtsextreme Positionen zu vertreten, ausgesetzt sieht, ein Grußwort entdeckt, das Claudia Nolte geschrieben hatte.

„Rechte Schlagseite einer Ministerin"

Der Skandal war da, für die Medien und für einen Tag zumindest, und Thomas Leif konnte sich bei seiner Medienjagd auf echte und vermeintliche Rechtsextremisten eine neue Trophäe in den Schrank stellen. „Rechte Schlagseite einer Ministerin", titelte die „taz" (14. Dezember). „Grußwort Noltes in einer reaktionären Jugendschrift entdeckt", schrieb die „Frankfurter Rundschau" auf ihrer Titelseite. Das RTL-„Nachtjournal" (13. Dezember) schlachtete den Vorgang noch stärker aus. „Claudia Nolte", gab sich Moderatorin Anna Doubek empört, „noch nicht einmal hundert Tage als Familienministerin im Amt, sorgt schon für fette Schlagzeilen. Ausgerechnet in dem rechtsextrem angehauchten Jugendkalender ‚Komm' schrieb die Neue im Kabinett ein Vorwort. Offenbar hat Kanzler Kohls ganzer Stolz übersehen, daß inzwischen sogar die Deutsche Bischofskonferenz das Werk als jugendgefährdend einstuft. Und dabei ging es Frau Nolte doch nur um die Vermittlung christlich-katholischen Gedankenguts."

Die Moderatorin von RTL hatte bei ihrer furios vorgetragenen Rede allerdings übersehen, daß Frau Nolte ihre Zeilen schrieb, als der Kalender noch nicht in Verruf geraten und von der Bischofskonferenz noch nicht kritisiert worden war. Das Familienministerium erklärte, ihr seien 1993 lediglich „unverfängliche" Auszüge des Büchleins zugesandt worden mit der Bitte, es zu würdigen. Doch wer konnte erwarten, daß sich Anna Doubek für derlei Fakten interessierte, wo sie doch den fraglichen Kalender noch nicht einmal bei seinem richtigen Titel nennen konnte? „Komm" nannte sie ihn, „Komm mit" heißt er. Beim „Nachtjournal" kam dafür ein Beitrag von Andreas Langheim, der sich in geschmacklosen Bemerkungen über Frau Nolte erging. Den Kamerablick zunächst auf ihre Beine, dann in Großaufnahme auf ihre Schuhe gerichtet, bemerkte Langheim, daß sie einmal „ohne Mozartbluse, dafür tierlieb, in lackiertem Kroko-Imitat" aufgetreten sei. Dann referierte er die Passagen des Kalenders, die die Distanzierung der Bischofskonferenz erklären. Deutschland in den Grenzen von 1937 finde sich dort sowie das Deutschlandlied inklusive erster Strophe. „O Helmut, welch Ministerin waltet da im Amte", ergötzte sich Langheim, „die nicht weiß, was an Neujahrsbotschaft Dein Jungvolk ereilt. Oder hast Du neben Familie und Senioren in ihre Obhut heimlich gar die Ewiggestrigen gestellt?" An „Claudia" gewandt, meinte der „Nachtjournal"-Autor: „Dir sei verziehen, das bischöfliche Wort mißachtet zu haben, wenn Du uns denn Besserung gelobst."

In der „taz" (14. Dezember) erklärte Annette Rogalla, Noltes Brief an „Komm mit" sei durch das ARD-„Morgenmagazin" bekannt geworden, „just an dem Tag, als die Jugendministerin die Europäische Jugendkampagne des Europarates gegen Rassismus, Fremdenfeindlichkeit, Antisemitismus und Intoleranz eröffnete." In der „Frankfurter Rundschau" sprach Ullrich Fichtner von einem „Fall", den das „Morgenmagazin" aufgedeckt habe. In der F.A.Z. stellte Georg Paul Hefty dagegen fest, daß Frau Nolte sich in einem Kampf befinde, „der keine Fairneß und fast keine Regeln kennt". Ihre Zeilen stammten „aus der Zeit weit vor der öffentlichen Anprangerung des Kalenders im vergangenen Frühjahr, in deren Folge dann kirchliche Institutionen ihren Abstand von dem Büchlein öffentlich machten. Daß die Politikerin nicht genau hingeschaut habe, verfängt als Vorwurf nur bedingt – hatte doch der Kritiker, der jetzt schweres Geschütz auffährt, damals den Namen Nolte selbst auch übersehen."

„Als dreifache Proporztante belohnt"

Doch Feinheiten wie diese, die erkennen lassen, daß es bei dem ARD-Bericht über Frau Nolte weniger um sicherlich berechtigte Kritik an rechtslastigen Inhalten des „Komm mit"-Kalenders handelt, wie sie die Bischofskonferenz sieht, drohen im Rahmen der Berichterstattung über die neue Ministerin unterzugehen. Mochte sie sich bei ihrem Amtsantritt auch kompromißbereit in der Frage der Abtreibung geben – in ihrem Fall wird in der Presse von Anfang an geholzt. „Sie ist stramm rechts, gezüchtet unter dafür besten autoritären DDR-Bedingungen. Ihre politischen Stichworte sind schlicht und ergreifend: der Ruf nach Strafe für Abtreibung, Lebensschutz als ideologischer Auftrag, christliche Werte in Verbindung zur Politik zu bringen, Vereinbarkeit von Beruf und Familie, orientiert am ‚Wohl des Kindes' und mit Gratifikation für die Mutterrolle, Quotengegnerin und dafür nun als dreifache Proporztante belohnt. Und sie verfolgt diese Politik im organisierten Kontext ohne Berührungsprobleme mit rechtsradikalen Lebensschutzvereinen. Für die Kohl-Regierung ein Ausweis für einen Karrierefreifahrtschein", schrieb Mechthild Jansen in der „taz" am 19. November. Sie sei „stockkonservativ", meinte Helmut Lölhöffel in der „Frankfurter Rundschau" (18. November), „stramm rechts" hieß es im „stern" (24. November).

Im ARD-„Scheibenwischer" (19. November) meinte der Kabarettist Dieter Hildebrandt, sie sei bestrebt, das „Gebärmutter-Kreuz" einzuführen. Für „Spiegel TV" (20. November) verfolgte Thomas Heise die Ministerin bei ihrem Amtsantritt mit der Kamera. Er dokumentierte, daß sie eine kurze Ansprache gleich zweimal hielt, beim Verlassen einer Versammlung den falschen Mantel von der Garderobe nahm und „ungerührt“ den „Platz neben dem Vorjahrsmodell“ einnahm, gemeint war Angela Merkel. Beim Treffen mit dem CDU-Ortsverband in ihrer Heimatstadt hielt Heise im Bild fest, daß die Ministerin am Versammlungsort zunächst den falschen Raum betrat und sich statt unter Parteifreunden inmitten einer Skatrunde wiederfand. Zu ihrem Parteitreffen zu gelangen, fiel ihr danach schwer, weil ihr das Filmteam von „Spiegel TV“ buchstäblich an den Fersen klebte und über die Schulter hinweg Fragen stellte. Endlich gelang es den Pressereferenten, die drängelnden Journalisten abzuwimmeln, wozu „Spiegel TV“-Moderator Stefan Aust sagte: „Bei soviel jugendlicher Spontaneität darf man sich auf jede Audienz freuen. Das Bonner Prototypenwerk zum Clonen von Politikern hat ein neues Produkt vorgestellt.“ Das ARD-Magazin „ZAK“ (WDR, 27. November) näherte sich Frau Nolte mit einer Verhaltensforscherin, die ihre Körperhaltung und Gestik kommentierte. Zum Habitus von Rita Süssmuth meinte sie, er jage „Männern Angst ein. Männer, die irgendwo das Gefühl haben, man könnte ihnen den Stuhl unter dem Hintern wegziehen, die werden so eine Frau ungern an ihrer Seite haben.“ Bei Angela Merkel deutete sie das Schrägstellen des Kopfes und das Lächeln als „Beschwichtigungsgeste“. Claudia Nolte bescheinigte sie, sie habe „eine Art, kontrolliert zu winken“, wie es eine große Dame mache. „Der härteste Anschlag auf die Frauenbewegung seit Hannelore Rönsch“, so „ZAK“.

Ulrike Baureithel schrieb dazu in einem bemerkenswerten Kommentar in der „taz“ (22. November), es sei verblüffend, daß die Kommentare zur Nominierung Noltes „erstaunliche Ähnlichkeiten aufweisen mit den längst vergessenen über Süssmuth. Da ist von einem ‚Gefäß‘ oder ‚Symbol‘ für die Kohlsche Politik die Rede, von ‚Erfüllungsgehilfin‘ u.ä. Davon abgesehen, daß derartige ‚Entzauberungen‘ den Zauber der Kohlschen Machtarroganz eher zu stärken, denn zu demontieren scheinen, geht auch die dabei unterstellte Diagnose an den Realitäten vorbei. Denn Nolte wird sowenig das schlichte Rollback in die familienpolitische Steinzeit organisieren wie die frühneuzeitliche Hexenjagd auf abtreibungswillige Frauen, auch wenn das so aussehen mag.“ Die Macher des RTL-„Nachtjournals“ haben derweil ein ganz anderes Urteil gefällt. Bei ihrem Bericht über die Familienministerin zeigten sie als Studiobild eine Montage, die eine Claudia Nolte zeigte, die die Reichskriegsflagge hißte. MH

(MK 51/94, 19.12. 1994)

Asylrecht

Magazinchef Gnadenlos

Mit schlechter Recherche gegen den guten Ruf Eggerts: „Monitor“ (WDR)

Normalerweise soll es im deutschen Fernsehen eine Trennung zwischen Politikern und Journalisten geben. Zwar existiert zwischen ihnen manch symbiotische Beziehung, daß Politiker sich gleichzeitig als Journalisten betätigen, oder umgekehrt, ist aber nicht die Regel – außer bei dem Magazin „Monitor“ vom WDR. Dort beschuldigte am 9. März der gescheiterte SPD-Landtagskandidat und Journalist Uwe EckartBöttger den sächsischen Innenminister Heinz Eggert der Ausländerfeindlichkeit, weil er eine „Rasterfahndung“ der Polizei gegen deutsch-türkische Eheleute zulasse. Für „Monitor“-Chef Klaus Bednarz war die Sache klar: „Minister Heinz Eggert, der so gern mit seiner Vergangenheit als angeblich von der Stasi verfolgter Pfarrer kokettiert, macht seinem Ruf als späterer Stasi-Verfolger auch hier alle Ehre: ‚Pfarrer Gnadenlos‘ – nun gegenüber Ausländern.“ Gleich zweifach diffamierte Bednarz solcherart den CDU-Politiker. Bar jeder sachlichen Grundlage zog er in Zweifel, daß Eggert zu DDR-Zeiten von der Stasi verfolgt wurde, und machte sich die Behauptung seines Mitarbeiters Böttger zu eigen, Eggert gehe per Rasterfahndung gegen Ausländer vor. Die aber konnte der ehemalige SPD-Kandidat Böttger, im Verein mit seinem Co-Autor Peter Grimm, nur aufstellen, indem er die wichtigsten Fakten der Geschichte, um die es bei der vermeintlichen „Rasterfahndung“ gegen Ausländer in Dresden ging, verschwieg und beteiligte Behörden nicht zu Wort kommen ließ.

„Ein ganz normaler Vorgang“

Ausgangspunkt von Böttgers Beitrag war der Fall eines Dresdner Ehepaars, das im Januar dieses Jahres unerwartet von der Polizei Post bekam: eine Vorladung als Beschuldigte wegen des Verdachts der Scheinehe. Ihre Betroffenheit über den Verdacht drückten der deutsche Ehemann und seine armenische Frau, die einen türkischen Paß besitzt, vor der Kamera aus. Für „Monitor“ war klar: Allein die Tatsache, daß die Eheleute unterschiedlicher nationaler Herkunft sind, machte sie „für die sächsische Polizei verdächtig“. Dies, so sagte der betroffene Ehemann, von Beruf Anwalt, sei ihm bei einer telefonischen Nachfrage bei der Polizei bestätigt worden. Der Anwalt recherchierte, daß in Dresden alle deutsch-türkischen Ehen als verdächtig überprüft worden seien. In einer Art „Rasterfahndung“ habe es einen Datenabgleich der Polizei mit dem Einwohnermeldeamt gegeben. Eine „Rasterfahndung“, so „Monitor“-Autor Böttger, sei nach dem sächsischen Polizeigesetz nur erlaubt bei Organisierter Kriminalität, Terrorismusfahndung und schweren Straftaten. Im LKA Sachsen aber werde diese

Ermittlungsmethode „jetzt offenbar auch bei der routinemäßigen Überprüfung aller in Dresden lebenden Türken angewendet“, denn nur in einem Fall habe der Staatsanwaltschaft eine einzige Verwandtenanzeige wegen Verdachts auf Scheinehe vorgelegen. Daraufhin seien im Einwohnermeldeamt die Daten aller 350 in Dresden lebenden Türken überprüft worden. Aus den Daten habe das LKA 15 mit Deutschen verheiratete Türken gefiltert und sieben Paare als potentiell verdächtig eingestuft: „Für die Staatsanwaltschaft keine Rasterfahndung, sondern ein ganz normaler Vorgang.“

Vor aktuellem Hinweis zwei Jahre Fahndung nach Organisiertem Verbrechen

Böttger verschwieg, daß das LKA nicht aus Willkür in Dresden lebende Türken überprüfte, sondern dies tat nach einer in den beiden Jahren zuvor gelaufenen Fahndung nach einer internationalen Tätergruppe, die sich in Holland und Sachsen in großem Stil im Autodiebstahl, Rauschgifthandel und dem „Heiratsmarkt“ betätigte. Diese Gruppe, so eine Mitteilung des LKA vom Januar 1994, habe in Holland in großem Stil Wohnungseinbrüche und Autodiebstähle begangen. Die gestohlenen Fahrzeuge seien in Deutschland verkauft worden. Allein im Raum Dresden konnten Fahnder 43 gestohlene Wagen sicherstellen. Sie kamen bei ihren Ermittlungen auch dem „Heiratsmarkt“ auf die Spur, der „Vermittlung von heiratswilligen ausländischen Staatsangehörigen, vorwiegend marokkanischen Asylbewerbern, an deutsche Frauen und Männer“. Bis zu 20 000 Mark seien von Asylbewerbern für Scheinehen bezahlt worden. Davon habe die Tätergruppe an die deutschen Ehepartner eine „Prämie“ von 3000 Mark weitergegeben, sie aber auch durch Einschüchterung zur Ehe gezwungen. Mindestens 30 solcher Ehen, so das LKA, konnten aufgedeckt werden. Soweit die Vorgeschichte, die verständlich macht, warum das LKA jedem Hinweis nach Scheinehen zwischen Deutschen und Nicht-Deutschen nachgeht. „Monitor“-Autor Böttger verlor darüber kein einziges Wort und das, obwohl ihm der Präsident des LKA Sachsen, Peter Raisch, in einem Interviewgespräch die Umstände der Fahndung lang und breit erklärt hatte. Das Interview tauchte in dem „Monitor“-Bericht jedoch nicht auf. Ebensowenig verwandte Böttger das Interview, das er mit dem Sprecher des sächsischen Justizministeriums geführt hatte. Kein Wunder, hatte der ihm doch ebenfalls von der Fahndung des LKA in Sachen Organisiertes Verbrechen und der Tatsache berichtet, daß es in diesem Rahmen bis dato 12 Anklagen und drei Urteile wegen des Verdachts der Scheinehe gegeben habe. Von all dem erfuhren die „Monitor“-Zuschauer nichts. Sie mußten glauben, daß die Behörden in Dresden mit „geradezu kriminellen Methoden“ gegen Ausländer vorgingen, wie „Monitor“-Chef Bednarz in seiner Anmoderation sagte. Scheinbar bestätigt wurde dieser Vorwurf durch Interviewausschnitte, die „Monitor“ ins Konzept paßten – also nicht jene von LKA und Justizministerium, dafür aber von einem Oberstaatsanwalt. Er nämlich machte vor der „Monitor“-Kamera eine denkbar schlechte Figur, weil er die Unterstellung, es habe eine „Rasterfahndung“ gegeben, nicht zurückwies, sondern auf sie einging: „Es war wohl so, daß die Polizei an die Ämter, in diesem Falle Einwohnermeldeamt, herangetreten ist und dort irgendwelche Karteikarten überprüft hat, um eben festzustellen, welche Ehen in einem fraglichen Zeitraum – es war ein Zeitraum von zwei Jahren ab September ’94 zurückgerechnet – in Dresden stattgefunden haben bzw. genauer gesagt, geschlossen worden sind. Das war‘s.“ Frage von „Monitor“: „Nun ist natürlich ‚Rasterfahndung‘ auch, daß man eigentlich Daten abgleicht und Datensätze nach bestimmten Kategorien durchgeht. Was ist denn da der juristische Unterschied?“ Nach langem Zögern sagte der Oberstaatsanwalt: „Ich kann also über das hinaus, was ich gesagt habe, hierzu keine weiteren Bemerkungen machen. Die Polizei hat dies also nie und nimmer, und das war zumindest ihr subjektives Empfinden, als etwas angesehen und gewichtet, was man mit dem Begriff, mit dem relativ modernen Begriff Rasterfahndung, umschreiben könnte.“

Daß der Hintergrund dieser Fragen eine Fahndung in Sachen Organisiertes Verbrechen war, hatten die „Monitor“-Zuschauer bis zu diesem Zeitpunkt immer noch nicht erfahren: Der Kontext fehlte, ebenso die Interviews mit den Ermittlern. Dafür kam der sächsische Datenschutzbeauftragte Thomas Giesen (CDU) an die Reihe: „Meine Aufgabe besteht darin, zunächst einmal zu prüfen: Was enthielten die Karteikarten über die 350 Türken? Und hier habe ich feststellen müssen, daß zumindest das Datum ‚verheiratet‘ oder ‚verheiratet mit einem Deutschen oder einer Deutschen‘ nicht in die Karteikarte hineingehört. Dies ist ein rechtswidrig gespeichertes Datum bei der Stadt Dresden.“ Diese allgemein gehaltene Aussage schien Böttgers Vorwurf der „Rasterfahndung“ zu stützen, wenngleich kein Wort zur Arbeit der Polizei in dem konkreten Fall fiel. Dies galt auch für die sich anschließenden Antworten des Ausländerbeauftragten Heiner Sandig (CDU): „Das ist eine ganz schlimme Sache, weil der Eindruck entstehen könnte, jeder ausländische Bürger, der mit einem Deutschen verheiratet ist, ist potentiell ein Krimineller.“ Ob eine Rasterfahndung gegenüber Ausländern überhaupt zulässig sei, wußte Sandig den „Monitor“-Fragern nicht zu sagen, politisch aber sei dies keinesfalls zu verantworten – „ein Beitrag zur Fremdenfeindlichkeit“.

Auch er fiel also auf die Unterstellung herein. Zudem fehlte seinen Aussagen der notwendige Kontext, genau wie bei dem Datenschutzbeauftragten Giesen. Wie Giesen die Ermittlungen der Polizei wirklich sieht, teilte er dem Innenausschuß des sächsischen Landtages am 14. März mit. In seinem Bericht rügt er zwar, daß es bei teilweise mangelhaften Ermittlungen „wenig Feingefühl im Umgang mit sensiblen Daten“ gegeben habe, sieht aber keinen „Anlaß zur förmlichen Beanstandung“. Nach seinem Kenntnisstand ging beim Landeskriminalamt Anfang des Jahres 1994 eine Anzeige ein, die Hinweise auf eine Scheinehe zwischen einer Deutschen und einem Türken enthielt. Da das LKA Zusammenhänge zur Organisierten Kriminalität sah, habe ein Ermittler bei der Ausländerbehörde in Dresden Einsicht in die dort zu türkischen Staatsangehörigen geführte Kartei genommen, um sämtliche in Dresden lebenden deutsch-türkischen Ehepaare zu ermitteln. Die Kartei habe 15 deutsch-türkische Ehen ausgewiesen. Ermittlungen beim Standesamt hätten ergeben, daß in den Jahren 1993/1994 sieben deutsch-türkische Ehen geschlossen worden seien. Nur in diesen Fällen habe das LKA einen Zusammenhang zum Organisierten Verbrechen für möglich gehalten, sie geprüft und keine Anhaltspunkte finden können. Daraufhin sei das Verfahren ohne nähere Erläuterungen an die Polizeidirektion Dresden abgegeben worden. Was ermittelt wurde, sei aus den Akten nicht genau ersichtlich gewesen, weswegen die Dresdner Polizei noch einmal bei der Ausländerbehörde und dem Standesamt ermittelte, mit dem Ergebnis, daß es „in der überwiegenden Anzahl der Fälle keinen Anfangsverdacht für den Straftatbestand einer Scheinehe“ gab. Trotzdem habe die Polizeidirektion Dresden, „nicht zuletzt aufgrund einer unklar formulierten staatsanwaltschaftlichen Verfügung“, 14 Betroffene als „Beschuldigte“ vorgeladen. Gegen drei Personen liefen derzeit noch Verfahren, die übrigen Verfahren seien eingestellt, die Polizei habe versichert, sämtliche Daten aus den eingestellten Verfahren zu löschen. In seiner Bewertung der Ermittlungen hält der Datenschutzbeauftragte Giesen fest, daß die „stark lückenhafte Aktenführung“ zur Folge hatte, daß zweimal ermittelt wurde. Der Präsident des LKA habe diesen Mißstand erkannt, gerügt und sei aufsichtsrechtlich eingeschritten. Daher gebe es keine Veranlassung, die Aktenführung formell zu beanstanden. Die Angabe zur Staatsangehörigkeit des Ehegatten in den Ausländerkarteikarten will Giesen löschen lassen, weist jedoch darauf hin, daß die Ausländerbehörde nach dem Ausländerzentralregistergesetz jederzeit automatisiert auf diese Angabe zugreifen kann. Einen gravierenden Verstoß sieht Giesen auch hier nicht. Die Vernehmung sämtlicher Betroffener als „Beschuldigte“ hält der Datenschutzbeauftragte derweil zumindest in elf Fällen für unberechtigt, weil ein hinreichender Anfangsverdacht der Scheinehe nicht vorgelegen habe. Darauf hat Giesen die Polizeidirektion Dresden und die Staatsanwaltschaft hingewiesen.

Eggert bei Innenministerkonferenz abgepaßt

Zu einem solchen Urteil hätte auch „Monitor“ kommen können, ja sogar müssen – eingedenk der Interviews mit dem Präsidenten des Landeskriminalamts und dem Sprecher des Justizministeriums. Doch in der Sendung hatten die Zuschauer von den Hintergründen der Polizeiarbeit, die Uwe-Eckart Böttger und Peter Grimm als „Rasterfahndung“ gegen Ausländer ausgaben, ja rein gar nichts erfahren. Erst als Innenminister Heinz Eggert, den die ARD am Rande der Innenministerkonferenz abfing, zu Wort kam, klang das Stichwort „Organisierte Kriminalität“ zum ersten Mal an: „Also zunächst einmal war es keine Rasterfahndung, sondern es ist so gewesen, daß ein Kollege vom Landeskriminalamt 300 Karteikarten durchgesehen hat. Das hängt damit zusammen, daß ein Anfangsverdacht da war, daß in bezug auf Organisierte Kriminalität, Rauschgift, Waffenschmuggel auch gleichzeitig Scheinehen geschlossen werden, um so die ausländerrechtlichen Bestimmungen zu umgehen. Daraufhin hat man sieben Fälle herausgefunden, die jetzt von den Polizeibehörden bearbeitet werden."

Diese Äußerung taten die „Monitor"-Autoren mit dem Hinweis ab, daß Eggert als „Dienstvorgesetzter und politisch Verantwortlicher" die „Überprüfung aller türkischen Einwohner in Dresden für legitim" halte. Der Minister sei schlecht informiert, denn das „Rastern" unter den 350 Türken in Dresden habe keine Hinweise auf Scheinehen oder Organisierte Kriminalität erbracht, die Staatsanwaltschaft sei nur noch mit dem Einzelfall befaßt, der am Anfang gestanden habe. In einem an dieser Stelle eingeblendeten Interview-Kurzausschnitt bestätigte der vorher schon gefragte Oberstaatsanwalt, daß es bei den überprüften sieben Ehepaaren nur zu einer Anklage wegen Scheinehe gekommen sei. Von den Ermittlungen zur Organisierten Kriminalität, den 30 vom LKA aufgedeckten Scheinehen sowie den 12 Anklagen und drei Urteilen, von denen sie im Justizministerium erfahren hatten, sprachen Böttger und Grimm nicht. Sie meinten, die Dresdner Ermittler „kennen keinen Respekt vor dem mündigen Bürger, wenn es um Ausländer geht." Das Durchleuchten deutsch-türkischer Ehen sei kein Einzelfall. Auch das Staatsschutzdezernat habe „ungestraft" Daten von Türken angefordert. Und die von den Ermittlungen betroffenen deutsch-armenischen Eheleute warteten bisher vergebens auf eine Entschuldigung. Die allerdings erhielt der von Klaus Bednarz als „Pfarrer Gnadenlos" apostrophierte Minister Heinz Eggert vom Intendanten des WDR, Friedrich Nowottny. Er hält die dem Beitrag zugrundeliegende Rede von der „Rasterfahndung" für nicht sorgfältig genug fundiert und recherchiert. Die Moderation von Klaus Bednarz erscheint ihm unbedacht und dazu angetan, bei Eggert persönliche Betroffenheit hervorzurufen. MH

(MK 13/95, 27. 3. 1995)

Fragwürdige Bilanzen

„Spiegel" und „ZAK" (ARD) bieten Zerrbilder zum Jahrestag

Erwartungsgemäß ernüchternd fiel sie aus – die von Presse und Fernsehen gezogene dritte Jahresbilanz der deutschen Einheit. Schwierigkeiten beim wirtschaftlichen Aufbau der neuen Bundesländer, bei der Übernahme internationaler Verpflichtungen wie etwa der Entsendung von UN-Blauhelmen in Krisengebiete, bei der Bewältigung von Vorurteilen zwischen Ost- und Westdeutschen sowie das Aufkeimen des Rechtsextremismus wurden als die markantesten Defizite im vereinten Deutschland angesprochen. „Von Freude redet heute kaum noch einer", bemerkte Klaus-Peter Siegloch in der ZDF-Sendung „Bonn direkt" am 3. Oktober. Andere Journalisten wurden konkreter und sprachen von Enttäuschung und Selbstmitleid, die sich in der Gesellschaft breitmachten. Daß dabei die „Gewitterfront der Larmoyanz . . . langsam vom Osten nach dem Westen" wandert, schrieb Klaus Hartung in der „Zeit" vom 1. Oktober. Düstere Stimmungsbilder prägten aber auch einige Medienberichte zum Tag der deutschen Einheit, die jedoch in ihrer Substanz fragwürdig waren und von Stereotypen getränkte Schwarzweißmalerei vermittelten – allen voran im „Spiegel" vom 27. September und in der Sendung „ZAK" (ARD) vom 3. Oktober.

Eine „hungrige Meute von Velociraptoren"

„Spiegel"-Autor Wilhelm Bittorf bot eine Ansammlung von Verzerrungen und unsachlichen Vergleichen, die zum Teil in recht absurde Formulierungen gipfelte. Ein dominanter Aspekt des Beitrages war die gesellschaftliche Einteilung in westdeutsche Gewinner und ostdeutsche Verlierer der Einheit, die so etwas wie eine militärische Entscheidungsschlacht hinter sich hätten: Überall in der ehemaligen DDR würden „Verlust, Liquidation, und Agonie die Invasionsrouten der Westwirtschaft" säumen. Darüber hinaus hätten die „Niederlage und die Verlierer . . . angefangen, den Sieg und die Gewinner zu bedrohen, weil die triumphalen Marktkräfte des Westens offenbar außerstande sind, . . . neue Produktionen und Arbeitsplätze zu schaffen". Zur Verstärkung dieses Bildes zitierte Bittorf linke ostdeutsche Kritiker, die die Arbeitslosigkeit und den „Kollaps der Zeugungs- und Gebärbereitschaft" in den neuen Ländern als Folgen der Rücksichtslosigkeit des Westens anprangerten. Daß die Bürger im Osten nach dem Fall der Mauer massiv für die Wiedervereinigung eingetreten sind, und die Auswanderungsströme in die alte Bundesrepublik schnelles politisches Handeln erzwangen – mit all den darin verborgenen Problemen und Fehlern –, erwähnte Bittorf nicht. Negative Folgen des Vereinigungsprozesses, wie etwa die De-Industrialisierung, stellte er als gewollt dar, indem er diese mit den theoretischen Folgen des (nie durchgeführten) Morgenthau-Planes verglich.

Anstatt nach den Ursachen der wirtschaftlichen Talfahrt zu fragen, versteifte er sich lediglich auf den aus Karl Marx und „Jurassic Park" zusammengemischten Vorwurf, die Marktkräfte im Kapitalismus seien in der ehemaligen DDR „außer Rand und Band" geraten „wie eine hungrige Meute von Velociraptoren".

Einseitigkeit durch Verallgemeinerung lieferte der „Spiegel"-Artikel, indem er die Lage der neuen Bundesbürger insgesamt als „mit jedem Tag weniger erträglich" schilderte. Daher würden „die entfremdeten Landsleute" die Einheit auch nicht mehr „als grandiosen Glücksfall" verstehen. Demgegenüber kamen die „Zeit" (1. Oktober) und „Focus" (4. Oktober) anhand neuer repräsentativer Umfragen – durchgeführt von *„Infratest"* beziehungsweise *„infas"* – zu deutlich abweichenden Ergebnissen. Sie resümierten, daß die Ostdeutschen mit der Entwicklung in Deutschland seit 1990 zufriedener seien als ihre Landsleute im Westen und optimistischer in die Zukunft blickten. Was im *„Spiegel"* wie das Klagen der ostdeutschen Mehrheit über Existenzängste klang, entpuppte sich als Minderheit: Die *„Zeit"* benannte ein Prozent der Bevölkerung, *„Focus"* drei Prozent.

Die ARD-Sendung *„ZAK"* nahm den dritten Jahrestag der Vereinigung Deutschlands ebenfalls zum Anlaß, ein düsteres Gemälde über die Bundesrepublik zu zeichnen. Dabei standen jedoch nicht die wirtschaftlichen Probleme im Vordergrund, sondern der seit 1991 zunehmende Rechtsextremismus. Moderator Friedrich Küppersbusch konfrontierte hierzu seinen Studiogast, den thüringischen Ministerpräsidenten Bernhard Vogel (CDU), mit einem Film über Aufmärsche und Prügeleien von Skinheads. Die schwarzweiß gehaltenen Aufnahmen, untermalt von Marschschritten und einer Musik, die Bedrohung andeutete, kommentierte Küppersbusch mit den Worten: *„Wenn ich diese Bilder sehe, die Ihnen* (Bernhard Vogel) *offenbar auch ein bißchen die Gänsehaut aufgestellt haben, fällt mir als erste Antwort ein: ‚Wir müssen Patriotismus leben.'"* Letzteres hatte Bundeskanzler Kohl in der Feierstunde zum Tag der deutschen Einheit in Saarbrücken gesagt, aber bestimmt nicht dessen perverse Auswüchse wie Chauvinismus und Fremdenfeindlichkeit darunter verstanden. Entsprechend energisch widersprach Vogel dem von Küppersbusch künstlich konstruierten Zusammenhang. Bürger anderer Staaten wie etwa Frankreich seien ja auch mit einer gewissen Selbstverständlichkeit patriotisch, was aber *„uns in der Tat fehlt"*, weil *„wir in einem gebrochenen Geschichtsverhältnis leben"*. Dem wortgewandten Ministerpräsidenten schien Küppersbusch im folgenden nicht mehr gewachsen. Er änderte seine Argumentationsweise: Er wisse nicht, *„wie mir da Patriotismus helfen soll"*, wenn man ebenso wie in Rostock und Mölln auch *„in Solingen vor einem verbrannten Haus"* stehe. Aber auch dieses provokative Gedankengebäude nahm Vogel auseinander: *„Entschuldigung, Solingen hat mit Patriotismus überhaupt nichts zu tun, sondern in Solingen ist ein Auswuchs von Radikalismus, den man bekämpfen muß."* Solingen sei von Patriotismus *„so weit entfernt wie die Nacht zum*

Tag". Darauf konnte Küppersbusch nur noch leise entgegnen: *„Das war die Frage."*

Eine ernsthafte Diskussion über den Umgang der Deutschen mit ihrer Geschichte und ihrer nationalen Identität konnte man von *„ZAK"* vielleicht auch nicht erwarten. Die Sendung zielt immerhin weitgehend auf satirische Darstellungen ab. Was dann aber das Studio-Gespräch mit einem Politiker, der sich augenscheinlich nicht für Pointen oder gar Persiflagen hergeben will, für einen Zweck erfüllt, bleibt unklar. Was jedoch hängenbleibt, ist der schale Beigeschmack tendenziösen Journalismus. dkg

(MK 41/93, 11. 10. 1993)

Arbeitslosigkeit

Keine Ähnlichkeit mit Weimar

Presse erinnert angesichts vier Millionen Arbeitsloser an 1932

Die monatliche Bekanntgabe der Arbeitslosenzahlen wurde viele Jahre trotz wechselnder Ziffern als Ritual empfunden, das die Medien mal mehr und mal weniger beachteten. Seit dem rasanten Anstieg der Arbeitslosigkeit ist diese Veranstaltung stärker in den Mittelpunkt der Berichterstattung gerückt. Als Anfang Februar bekannt wurde, daß im ersten Monat des neuen Jahres mit über vier Millionen eine Rekordzahl erreicht war, blieb es nicht mehr bei der üblichen wirtschaftspolitischen Betrachtung. Jetzt wurde das Gespenst von Weimar beschworen, der Niedergang der Demokratie in Deutschland Anfang der dreißiger Jahre. Die hohe Arbeitslosigkeit im letzten Stadium der Republik von Weimar wurde für den Aufstieg Hitlers verantwortlich gemacht.

Hatte sich der Präsident der Bundesanstalt für Arbeit, Bernhard Jagoda, bei der Bekanntgabe der Zahlen bemüht, jahreszeitliche Gründe für den Anstieg verantwortlich zu machen und, wie die „Welt" (9. Februar) schrieb, gewarnt, „die Zahlen als Verschärfung negativer Tendenzen zu sehen oder sie gar mit der Entwicklung in der Weimarer Republik zu vergleichen, wo die Arbeitslosigkeit Anfang der dreißiger Jahre binnen kurzer Zeit von vier auf sechs Millionen gestiegen war", so geschah genau das in einigen Medien.

„Gesellschaftspolitischer Sprengstoff"

Die „Süddeutsche Zeitung" meinte (9. Februar): „Angesichts solcher Daten kann eine schlimme Erinnerung auftauchen, daß nämlich im Februar 1932, ein Jahr vor der nationalsozialistischen Machtergreifung, die Arbeitslosigkeit mit sechs Millionen ihren höchsten Stand erreicht hatte. So viele sind es faktisch heute auch schon. Sie sind weitaus besser versorgt als damals, aber daß sich hier gesellschaftspolitischer Sprengstoff ansammelt, muß Politikern und vor allem auch den Sozialpartnern klar sein". Die „Frankfurter Rundschau" spielte indirekt auf Weimar an: „Für manchen Fernsehzuschauer war es möglicherweise noch immer nur eine Zahl, die da gestern abend über den Bildschirm flimmerte: Vier Millionen Arbeitslose in Deutschland! Aber nicht nur die Minderheit der momentan selbst Betroffenen merkt inzwischen, daß kaum noch ein Arbeitsplatz sicher ist. Informatiker, Ingenieure und viele andere Fachkräfte, die sich bislang völlig krisensicher fühlten, werden immer mehr von Existenzangst erfaßt. Gleichzeitig kippt Bonn die Menschen aus der angeblich ‚sozialen Hängematte' der Arbeitslosenversicherung in materielle und psychische Not".

In der „Wirtschaftswoche" (11. Februar) ging Professor Wolfram Engels der Frage auf den Grund. Sein Kommentar „Bonn und Weimar" räumte mit der Vorstellung auf, in der Weltwirtschaftskrise vor der Machtübernahme Hitlers sei die Arbeitslosenquote doppelt so hoch gewesen wie heute. „Das", meinte Engels, „ist ein statistischer Irrtum. Die Arbeitslosenquote wurde damals als Anteil der Arbeitslosen an den Arbeitnehmern, heute dagegen als Anteil an den zivilen Erwerbspersonen angegeben. Im Jahre 1932 gab es 32,3 Millionen Erwerbspersonen und 5,57 Millionen Arbeitslose im Jahresdurchschnitt. Das ergibt eine Arbeitslosenquote von 17,2 Prozent; im Februar 1932 waren es 19,2 Prozent. Rechnet man offiziell und verdeckt Arbeitslose heute zusammen und setzt sie zu 38,5 Millionen Erwerbspersonen in Beziehung, so erhält man 18,2 Prozent. Da sehen sich Bonn und Weimar doch schon ziemlich ähnlich". Für Engels endet allerdings damit die Ähnlichkeit.

Mit der Gründlichkeit des Wirtschaftswissenschaftlers, der es versteht, ohne jedes Fachchinesisch aktuelle Wirtschaftsprobleme plausibel und verständlich darzustellen, korrigierte er ein anderes Klischee: die Behauptung, Reichskanzler Heinrich Brüning habe Hitler mit seiner Politik der Lohnkürzung den Weg geebnet. Engels erläuterte die kaum noch bekannten Fakten: „Brüning war der Meinung, die Ursache der Arbeitslosigkeit sei ein zu hoher Preis für Arbeit. Er kürzte die Löhne mit der berühmten 4. Notverordnung. Die Kürzung trat mit dem Auslaufen der Tarifverträge, spätestens zum 30. April 1932 in Kraft. Diese Maßnahme wurde durch einen allgemeinen Lohnstopp im Februar 1933 bestätigt. Im August 1932 war die Arbeitslosigkeit auf 5,2 Millionen gesunken, im August 1933 waren es 4,1 Millionen, ein Jahr später 2,4 Millionen und im Sommer 1935 noch 1,7 Millionen. Der erste Spatenstich für die Reichsautobahn wurde im September 1933 getan, und die Aufrüstung setzte erst 1936 ein. Die Arbeitslosigkeit lag also um mehr als zwei Millionen unter ihrem Höchststand, bevor die erste Beschäftigungsmaßnahme überhaupt greifen konnte".

Der historische Vergleich ist nicht nur wegen der politischen Implikationen wieder interessant. Bei der Erörterung der geeigneten Mittel, die Arbeitslosigkeit zu überwinden, spielt in Berichten und Kommentaren auch die Frage eine Rolle, ob Verzicht auf Lohnerhöhungen oder Lohnkürzungen bei verringerter Arbeitszeit ein wichtiger Beitrag sein könnte. Die Meinungen gehen weit auseinander. Während Engels meint, Lohnsenkung wäre auch heute ein wirksames Rezept, wenn auch nicht das einzige, so ist die „Zeit" ganz anderer Ansicht.

„Deflation mit noch weniger Beschäftigung"

Sie ließ am 11. Februar den ehemaligen Sekretär des Schweizer Gewerkschaftsbundes, Beat Kappeler, zu Wort kommen, der am Anfang seines Beitrages erklärte: „Die Löhne in der Industrie mit Gewalt herunterzubringen hieße, sich auf eine Deflation mit noch weniger Beschäftigung einzulassen. Wenn nur die Löhne das Problem wären, müßten sie auf Bruchteile sinken, um mit den neuen Konkurrenten im benachbarten oder fernen Osten mithalten zu können". Kappeler behauptete: „Den Ausweg aus der Krise mittels Deflation von Preisen und Löhnen hat schon Reichskanzler Brüning zu Beginn der dreißiger Jahre nicht erreicht, auch nicht mit Notverordnungen". Richtig daran ist aber nur, daß Brüning die Ergebnisse dieser Politik nicht mehr im Amt erlebt hat und sie bis heute Hitler zugeschrieben werden. Der Schweizer Gewerkschaftler hält aber auch nichts von dem VW-Modell, das kürzere Arbeitszeit mit Lohneinbußen gegen Beschäftigungssicherung für eine bestimmte Zahl von Arbeitern kombiniert. Da blieben die Probleme des Arbeitsmarkts unverändert, meinte er, wandte sich gegen das „Wegräumen" von Arbeitslosen mit den bekannten Methoden und forderte „aktive Arbeitsmarktpolitik in Form von Kursen, Hilfsjobs oder Einarbeitungsstellen". Das werde nicht mehr kosten, als sie der teuren Sozialversicherung zu überschreiben.

Erstaunlich differenziert äußerte sich Walter Jakobs in der „taz" (11. Februar). Er griff Thesen auf, wie sie seit längerem auch in der F.A.Z. zu lesen sind: „Zur Lösung der Beschäftigungskrise reicht eine neue Wachstums- und Arbeitszeitverkürzungspolitik nicht aus. Gefragt sind zusätzliche Elemente, gerade für die eine Million Langzeitarbeitslose, von denen 250 000 unter 25 Jahre alt sind. Sie werden nie wieder einen Job finden, wenn es nicht endlich gelingt, über alle ideologischen Barrieren hinweg niedriger entlohnte Beschäftigungsfelder zu erschließen ... Wer da Lohndrückerei schreit, muß sich die Frage nach anderen, alternativen Rezepten für diese Arbeitslosengruppe gefallen lassen."

Auch im Fernsehen waren die über vier Millionen Arbeitslosen am 8. Februar Spitzenthema. Mit Ausnahme von SAT 1 waren große Unterschiede in der Präsentation nicht auszumachen. SAT 1 personalisierte das Thema mit der Vorstellung eines 28 Jahre alten Kfz-Mechanikers, der seit über einem Jahr arbeitslos ist und trotz Bewerbungen keinen Job findet. Einblikke in seinen Tagesablauf vermittelten einen Eindruck von der Ödnis der Arbeitslosigkeit.

In der ARD kommentierte Michael Zeiss: Vollbeschäftigung sei eine Illusion, Arbeit müsse neu definiert werden. Zeiss warb für Teilzeitjobs, hielt aber auch Lohnkürzungen bei verkürzter Arbeitszeit für ein geeignetes Mittel zum Abbau der Arbeitslosigkeit. Der zweite Arbeitsmarkt dürfe nicht länger tabu sein. Im ZDF konzentrierte sich Franz Zink auf die wachsende Zahl der Arbeitslosen mit guter Ausbildung, darunter vor allem Akademiker. Gegenüber dem Vorjahr sei die Arbeitslosigkeit bei Akademikern um 40 Prozent gestiegen. Früher hätten die Ungelernten den größten Anteil an der Beschäftigungslosigkeit gehabt, jetzt sei der Anteil der gut Ausgebildeten mit über 50 Prozent größer. Zink schloß trotzdem mit der Mahnung, daß Arbeitslose, denen die Qualifikation fehle, dreimal länger ohne ein neues Beschäftigungsverhältnis blieben. Im ZDF-„heute journal" wurde die Zulassung privater Arbeitsvermittler herausgestellt und ein Hamburger Unternehmen dieser Branche gezeigt. Berichtet wurde über die „intensiven Vorbereitungen" auf vermehrte Kundschaft. Der Hamburger Vermittler versprach bessere Betreuung, aber keine Abwerbung bei den Firmen. Ein Vorwurf, der bisher immer wieder gemacht wurde.

Bei RTL ließ die Eingangsmeldung „bei den Politikern in Bonn die Alarmglocken schrillen". Viele, so der Bericht, befürchteten Weimarer Verhältnisse. Der dazu befragte Bundeswirtschaftsminister Günter Rexrodt wiegelte ab. Er wolle nichts bagatellisieren, aber ein Vergleich mit Weimar sei „abstrus". Oskar Lafontaine warnte in derselben Sendung vor Zulauf für die „Rechten" und forderte die Bundesregierung auf, ihren Widerstand gegen eine Weiterführung der ABM-Maßnahmen aufzugeben. Die Kürzung dieser Mittel sei ein Fehler gewesen. Das hatte zuvor Rexrodt bestritten. ABM, sagte er, sei nur ein Herumkurieren an Symptomen. Dem Zuschauer blieb es überlassen, sich ein eigenes Urteil zu bilden – RTL praktizierte Ausgewogenheit. std.

(MK 9/94, 28. 2. 1994)

Geschichte

Apologie des Untergangs

Verkürzte Historie: die „stern"-Serie „Deutschland über Alles"

Unter dem Motto „Farbe bekennen" wurde im „stern" (Ausgabe 20/94 bis 24/94)) die fünfteilige Serie „Deutschland über Alles" von Heinrich Jaenekke als buntes Gemisch einer künstlerisch und historisch-kritischen Würdigung der neueren deutschen Geschichte auf ihrem konsequenten Weg ins Dritte Reich angekündigt. Dank der Mithilfe des Hamburger Professors für Medienillustration, Eberhard Göttlicher, der sich bereits lange darüber

Gedanken gemacht hatte, „wie wir Künstler am besten etwas gegen den Neonazismus unternehmen können – am besten mit Breitenwirkung", vermittelten, in künstlerisch ansprechender Form, realistisch anmutende Bilder eines Geschichts-Szenariums einen düsteren, mitunter unheilvollen Eindruck des Vergangenen.

„Wieder rührt sich der alte Ungeist"

Dies traf sich ausgezeichnet mit dem Aufmacher der Reihe: „Wieder rührt sich der alte Ungeist. Kehren die Gespenster der Vergangenheit zurück? Hitler war kein Betriebsunfall der Geschichte. Fast alles, was er in die Tat umsetzte, wurde schon vor ihm gedacht (. . .) Jaenecke beschreibt den verhängnisvollen Weg des deutschen Nationalismus von der Wahnidee der Welterlösung bis zur Errichtung der Nazi-Diktatur – die Geschichte eines Unheils", hieß es in der Ankündigung des „stern". Um die Leser richtig einzustimmen, wurden sie mit einer Bildsequenz konfrontiert, die durch einen harten Schnitt gekennzeichnet war, nämlich die unvermittelte Darstellung zombiehaft verfremdeter Skinheads mit dem Hinweis auf die Solinger Ereignisse im Mai 1993. Was offensichtlich an feixende, johlende und skandierende SA-Leute erinnern sollte, wirkte doch reichlich plakativ.

Der Aufbau des Artikels hingegen folgte einer chronologisch-linear strukturierten Betrachtungsweise, die weitgehend auf Vorgriffe, Quer- und Rückverweise verzichtete. Zunächst stellt sich bei einem solchen Unterfangen die Frage, zu welchem historischen Zeitpunkt ein zusammenfassender Überblick überhaupt beginnen soll. Doch dieses Problem umging Jaenecke geschickt, indem er ganz einfach den konventionellen Weg beschritt, das heißt, den Beginn des Handlungsrahmens in die nachnapoleonische – in Deutschland spricht man vom Vormärz – Zeit legte. Statt einer Erläuterung dessen, was diese historische Epoche ausmacht, verpaßte Jaenecke ihr eilfertig ein Signum: „Der junge Mann lief unruhig durch die Straßen. Er war am Abend zuvor in der Stadt eingetroffen, nach wochenlangem Fußmarsch quer durch Deutschland. Endlich war er am Ziel. Heute noch würde er seine Tat vollbringen. Eine Tat, die Deutschland aufrütteln sollte, ein Fanal, mit Blut geschrieben. Die ganze Nation würde sich dieses Datum merken: den 23. März 1819. Und seinen Namen dazu: Karl Ludwig Sand aus Wunsiedel, 23 Jahre alt, Student der Theologie." Ganz im Stile eines historischen Quiz zelebrierte „stern"-Autor Jaenecke die Bluttat scheibchenweise. Wen am Ende noch interessierte, wer dem Mordbuben zum Opfer fiel, erfuhr, daß es Kotzebue, der meistgespielte Bühnenautor Deutschlands, war.

Ebenso erfuhren die Leser, daß damals viele Zeitgenossen an Deutschland litten und vor „Selbstmitleid und Selbsthaß" fast barsten. Von Hölderlin über Körner, Arndt und Jahn bis hin zum Philosophen Johann Gottlieb Fichte, dessen „Reden an die Deutsche Nation" angeblich den geistigen Überbau für das ausgebrochene Nationalbewußtsein bildeten: „Ihr sehet im Geiste durch dieses Geschlecht den deutschen Namen (sich) zum glorreichsten unter allen Völkern erheben (...) Ihr sehet diese Nation als Wiedergebärerin und Wiederherstellerin der Welt (...). Wenn Ihr versinkt, so versinkt die ganze Menschheit mit, ohne Hoffnung einer einstigen Wiederherstellung." Was Fichte an dieser Stelle zum Ausdruck brachte war gewiß nicht unbescheiden – nur war zur Jahreswende 1807/08 Berlin von den Franzosen besetzt und wurde hier dem Wunsch Ausdruck verliehen, daß sich Deutschland aus dieser Umklammerung befreien möge. Im Überschwang romantischer und damit, so sieht es jedenfalls Jaenecke, gefährlicher Schwärmerei erfuhren diese Gedanken ihre populäre Umdeutung. Im akademischen Bereich formierten sich die nationalbewußten Studenten zu Burschenschaften, deren gemeinsames Ziel die Gründung eines deutschen Nationalstaates war. Gegen jedwede Form der Deutschtümelei führt der „stern"-Autor hier den kosmopolitisch gesinnten Dichterfürsten Goethe ins Feld, dessen Wunsch – „Zur Nation euch zu bilden, ihr hofft es Deutsche, vergebens/bildet statt dessen, ihr könnt es, freier zu Menschen euch aus" – unerfüllt blieb.

Andeutungen fügen sich scheinbar bruchlos ins Gesamtgemälde

Beispiele wie dieses ließen sich noch viele anführen, weil Jaeneckes Argumentation, sofern sie einmal abgewogen klingen mochte, fast ausschließlich aus Verkettungen von Andeutungen besteht, wobei sich alles scheinbar bruchlos ins Gesamtgemälde einfügt. Die großen Daten sind danach also: die Revolution von 1848 beschrieben unter dem Titel „Gegen Demokraten helfen Soldaten" (21/94), dann in der Nummer 22/94 die Ära Bismarck unter der Überschrift „Mit Eisen und Blut", im „stern" 23/94 die wilhelminische Epoche unter dem Ausspruch „Mit mir durch Not und Tod" und anschließend unter dem Leitgedanken „Die Totengräber von Weimar" (24/94). Da kamen sie dann alle zu Wort, ob Heine oder Tucholsky, Treitschke, der Hofprediger Stoecker, Fontane, Theodor Mommsen, später Ossietzky, und wie sie alle heißen. Der Gesamtbefund war selbstverständlich niederschmetternd: Revolution gescheitert, die kleindeutsche Lösung unter preußischer Vorherrschaft, der Aufstieg zur Weltmacht, die Hauptschuld am Ausbruch des Ersten Weltkriegs sowie der Untergang der Weimarer Republik, besiegelt durch die Machtübernahme der Nationalsozialisten – Ende.

Wem an eigener Beschäftigung mit den vom „stern" unter dem Motto „Geschichte eines Unheils" abgehandelten Abschnitten der deutschen Geschichte dieser Zeit gelegen ist, ist gut beraten, auf Veröffentlichungen so verschiedener Historiker wie Bracher, Fischer, Gall, Nipperdey, Stürmer oder Wehler, um nur einige wichtige Autoren zu nennen, zurückzugreifen, die wesentlich differenziertere Einblicke in einen derart komplexen Zusammenhang erlauben, als es die vom Zeitgeist bewegte oberflächliche Darstellung von Jaenecke auch nur im Ansatz leistet.

Zurück bleibt der Eindruck, daß es mit der journalistisch-historischen Essayistik im „stern“ nicht zum Besten bestellt ist. Statt einer angemessenen Auffächerung und lockeren Darstellung des Themas in seinen unterschiedlichen Facetten dominierte die Verkürzung des Zusammenhangs, die allein es Jaenecke ermöglicht, die letzten beiden Jahrhunderte deutscher Geschichte deterministisch als „Geschichte eines Unheils“ auszugeben. Da, wo vor allem Relativierung vonnöten wäre – wie es beispielsweise in Helmuth Plessners berühmten Diktum „von der verspäteten Nation“ anklingt –, geriert sich Jaenecke als wenig origineller Künder einer Unheilsgeschichte.

GCM

(MK 32/94, 8. 8. 1994)

Aufbau Ost

Verschwendung oder was?

Fernsehen schlägt nach „Spiegel“-Titel über Aufbau Ost Kapriolen

Das „Spiegel“-Schema funktioniert noch: Am Wochenende der richtige Startschuß, und die Montagspresse ist voll von dem, was der „Spiegel“ als Skandal der Woche ausgibt. Mit der Geschichte über die Verschwendung von Steuergeldern beim Aufbau Ost ist dem „Spiegel“ das auflagenfördernde Spiel wieder einmal vorzüglich gelungen und hat sogar dazu geführt, daß die Politik nicht umhin kam, das Thema anzupacken, und das, obwohl schnell abzusehen war, daß die „Spiegel“-Thesen insgesamt wenig fundiert waren. In den Medien kam das erst nach ein paar Tagen zur Sprache und dann vornehmlich in der Presse. Das Fernsehen transportierte das „Spiegel“-Thema überwiegend unkritisch weiter und schlug dabei so manche Kapriole.

Besonders der Montag, an dem der „Spiegel“ mit seinem Titel „Milliardengrab ‚Aufschwung Ost‘“ auf den Markt kam, stand im Fernsehen unter den Vorzeichen aus Hamburg. 65 Milliarden Mark, so die „Spiegel“-Redakteure Christiane Kohl und Felix Kurz, seien versickert, das Jahrhundertwerk deutsche Einheit drohe auch „als Jahrhundert-Abzocke in die Geschichtsbücher einzugehen“. Überall werde Steuergeld für sinnlose Projekte ausgegeben, „ein Drittel der Mittel“, so zitierte der „Spiegel“ den Präsidenten des Landesrechnungshofes von Sachsen-Anhalt, Horst Schröder, sei vermutlich „ohne jede Kontrolle durch die Aufsichtsbehörden“ vergeben worden, und „zehn Prozent oder mehr“ könnten ganz „versandet oder versickert“ sein, „65 Milliarden Mark – perdu“. Einen Beleg für diese Rechnung bot der „Spiegel“ nicht, wohl aber etliche Einzelbeispiele für Fehlplanungen, wie unnütze Schlachtbetriebe in Mecklenburg-Vorpommern oder ein überdimensioniertes Klärwerk im brandenburgischen Elsterwerda.

„Verplempert, veruntreut und verschwendet"

Das Fernsehen übernahm die Vorlage. Allen voran Heiner Bremer im „Nachtjournal" auf RTL (13. Februar): „Wo Milliardensummen verplempert, veruntreut und verschwendet werden, ist die Fähigkeit zur Selbstkritik naturgemäß unterentwickelt. So ist es kein Wunder, daß die Politiker bemüht sind, die ruchbar gewordene Abzockerei beim Aufbau Ost herunterzuspielen. Zwar werden Fehler beim Ausgeben der Steuergroschen eingeräumt, aber ganz so schlimm wie der ‚Spiegel' die Verschwendungssucht in den neuen Ländern beschrieben habe, sei sie denn doch nicht. Dabei ist es doch unwichtig, ob nun 65 Milliarden Mark, wie Experten schätzen, in dunklen Kanälen versickert sind, oder einige Milliarden weniger. Es bleibt ein Ärgernis, daß die Steuerzahler für den Aufschwung im Osten immer wieder bluten müssen, um dann zu erleben, wie leichtfertig mit dem Geld umgegangen wird." Das darzustellen machte sich der nachfolgende Filmbeitrag zur Aufgabe, hatte jedoch nichts anzubieten als die Tatsache, daß in der Stadt Naumburg in Sachsen-Anhalt für den Ausbau der Straßenbahn eine Million Mark ausgegeben worden sei, sie nun aber nicht gebraucht werde. An welchen Stellen die restlichen 64,999 Milliarden Mark im Osten verschwendet worden sind, sagte das „Nachtjournal" nicht. Ähnlich oberflächlich nahm sich Sat 1 des Themas an. Im „Newsmagazin" sagte Moderator Detlef Korus, in den neuen Ländern seien tatsächlich wohl „große Summen verschwendet worden". Susan von Lojewski bebilderte die Moderation mit einem Bericht aus Elsterwerda, das der „Spiegel" als Paradebeispiel für die Verschwendung vorgestellt hatte. Die Skeptiker der deutschen Einheit hätten also recht behalten, meinte Alexander Niemetz im ZDF-„heute-journal". „Manche Politiker und manche Beamte" hätten wohl Maß und Übersicht verloren. Korrespondent Lutz Panhans wartete mit Beispielen für fehlgeschlagene Aufbauprojekte auf: ungenutzte Gewerbegebiete rund um Berlin, die vom „Spiegel" genannten Schlachthöfe in Mecklenburg-Vorpommern oder unnütze Ausflugsstege an der Ostseeküste.

Im Gegensatz zu den Privaten gab das ZDF jedoch einem Betroffenen die Möglichkeit der Erwiderung. Im Studio nahm der Ministerpräsident von Mecklenburg-Vorpommern, Bernd Seite, zu den Vorwürfen Stellung. Er räumte ein, daß Fehler gemacht wurden, sagte aber, daß die hohen Investitionen in den ersten Jahren der Einheit richtig gewesen seien: „Wir brauchten das Geld, und ich stehe auch heute dazu."

Die ARD reagierte zunächst anders als die übrigen großen Drei. Am Erscheinungstag der „Spiegel"-Story beließen es „Tagesschau" und „Tagesthemen" bei kurzen Nachrichtenstücken. Erst am Folgetag machten sich die „Tagesthemen" ihren eigenen Reim, der darin bestand, dem „Spiegel" und seinen Apologeten etwas entgegenzusetzen. „Alles redet über die Milliardenverschwendung von Fördermitteln für den Aufbau Ost. Wir auch", sagte Sabine Christiansen. „Aber eines liegt uns dabei fern: Stimmung zu schüren gegen den Osten, gegen die Solidarität, die zweifelsohne vom Westen auch finanziell eingefordert werden muß." Die Präsidenten der Rechnungshöfe in den neuen Ländern, so Christiansen weiter, sagten, die Summe von 65 Milliarden Mark sei nicht nachvollziehbar, die Fördermittel seien überwiegend sinnvoll eingesetzt worden. Als Beispiel dafür, daß nicht der ganze Osten in verschwendeten Milliarden schwimmt, schilderten die „Tagesthemen" die Lage in der Gemeinde Alt-Bukow in Mecklenburg-Vorpommern, der es wie vielen anderen in den neuen Ländern gehe: „Sie haben gar nichts oder nur einen kleinen Tropfen aus der großen Flasche bekommen. Wie dringend da Hilfe vonnöten ist, sollte bei dieser Diskussion nicht vergessen werden", meinte Sabine Christiansen. Ihre Kollegen Christine Bielenstein und Stefan Horn berichteten, vom vielgepriesenen Aufschwung Ost sei in Alt-Bukow nichts zu sehen. Es gebe ein bißchen ABM, die LPG-Nachfolgebetriebe stünden vor der Pleite und die aktuelle Diskussion scheine hier „grotesk". Daß damit der Vorwurf, 65 Milliarden Mark seien verschwendet worden, ebensowenig entkräftet wurde, wie er sich durch Beiträge über andernorts sinnlos ausgebaute Straßenbahnen beweisen ließ, ging der wohlmeinenden „Tagesthemen"-Redaktion wohl nicht auf. Im Studio sagte der Oberbürgermeister von Leipzig, Hinrich Lehmann-Grube, er empfinde den Vorwurf der Verschwendung als „ausgesprochen ungerecht". Fehler seien passiert, es sei aber nicht die Leichtfertigkeit im Spiel, die bei dem Vorhalt der „Verschwendung" mitschwinge.

„Hat das Zeug zum Stammtischthema"

Am selben Abend (14. Februar) besann sich das „heute-journal" scheinbar eines Besseren. Als hätte er anderes nie behauptet, nahm Alexander Niemetz Abstand von dem mit der „Spiegel"-Geschichte angebrandeten Unmut: „Das sogenannte Milliardengrab Ost hat das Zeug zum Stammtischthema." Doch es gehe darum, Fakten auf den Tisch zu bekommen, wozu die Präsidenten der Landesrechnungshöfe nicht viel beitrügen, klagte Niemetz. Was Stefan Kelch an positiven wie negativen Beispielen für den Aufbau Ost und Karl Otto Gerhard an allgemeinen Erläuterungen zum Gesamtumfang der Fördermittel mitzuteilen hatten, brachte allerdings auch nicht mehr Licht ins Dunkel. Das „Newsmagazin" wartete mit dem Beispiel der Pleite einer Firma für Compact-Disc-Herstellung auf und brachte demonstrierende Kohlekumpel aus dem Ruhrgebiet ins Bild, die sich beklagten, daß im Osten so viel Geld verschwendet werde, während für die Kohle kein Geld da sei. „RTL aktuell" zeigte eine Straße in Magdeburg, deren Marmorverzierung zehn Millionen Mark gekostet habe.

Die „Tagesthemen" legten am Tag darauf quasi den Rückwärtsgang ein und meldeten jetzt, was die anderen zuvor berichtet hatten: die große Verschwendung im Osten, bestes Beispiel das Klärwerk in Elsterwerda. Im Kommentar sah Jörg Hildebrandt (ORB) die Deutschen in den alten und neuen Ländern „gemeinsam durch die Jauche" waten und empfahl ein

Klärwerk: „Nüchterne Klärung tut not." Zu der trug an diesem Abend Sat 1 nicht bei, dessen „Newsmagazin" den Tenor seiner Berichterstattung ebenso wendete wie die ARD, freilich in umgekehrter Richtung. Regungslos wie Niemetz im ZDF verkündete Detlef Korus auf Sat 1 das Gegenteil dessen, was er am Tag zuvor behauptet hatte: „Trotz aller Vorwürfe, der Aufbau Ost funktioniert. Darauf haben viele Politiker auch heute hingewiesen." Jetzt sahen die Zuschauer plötzlich auf Sat 1 ein positives Beispiel vom Aufbau Ost: ein Industriepark im sächsischen Riesa mit über 40 Betrieben und rund 4500 Arbeitsplätzen, ein „kleines Wirtschaftswunder im deutschen Osten", wie der Reporter sagte. Und auch bei „RTL aktuell" war plötzlich alles anders. Ein Bericht aus Fürstenwalde zeigte, daß die Stimmung dort mies, Geld aus dem Westen kaum geflossen und von Verschwendung keine Rede sei. Der Bonner RTL-Korrespondent Gerhard Hofmann meinte, mit der über die Parteigrenzen hinweg von Politikern am „Spiegel" geübten Kritik im Rücken, das Magazin habe die Zahl von 65 verschwendeten Milliarden nicht belegt. Die einzige Quelle für diese Zahl, der Präsident des Rechnungshofes von Sachsen-Anhalt, habe sich von der Hochrechnung distanziert.

Einen Tag später war es wieder an Sat 1, einen berichterstatterischen Salto mortale zu vollführen. Während ARD und ZDF sich darauf beschränkten, über die an diesem Tage stattgefundene Bundestagsdebatte über die vermeintliche Milliardenverschwendung zu berichten, griff das Sat 1-„Newsmagazin" Wirtschaftsminister Günter Rexrodt an, weil der die Medien kritisiert und den Vorwurf der Verschwendung zurückgewiesen hatte. „Mehr Verständnis für die Belange der Bürger", so Sat 1, habe der SPD-Abgeordnete Otto Schily bewiesen, der die Regierung heftig attackierte. Passend dazu hatte Sat 1 jetzt wieder ein Negativbeispiel parat: die auf Staatskosten abgewickelte Sanierung von Privatwohnungen in Leipzig. Bei RTL blieb sich Heiner Bremer im „Nachtjournal" treu: „Wer selbst Dreck am Stecken hat, weist gern mit dem Finger auf andere. Zu diesem Ablenkungstrick griff auch Wirtschaftsminister Rexrodt, als er heute im Bundestag die Verschwendung von Steuergeldern im Osten kommentierte. Statt angemessene Selbstkritik zu üben, schalt er vor allem die Medien. Es sei blanke Stimmungsmache, wie da einige Fehlentwicklungen hochgespielt würden. Doch so einfach darf es sich die Bundesregierung nicht machen, schließlich geht es nicht um Peanuts, sondern um Milliardenbeträge, die beim Aufschwung Ost verplempert, vergeudet und sogar veruntreut wurden. Und es geht darum, daß die Bonner Geldgeber die Verwendung der Summen nicht oder allenfalls lasch kontrolliert haben. Deshalb trifft sie auch die Mitverantwortung für die Mißwirtschaft." Wieder fand sich ein abschreckendes Exempel für fatale Mißwirtschaft, diesmal in Brandenburg, wo eine überflüssige Tierkörperbeseitigungsanlage für 25 Millionen Mark Fördermittel gebaut worden sei. Zum Kehraus der Fernsehwoche unterstrich der „Bericht aus Bonn" (ARD, 17. Februar), wie wenig den Fernsehjournalisten zu dem Thema einfiel, das der „Spiegel" vorgab. „Ist das System der Rechnungshöfe überhaupt noch das Richtige?", fragte Moderator Martin Schulze. Sei es noch in der Lage, der Verschwendung Herr zu werden? Wieder fand sich ein Beispiel für Fördermittelmißbrauch, diesmal die Unterstützung eines Wasserflugzeug-Projekts – im Westen.

Mehr leisteten die Fernsehnachrichten nicht, viel weniger als die Zeitungen, die, wie etwa die „taz", erklärten, wie einfach es sich der „Spiegel" mit der Hochrechnung von 65 Milliarden Mark verschwendeter Steuergelder gemacht hatte. „Die alte Erkenntnis, daß sich vom ‚Spiegel' jedermann korrekt informiert fühlt, außer denen, die über ein paar Basiskenntnisse des in Frage stehenden Gebiets verfügen, hat sich letzten Montag ein weiteres Mal glänzend bestätigt", schrieb Christian Semler (16. Februar). „Die Kardinalzahl des ‚Spiegel', 65 in den neuen Ländern versickerte und versandete Steuermilliarden, entstand auf Grund einer ganz anders gearteten Schätzung des Landesrechnungsprüfers von Sachsen-Anhalt, Horst Schröder. Der Kontrolleur glaubte, die Verwendung von bis zu zehn Prozent der Hilfsgelder für Sachsen-Anhalt könne nicht mehr zuverlässig nachgewiesen werden. Es handelte sich hier um eine etwas freihändige Meinungsäußerung, denn Rechnungshöfe kontrollieren nur mittels Stichproben. Schröders Prozentsatz wurde vom ‚Spiegel' auf die (von dem ‚Nachrichtenmagazin' angenommene) Gesamtzahl aller (also auch der gesetzlich vorgeschriebenen sozialen) Transfers in die neuen Länder bezogen: 650 Milliarden Mark. Zehn Prozent davon gleich 65 Milliarden Mark. Diese Summe wurde anschließend Schröder in den Mund gelegt und avanciert jetzt zum Totschlagargument, um dem Solidarbeitrag den Garaus zu machen."

Wie wenig überzeugend die „Spiegel"-Redakteurin Christiane Kohl selbst ihre Recherche vertrat, strich Otto Graf Lambsdorff am 21. Februar in der F.A.Z. heraus. In seiner Besprechung der Sat 1-Sendung „Talk im Turm" hieß es: „Auch sieben Tage nach der Veröffentlichung ihres Artikels kann sie die dort genannten Zahlen über die angeblich verschwendeten Milliardenbeträge nicht belegen und ihr genaues Zustandekommen nicht erklären. Wie schwach die in ihrem Artikel aufgebaute Argumentationskette ist, zeigen im Verlauf der Gesprächsrunde nicht nur die anderen Teilnehmer. Sie demontiert sich auch selbst – als sie die von ihr genannte Zahl von 65 Milliarden verschwendeter Fördermittel mit der Überbesetzung von 20 000 Stellen in der Verwaltung des Landes Sachsen-Anhalt belegt. Hier verwechselt sie laufende Landesausgaben mit einmaligen Investitionsprojekten; nur letztere werden nämlich mit Fördermitteln unterstützt." Solche Sachkritik hätte man sich auch von den Redaktionen der Fernsehnachrichten gewünscht, in denen die Wirtschaftsfachleute während der gesamten Debatte überhaupt nicht zum Zuge kamen. Sie hätten den kurzatmigen Kapriolen vielleicht Einhalt geboten. MH

(MK 9/95, 27. 2. 1995)

Wahlkampf

Kaschierte Hofberichterstattung

„Report“ (SWF): Bilder-Stimmungsmache statt Wahlkampf-Analyse

Das Land erlebe derzeit keinen besonders inhaltsreichen Wahlkampf, klagte „Report“-Moderator Jochen Waldmann (SWF) am 5. September in der Moderation seines Magazins. Bundeskanzler Helmut Kohl präsentiere sich als die „personifizierte Macht“, sein Herausforderer Rudolf Scharping benötige mit Gerhard Schröder und Oskar Lafontaine „Hilfstruppen“ zu seiner Unterstützung, um politische Inhalte jedoch gehe es in der Auseinandersetzung zwischen den Parteien kaum. Oliver Merz und Thomas Leif wollten da mit ihrem Bericht für Abhilfe sorgen, mit Klischees aufräumen und vermeintliche inhaltliche Unterschiede zwischen Union und SPD analysieren. Was sie ablieferten, war jedoch ein mit subtiler Fernsehmanipulation betriebenes Stück, das alles andere war als eine sachliche und faire Betrachtung, sondern genau das, was es zu entlarven vorgab: ein Stimmungsbericht, in diesem Fall zugunsten der SPD.

Das Konzept der Journalisten war nicht besonders einfallsreich: Sie begleiteten Kohl und Scharping bei Wahlkampfauftritten und gaben ihr Urteil über das Verhalten der beiden Politiker ab. Bei Kohl urteilte Merz durchweg negativ, bei Scharping geriet Leif ins Schwärmen. Dazu suchten sich Merz und Leif als Beleg für vermeintliche Unterschiede zwischen SPD und CDU jeweils passende Ausschnitte aus Wahlreden Kohls und Scharpings heraus.

Negativurteile über Kohl, Lobeshymnen für Scharping

Die erste Filmsequenz über Kohl begann mit überwiegend negativen Bürgerstimmen zur Politik des Bundeskanzlers. Zu Bildern von einem Wahlkampfauftritt Kohls im brandenburgischen Schwedt sagte Merz: „Zur Wahl steht eine Haltung, und die personifiziert er selbst. Es ist der pure Optimismus.“ Die Enttäuschten, so beobachtete Merz, würden „abgekanzelt“. Kohl sei „auf einem Feldzug gegen die angeblichen Miesmacher. Das geeinte Deutschland hat gefälligst dankbar zu sein, basta!“ Über Scharping sagte Reporter Leif vom ersten Bild an nur Positives. Der Kandidat der SPD kämpfe gegen sein Image, er sei eine farblose Kopie des Kanzlers und verkünde seine politische Botschaft. „Denn die hat der Bürger Scharping, allen Klischees zum Trotz“, sagte Leif. Als Beleg diente ihm ein Statement Scharpings: „Helfen sie doch bitte mit, daß am 16. Oktober eine klare Entscheidung getroffen wird. Weg von dem vielfältigen Egoismus und hin zu gegenseitiger Verantwortung und auch zu mehr Gemeinsinn in unserem Land.“ Zurück bei Kohl in Schwedt filmte Merz ein Gespräch zwischen Kohl und einem Rentner, einem „Gewinner der Einheit“, wie Merz sagte, bei dem Kohl vorrechnete, daß dem Mann, der ihn bei einem Wahlauftritt auf der Straße ansprach, zusammen mit seiner Frau 3000 Mark Rente im Monat zustünden. So etwas versetzte Kohls Wahltroß in Begeisterung, „für die Arbeitslosen nebendran blieb keine Zeit“, kommentierte Merz. Ganz anders das nächste Stimmungsgemälde von Leif über Scharping. Er zeigte den Kanzlerkandidaten, wie er sich von dem Kind der niedersächsischen Umweltministerin Monika Griefahn Süßigkeiten in den Mund stecken ließ. Dazu sagte Leif: „Manchmal ist der Kandidat locker, trotz Kamera.“ Woher er wußte, daß Scharping nicht trotz, sondern vielleicht auch wegen der neben ihm postierten Kamera so locker war, verriet Leif nicht. Dafür gab er an, daß Scharping „in zäher Kleinarbeit den Nachteil einer Opposition versucht auszugleichen und sich als Person kenntlich zu machen“. Es folgten Bilder von einem Wahlauftritt Scharpings, bei dem er von seiner Jugend als ältestes von sieben Kindern erzählte. Trotz dieser rein auf Stimmungen angelegten Bilder zog Leif als Zwischenfazit, daß die SPD versuchen werde, „mit einem inhaltlichen Wahlkampf gegen die Stimmungsmaschine Kohl anzutreten“. Ob sie mit ihren Themen durchdringe, sei die entscheidende Frage. „Widerlegt ist damit aber jetzt schon die Legende, Deutschland habe gar keine Wahl. Scharping ist eben nicht bloß eine jüngere Ausgabe Helmut Kohls“, urteilte Leif, ohne allerdings den Zuschauern den Hauch eines Arguments für sein so sicher gefälltes Urteil unterbreitet zu haben.

Oliver Merz schilderte den nächsten Auftritt von Kanzler Kohl, „das Schlachtroß, so, wie er sich selber sieht: kurz vor dem Gang in die Arena. Sein Auftritt professionell nach amerikanischer Manier vorbereitet. Ein Kinderchor aus dem Osten empfängt den Einheitskanzler. Es gilt, 16 000 Getreue für den kommenden Wahlkampf heiß zu machen. Inhalte und Sachprobleme sind an den Rand gedrängt. Der Kanzler schwört seine Partei auf einen Stimmungswahlkampf ein.“ Im als Beleg für dieses Urteil eingesetzten Redeausschnitt ließ Merz den Kanzler sagen: „Wenn die Sozialdemokraten und die Grünen, gemeinsam mit der PDS, wie immer das dann konstruiert wird, die Mehrheit haben und den Kanzler wählen, werden wir uns auf den Weg zu einer anderen Republik begeben. Alles andere ist Täuschung.“ Als direkte Antwort darauf sagte Leif zu Bildern von einer SPD-Wahlveranstaltung: „Als ob Altkanzler Helmut Schmidt als Pate für eine andere Republik taugen würde. Trotzdem: Die SPD tut sich schwer, die Anti-Magdeburg-Kampagne der CDU zu kontern.“ Jetzt kam wieder eine Rede Scharpings an die Reihe: „Hinter Herrn Kohl klafft ein riesengroßes schwarzes Loch. Gähnende Leere. Die Union ist ausgebrannt. Der hat überhaupt keinen Respekt vor anderen Meinungen, er hat auch keinen Respekt vor den Menschen und ihren sozialen Problemen. Er will sie nur haben als Stimmvieh, damit er hinterher wieder machen kann, was er will.“

Die gleichen Bilder – unterschiedliche Reporter-Kommentare

Mochten sich die Bilder der Wahlauftritte von Kohl und Scharping noch so gleichen, ihre Reden auf dieselbe Weise Wahlkampfstimmung verbreiten –

Merz und Leif sagten freiweg, bei Kohl sei alles pure Stimmungsmache, bei Scharping tiefgründige Argumentation. Zur pseudowissenschaftlichen Verbrämung ihres vorgeblich analytischen Berichts zogen die Journalisten den als Parteienforscher vorgestellten Oskar Niedermayer von der Freien Universität Berlin heran, der als besondere wissenschaftliche Erkenntnis der politischen Forschung die Binsenweisheit verkündete, den Parteien gehe es im Wahlkampf nicht in erster Linie darum, die „eigentlichen Probleme" eines Landes zu diskutieren, sondern die Wahlen zu gewinnen. Das mute vielleicht zynisch an und sei demokratietheoretisch nicht wünschenswert, doch es sei so. Daß es zum Wesen der Politik gehört, daß sich die Parteien, und nicht nur sie, schon bei der Definition der „eigentlichen Probleme" eines Landes nicht einig sind, und dieser Streit zum Wesen der Politik gehört, schien dem „Parteienforscher" unbekannt zu sein.

Zum Abschluß ihres Berichts klopften Merz und Leif dann die von ihnen angeblich ermittelte Programmatik der CDU und der SPD zu drei Politikbereichen ab: „Arbeitslosigkeit und soziale Gerechtigkeit", „Kriminalität und innere Sicherheit" und „Familienpolitik (Steuern und Finanzen)". Wieder dienten den Journalisten bei ihrer Fernsehbeweisführung keine Auszüge aus den Wahlprogrammen oder direkte Interviews als Beleg, sondern von ihnen bestimmte Ausschnitte aus Wahlreden. In ihnen sprach sich Kohl für eine Senkung der Unternehmenssteuer und einen starken Staat aus und sagte, daß er sich nach der Wahl von Fachleuten neue Anregungen für die Familienpolitik geben lassen wolle. Scharping sagte, es sollten Wohnungen gebaut, die Umwelt geschützt, behinderte und ältere Menschen gepflegt werden, die Polizei solle gegen Ausländerfeinde vorgehen und die Leistungen in der Familienpolitik dürften nicht vor allem denjenigen mit den dicken Geldbeuteln zugute kommen. Das sei, so Reporter Leif, „neben der Steuerpolitik der zweite, konkrete Vorschlag der SPD: umzuverteilen, für mehr soziale Gerechtigkeit zu sorgen. In der CDU weiß man, daß die SPD damit Punkte machen könnte. Doch Kohl ficht das nicht an. Er setzt auf Aufschwung, Hoffnungen und die Unlust des Publikums zur Reformdebatte. Das entscheidende Umfrageergebnis dieser Tage ist: 30 Prozent der Wähler sind noch unentschlossen. Die Wahl ist also noch offen. Auf diese Wähler setzt Rudolf Scharping, der trotz der vielen Rückschläge Gelassenheit demonstriert und endlich auf einen Treffer hofft."

Und auf diese Wähler zielte auch der Bericht von Oliver Merz und Thomas Leif, mit dem sie vorgaben, den Stimmungswahlkampf der CDU als solchen zu entlarven und dabei einseitig selber Stimmung zugunsten der SPD machten, auf eine Weise, wie sie nur das Fernsehen zu kreieren im Stande ist. Werturteile, die durch nichts gedeckt waren, verstreuten die beiden Journalisten zu ihrer einseitigen Auswahl von Bildern und O-Tönen: Kaschierte Hofberichterstattung und Stimmungsmache, die vor allem wegen der Heuchelei, sie entlarve die Tricks der anderen, so perfide ist – gezielt auf

jene 30 Prozent, die noch nicht wissen, wen sie am 16. Oktober wählen sollen.
MH

(MK 38/94, 19. 9. 1994)

Wahlkampf

„Zustandsbeschreibung der Bundesrepublik"

Bei den Wahlberichten im „Spiegel" biegen sich die Fakten in eine Richtung

Für „Spiegel"-Leser sieht die Welt jeden Montag gleich aus. Schlechte Nachrichten präsentieren sich ihnen von der ersten bis zur letzten Seite der Zeitschrift, dargeboten mit einer polemischen Larmoyanz, die, wie Dirk Schümer kürzlich in der F.A.Z. (26. September) festhielt, Hans Magnus Enzensberger 1957 in einem Rundfunkessay als „skeptische Allwissenheit, die an allem zweifelt, außer sich selbst" beschrieb. Schümer übersetzte dies jetzt als „flotten Ton eines Treppenhaustratsches, bei dem der Papst auch schon einmal zum ‚Bodenbelags-Erotiker' werden" könne, und mit dem sich „große Zusammenhänge locker erklären" ließen, so „als halte ‚Der Spiegel' den geheimen Bauplan einer komplizierten Welt in Händen". Eines der wichtigsten Merkmale dieses Bauplans ist seit seiner Regierungsübernahme 1982 Bundeskanzler Helmut Kohl. Über ihn und seine Politik ereifert sich das Blatt seither ohne Unterlaß. Montag für Montag verwendet die Redaktion die ersten zehn bis 20 Seiten für ihre Kritik an der Koalition aus CDU/CSU und FDP. Im Wahlkampf nun hat der „Spiegel" diese Ausrichtung regelrecht zum Programm für die Zeit bis zum 16. Oktober erhoben. „Was die Ressorts und Korrespondenten des ‚Spiegel' bis zum 16. Oktober planen, läuft auf eine Zustandsbeschreibung der Bundesrepublik im Wahljahr hinaus", kündigte das Blatt an. Das Ergebnis taugt freilich weniger als Zustandsbeschreibung des Landes, eher schon seiner in die Jahre gekommenen Meinungsmacher aus Hamburg, deren einst unbestrittene Presseführerschaft dahin ist.

„Das System Kohl scheint unangreifbar"

Zum Auftakt der Wahlberichterstattung ließ das Blatt Helmut Kohl als Dampflok über das Titelblatt (1. August) ziehen. „Die Machtmaschine" lautete die Überschrift, Aufklärung wurde versprochen über des „Kanzlers Machtkartell": „Helmut Kohl hat seine Macht über Jahre mit Seilschaften, Günstlingen und Abhängigkeiten gesichert. Der CDU-Chef herrscht mit

Strenge, er bestraft und belohnt. Medien-Mächtige trommeln für ihn, Manager machen Stimmung für ihn. Das System Kohl scheint unangreifbar." Bei der langen Liste derer, die der „Spiegel" danach als Kohls Günstlinge oder in Ungnade und Verbannung gefallene Gegner aufzählte, fanden sich Partei- und Koalitionsfreunde, Wirtschafts- und Verbandsführer und besonders Journalisten. „Wie der liebe Gott von Bonn", so das Blatt, „entscheidet Kohl über Chancen, Hoffnungen und Karrieren." Die Präsidenten der Vereinigten Staaten und Rußland stellten sich in der Wahlkampfzeit artig zu Besuchen ein, die Schwesterpartei CSU sei botmäßig, die FDP abhängig und die Fernsehsender, öffentlich-rechtliche und private, „kuschen vor ihm". Um diese Phalanx der angeblich Kohl-Ausgelieferten zu belegen, klammerte der „Spiegel" – wie gewohnt – die Hälfte der Wahrheit konsequent aus. Beim ZDF sei Kohl „viele Jahre Verwaltungsratsvorsitzender" gewesen, „der Sender hört buchstäblich auf sein Kommando. Bei der ARD amtieren rund um den Hessischen Rundfunk garantiert unionstreue Intendanten – in Stuttgart, Baden-Baden, München und Leipzig. Und beim Privatfernsehen erntet Kohl die Früchte des von ihm begonnenen Aufbaus, die sich die SPD einst entgehen ließ." Daß seit Sommer 1992 der nordrhein-westfälische Ministerpräsident Johannes Rau (SPD) Verwaltungsratschef beim ZDF ist, schrieb der „Spiegel" nicht. Auch ging das Blatt großzügig darüber hinweg, daß beim ZDF in den letzten Jahren führende Positionen mit der SPD nahestehenden Journalisten besetzt wurden, wie die Beispiele von Chefredakteur Klaus Bresser oder Ruprecht Eser zeigen, der zuerst vom ZDF zum Privatsender Vox und dann von dort zurück nach Mainz wechselte. Nicht ins Bild des „Spiegel" passen auch die von den Sozialdemokraten dominierten großen und kleinen ARD-Sender wie WDR, NDR, HR, ORB, Saarländischer Rundfunk und Radio Bremen, ganz zu schweigen vom Privatsender Vox. Der „Spiegel" aber verkündete unverdrossen: „Nicht nur die Medien, die politische Kultur" habe Kohl „mit seiner Saumagen-Diplomatie" geprägt. Selbst Gegner räumten ein, daß die schnelle Wiedervereinigung „wesentlich das Ergebnis der weltpolitischen Mauscheleien des Kanzlers" gewesen sei.

Der Darstellung des angeblich allumfassenden Überwachungs- und Zuträgersystems, dessen Helmut Kohl sich bei seiner Kanzlerschaft um der Macht willen bediene, ließ der „Spiegel" in der Woche darauf eine Analyse der Steuerpolitik Theo Waigels folgen: „Punkt für Punkt ein Flop". Über den Zuschnitt der Opposition gab es wiederum eine Woche später Informationen aus erster Hand: Das Für und Wider von Visionen in der Politik der SPD beschrieb Karl-Heinz Klär, Leiter der rheinland-pfälzischen Staatskanzlei und rechte Hand des SPD-Kanzlerkandidaten Rudolf Scharping. Er orientierte sich bei seinem Plädoyer für sozialdemokratische Reformpolitik an den Visionen Willy Brandts, die nun mit neuem Leben zu erfüllen seien: soziale Sicherheit in einer Gesellschaft der Freien, eine „Welt der humanisierten Arbeit", die „Vorstellung von einer lebhaften Konkurrenz" und einen „zivilen Wettbewerb möglichst vieler Köpfe“. „Vision und Reform, das ist meine – vorerst essayistische – Schlußfolgerung, gehen auch in den neunziger Jahren sozialdemokratisch zusammen; an Stoff fehlt es nicht, um im Herbst mit Sinn und Verstand anzufangen. Die weitreichende Vision, an der Sozialdemokraten liegen muß, handelt von der Zukunft der Arbeit und der freien Zeit.“ Das Fazit von Klärs Aufsatz: „Es geht mir nicht darum, an die Stelle der verblichenen Einheit von Theorie und Praxis eine neue von Vision und Praxis zu setzen. Aber schön wäre es, wenn in Deutschland doch noch – und bitte rasch – die Vision einer Linken wahr gemacht werden könnte, die es versteht, weitblickende Vorstellungen mit Wirklichkeitssinn in den politischen Prozeß einzubringen, um sie dort so geschmeidig wie hartnäckig durchzusetzen.“

Nach der von den eigenen Redakteuren geleisteten Beschreibung der vorgeblich verdorbenen politischen Verhältnisse in Bonn, ließ der „Spiegel“ solchermaßen den, allerdings weitgehend unkonkreten, Entwurf einer SPD-regierten Republik folgen. Passend dazu stellte das Magazin in derselben Ausgabe den potentiellen Koalitionspartner der SPD vor. Der Grünen-Politiker Joschka Fischer stellte sich zum „Spiegel-Gespräch“ über „die Regierungsfähigkeit seiner Partei, in dem er die Gelegenheit nutzte, seine politische Philosophie als Programm seiner Partei und künftige Politik einer rot-grünen Regierung darzustellen und vor den Konservativen zu warnen, die in der Ära nach Kohl „die Enttabuisierung des Dritten Reiches noch weitertreiben“ würden.

In Woche drei nach dem Beginn der „Zustandsbeschreibung der Bundesrepublik im Wahljahr“ stellte der „Spiegel“ leichte Unstimmigkeiten bei der Opposition fest: „Gerhard Schröder stänkert gegen den Kurs des Kanzlerkandidaten Rudolf Scharping“, und wandte sich mit Vehemenz gegen CDU-Fraktionsführer Wolfgang Schäuble. „Mag sein Vorsitzender Helmut Kohl erneut blühende Landschaften feilbieten, er liefert Boshaftigkeiten gleich dutzendfach. Kohl streichelt die Seele der Ostdeutschen. Schäuble stichelt“, schrieb das Blatt zu Wahlauftritten des CDU-Politikers in den neuen Ländern: „Wie ein Besatzer verkündet der Reisende aus Bonn die Wohltaten im Stakkato-Stil.“ Die FDP werde derweil, so teilte der „Spiegel“ in der Folgewoche mit, so sie denn wieder in den Bundestag gewählt werde, nicht unbedingt zu Kohl halten. „FDP-Chef Kinkel schließt eine Ampel-Koalition aus. Doch erfahrene Liberale bedrängen ihn“, schrieb das Magazin, machte jedoch keinen einzigen von ihnen namhaft. Dafür bestätigte der „Spiegel“ einmal mehr, wie gut Rot-Grün doch zusammenpasse. Über die „Große Grüne“ Antje Vollmer wußte Reporter Jürgen Leinemann nur das Beste mitzuteilen und war sich in seinem Urteil einig mit Oskar Lafontaine, dessen Lob für Antje Vollmer er ausgiebig wiedergab.

Die nächste Etappe der Wahlberichterstattung stand im „Spiegel“ unter dem Motto „Der Kraftakt“. Gemeint war die zu diesem Zeitpunkt gegründete „Troika“ mit Scharping, Schröder und Lafontaine auf ihrem gemeinsamen Zug gegen Kohl: „Eben noch konnte der Kanzler satt und mild auf den jungen Herausforderer blicken, dessen Chancen sich stetig verflüchtigten. Jetzt sieht sich Helmut Kohl unerwartet einem kampfstarken Trio gegenüber.“ Gestützt auf Meinungsumfragen, die der SPD sechs Wochen vor der Wahl einen leichten Aufwärtstrend attestierten, die bis dato noch hervorgehobenen Differenzen zwischen den drei Politikern ausklammernd, hieß es jetzt: „Unverkennbar, daß die drei schon ihre eigene Neuauflage darstellen – die neueste Version jener schmucken Enkelriege, die Willy Brandt vor zehn Jahren ausgeschickt hatte, die Union das Fürchten zu lehren.“ Am 12. September teilte der „Spiegel“ mit, daß sich Gerhard Schröder und Joschka Fischer durchaus eine Regierungsbeteiligung der PDS vorstellen könnten – ein Umstand, der eigentlich für den auf Distanz zu den SED-Nachfolgern beharrenden Scharping ungünstig erscheinen müßte. Das Hamburger Magazin aber machte die Anti-PDS-Wahlkampagne der CDU zum Thema und befand, daß sie im Osten ins Leere laufe und die Union ohnehin „aus dem Glashaus“ ihre Kritik formuliere, denn in Kohls Partei seien „reichlich Ex-DDR-Größen heimisch.“ Und auch einen anderen Umstand, von dem die SPD nicht profitiert, verwandelte der „Spiegel“ in eine Attacke für Scharping. Die fehlende Unterstützung durch jene Linksintellektuellen, die sich bei vergangenen Wahlen für die SPD stark machten. Angefangen bei dem Schriftsteller Erich Loest, über den Rhetorik-Professor Walter Jens bis hin zu dem WDR-Journalisten Friedrich Küpperbusch reichte die Liste der vom „Spiegel“ Benannten, die nicht in den Wahlkampf zögen. Das aber liege nicht an der Partei, sondern an der Weltfremdheit ihrer früheren Wahlunterstützer: „Für die bürgerliche Intelligenz, die materielle Not nicht kennt, zählen Bürger- und Menschenrechte mehr als die Beiträge zur Rentenversicherung. Den idealen Politiker wünscht sich der gemeine Intellektuelle von heute ohnehin als Mischung aus Richard von Weizsäcker und Che Guevara. Der 16. Oktober rückt näher“, endete der „Spiegel“-Text, der wie ein Organisationsaufruf zur Intellektuellen-Unterstützung der SPD anmutete, „die Wahl wird doch irgendwie spannend, aber viele Intellektuelle warten lieber ab und lauern der neuen Zeit entgegen. Falls es zur großen Koalition kommt, kündigt Erich Loest an, würden die Schriftsteller ‚mobilmachen wider den Stillstand‘.“

Am 19. September schrieb der „Spiegel“ ganz unumwunden an gegen den Wahlkampf der CDU. „Zu Unrecht“ präsentiere sich der Kanzler „als unbeirrbarer Vorkämpfer der deutschen Einheit“. „Sogar noch nach dem Fall der Mauer im November 1989 war die Wiedervereinigung für Kohl zunächst ‚nicht das Thema‘.“ Unter Berufung auf „bislang unveröffentlichte Dokumente aus DDR-Archiven“ sei zu beweisen, so der „Spiegel“, daß sich Kohl bis Ende 1989 auf die Zweistaatlichkeit eingerichtet habe. Was der Anklage an Belegen folgte, war dünn und bezog sich auf Niederschriften, die wiedergaben, was Kohl und seine Unterhändler in den Jahren 1982 bis 1989 bei Treffen und Gesprächen mit der DDR-Führung angeblich gesagt haben. Die konkreten politischen Maßnahmen der Bundesregierung, ihre Hintergründe und Absichten gewichtete die Zeitschrift ebensowenig wie das Zustandekommen der staatlichen Einheit, von dem es nur wenige Wochen zuvor geheißen hatte, sie sei gerade wegen der „weltpolitischen Mauscheleien des Kanzlers" erfolgt. Ohne einen Unterschied zur SPD zu machen, die Ende der 80er Jahre zu inhaltlichen Gemeinsamkeiten mit der SED fand, las der „Spiegel" aus den „Dokumenten" heraus, daß Helmut Kohl die deutsche Einheit erst angestrebt habe, nachdem bei einem Besuch in Dresden die dort versammelten Bürger in Massen die Einheit gefordert hätten. Im Abschluß an diese oberflächliche Betrachtung der jüngsten Geschichte behauptete das Blatt mit Blick auf die aktuelle Lage, die Union zähle schon gar nicht mehr auf ihren Koalitionspartner FDP, in Wahrheit setze sie „auf die absolute Mehrheit oder eine Große Koalition".

Als vorerst letzten Punkt führte der „Spiegel" am 26. September gegen Kanzler Kohl ins Feld, daß er vor den Wahlen regelmäßig Schützenhilfe von der Bundesbank erhalte. „Es gibt handfeste Indizien dafür, daß die Frankfurter Währungshüter immer wieder im Wahlkampf helfen: Über billiges Geld, das sie in die Wirtschaft pumpen, sorgen sie rechtzeitig für den von der Bundesregierung ersehnten Aufschwung." Daß allein die Geldmengenpolitik der Bundesbank einen Wirtschaftsaufschwung vorgaukele, sei das Ergebnis zweier wissenschaftlicher Untersuchungen. Also sei auch der allenthalben festgestellte Aufschwung ein Wahlkampfkonstrukt, so die Behauptung, die sich in diesem Zusammenhang um die Wirtschaftsdaten über die Produktivitätsentwicklung in den alten und besonders in den neuen Ländern nicht kümmerte.

„Harte Fakten bieg- und unterhaltsam serviert"

Für die „Spiegel"-typische Konstruktion der Wirklichkeit, schrieb Dirk Schümer in der „Frankfurter Allgemeinen Zeitung", habe Herausgeber Rudolf Augstein „ein semantisches System ersonnen, mit Hilfe dessen sich das strukturelle Einerlei des Sozialen als Anekdote verkaufen läßt: Eine Verifikationsabteilung überprüft die Aussagen aller Texte auf ihre Unüberprüfbarkeit, bis schließlich harte Fakten bieg- und unterhaltsam serviert werden können." In Sachen Wahlberichterstattung, unter dem Deckmantel „Zustandsbeschreibung der Bundesrepublik" angekündigt, biegen sich beim „Spiegel" die Fakten ganz eindeutig in eine politische Richtung. MH

(MK 40/94, 4. 10. 1994)

Die Libyen-Connection: alt und fadenscheinig

Zweiter Wahlkampf-Pseudo-Skandal des „stern“ – diesmal die FDP

Das hatte der FDP gerade noch gefehlt: Zwei Wochen vor der Bundestagswahl, als sich die Presse vorrangig mit der Frage beschäftigte, ob die Liberalen wohl den Einzug in den nächsten Bundestag schaffen würden oder nicht, kündigte die Hamburger Zeitschrift „stern“ einen ganz großen FDP-Skandal an. Schmiergelder in Höhe von mehr als einer Million Mark habe die inzwischen in Konkurs gegangene libysche Firma Telemit der Partei bezahlt, und im Gegenzug für „brisante Exporte Unbedenklichkeits-Bescheinigungen des Auswärtigen Amtes bekommen, das vom damaligen FDP-Chef Hans-Dietrich Genscher geführt wurde, und die Zustimmung des FDP-Wirtschaftsministeriums, das ebenfalls in FDP-Händen war.“ Belege oder identifizierbare Zeugenaussagen für diesen Vorwurf brachte das Blatt nicht bei, FDP und Auswärtiges Amt konterten die Vorwürfe mit konkreten Angaben und Gegenrecherchen, und die Presse hielt sich – angesichts der fadenscheinigen Pseudo-Skandale des „stern“ verständlich – zurück. Lediglich einige Medien, wie „taz“ oder „Zeit“ und das WDR-Magazin „ZAK“, die schon zuvor als unkritische „stern“-Apologeten hervorgetreten waren, übernahmen die vermeintliche Skandalgeschichte, die von kritischen Presse-Kollegen schon bald als ebenso alt wie fadenscheinig bezeichnet wurde.

„Keinerlei parteipolitischen Ehrgeiz“

Dabei hatte sich Werner Funk im Editorial seines Blattes (41/94) sehr um den Anschein der Seriosität bemüht. „Was der ‚stern‘ in diesem Heft über die FDP berichtet“, schrieb der Chefredakteur, „über ihre Parteispenden und ihre Verbindungen zu Libyens Gadhafi, hat keinerlei parteipolitischen Ehrgeiz, will keine Wahl beeinflussen und keine alten Koalitionen sprengen oder gar neue stiften. Der Bericht ‚Millionen-Spenden für die FDP – die Libyen-Connection‘ ist vielmehr das Ergebnis langer, mühseliger Recherchen, die wir in den letzten Tagen abschlossen.“ Monatelang hätten die „stern“-Redakteure Rudolf Lamprecht und Leo Müller recherchiert. Gerade seien sie fertiggeworden mit ihrem Report, der eine „Art Sittengemälde“ entstehen lasse, „in dem legitime Vorsorge gegen arabische Terroristen ebenso aufscheint wie bedenkenlose Kungelei, Geldgier ebenso wie eine souveräne Verachtung von Grundsätzen und Gesetzen.“

Das von den „stern“-Redakteuren gezeichnete „Sittengemälde“ begann mit dem bis heute nicht aufgeklärten Mord an dem früheren FDP-Schatzmeister Heinz Herbert Karry. „Die Täter kamen morgens um fünf. Vor dem

Schlafzimmer des Einfamilienhauses Hofhausstraße 51 in Frankfurt-Seckbach stellten sie eine Aluminiumleiter auf. Das Fenster zum Schlafzimmer des Ehepaares Karry war wie immer geöffnet. Dann fielen zwei Schüsse. Heinz Herbert Karry sprang aus dem Bett und rief: ‚Was ist los?‘ Da fielen noch vier Schüsse. Die Kugeln trafen ihn in den Unterleib, zerfetzten eine Beckenschlagader. Der 61jährige Bundesschatzmeister der FDP und Wirtschaftsminister von Hessen verblutete neben seinem Bett.“ Woher sie wußten, was der ermordete FDP-Politiker rief, bevor die tödlichen Schüsse fielen, verrieten die „stern“-Reporter nicht. Ebensowenig machten sie deutlich, warum der Mord vom 11. Mai 1981 nicht von den linksgerichteten „Revolutionären Zellen“ verübt worden sein soll, die sich in einem Bekennerbrief zu der Tat bekannten. „Rasch“ seien Zweifel aufgekommen, „daß es wirklich die Feierabend-Terroristen der RZ waren“, hieß es lapidar. Wem kamen Zweifel auf? Der Polizei-Sonderkommission, die ihre Ermittlungen nach Jahren erfolglos abbrach? Warum kamen Zweifel auf, und was haben sie mit der Firma Telemit zu tun? Der „stern“ leitete ohne Umschweife über: „Sicher ist soviel: Als Schatzmeister der FDP nahm Heinz Herbert Karry viele Geheimnisse über illegale Parteispenden und politische Korruption mit ins Grab.“ Es folgte ein Hinweis auf den Flick-Parteispendenskandal und dann die Behauptung, daß die FDP nun „von ihrer Vergangenheit noch einmal eingeholt“ werde. „Aus Firmenunterlagen und Aussagen ehemaliger Mitarbeiter“ der Firma Telemit gehe hevor, daß sie „Dreh- und Angelpunkt einer gigantischen Schmiergeldaffäre, in die auch Karry verwickelt war“, gewesen sei: „Die Firma, die Libyen gehörte, zahlte nach Zeugenaussagen in den späten 70ern und frühen 80ern jedes Jahr mehr als eine Million Mark an die Liberalen.“ Dafür habe Telemit die für „brisante Exporte“ notwendigen Unbedenklichkeits-Bescheide des Auswärtigen Amtes erhalten.

Schon bei der Übernahme der in Privatbesitz befindlichen Firma durch die Libyer im Jahre 1976 habe der damalige Außenminister Genscher die Fäden gezogen, später habe es Treffen von ihm, Klaus Kinkel und Jürgen Möllemann mit libyschen Unterhändlern gegeben. Daß Schmiergelder geflossen seien, so der „stern“, sei einem Dialog zwischen dem ehemaligen Telemit-Besitzer Herbert Mittermayer, der das Unternehmen an Libyen verkaufte, und dem späteren Geschäftsführer Wolfgang Knabe zu entnehmen: „Knabe: ‚Ich schmiere die FDP.‘ Mittermayer: ‚Das hat es doch zu meiner Zeit nicht gegeben.‘ Knabe: ‚Nein, aber der Erfolg gibt mir recht.‘ Mittermayer: ‚Wieviel? Eine Million im Jahr?‘ Knabe: ‚Mehr als eine Million.‘“ Der „stern“ berief sich bei der Wiedergabe dieses Wortwechsels auf den Alt-Inhaber Mittermayer, der angeblich schmiergeldzahlende Geschäftsführer Knabe verstarb 1985. Er habe angeblich enge freundschaftliche Kontakte zu Genscher unterhalten, gab „stern“-Zeuge Mittermayer an: „Der Telemit-Geschäftsführer, so Mittermayer, habe ihm offenbart: ‚Genscher ist mein Freund. Ich mache alles mit ihm persönlich. Genscher hat mir gesagt, daß durch die Lieferungen Anschläge der Libyer in Deutschland verhindert werden können.'" Als zweiten Zeugen bemühte die Zeitschrift den irakischen Waffenhändler Abdoul Moneim Jebara, der ebenfalls angab, der verstorbene Wolfgang Knabe habe von Schmiergeldern für die FDP berichtet. Als FDP-Schatzmeister Karry starb, so der „stern" gegen Ende seiner vermeintlichen Skandalgeschichte, habe er seiner Partei „ein millionenschweres Erbe auf diversen Konten in der Schweiz" hinterlassen. „Das FDP-Präsidium stand ratlos vor diesem ‚Juliusturm', so der damalige FDP-Generalsekretär Günter Verheugen heute zum ‚stern'. 5,5 Millionen Mark lagen allein bei der Internationalen Genossenschaftsbank in Basel. War es Schmiergeld von Telemit aus München?"

Zwei Aussagen über die Aussagen eines Toten, ein durch Vermutungen angedeuteter Verdacht, der schließlich in einer Frage endete – das war also das Fundament, auf das der „stern" sich bei seiner Anklage gegen die FDP stützte. Erstaunlich war neben den bloß vermuteten, in Frageform gekleideten Zusammenhängen, daß sich die Recherche gegen Hans-Dietrich Genscher und vor allem gegen Klaus Kinkel richten sollte. Hätte es – eine profunde Recherche vorausgesetzt – nicht viel näher gelegen, nach der Rolle des früheren Wirtschaftsministers Jürgen Möllemann zu fragen? Das für die Telemit-Ausfuhren zuständige Bundesamt für gewerbliche Wirtschaft untersteht schließlich dem Wirtschaftsministerium. Ein solcher Ansatzpunkt wäre freilich zwei Wochen vor der Wahl mit Kinkel als Spitzenmann der FDP weit weniger sensationell gewesen. Die zweite Schwäche der „stern"-Geschichte, die alles andere als über Monate hart recherchiert wirkte, war, daß sie sich mit Vorgängen befaßte, die andere schon längst thematisiert haben. Die Illustrierte „Quick" nahm sich des Themas ebenso an wie seinerzeit das ARD-Magazin „Report" aus München. Dessen Rechercheergebnisse allerdings gingen nicht in Kinkels noch Genschers, sondern in Möllemanns Richtung.

Auswärtiges Amt: Vorwürfe „infam"

Das Auswärtige Amt und die FDP wiesen die Vorwürfe des „stern" entschieden zurück. Außenamts-Pressesprecher Michael H. Gerdts bezeichnete die Anschuldigungen als „infam". „Die Leitung des Auswärtigen Amtes", so Gerdts, sei „bis zum Tode des Herrn Knabe im Jahre 1985, auf dessen angebliche Aussagen sich die Vorwürfe des ‚stern' im wesentlichen gründen, in keinem einzigen Fall mit einem Vorgang, der die Firma Telemit betraf, befaßt gewesen." Zuständig für die Ausfuhrgenehmigungen sei das Bundesamt für gewerbliche Wirtschaft, das dem Wirtschaftsministerium unterstellt sei. Das Auswärtige Amt sei nur ins Spiel gekommen, wenn es sich um Ausfuhren gehandelt habe, die unter das Außenwirtschaftsgesetz fielen. Im fraglichen Zeitraum von 1973 bis 1989, so führte Gerdts gegenüber der Presse aus, habe das „Bundesamt für gewerbliche Wirtschaft insgesamt 103 Anträge der Firma Telemit zur Stellungnahme an das Auswärtige Amt“ geleitet. „Darunter war kein Antrag, der Kriegswaffen im Sinne des Kriegswaffenkontrollgesetzes betraf. Es handelte sich um Fernmeldegeräte, Verschlüsselungsgeräte und Laser-Entfernungsmesser sowie ähnliche elektronische Geräte – Geräte also, die je nach Ausführung nur sonstige Rüstungsgüter oder dual use-Waren im Sinne der Ausfuhrliste der Außenwirtschaftsverordnung waren.“ Nach Lage der 47 Aktenbände, die zur Überprüfung der Vorwürfe durchgeforstet worden seien, habe das Auswärtige Amt in acht von 103 Fällen der Firma Telemit eine negative Stellungnahme abgegeben. Bis 1985 sei „kein einziger Antrag der Firma Telemit auf Ausfuhrgenehmigung der Leitung des Auswärtigen Amtes“ vorgelegt worden. In allen Fällen sei auf Beamtenebene entschieden worden, zumeist von Referatsleitern, in wenigen Fällen von Unterabteilungsleitern. Erst im Jahre 1986 seien der Amtsleitung von den unteren Ebenen vier Fälle zur Entscheidung vorgelegt worden, mit der Maßgabe, daß keine Bedenken gegen eine Ausfuhr bestünden. Zusammenfassend sei festzustellen, „daß in der Zeit von 1973 bis 1985, dem Todesjahr von Herrn Knabe, die Leitung des Auswärtigen Amtes in keinem einzigen Fall mit der vom Auswärtigen Amt gegenüber dem Bundesamt für gewerbliche Wirtschaft abzugebenden Stellungnahmen befaßt worden ist. Von 1986 bis 1988 wurde die Leitung des Hauses wegen der inzwischen veränderten außenpolitischen Lage in neun Fällen befaßt.“ In vier Fällen sei positiv entschieden worden, in fünf Fällen habe es Ablehnungen gegeben.

FDP-Sprecher Goebel: „orientalisches Märchen“

Als „orientalisches Märchen“ wies FDP-Sprecher Hans-Rolf Goebel den „stern“-Bericht zurück. Der Artikel stütze sich auf angebliche Erklärungen des inzwischen verstorbenen Wolfang Knabe, der nicht mehr zur Rechenschaft gezogen werden könne. Die angeblichen Behauptungen, Knabe sei ein Freund Genschers gewesen, seien frei erfunden. Genscher könne sich nicht daran erinnern, Knabe jemals begegnet zu sein. Auch keiner der liberalen Witschaftsminister habe Kontakt zu Knabe gehabt. Es werde offenbar mit großem Fleiß an einer Legende gestrickt, die jeder sachlichen Grundlage entbehre, der FDP aber zehn Tage vor der Bundestagwahl schaden solle. Die Bundespartei FDP habe nie Geld von der Firma Telemit erhalten. An den FDP-Landesverband habe es Spenden in Höhe von zusammen 30 000 Mark gegeben. Der „stern“-Bericht sei bereits der zweite Versuch, sagte Goebel in Anspielung auf eine „stern“-Geschichte aus dem Juli, „der FDP in dieser Angelegenheit etwas anzuhängen. Hans-Dietrich Genscher war in seiner Zeit als Außenminister für seine restriktive Haltung beim Rüstungsexport bekannt. Hans-Herbert Karry, der ermordet wurde und sich gegen diese Anschuldigungen nicht mehr wehren kann, war selbst jüdischer Abstammung. Ihm zu unterstellen, er sei in Waffengeschäfte zu Lasten Israels verwickelt gewesen, ist ebenso dumm wie bösartig.“ Unter dem Titel „ein unfairer Tritt“ kommentierte die „Süddeutsche Zeitung“

(6. Oktober): „Initiiert vom Hamburger Magazin ‚stern', werden altbekannte Vorwürfe neu aufgewärmt. Vorausmeldungen und das in der Medienzunft weitverbreitete Lemming-Syndrom garantieren größtmögliche Breitenwirkung. Und wenn es überall gestanden hat, dann muß ja wohl was dran sein, denkt der Leser . . . Dabei hätte im konkreten Fall schon ein Blick ins Archiv gereicht, um festzustellen, daß die Vorwürfe in der Vergangenheit immer wieder erhoben wurden, zuletzt in einem Prozeß vor dem Augsburger Landgericht, ohne daß sie sich bisher hätten erhärten lassen." In der „Welt" (6. Oktober) meinte Helmut Breuer: „Die ‚stern-Enthüllung' war alt". Für die Justiz seien die Vorwürfe „kein Anlaß zu Ermittlungen".

„Die ungeprüften Informationen zwielichtiger Zuträger"

Bei der FDP indes wunderte man sich, daß „stern"-Chefredakteur Funk in einem Brief an Klaus Kinkel anbot, der FDP-Chef möge doch in der Folgewoche ein Interview zu der „stern"-Geschichte geben. Statt das Blatt durch ein Dementi an gleicher Stelle zu ehren, konterten die Liberalen. FDP-Sprecher Goebel begegnete der „„stern'-Enthüllung" mit einer kleinen Gegenrecherche. Das Blatt hatte unter anderem behauptet, der Konkursverwalter der Firma Telemit, Manfred Barzen, sitze „vor einem Berg von Akten" und habe einen „brisanten Fund" gemacht: „Ihm fielen Fotos in die Hände, auf denen der frühere Geschäftsführer Knabe mit ‚allem, was in Wirtschaft damals Rang und Namen hatte', abgebildet ist. Eines der Bilder ist besonders interessant. Barzen: ‚Es zeigt Genscher am Tisch neben Knabe' – dem Mann also, der die FDP mit Millionen geschmiert hat und den Genscher angeblich nicht kennt." Als „absoluten Schwachsinn" habe Barzen nach dpa-Angaben diese ihm nachgesagte Aussage bezeichnet, so Goebel. Dies zeige „doch die ganze Ungeheuerlichkeit des gezielten Angriffs auf die FDP kurz vor der Wahl. Es wäre nicht das erste Mal, daß der ‚stern' auf die ungeprüften Informationen zwielichtiger Zuträger hereinfällt." MH

(MK 42/94, 17. 10. 1994)

Wahlkampf

„Merker" und „Täter"

Vergleich zwischen „Focus" und „Spiegel"

Es gibt viele Formen, Journalismus zu betreiben. Aber welche Spielart auch gewählt wird, ob Scheckbuch-, Sensations-, Enthüllungs- oder Kampagnenjournalismus – um nur einige zu nennen –, am Anfang steht immer eine Grundentscheidung: will der Journalist „Merker" oder „Täter" sein. Die

„Merker“ bekennen sich zur Chronistenpflicht, zu möglichst genauer Recherche der Fakten, die Vorrang vor ihrer Meinung haben. Der „Merker“ wird den Fakten auch dann die Ehre geben, wenn sie nicht zu dem ursprünglichen Bild passen, das er sich von einem Geschehen machte. Anders der „Täter“: Er ist nur mit Vorbehalt auch Chronist. Vielmehr geht es ihm um etwas anderes: Er will mit seiner journalistischen Tätigkeit in das Geschehen aktiv eingreifen, Handelnder sein. Fakten sind für ihn nur wichtig, sofern sie seinen Zielen dienen können. Primär kommt es ihm darauf an, zu überzeugen, gegebenenfalls dafür auch zu manipulieren und zu indoktrinieren. Die Ausgaben des „Spiegel“ („Das deutsche Nachrichten-Magazin“) und des „Focus“ („Das moderne Nachrichtenmagazin“), die eine Woche vor der Bundestagswahl, also am 10. Oktober 1994 erschienen sind, zeigen geradezu idealtypisch den Unterschied zwischen „Täter“- und „Merker“-Journalismus.

„Spiegel“: „Machtmaschine im Kanzleramt“

In seiner „Hausmitteilung“ verspricht der „Spiegel“ dem Leser ein „angemessenes Quantum an Information und Orientierung“ zur Bundestagswahl. Reporter Hans-Joachim Noack habe Kohl auf Tournee beobachtet und neue Einsichten über diesen „Bismarck mit Strickjacke“ gewonnen. Hinter das „verriegelte Naturell“ des Kandidaten Rudolf Scharping habe Reporter Jürgen Leinemann einen Blick geworfen. Sechs weitere Beiträge stehen in Zusammenhang mit dem Wahlgeschehen.

Tituliert wird Helmut Kohl als „Machtmaschine im Kanzleramt“. Übertroffen werde sie nur noch von der „Stimmungskanone“: „In einer Epoche der allgemeinen Ernüchterung, in der die Utopien in Verruf geraten sind, trommelt der selbstgewisse Kommunikator für seinen ‚optimistischen Realismus‘.“ Der verkomme ihm zwar häufig zur schieren Idylle, „doch das will er so“. Immer wieder breche der „alte, schwadronierende Prediger aus ihm hervor“. Doch das sei ja die Masche „des Doktor phil. Helmut Kohl“. Je vielschichtiger der Problemwust, etwa in den Fragen der Ökologie, „desto verquaster die Metaphern, unter denen er die negativen Stichworte dickfellig begräbt“. Zwar aale er sich in einem Überlegenheitsgefühl, wenn er über die „sogenannten Pseudo-Intellektuellen“ herfalle, doch weder sein historisches Gewicht, noch die weltumspannenden Beziehungen „bis hin zu Bill und Boris“ hätten in ihm „den Minderwertigkeitskomplex tilgen können“. Und auch sonst läßt der „Spiegel“ an Kohl kein gutes Haar. Ämterpatronage im Kanzleramt wird ihm vorgeworfen, das ZDF habe er sich „besonders gefügig“ gemacht, und sogar mit einem „Filz“-Vorwurf wird Kohl eingedeckt: „Wie Nachbarn und Untergebene von der Nähe zu Hannelore und Helmut Kohl profitieren“ – ein an den Haaren herbeigezogener Vorwurf der dümmlichen Art. Da ist es angebracht, daran zu erinnern, was der „Spiegel“ vom 23. Juli 1990 geschrieben hatte: „Es ist Helmut Kohls Leistung, das Einheitsverlangen der DDR-Deutschen in der Völkergemeinschaft abgesichert, die fugenlose Zustimmung des Westens erreicht zu haben – und sich nun an das russische Wunder zu wagen. Er konnte die Zweifel weitgehend ausräumen, ob man den Deutschen dabei trauen kann." Er habe sich als schlagfertig erwiesen, sei im Auftreten zurückhaltend geblieben. Rudolf Augstein damals: „Den Staatsmann Kohl wird man nicht mehr von der Landkarte tilgen können. Glückwunsch, Kanzler!"

Im Gegensatz zur „Machtmaschine" Kohl zeichnet der „Spiegel" den SPD-Kanzlerkandidaten Rudolf Scharping mit seinem „bärtigen Bubengesicht" als einen Menschen, der im Grunde nur eine Idee habe, der er den Rang einer Vision einräume: „soziale Gerechtigkeit". Diesem Thema ordne Scharping im Wahlkampf alles unter, von der Europapolitik bis zur unerledigten Einheit der Deutschen. Auf seine Ausbrüche gegen die von den Konservativen ermutigte „Raff-Gesellschaft", aber auch gegen einen sich links artikulierenden Individualismus, den er in Wahrheit für puren Eigennutz halte, sei Verlaß. Sie seien zentraler Teil aller seiner Wahlkampfauftritte: „Es muß mehr Gemeinsinn geben und weniger Egoismus. Es kann nicht jeder alles haben." Jürgen Leinemann, Autor des Scharping-Portraits, sorgt sich um den SPD-Kandidaten. Er fragt, ob denn die Wähler nicht einsähen, daß dieser Mann einen lauteren Charakter habe: „Bedeutet es denn wirklich so wenig, daß dieser Mann kein Militarist ist und kein Chauvinist, kein Demagoge und kein Dummkopf? Daß er nie in den Geruch der Korruption geraten ist und auch nicht in den Verdacht der Skrupellosigkeit?" Quintessenz des „Spiegel": Alles klar, Scharping wählen!

„‚Focus'-Leser lieben Fakten"

Schon im Titelbild unterscheidet sich „Focus" fundamental vom „Spiegel". Karikierend bringt der „Spiegel" einen Gag: Auf der Titelseite Kohl, auf der Rückseite Scharping, beide im Gezerre um den Bundesadler. Ernsthaft wirken dagegen die Konterfeis der fünf Spitzenpolitiker von Kohl bis Gysi auf der Titelseite des „modernen Nachrichtenmagazins", das mit dem Slogan „Unser Ziel: Wir liefern nur die Fakten, Meinungen bilden Sie sich selber" wirbt. Die Titelgeschichte unter der Schlagzeile „Die Gentlemen bitten zur Kasse" analysiert die Finanzpolitik der Parteien, bringt in tabellarischer Übersicht die Unterschiede und Übereinstimmungen auch zwischen den möglichen Koalitionen. Kohl und Scharping kommen mit Statements zu Wort. Der redaktionelle Text schont keine Partei: „Bei CDU/CSU und FDP zahlen alle mehr, die SPD bittet gezielt die vermeintlichen Besserverdiener zur Kasse. Bei den Grünen sind zusätzlich Wohlhabende, Erben, Hausbesitzer und Autofahrer dran. Hauptstreitpunkt ist die Einkommensteuer. Soll es ab Januar beim Solidarzuschlag von 7,5 Prozent der Steuerschuld für alle bleiben, den die Regierung kreiert hat, oder sollen nur die sogenannten Besserverdiener einen Zehnten zahlen, wie es die SPD will." Der „Haken am SPD-Modell": Es bringe weniger Geld in die Kasse, die Zahl der „Opfer" wachse jährlich, weil mit den Lohnsteigerungen immer mehr Arbeitnehmer über die Einkommensgrenze rutschen. In vier Jahren dürften rund 30 Prozent aller Steuerzahler mit einem Zusatz-Zehnten dabei sein. „Inzwischen will Scharping die Einkommensgrenzen ständig erhöhen, um diesen Effekt zu vermeiden. Seinem Finanzexperten Lafontaine fiel das Problem nicht auf." Doch „Focus" geht nicht nur auf die steuerpolitischen Absichten der Parteien ein, sondern auch auf die Zukunftsperspektiven: „Beide Lager haben in der Tat viele ihrer vollmundigen Versprechen mit einem Finanzierungsvorbehalt versehen: Realisierung nur, solange der Vorrat reicht. In Wahlreden fällt das Kleingedruckte aber einfach unter den Tisch." Wichtig sei für die Wähler auch, was niemand erwähne: die langfristigen Aufgaben beim Umbau des Sozialstaates. „Dabei weiß CDU/CSU-Fraktionsvorsitzender Wolfgang Schäuble um den enormen Erneuerungsbedarf in den nächsten vier Jahren: ‚Dagegen war das, was wir in dieser Legislatur gemacht haben, nur eine zarte Fingerübung'."

Während sich der „Spiegel" endlos mit der „Tiefenpsychologie" der Kandidaten abquält, mit der deutlich erkennbaren Absicht, den einen schlecht zu schreiben und den anderen moralisch zu überhöhen, verschwendet „Focus" keine Zeile auf Suggestives. Er berichtet kompakt, allerdings oft holzschnittartig. Auch begleitende Beiträge enthalten sich personeller Angriffe. Chefredakteur Helmut Markwort bescheidet sich mit einer Kolumne über Erst- und Zweitstimmen. Kein Zweifel, „Focus" praktiziert, was er seinen Lesern verspricht. Dieses Rezept ist allem Anschein nach ein Schlüssel zum Erfolg: „Focus" erfreut sich steigender Auflage und eines wachsenden Anzeigenvolumens, beim „Spiegel" bröckelt beides. Die „Merker" können sich ermutigt fühlen. sp

(MK 42/94, 17. 10. 1994)

Staat und Terrorismus

Gleichwertige Verhandlungspartner?

Die „taz“ und die ARD im Medienverbund

Je mehr sich der Verdacht erhärtete, daß die Ermittlungsbehörden wichtige Informationen über die Polizeiaktion in Bad Kleinen zurückhielten, weil sie für „Fehler, Unzulänglichkeiten und Koordinationsmängel“ (Rudolf Seiters) verantwortlich waren, um so mehr wuchs die Kritik in den Medien. Wahrscheinlich zu Recht wurden einzelne Schritte von Bundesanwaltschaft, BKA und GSG-9 von den Journalisten gerügt, denn zu vielen Fragen stehen die Antworten immer noch aus.

Die Verfehlungen, die möglicherweise einzelnen Personen unterlaufen sind, nutzten einige Journalisten aber noch vor der Klärung wichtiger Fragen, um die Legitimation des Staates grundsätzlich in Frage zu stellen und die Rolle der RAF-Terroristen aufzuwerten bzw. zu verharmlosen.

Staat verschärft die „Konfrontation“

In einem „Tagesthemen“-Kommentar stellte „Panorama“-Chef Joachim Wagner Staat und Terroristen am 30. Juni als quasi gleichwertige Partner gegenüber, von denen der eine, nämlich der Staat, die bisherigen Verhandlungs-Gespräche gefährdet habe: „Mit der für beide Seiten tödlichen Schießerei sind alle Dialog- und Versöhnungsversuche der letzten Jahre zwischen Staat und RAF als gescheitert anzusehen.“ Daraus leitete Wagner die Konsequenz ab: „Eine neue Spirale der Gewalt droht. Der nächste Bekennerbrief wird wahrscheinlich mit Kommando Wolfgang Grams unterschrieben sein.“ Den Zuschauern vermittelte der Repräsentant einer öffentlich-rechtlichen Anstalt damit den Eindruck, Aktionen müßten jetzt zwangsweise erfolgen, seien sogar irgendwie verständlich. Den Terroristen mag dies wie eine Rechtfertigung für Reaktionen geklungen haben. Für weitere Attentate wurde damit indirekt der Staat mitverantwortlich gemacht.

Noch unsinniger kommentierte die Berliner „tageszeitung“ die Rolle des Staates. In einem Kommentar von Wolfgang Gast (5. Juli) erschien es als völlig normal, daß die RAF den Staat mit Terror bedroht und erpreßt. Gast machte es dem Staat sogar zum Vorwurf, daß er sich von den Gewalttätern nicht einschüchtern läßt: „Dem Bundesinnenminister und dem Bundesstaatsanwalt gebührt das zweifelhafte Verdienst, freiwillig oder unfreiwillig als diejenigen in die Geschichte einzugehen, die die Konfrontation zwischen RAF und Staat künstlich verlängert haben. Die Untergrundkämpfer der RAF haben im letzten Jahr zwar noch erklärt, künftig auf Attentate gegen führende Persönlichkeiten aus Politik und Wirtschaft verzichten zu wollen. Diese Erklärung dürfte nach der Bad Kleiner Exekution nun aber hinfällig sein.“

Vor allem aber die ARD-Sendung „Monitor“ vernebelte die Schuldfrage der RAF-Terroristen. Ungeachtet vorliegender Haftbefehle stellte Magazin-Leiter Klaus Bednarz die beiden in Bad Kleinen gestellten Personen am 1. Juli eher als harmlose Zeitgenossen dar: „Ob die am Sonntag festgenommene Birgit Hogefeld und ihr erschossener Begleiter wirklich der RAF-Kommandoebene angehörten, dafür gibt es bislang nicht den geringsten Beweis“, sagte er in der Moderation. So, als werde jeder untergetauchte Bürger als Terrorist behandelt, hieß es im Bericht: „Mit Informationen zur Kommandoebene sind BKA und Bundesanwaltschaft seit jeher geizig. Kein Wunder, denn sie wissen fast nichts über sie . . . Die Gesuchten auf den Fahndungsfotos werden der RAF im wesentlichen einfach deshalb zugerechnet, weil sie abgetaucht oder einfach verschwunden sind.“

Sympathisantin als SPD-Abgeordnete ausgegeben

Man stellte dem inzwischen entlassenen Generalbundesanwalt Alexander von Stahl eine Aussage von 1990 gegenüber, die „völlig im Widerspruch zu seiner jetzigen Einschätzung“ stehe und die belegen sollte, daß die Polizei keinerlei Erkenntnisse über die RAF-Kerngruppe habe: „Die Rädelsführer der derzeit aktiven Kommandoebene kennen wir den Personen nach nicht.“ Die demagogische Frage von „Monitor“ folgte zwangsläufig: „Wie sollen also Birgit Hogefeld und Wolfgang Grams zur ‚Kommandoebene‘ zählen, wenn man über deren personelle Zusammensetzung nichts Konkretes weiß?“ Dieser Darstellung lag die absurde Idee zugrunde, daß es sich bei der „RAF-Kommandoebene“ um ein Gremium handelt, über deren Mitgliedschaft ordnungsgemäß Buch geführt würde. Da nun die beiden gestellten Terroristen nicht korrekt registriert seien, apostrophierte man sie als harmlose Mitläufer. Zur Unterstützung brachte „Monitor“ die Bundestagsabgeordnete Ulla Jelpke ins Bild und gab in der Bildunterzeile an, sie sei SPD-Mitglied. In Wahrheit aber gehört sie der PDS/Linke Liste an und war – laut dem Magazin „Focus“ – als Strafvollzugshelferin mit dem in Hamburg einsitzenden RAF-Mann Peter-Jürgen Boock befreundet.

Die Argumentation von „Monitor“ griff Gerd Rosenkranz in der „tageszeitung“ am 3. Juli auf. „Der Begriff der Kommandoebene ist eine Kopfgeburt der Staatsschutzbehörden . . . Wer der Kommandoebene zugerechnet wurde, konnte auf traditionelle Verteidigung gleich ganz verzichten, denn er war für die Dauer seiner mutmaßlichen Mitgliedschaft für alle Anschläge der RAF voll verantwortlich – unabhängig davon, ob er Fahrzeug-Dubletten herstellte, Autos oder Wohnungen anmietete oder selbst dem jeweiligen ‚Kommando‘ angehörte.“ Damit bagatellisierte er die Vorbereitungsarbeit zu Anschlägen, und da den beiden Verhafteten bislang kein konkreter Mord nachgewiesen werden konnte, wurden sie auch hier als eher harmlose Mitläufer apostrophiert, denen eine brutale Staatsgewalt nachgesetzt hatte.

Ein Wort für die Hinterbliebenen des ermordeten jungen Polizisten, der immerhin für den demokratischen Rechtsstaat gestorben ist, fanden die

Journalisten nicht. Auch zu einem Dankeswort an die Beamten, die für uns ihr Leben riskiert hatten, mochte man sich nicht herablassen. Selbst die Frage, warum Birgit Hogefeld und Wolfgang Grams als Terroristen gesucht wurden, interessierte sie nicht mehr.

Natürlich: Ereignisse können von Zeitungen unterschiedlich bewertet werden. Printmedien sind, im Gegensatz zu Fernsehsendern, am Markt zahlreich vorhanden und können ihre Position im Meinungsstreit deutlicher vertreten. Wenn es auch blanker Tendenzjournalismus ist, so verwunderte es doch nicht, daß sich eine linksalternative Zeitung wie die „taz" durch eine besonders RAF-freundliche Haltung hervortat. Daß aber die zur Ausgewogenheit verpflichtete öffentlich-rechtliche Anstalt ARD derart verzerrend berichtet, ist nicht akzeptabel. Denn der Blick in andere Medien belegt zwar auch hier eine kritische Haltung gegenüber den Ermittlungsbehörden. Nirgendwo sonst wurden aber die RAF-Terroristen derart unangemessen in Schutz genommen. gka

(MK 28/93, 12. 7. 1993)

Terrorismusbekämpfung

Gegenüberstellung verdeutlicht Manipulation

Sat 1 und BR informierten, der HR machte Stimmung für die RAF

Die Ereignisse in Bad Kleinen und ihre Nachwirkungen boten alles, was Journalisten sich wünschen: Aktualität, Dramatik, Schaden, Kontroverse, Personalisierung, Kriminalität, mittelbare Betroffenheit – und viel Raum für Verschwörungstheorien und Spekulationen. Da auch ein filmbarer Tatort sowie zahlreiche Bilder über die Beteiligten – Übungsfilme der GSG-9 oder Fotos diverser Attentate – vorlagen und hochkarätige Politiker und Fachleute zu kontroversen Diskussionen zur Verfügung standen, wunderte es nicht, daß verschiedene Fernsehanstalten Schwerpunktsendungen ins Programm nahmen.

Der direkte Vergleich offenbarte dabei die politischen Vorlieben der Journalisten sowie Stärken und Schwächen einzelner Konzepte. Wo Sat 1 und der Bayerische Rundfunk (BR) um seriöse Aufklärung bemüht waren, präsentierte der Hessische Rundfunk (HR) ein unhaltbares Stück verzerrender Manipulation.

Kompetente Gesprächspartner bei „Talk im Turm“

Am wenigsten spektakulär und deshalb wohl am informativsten war die Sendung „Talk im Turm“ (Sat 1) am 11. Juli. Das Konzept von Moderator Erich Böhme ging einmal mehr auf: Als Moderator hervorragend vorbereitet, gab er sich unparteiisch und war jederzeit in der Lage, die entscheidenden Punkte durch kritisch-kluges Nachbohren herauszuarbeiten. Dabei bewährte es sich, daß er nicht – wie in anderen Diskussionssendungen üblich – ein Sammelsurium illustrer Talkshow-Profis eingeladen, sondern auf informierte Gesprächspartner mit konträren Positionen zurückgegriffen hatte. Hier erfuhr selbst der aus Zeitungen und Zeitschriften informierte Zuschauer noch viel Neues. Vom Fachjournalisten Dagobert Lindlau beispielsweise, zu welch absurden Reaktionen breite Vorverurteilungen in der Öffentlichkeit führen können. So hatte die Klinik, in der der erschossene Wolfgang Grams untersucht worden war, ihre Rechnung an die GSG-9 geschickt – offenbar unterstellend, daß hier der Schuldige sitze. Auch informierte der Kriminalexperte, daß die Wortwahl des „Spiegel“-Zeugen („Kollege“, „Sekundärwaffe“) auf den Sprachgebrauch in der Nationalen Volksarmee hinweise.

Hans-Gottfried Bernrath (SPD) und Johannes Gerster (CDU) steuerten die Ansichten der großen Bonner Parteien bei und diskutierten über mögliche Konsequenzen, die die Politik aus dem Vorfall ziehen könnte. Der Polizeibeamte Uwe Wilhelms beklagte, daß bei der Aufklärung des Hergangs inzwischen eine Fachkompetenz für jedermann reklamiert werde, nur nicht für die – teilweise vorverurteilten – Spezialeinheiten der Polizei. Mit einer eigenen Deutung der Ereignisse fand der Bruder des erschossenen Wolfgang Grams zwar weder im Publikum noch in der Expertenrunde Zustimmung. Doch offenbarte die These, sein Bruder sei möglicherweise unbewaffnet gewesen und von einem Polizisten kaltblütig ermordet worden, welche absurden Vorstellungen in manchen Kreisen inzwischen über die Polizeiaktion kursieren.

Konzeptionell gänzlich anders, aber dennoch sehr informativ, arbeitete das Magazin „Brisant“ im Bayerischen Rundfunk (3. Programm) am 13. Juli die Ereignisse auf. Zunächst informierte die Redaktion kritisch über das Kompetenzgerangel der Behörden und die vielen widersprüchlichen Aussagen führender Repräsentanten. Das Geschehen am Bahnhof wurde rekonstruiert, an den ungeklärten Stellen wurde erläutert, daß hierzu unterschiedliche Aussagen vorliegen. Mit Kritik an den Ermittlungsbehörden wurde nicht gespart, die unterschiedlichen Versionen stellte man gegenüber.

In einem zweiten Beitrag analysierte man die Entwicklung der GSG-9 und ihre Vor- und Nachteile gegenüber den Sondereinsatzkommandos (SEK) der Bundesländer. Daß die Beamten für ein niedriges Gehalt „ihr Leben wagen, um anderer Leben zu retten“, oder wie sehr auch die jungen Familien belastet sind, wurde dabei nicht verschwiegen. Der Film berichtete von erfolgreichen Einsätzen und darüber, daß bereits viele Menschen ihr Leben diesen Einheiten verdanken.

Doch weder zu einer positiven Verklärung noch zu einer pauschalen Verurteilung ließ „Brisant“ sich hinreißen. Mit ernsthaften Fragen an die Verantwortlichen ging das Magazin der körperlichen und psychologischen Schulung sowie der polizeilichen Konzeption nach und versuchte, das Selbstverständnis der Gruppen zu erforschen. Dabei wurde plausibel: Schießwütige „Rambos“, die bei Aktionen durchdrehen, sind die Polizisten nicht. Ein befragter Beamter zeigte sogar Verständnis für die Medien: Die derzeitige Berichterstattung treffe ihn persönlich schon. „Aber man weiß, wie die Presse sowas verkauft oder verkaufen muß... Es verkauft sich besser, Fehler oder mögliche Fehler von Polizisten aufzuzeigen oder Situationen so darzustellen, als wären sie falsch, wie wenn einfach ein Polizist in Ausübung seines Berufs stirbt.“

Einseitige Stimmungsmache beim Hessischen Rundfunk

Zuschauer, die nach der BR-Sendung zum Hessischen Rundfunk umschalteten, bekamen am selben Abend dann zu sehen, wie unterschiedlich das Fernsehen ein Thema selbst dann aufarbeiten kann, wenn die Redakteure überwiegend auf dieselben Fakten und Bilder zurückgreifen müssen. Denn „Dienstag – Das starke Stück der Woche“ (13. Juli) geriet unter der Leitung von Georg M. Hafner zu einer einseitigen Polizisten- und Staatsschelte, die sich durchgehend an den Vorgaben der zwei Wochen zuvor ausgestrahlten WDR-Sendung „Monitor“ orientierte.

Bereits zu Beginn setzte „Dienstag“ auf Emotionen. Unter wildem Getöse stürmten vermummte Gestalten ein Haus und traten Wohnungstüren ein. Die Bilder zeigten zwar Einsatz-Szenen, die auch der BR vorgestellt hatte, sie wurden jedoch akustisch völlig verfremdet: Maschinengewehrsalven wurden eingespielt, Glasgefäße zersprangen krachend, obwohl in der Szene selbst niemand ein MG trug. Hektische Musik, Schlagzeugwirbel, kurze Schnittfolgen und die Kommentierung dramatisierten das Geschehen. Es wurde deutlich, daß Bild und Ton entstellend zusammengeschnitten worden waren. Auch durch eine eigene Interview-Technik fiel die HR-Sendung auf. Während der BR seine Gesprächspartner in klassischer Gesprächsform gegenüberstehend befragte und damit auf den Inhalt der Aussagen Wert legte, wurden die Gesichter der Befragten beim HR nur klein in die überlagernden Bilder von bedrohlichen Hubschraubermanövern eingeblendet. Die Aussagen waren so zurechtgeschnitten, daß sie sich ständig widersprachen – eine Manipulationstechnik, die aufgrund der zahlreichen Stellungnahmen der letzten Wochen nicht schwerfiel. Durchgehend polemisierten Moderator und Reporter gegen Polizei, Behörden und Politiker, quasi letztinstanzlich wurden die einzelnen Aussagen im Sinne der Tendenz der Sendung eingeordnet und gewertet.

Zwischenzeilen gliederten die Sendung und gaben den Sequenzen den Tenor vor. Ihr Wortlaut war immer ähnlich kommentierend: „Total verknallt. Der Staat und seine Lieblings-Terroristen", „Helden große", „Helden, trotz allem", „Helden, äh".

Als Leitfigur für die Sendung hatte Hafner keinen Fachmann, sondern einen politisierenden Kabarettisten ausgewählt. Von Dieter Hildebrandt, der nicht auf der Bühne auftrat, sondern direkt interviewt wurde, versprach sich Hafner offenbar die besten Informationen für sein Publikum. Zwei Kostproben geben die durchgängige Tendenz wieder:

- „Nebenwaffe ist toll ... Da kann man doch mitkriminell werden. Da erschießt er schnell den Täter, der sonst soviel Umstände machen würde. Irgendwie liegt plötzlich einer da, den man nicht mehr fragen kann. Das ist ja genau das, was sie wollen. Keinen, der Antwort geben kann. Nicht am Leben lassen. Weil der sagt dann etwas, und dann sieht der Polizist schlecht aus."
- „Ich habe absolut Angst vor so führenden Ledernacken wie dem neuen Innenminister . . . Das ist ja so einer, der macht sofort Ordnung. Und der sagt auch sofort so Sachen wie Leute, die vor der Front stehen . . . Eines Tages verlangt er wahrscheinlich von uns, daß wir die Fingernägel vorzeigen. Solche Leute habe ich noch im Nacken, das waren meine Ausbilder, da war ich Rekrut, da wurde ich gedemütigt."

In bezug auf die RAF schlossen sich die Einzelbeiträge gänzlich den verklärten Vorgaben des „Monitor"-Kollegen Klaus Bednarz an und versuchten, die Terroristen als zu Unrecht verfolgte, harmlose und friedliebende Menschen darzustellen: Allein „das Abtauchen war der so lange gesuchte Beweis" für eine Strafverfolgung. Daß sich die mordende RAF-Kommandoebene in einem Bekennerbrief ausdrücklich zu Wolfgang Grams als einem der ihren bekannt hatte, verschwieg der HR. Ganz im Duktus der RAF stellte man den Staat statt dessen als unversöhnlich, repressiv und gnadenlos dar. Er sei es, der Andersdenkende in den Untergrund treibe. Während man die Kindheit des erschossenen Terroristen gefühlvoll beleuchtete und Grams' Bruder Rainer all das wiederholen ließ, was ihm bereits bei „Talk im Turm" als völlig grotesk widerlegt worden war, interessierte der ermordete Polizist Michael Newrzella kaum.

Bezeichnend die Gegenüberstellung der Trauerfeiern: Über die GSG-9 hieß es unter wildem Hintergrundgeballere: „Sie schweben per Hubschrauber ein, werden abgeschirmt und haben sich vermummt – auch der mutmaßliche Todesschütze. Ausnahmsweise in Zivil, die Rambos der GSG-9 bei der Beerdigung." Nun waren die Polizisten die „Vermummten". Dagegen ließ man bei der Trauerfeier für Grams die Teilnehmer Rufe wie „Mörder, Mörder" oder „Schieß doch, Bulle" skandieren und brachte im Begleittext viel Sympathie für die „Trauernden" auf.

Selbst vor bereits aufgedeckten Manipulationen schreckte „Dienstag“ nicht zurück. So hatte man sich vom WDR-Magazin „Monitor“ Bilder ausgeliehen, die nachweislich einen falschen Eindruck wiedergaben. Denn daß die auf den Staat schimpfende Bundestagsabgeordnete Ulla Jelpke nicht (wie eingeblendet) der SPD angehört, sondern Politikerin der PDS/Linke Liste ist und mit dem Terroristen Peter-Jürgen Boock befreundet war, verschwieg das HR-Magazin – obwohl diese „Monitor“-Falschinformation bereits eine Woche zuvor bekannt geworden war (siehe MK 28/93). gka

(MK 29/93, 19. 7. 1993)

Terrorismus

Aufklärung unter Kollegen

Das Fernsehen führt seine eigene Debatte über die RAF

Die Fernsehberichterstattung zu den Vorgängen in Bad Kleinen bewegt sich in zwei Etappen: Dem empörten Aufschrei mancher Magazinjournalisten, ein Polizeibeamter habe einen Terroristen „hingerichtet“, und der Spekulation, „der Staat“ wolle die Sache vertuschen, folgte die Erkenntnis, daß doch nicht alles so simpel war, wie manche Journalisten es zunächst dargestellt hatten.

„Spiegel TV“ (RTL) rückt GSG 9 ins „Zwielicht“

Am 11. Juli trieb das „Spiegel TV Magazin“ (RTL) die gegen den Staat gerichtete Spekulation noch einmal auf die Spitze. Moderator Stefan Aust fühlte sich berechtigt abzurechnen: „44 Schüsse und eine unbekannte Anzahl von Nebelkerzen irritieren seit 14 Tagen die Republik. Der polizeiliche Chaoteneinsatz von Bad Kleinen hat außer zwei Menschenleben bisher zwei Amtsträger den Job gekostet und das Ansehen zweier Sicherheitsorgane gründlich ruiniert. Was auf dem Bahnhof des Provinznestes heute vor 14 Tagen tatsächlich geschah, wird von den Beteiligten auf Biegen und Brechen und bis zum Erbrechen vernebelt und vertuscht.“ In zwei Beiträgen wurde die GSG 9 von der „Spiegel TV“-Redaktion vorverurteilt („Männer ohne Namen und Gesicht. Männer unter Verdacht. Die GSG 9 im Zwielicht“) und, entgegen der zu diesem Zeitpunkt schon eindeutigen Faktenlage, bezweifelt, daß der Terrorist Grams den Polizisten Newrzella erschossen habe. In seinem abschließenden Moderations-Kommentar wurde Stefan Aust deutlich: „Das Bundeskriminalamt verhält sich zur Zeit wie die Propaganda-Kompanie der Roten Armee Fraktion – eine kriminelle Vereinigung zur Demontage der eigenen Glaubwürdigkeit.“

„Report“ (ARD/SWF) bricht mit dem Medientrend

Einen Tag später setzte im deutschen Fernsehen eine Art „Gegenaufklärung“ ein. Einige Fernsehjournalisten gingen daran, nicht nur die Fehler der Behörden, sondern auch die von Journalisten bewirkte Schieflage der Mediendebatte kritisch aufzuarbeiten. Der Leiter des ARD-Magazins „Report“ (SWF, Baden-Baden), Jochen Waldmann, machte am 12. Juli den Anfang. Zwar nannte er in seinem Moderations-Kommentar die Medien nicht explizit, doch in seinem Hinweis, daß der Polizist, der für den Staat sein Leben opferte, Anteilnahme verdient habe, steckte Kritik an den Medien: „Nach den Pannen der vergangenen 14 Tagen am Wochenende dann – die Absurditäten. Linksextreme, großenteils vermummt, demonstrierten in Wiesbaden und Bad Kleinen, im Interesse und wohl auch im Auftrag der Roten Armee Fraktion, und enthüllten unter den Augen der Sicherheitskräfte eine Gedenktafel für den getöteten mutmaßlichen Mörder Grams. Von seinem Opfer, dem erschossenen Grenzschützer, dem 26jährigen Michael Newrzella, aber ist nirgendwo die Rede – geradeso, als seien Sicherheitsbeamte Freiwild und die Ermordung eines GSG-Mannes ein Kavaliersdelikt, das nicht weiter beachtenswert ist. Da faselt der neue FDP-Vorsitzende und Außenminister Kinkel immer noch von seiner ausgestreckten Hand gegenüber den Killern der RAF. Und das, obwohl Terroristenkreise gerade Attentate gegen die Familien von Verantwortungsträgern angekündigt haben. Es ist nicht zu glauben.“

„Frontal“ (ZDF) klärt auf

Das ZDF-Magazin „Frontal“ nahm Waldmanns Gedanken am nächsten Tag auf. „Die Staatsmacht pauschal in die Rolle des Täters zu rücken und Grams als das wehrlose Opfer darzustellen – dieses Szenario ist bisher nicht belegt worden“, sagte Moderator Bodo H. Hauser und bezog dabei die Medien ausdrücklich in seine Betrachtung mit ein. Es müsse „auch festgehalten werden, daß Grams einen Polizisten erschossen hat, der noch nicht einmal seine Pistole gezogen hatte. Die Verwirrung ist auch daraus entstanden, daß es zu dem Ereignis von Bad Kleinen fünf verschiedene Versionen von Zeugenaussagen gibt, daß Gutachten hin- und hergeschoben werden, und daß auf allen Seiten – auch bei den Journalisten – voreilige Schlüsse daraus gezogen wurden.“ Hauser kündigte an, der nachfolgende Bericht seines Mitarbeiters Alois Theisen werde „Spuren, Fakten und Hintergründe“ zu den Vorgängen in Bad Kleinen bringen, und tatsächlich: Minutiös erläuterte „Frontal“, auf welcher Grundlage die drei verschiedenen gerichtsmedizinischen Untersuchungen zum Tod von Wolfgang Grams zustande kamen. Auch stellte Theisen die zwischenzeitlich fünf verschiedenen Zeugen-Versionen des Ablaufs der Terroristen-Festnahme vor und merkte an, daß trotz der ungeklärten Sachlage die Männer der GSG 9 „für viele Medien“ längst zu Beschuldigten geworden seien. Das Fazit von Bodo H. Hauser: „Die lückenlose Aufklärung, an der alle interessiert sein müssen, braucht Zeit und Geduld. Dies ist kein Akt von Vertuschung, sondern notwendig, um beweiskräftige Aussagen zu machen. Es kommt nicht auf das Gewitter von Rücktritts- oder Skandal-Parolen an, entscheidend ist das Ergebnis der Ermittlungen."

Einen ansatzweise selbstkritischen Akzent setzten zwei Tage später auch die ARD-„Tagesthemen" (15. Juli). Sie lenkten den Blick weg von Verschwörungstheorien auf den von Grams ermordeten Polizeibeamten Michael Newrzella. Es sei auch deshalb soviel über den erschossenen mutmaßlichen Terroristen gesprochen worden, sagte „Tagesthemen"-Moderator Ulrich Wickert, weil die Sicherheitskräfte Grams Tod nicht erklärten und „das unwohle Gefühl vorherrscht, da sei möglicherweise etwas geschehen, das die Demokratie nicht erlaubt. Nur deswegen ist über Grams mehr geredet worden als über den GSG 9-Mann Michael Newrzella." Durch ein langes Interview mit den Eltern des erschossenen Beamten holten die „Tagesthemen" nach, was in den Wochen zuvor zu kurz kam.

Doch so löblich die „Tagesthemen"-Initiative war, sie dokumentierte nur die halbe Wahrheit. Zum Informationschaos um Bad Kleinen trugen nämlich nicht nur die Behörden bei. Der Veröffentlichungsdruck der Medien und gezielte Spekulationen gönnten ihnen nicht die nötige Zeit, um gesicherte Informationen weiterzugeben. Dazu schrieb Dagobert Lindlau in „Focus" (29/93): „Im ‚Spiegel' und in ‚Monitor' treten Zeugen auf, die einen Ablauf beeiden, von dem man vorerst nur hoffen kann, daß er nicht wahr ist. Die drei Dutzend Zeugen, die diesen Ablauf nicht bestätigen, finden keine Öffentlichkeit. Sie haben bei der Staatsanwaltschaft ausgesagt. Darf man sie für weniger glaubwürig halten, weil sie nicht zu ‚Monitor' oder zum ‚Spiegel' gehen?" Der „stern" (30/93) berichtete inzwischen, daß die „Monitor"-Zeugin von den Journalisten für ihre Aussage mit 250 Mark entlohnt und ihre Aussage von den Reportern auf der Schreibmaschine der Schwester der Zeugin selbst getippt worden sei.

„Kontraste" (ARD/SFB) plädiert für „Versöhnung"

Doch kaum, daß Fernsehmagazine (ARD-„Report", ZDF-„Frontal", Sat 1-„Talk im Turm") mit den vom eigenen Medium mitproduzierten Legenden abgerechnet hatten, installierte das ARD-Magazin „Kontraste" (SFB) am 19. Juli eine neue politische Argumentation. Das Magazin ließ die Ereignisse in Bad Kleinen Revue passieren, um die von Klaus Kinkel entwikkelte Idee zu unterstützen, der Staat müsse zur „Versöhnung" mit den RAF-Terroristen bereit sein.

Bei ihrem Fernseh-Plädoyer stellte die von Jürgen Engert moderierte Sendung die Familien des ermordeten Polizeibeamten Michael Newrzella und des getöteten RAF-Terroristen Wolfgang Grams in den Mittelpunkt. In langen Interviews berichteten sie aus der Kindheit der Söhne, schilderten deren Charaktere, Wünsche und Einstellungen. Dabei überdeckte die Trauer der Hinterbliebenen die Frage nach der Verantwortung des Terroristen für den Tod des Polizeibeamten, und sie wurde von „Kontraste“ auch nicht gestellt. Statt dessen transportierte die ARD-Sendung neue Kritik am Staat, indem sie die Eltern des Terroristen behaupten ließ, der Staat schaffe sich durch die strafrechtliche Verfolgung der RAF seine Feinde selbst.

Auch in der Moderation von Jürgen Engert war von persönlicher Schuld nicht die Rede. Beispielhaft nannte er die Haltung der Familie Newrzella, weil sie nicht auf Rache sinne, sondern für das Ende der Gewalt eintrete. Die Verklärung, mit der die Familie Grams auf den toten Sohn zurückblickte, benannte Engert nicht. Sein Schlußplädoyer: „Die RAF ist als Machtfaktor stets überschätzt worden, von der RAF selbst und von den Sicherheitsbehörden ebenso. Die Rote Armee Fraktion war und ist gefährlich, aber die Fundamente des Staates konnte und kann sie nicht erschüttern. Klaus Kinkel könnte viel für die Befriedung dieses Gemeinwesens tun, wenn er dafür werben würde und es schaffte, daß für die Haftentlassung eines RAF-Gefangenen, der mehr als 15 Jahre einsitzt, allein das Zeugnis der Gefängnisleitungen und der Justizministerien maßgebend ist, daß der Betreffende nicht wieder zu einem bewaffneten Kämpfer wird. Dazu brauchte Kinkel allerdings viel Mut, denn im nächsten Jahr wird bekanntlich fast rund um die Uhr gewählt. Und wie heißt es an den deutschen Stammtischen? Brummen, bis sie schwarz werden.“ MH

(MK 30/93, 26. 7. 1993)

Terrorismus

„Hinrichtungsthese der Redaktion“

Die Bad-Kleinen-Desinformation von „Spiegel“ und „Monitor“ (WDR)

Zwei Medien waren es, die nach der verunglückten Polizeiaktion gegen die RAF-Terroristen Birgit Hogefeld und Wolfgang Grams im Juni dieses Jahres dafür sorgten, daß Mitglieder der GSG 9-Spezialeinsatztruppe des Bundesgrenzschutzes monatelang im Verdacht standen, sie hätten Wolfgang Grams auf dem Bahnhof von Bad Kleinen erschossen, als er wehrlos am Boden lag: das Printmagazin „Spiegel“ und das Fernsehmagazin „Monitor“ vom Westdeutschen Rundfunk (WDR). Gestützt auf die Aussagen zweier Zeugen nährten sie den Verdacht, Grams sei regelrecht „hingerichtet“ worden.

Diese Darstellung wurde im Laufe der von zahlreichen Pannen begleiteten Untersuchungen der Polizei über den Hergang der Bad-Kleinen-Aktion widerlegt. Ende November stellte der Justizminister von Mecklenburg-Vorpommern das Abschlußgutachten des wissenschaftlichen Dienstes der Stadtpolizei Zürich vor, das zu dem Schluß kam, eine „exekutionsähnliche

Handlung" durch einen GSG 9-Mann sei „praktisch ausgeschlossen". Grams könne Selbstmord begangen haben, und auch ein Unfall komme in Frage. Wer nun erwartet hatte, daß „Spiegel" und „Monitor" ihre ursprüngliche Darstellung korrigierten oder zumindest erklärten, daß die von ihnen favorisierte Deutung des Geschehens, wie das Gutachten der Zürcher Polizei sagt, „praktisch ausgeschlossen" ist, sah sich getäuscht. Hartnäckig und wider die zunehmenden Gegenbeweise halten die beiden Medien an ihrer Berichterstattung fest.

„stern" und „taz" im Fahrwasser von „Spiegel" und „Monitor"

Der „Spiegel" hatte die Terrorfahnder durch die Aussage eines angeblich an der Festnahmeaktion „beteiligten Spezialisten" in Mißkredit gebracht. Ihn zitierte der „Spiegel" am 5. Juli mit dem Satz: „Die Tötung des Herrn Grams gleicht einer Exekution." Sinngemäß äußerte sich eine Zeugin, deren Aussage „Monitor" beibrachte. Joanna Baron, Kiosk-Besitzerin am Bahnhof von Bad Kleinen, behauptete, der auf den Schienen liegende Grams sei aus nächster Nähe von einem Polizisten in den Kopf geschossen worden. Diese beiden Schilderungen sorgten dafür, daß sich die Medien in den folgenden Wochen vorwiegend Gedanken darüber machten, wie Grams zu Tode gekommen sein könnte. Daß er zuvor den wehrlosen Polizisten Michael Newrzella erschossen hatte, wurde kaum gewürdigt. Die Ermittlungsbehörden gerieten in den Ruch, vertuschen zu wollen, was wirklich geschah. Zahlreiche Medien bewegten sich im Fahrwasser vorverdächtigender Berichterstattung. So das Magazin „Dienstag" im dritten Fernsehprogramm des Hessischen Rundfunks (13. Juli), die Zeitschrift „stern", deren Chefredakteur Rolf Schmidt-Holtz ein Editorial über den Tod von Wolfgang Grams am 15. Juli überschrieb mit: „Fahrlässig, wenn nicht vorsätzlich", oder die „taz" (21. Oktober), die zum ersten Teilgutachten der Zürcher Polizei kommentierte: „Weil nicht sein kann, was nicht sein darf, wird aus gezielt ausgesuchten Teilergebnissen der Untersuchungen abgeleitet, was das Zeug nur hergibt."

Am 20. November, als das Zürcher Schlußgutachten vorlag, zog die Presse mehrheitlich eine gegenteilige Bilanz. „Focus" urteilte schon vorab (4. Oktober), das Gutachten sei ein „verspäteter Freispruch" für die GSG 9: „Die Nachricht ging im Bundeskriminalamt (BKA) auf dem kleinen Dienstweg ein: der mutmaßliche Terrorist Wolfgang Grams habe sich am 27. Juni auf dem Bahnhof von Bad Kleinen selbst erschossen. Daran bestehe nun kein Zweifel mehr, teilte unter der Hand ein Mitarbeiter des Wissenschaftlichen Diensts der Stadtpolizei Zürich mit. Er bat darum, die Information vertraulich zu behandeln. Er wolle dem Abschlußbericht seiner Behörde nicht vorgreifen." „Immer mehr spricht für Selbstmord" berichtete auch die „Zeit" (29. Oktober).

„Subjektiv die Wahrheit sagen – und doch irren“

Die abfällig als „Schweizer Spezialisten für Schuß und Schmauch“ bezeichneten Zürcher Wissenschaftler maß der „Spiegel“ am 25. Oktober erneut an den Einlassungen des eigenen Zeugen, der seine Aussage, trotz Aufforderung unter anderem durch Bundesinnenminister Manfred Kanther, vor dem Staatsanwalt nicht wiederholt hatte. Zur eigenen und zur Ehrenrettung des Zeugen schrieb das Magazin: „Der ‚Spiegel‘ veröffentlichte seine Zeugenaussage, wies aber gleichzeitig darauf hin, daß der Bericht des Mannes von anderen Versionen abweiche. Viele der Beobachtungen des Beamten erwiesen sich nachträglich als richtig. Die Aussage über die entscheidenden Sekunden aber steht teilweise in deutlichem Widerspruch zu den bisherigen Ermittlungsergebnissen. Der Beamte beteuerte erst jüngst gegenüber dem ‚Spiegel‘, er sei damals von der Richtigkeit seiner Beobachtung überzeugt gewesen. Da er aber um seine Existenz fürchte, habe er sich, entgegen seiner Ankündigung, der Staatsanwaltschaft nicht offenbart. Nach der bisherigen Analyse der Staatsanwälte sind nahezu alle Augenzeugen während des Schußwechsels von Sinnesverwirrung heimgesucht worden. Die Ermittler gehen davon aus, daß die Zeugen subjektiv die Wahrheit sagen – und doch irren.“ Am 29. November hieß es ergänzend: „Der Beamte hat uns um absoluten Informantenschutz gebeten, was ihm zugesagt wurde. Nur er selbst kann den Knoten durchtrennen. An diesem Verfahren ist, anders als es Politiker und Kritiker in den Medien dem ‚Spiegel‘ vorwerfen, nichts Unmoralisches und schon gar nichts Ungesetzliches.“ Das Fernsehmagazin „Spiegel TV Magazin“ auf RTL nahm derweil die Experten der Zürcher Stadtpolizei unter Beschuß. Am 14. November berichtete „Spiegel TV“ über zwei einige Jahre zurückliegende Ermittlungen, bei denen die Wissenschaftler angeblich grobe Fehler gemacht haben. Worum es bei der Archiv-Recherche über die „legendären helvetischen Spürnasen“ ging, sagte „Spiegel TV“-Sprecher Stefan Aust: „ein paar Schrammen am Image des Wunder-Instituts“.

Im WDR-Magazin „Monitor“ ging Klaus Bednarz am 18. November noch weiter. Nicht nur, daß er behauptete, der Tod des „mutmaßlichen“ Terroristen Grams (den die RAF inzwischen in einigen Schreiben als einen der ihren bezeichnet hat), sei ungeklärt und somit der „fürchterlichste Verdacht“, Grams sei von Polizisten hingerichtet worden, „keineswegs ausgeräumt“. Jetzt behaupteten die „Monitor“-Autorinnen Karin Führ und Monika Wagener sogar, es sei unklar, wie der GSG 9-Beamte Newrzella starb. Zur Untermauerung dieser These entwickelten die Journalistinnen zunächst eine Theorie über den Tod des RAF-Mannes. Das Gutachten des Münsteraner Rechtsmediziners Bernd Brinkmann über die Blutspuren auf der Pistole von Grams, das zu dem Ergebnis kam, er sei nicht von einem „Fremdtäter“ erschossen worden, vernachlässige eine bestimmte Blutspur, „die für Fremdtötung spricht“, behaupteten Karin Führ und Monika Wagener. Die „Fremdtötung“ sei, wie der Düsseldorfer Gerichtsmediziner Wolfgang

Bonte vor der Kamera bestätigte, möglich, „wenn die Waffe von einem Fremdtäter so gehalten wurde, wie dies nach der Beschreibung einer Zeugin im Kiosk gegenüber ‚Monitor‘ gewesen sein kann“. Die Schüsse auf Newrzella seien „genauso ungeklärt“, hieß es weiter. Denn er habe Verletzungen an Brust, Gesäß und Beinen erlitten, die nicht durch Schüsse von vorne zu erklären seien. Ein Trickbild zeigte, wie sich „Monitor“ die Schüsse auf Newrzella vorstellte: abgegeben von hinter ihm befindlichen Polizeikollegen. Nur der Schuß in die Brust sei von vorn erfolgt. Fazit „Monitor“: „Die Ungereimtheiten zeigen, daß nach wie vor völlig ungeklärt ist, was tatsächlich am 27. Juni in Bad Kleinen geschah, wie Wolfgang Grams und Michael Newrzella hier ums Leben gekommen sind.“ Klaus Bednarz ergänzte: „Auch das sogenannte endgültige Gutachten des wissenschaftlichen Dienstes der Zürcher Stadtpolizei, das Ende dieser Woche veröffentlicht werden soll, wird darüber, wer die Schüsse auf Wolfgang Grams und Michael Newrzella im einzelnen abgegeben hat, kaum Aufschluß geben. Es untersucht nicht, wie auf Michael Newrzella geschossen worden ist und wer die Waffe beim tödlichen Kopfschuß von Wolfgang Grams geführt hat. Dazu gibt es nur das höchst zweifelhafte Gutachten von Professor Brinkmann.“ Doch selbst wenn die Spekulationen von „Monitor“, die sich auf eine zweifelhafte Zeugenaussage stützen, stimmen sollten – im Eifer des Plädoyers unterlief „Monitor“ ein fataler Gedankenfehler. Karin Führ und Monika Wagener räumten selbst ein, der Schuß in die Brust des Polizisten Newrzella sei von vorn erfolgt. Das war der tödliche Schuß. Grams hat den Polizisten Newrzella also erschossen – eine Feststellung, die bei Eingeweihten unumstritten ist, nur nicht bei „Monitor“.

Wer sich für Hintergründe der Arbeit von „Spiegel“ und „Monitor“ interessierte, mußte am 8. November in die „Süddeutsche Zeitung“ sehen. Dort berichteten Giovanni di Lorenzo und Heribert Prantl über die Bad-Kleinen-Recherche von „Spiegel“-Redakteur Hans Leyendecker. Als „Gallionsfigur des investigativen Journalismus in Deutschland“ lobten di Lorenzo und Prantl ihren Berufskollegen und legten en détail dar, wie Leyendekker an den Zeugen, der von einer „Exekution“ sprach, herangekommen war. Es war zu lesen, Leyendecker seien früh Ungereimtheiten in der Aussage des Zeugen aufgefallen. Der Darstellung der SZ-Autoren zufolge handelte Leyendecker trotzdem nach bestem Wissen und Gewissen. Schließlich habe er in seinen Berichten immer wieder Zweifel anklingen lassen. Daß der „Spiegel“ geradezu krampfhaft bemüht war, die eigene Darstellung abzusichern, vermerkten die SZ-Autoren nicht.

„Es war auch eine Medien-Katastrophe“

Das aber tat Fritz Ullrich Fack in der F.A.Z. (22. November). Man könne „sich der herben Kritik nicht verschließen, welche die Deutsche Polizeigewerkschaft am ‚Spiegel‘ wegen dessen Veröffentlichung der ungeprüften Aussage eines bis heute anonym gebliebenen ‚Antiterror-Spezialisten‘ geübt hat", schrieb Fack. „Hier erhebt sich die Frage nach der journalistischen Verantwortung. Wie konnte ein derart schwerwiegender Schuldvorwurf in die Öffentlichkeit getragen werden, dessen Urheber nicht bereit war, dafür geradezustehen? Es kann doch nicht alles ‚fit to print' sein, was sich einer im Schutze zugesicherter Anonymität zusammenreimt." Im „Focus" (22. November) setzte sich Dagobert Lindlau mit den „Monitor"-Methoden auseinander: „Was immer ‚Bad Kleinen' sonst noch war, es war auch eine Medien-Katastrophe. Eine ‚Hinrichtung' durch die ‚Rambos der GSG 9' paßte einigen Publikationen ins Konzept. ‚Monitor' hatte eine Zeugin auftreiben lassen, die durch einen Overkill an Aufnahmeteam plus Anwalt plus hingeschobener Einverständniserklärung für die Hinrichtungsthese der Redaktion ausgebeutet wurde. Später sagte die Zeugin dem Staatsanwalt, daß sie einiges so, wie von ‚Monitor' publiziert, nicht gesagt habe." MH

(MK 50/93, 13.12. 1993)

Terrorismus

„Ich habe gedacht, das ist nur fürs Fernsehen"

„Monitor" (WDR) hält Legende von der Hinrichtung Grams' aufrecht

Die Vorgänge, die sich bei der Festnahme der beiden RAF-Terroristen Wolfgang Grams und Birgit Hogefeld auf dem Bahnhof von Bad Kleinen am 27. Juni 1993 ereigneten, sind dazu angetan, zu einer Legende in der deutschen Nachkriegsgeschichte zu werden. Obwohl die Schweriner Staatsanwaltschaft nach monatelangen Recherchen und hundertfachen Befragungen festgestellt hat, daß an diesem Tag der Polizeibeamte Michael Newrzella von dem RAF-Mann Grams erschossen wurde, bevor dieser durch einen von ihm selbst abgegebenen Schuß aus seiner eigenen Waffe starb, hält sich dank einiger Medien das Gerücht, Grams sei von zwei GSG 9-Männern regelrecht hingerichtet worden. Entscheidenden Anteil an dieser Meinungsbildung hat das ARD-Fernsehmagazin „Monitor" vom Westdeutschen Rundfunk, das immer noch versucht, die eigene – längst widerlegte – Berichterstattung als Wahrheit auszugeben, und das, obwohl die einstige „Monitor"-Kronzeugin, die Kioskbesitzerin Joanna Baron, gegenüber der Schweriner Staatsanwaltschaft erklärt hat, daß die erste von „Monitor" als ihre Aussage verbreitete Erklärung nicht das ist, was sie selbst gesehen hat.

„Den Kern ihrer Aussage niemals widerrufen"

Magazinchef Klaus Bednarz ging dessen ungeachtet am 7. Juli 1994 erneut in die Offensive: „Für Bundesregierung, Staatsanwaltschaft und einen Teil der Presse steht fest: der mutmaßliche Terrorist Wolfgang Grams hat sich selbst erschossen. Die Kronzeugin, die das Gegenteil ausgesagt hat, sei unglaubwürdig und habe ihre Aussage widerrufen. Doch Letzteres ist schlicht unwahr – nach der Vernichtung aller wichtigen Beweismittel durch die Behörden eine neue, gezielte Irreführung der Öffentlichkeit." Philip Siegel, der schon in vorangegangenen „Monitor"-Sendungen die Berichterstattung über Bad Kleinen bestritt, schickte sich im nachfolgenden Bericht an, zu belegen, die „Monitor"-Zeugin Baron habe ihre Aussage nicht zurückgenommen: „Richtig ist: die Zeugin hat den Kern ihrer Aussage niemals widerrufen. Im Gegenteil, sie hat ihre Aussage immer wieder bekräftigt."

Am 27. Juni 1993 habe sie, so Siegel, dem BKA gesagt: „Der stehende Mann hat ein- oder zweimal auf den Liegenden geschossen. Dessen bin ich mir sicher, weil ich Feuer aus dem Lauf der Waffe gesehen habe." Am 30. Juni 1993 habe Frau Baron gegenüber „Monitor" in einer eidesstattlichen Erklärung gesagt: „Der eine Beamte bückte sich und schoß aus nächster Nähe mehrmals auf den Grams. Dann schoß auch der zweite Beamte auf Grams, aber mehr auf den Bauch oder die Beine. Auch der Beamte schoß mehrmals." Am 5. Juli habe die Zeugin der Staatsanwaltschaft gesagt: „Die eine Person lag am Boden, die andere stand leicht vorn übergebeugt . . ., in dieser Situation hörte ich es zweimal knallen und sah zweimal Feuer." Am 9. August schließlich habe sie vor Gericht unter Eid ausgesagt, sie habe bei Grams zwei Personen gesehen, beide hätten auf ihn geschossen. Beistand für die Glaubwürdigkeit des von ihm so genannten „Aussagekerns" suchte Philip Siegel bei dem Bremer Gerichtspsychologen Michael Stadler, der den Kern der Aussage – zwei Personen schießen aus nächster Nähe auf Grams – als glaubwürdig bezeichnete. Einen Rechtsanwalt ließ „Monitor" sagen, die Aussagen hätten einen „realen Wahrnehmungshintergrund". Die Zeugin verfüge weder über das Abstraktionsvermögen noch habe sie ein Motiv, sich so etwas auszudenken.

Um seine eigene Darstellung noch glaubwürdiger und seine Kritiker unglaubwürdig erscheinen zu lassen, erwähnte Philip Siegel in seinem Beitrag noch zwei kurze, aus dem Zusammenhang gerissene Passagen der ZDF-Sendung „Frontal", die er mit Hinweisen auf die von Joanna Baron gegenüber „Monitor" abgegebenen Aussagen konterkarierte. Womit er nicht aufwartete, waren neue, aktuelle Aussagen von Joanna Baron. Warum dies so ist, weiß, wer das Buch „Bad Kleinen. Ein Medienskandal und seine Folgen" von Holger Lösch (Ullstein-Verlag, 1994) gelesen hat. Dort analysiert der Fernsehredakteur des Bayerischen Rundfunks unter anderem die Berichte von „Monitor" und weist anhand der ihm zugänglich gemachten Akten der Schweriner Staatsanwaltschaft nach, daß Joanna Baron ihre

Aussage vielfach verändert hat. Von „Monitor“ wurde sie am 1. Juli 1993 zitiert mit: „Ich hörte das Gebrüll eines Mannes: ‚Halt, stehenbleiben!‘ Im gleichen Moment wurde geschossen. Ich sah dann einen Mann auf dem Gleis bei Bahnsteig vier stürzen. Dann traten zwei Beamte an den reglos daliegenden Grams heran. Der Beamte zielte auf den Kopf und schoß aus nächster Nähe, wenige Zentimeter vom Kopf von Grams entfernt. Dann schoß auch der zweite Beamte auf Grams, aber mehr auf den Bauch oder die Beine. Auch der Beamte schoß mehrmals.“ Diese Aussage rief Philip Siegel den Zuschauern in seinem jetzigen Beitrag nicht in Erinnerung – sie hätte seine Behauptung vom harten „Aussagekern“ ins Wanken gebracht. Buchautor Lösch weist darauf hin, daß die Behauptung, zwei GSG 9-Beamte hätten „direkt neben Grams gestanden und aus nächster Nähe geschossen“, durch die bei Grams festgestellten Schußverletzungen zudem nicht gestützt wird.

„Ich habe zu schnell unterschrieben“

Wie die vor einem Jahr von „Monitor“ zitierte Aussage von Joanna Baron zustande kam, liest sich nach den von Lösch ausgewerteten Akten der Staatsanwaltschaft so: „Ich habe gedacht, das ist nur fürs Fernsehen und Information für die Leute. Daß ich das so genau schildern mußte, wußte ich nicht. Hinterher habe ich mich selber geärgert, weil ich selbst gemerkt habe, daß da etwas nicht stimmt. Ich habe zu schnell unterschrieben. Hier steht ‚der Beamte zielte auf den Kopf und schoß‘. Ich habe das nicht so gesehen. Ich habe nichts von Kopf gesagt. Das Wort ‚Kopf‘ fiel nicht einmal aus meinem Mund. Man muß tatsächlich alles doll durchlesen. Ich habe zu schnell unterschrieben, ich habe mich nachher geärgert, und das war mein Fehler. So wie ich unterschrieben habe, dann, dann. Ja, da fiel immer ‚Kopf, Kopf‘, das habe ich nicht gesagt . . . Ich möchte wiederholen, ich habe nie gesagt, er hat auf den Kopf geschossen.“ Wie die Aussage dennoch von Philip Siegel zu Papier gebracht wurde, schilderte Joanna Baron den Staatsanwälten auch: „Ich habe ihm gesagt, daß ich von Schüssen auf den Kopf nichts gesagt hätte, sondern davon, daß auf den Oberkörper geschossen worden sei. Herr Siegel sagte, es sei richtig so, es hätte ja auch der Kopf sein können.“ Die Staatsanwälte zogen aus dieser Art der Aussagegewinnung, wie Holger Lösch schreibt, den Schluß, daß Siegel sich durch Auslassungen von Ungereimtheiten und Hinzudichten von ihm sinnvoll erscheinenden Einzelheiten den Ablauf des Geschehens in Bad Kleinen selbst zusammengereimt habe. Daß die einstige „Monitor“-Kronzeugin dem Reporter Siegel bei seiner jetzigen, als neuer Angriff auf Behörden und Kritiker daherkommenden, Selbstverteidigung nicht zur Verfügung stand, liegt daher auf der Hand. Von dem Zeitungsreporter Helmut Reinke von der „Ostsee-Zeitung“ (24. Juni) wurde sie jetzt auf das Vorgehen von „Monitor“ angesprochen: „Ich habe Joanna Baron bei meinem Besuch in Bad Kleinen die sie betreffenden Passagen des Buches (von Holger Lösch) vorgelesen und sie gefragt, ob dies ihre Worte seien. ‚Ja', hat sie genickt, ‚aber ich sag' dazu nichts mehr.' Ich habe sie weiter gefragt, ob sie noch einmal mit dem Fernsehmagazin ‚Monitor' sprechen würde. ‚Nein, nie wieder', hat sie gesagt."

MH

(MK 29/94, 18. 7. 1994)

Haschisch-Urteil

Drogenfreigabe durch die Presse

Die Medien und das „Hasch-Urteil": folgenschwere Mißdeutungen

Wann ist schon einmal vorgekommen, daß das Bundesverfassungsgericht eine Verlautbarung verschickt, in der Berichte über ein Urteil des höchsten deutschen Verfassungsgerichts öffentlich dementiert werden? Am 29. April taten die Verfassungsrichter genau das. Sie teilten mit: „Berichte, das Bundesverfassungsgericht habe Haschisch freigegeben, entbehren jeder Grundlage. Das Bundesverfassungsgericht hat das Verbot der Droge und alle ihm zur Prüfung vorgelegten Straftatbestände für verfassungsgemäß erklärt. In Bagatellfällen kann jedoch die Bestrafung unangemessen sein: Die Strafverfolgungsorgane haben von der Verfolgung grundsätzlich abzusehen, wenn Haschisch nur in einer geringen Menge zum gelegentlichen Eigenverbrauch erworben und ohne Gefährdung Dritter konsumiert wird." Das Gericht hatte Grund zu dieser Richtigstellung, denn das tags zuvor veröffentlichte Urteil zum Umgang mit Cannabisprodukten wie Haschisch und Marihuana hatte einen Pressewirbel verursacht, der auf der Fehlinterpretation beruhte, die Karlsruher Richter hätten Haschisch legalisiert.

„Grundsätzlich gehalten", von Strafverfolgung abzusehen

Dabei hatte der Zweite Senat des Bundesverfassungsgerichts in weiten Teilen seines „Hasch-Urteils" nicht im Sinne der Befürworter einer Freigabe entschieden. Er erklärte die Vorschriften des Betäubungsmittelgesetzes für verfassungsgemäß und widersprach damit dem Antrag mehrerer Strafgerichte, die sich mit einem Normenkontrollverfahren an Karlsruhe gerichtet hatten. In der Urteilsbegründung hieß es jedoch auch, daß die Strafverfolgungsbehörden bei geringen Cannabis-Mengen zum gelegentlichen Eigenverbrauch „grundsätzlich gehalten" seien, von der Strafverfolgung abzusehen. Was Fachleute als Beschreibung längst gängiger Justizpraxis erkannten, erschien manchen Medien als Sensation. Dabei fanden sich Verzeichnungen sowohl im Fernsehen als auch in der Presse. In der ARD-„Tagesschau" (28. April) berichtete Karl-Dieter Möller korrekt, es gebe weiterhin kein „Recht auf Rausch". Sabine Christiansen behauptete in den „Tagesthemen“ fälschlicherweise, der gelegentliche Eigenkonsum sei jetzt „nicht mehr strafbar“. Der nachfolgende Bericht von Burkhard Nagel über die Pfeife als „Symbol des Verbotenen“ und die alten Hippies mit dem „Hasch zum Naschen in den Taschen“ betonte, daß Suchtexperten seit langem nach Holland schauten, wo der Hasch-Konsum ganz entkriminalisiert worden sei. Im Kommentar rückte Karl-Dieter Möller die Verhältnisse wieder zurecht. Es gebe kein Grundrecht auf Rausch, der Grundtenor des Urteils laute: „Haschisch und Marihuana bleiben strafbar“. Für die Praxis der Justiz, sagte Möller weiter, könne das Urteil „fatale Folgen“ haben, die „Konsumspirale“ drohe unter dem Eindruck einer Haschisch-Freigabe anzusteigen. In der ZDF-„heute“-Sendung betonte Bernhard Töpper, daß die Klageführer in Karlsruhe mit ihrem Hauptanliegen nicht durchgekommen seien, denn die strafrechtliche Einstufung des Umgangs mit Cannabis sei für verfassungsgemäß erklärt worden. Im „heute-journal“ bot der Bericht von Peter Doebel eine seltsame Mixtur von richtiger Wiedergabe des Urteilstenors und plädoyerhaften Hinweisen auf die gesundheitlichen Gefahren des Alkoholkonsums und die angebliche Ungefährlichkeit des Haschisch-Rauchens. Peter Kloeppel in „RTL aktuell“ lag ebenfalls nicht richtig. Er sagte, das Haschisch-Rauchen werde ab jetzt „nicht mehr bestraft“, wies dann aber darauf hin, daß Haschisch nicht grundsätzlich erlaubt sei. Das SAT 1-„Newsmagazin“ gab dem Thema eine sensationalistische Note. Unter dem Motto „Freie Fahrt für Drogen?“ wurde der Richterspruch zum Titelthema erhoben. Moderator Detlef Korus berichtete im selben Atemzug vom „Hasch-Urteil“ aus Karlsruhe und der Meldung vom Innenminister aus Bonn, in den ersten Monaten des Jahres habe es acht Prozent mehr Drogentote als im Vorjahr gegeben.

„taz“: „Feuer frei für den Joint“

Sehr viel weiter entfernt vom Tenor des Gerichtsurteils als das Fernsehen waren einige Printmedien. Die „taz“ (29. April) meldete: „Feuer frei für den Joint“. „Ab jetzt legal“ lautete die Bildunterschrift zur Abbildung eines qualmenden Joints. Der „Spiegel“ (2. Mai) verkündete auf der Titelseite die „Wende in der Drogenpolitik“: „Hasch fürs Volk“ und schrieb: „Wer Haschisch raucht, muß nicht mehr mit Strafe rechnen.“ Die „Wende in der Drogenpolitik“ sah der „Spiegel“ wie folgt: „Kiffer werden nicht mehr bestraft, das Volk darf haschen.“ Kiffen sei ein „Volksvergnügen“, gehöre zur „Alltagskultur“, und von Wissenschaftlern werde die „medizinische Heilkraft von Cannabis“ gepriesen. Die These, Haschisch und Marihuana seien Einstiegsdrogen zu Kokain und Heroin dagegen sei widerlegt, behauptete der „Spiegel“. Im Editorial des „stern“ (5. Mai) argumentierte Michael Seufert genauso. Er pries das Urteil als „Meilenstein im Umgang mit der Drogensucht“, verwarf den Gedanken, man könne Jugendliche durch Strafandrohung von Drogen fernhalten und erklärte Cannabis für ungefährlich. Sein Blatt freute sich, daß die „übliche Phalanx aus CSU-

Hinterbänklern und ,Bild'-Zeitung von Sodom und Gomorrha" nur so „schäumte". Der „Frankfurter Rundschau" ging das Urteil nicht weit genug: „Ein Recht auf Rausch, das stellen die Verfassungsrichter fest, gibt es nicht, auch wenn sich jährlich mehrere Zehntausend Menschen ganz legal zu Tode saufen, beflügelt von der Werbung." „Aber wie", klagte die FR, „soll der gelegentliche Cannabiskonsument zu seinem Vergnügen kommen, wenn der Händler bestraft wird?"

„Bild": „Ein schlimmer Fehlgriff"

Die Reaktion auf der Gegenseite beruhte auf demselben Mißverständnis und war ähnlich heftig. „WIR sagen NEIN", titelte die „Bild"-Zeitung (29. April) auf Seite eins und zeigte auf Seite zwei das Bild einer Drogentoten in einer Bahnhofstoilette. Im Kommentar schrieb Rudolf Wassermann, das Karlsruher Urteil sei „ein schlimmer Fehlgriff". In der „Welt" interpretierte Peter Philipps den Richterspruch angemessen, stellte in seinem Kommentar aber den Satz an den Anfang: „Eine positive Entwicklung ist gebrochen, die Zahl der Drogentoten ist erstmals wieder gestiegen." Am 30. April titelte die „Welt": „Kritik an Haschisch-Freigabe". „Focus" (2. Mai) war zurückhaltender und berichtete von „Aufregung bei Lehrern und Politikern". In der F.A.Z. unterstrich Friedrich Karl Fromme, es gebe „kein Recht auf Rausch". Das Urteil, so Fromme, habe den Gerichten lediglich „empfohlen, in Fällen milderen Umgangs mit sanfterem Rauschgift von Strafe abzusehen." Heribert Prantl in der „Süddeutschen Zeitung" meinte, die Verfassungsrichter hätten „das bisher geltende gesetzliche Verbot von Haschisch nicht verboten. Sie haben das geltende Betäubungsmittelstrafrecht nicht zerrissen, sondern nur zu zurückhaltenderem Gebrauch gemahnt: Beim Eigenverbrauch von Haschisch soll, mehr als bisher, von Strafe abgesehen werden." „Karlsruhe läßt alles beim alten", schrieb Robert Leicht in der „Zeit" (6. Mai), stellte aber zugleich fest, daß „die alte Drogenpolitik" gescheitert sei und plädierte für neue Wege: „Wer den Teufelskreis der harten Drogensucht aufbrechen will, muß demnach vielschichtig operieren: Vorbeugend warnende Aufklärung, nacheilende Therapie, Kontrolle der Verfügbarkeit – all dies gehört zusammen."

„Frontal" (ZDF) macht übertriebene Medienberichte zum Thema

Ein passendes Fazit zu dieser aufgeregten und zum Teil falschen Berichterstattung zog Bodo H. Hauser in ZDF-„Frontal" (17. Mai): „Wohl selten ist ein Urteil des Bundesverfassungsgerichts in den Medien so falsch dargestellt worden wie das sogenannte ,Hasch-Urteil'. Selbst der ,Spiegel' lag mit seiner Titelstory unter der Überschrift ,Wende in der Drogenpolitik. Hasch fürs Volk' ziemlich daneben." Friedrich Kurz und Alois Theisen berichteten, welche Folgen das von der Presse bewirkte Mißverständis hatte. Sie zeigten Bilder aus dem Englischen Garten in München, wo gerade die größte Hasch-Party seit 1968 stattgefunden habe. Hasch rauchende Jugendliche, von Kurz und Theisen befragt, waren überzeugt, daß ihre Droge nun legal sei – das habe doch sogar im „Spiegel“ gestanden. Im Interview äußerte sich Verfassungsrichter Klaus Winter irritiert darüber, wie die Entscheidung seines Senats „weithin mißdeutet und in ihrer wesentlichen Aussage in das Gegenteil verkehrt“ werde: „Unbewußt oder auch bewußt ist durch die Berichterstattung eines Teils der Presse der Eindruck hervorgerufen worden, das Bundesverfasssungsgericht habe das Verbot des Umgangs mit Haschisch aufgehoben oder doch zumindest für Konsumenten beseitigt.“ Kurz und Theisen sahen sich weiter um nach den Folgen der Medien-Desinformation. Ein Drogenberater sagte ihnen, daß Haschisch die Einstiegsdroge für Heroin und andere harte Drogen sei. In der Regel werde mit Haschisch angefangen. Im Englischen Garten, sagte dem ZDF-Team ein junger Mann, hätten es die Dealer jetzt viel leichter, ihre Drogen an die Kunden zu bringen. In der einen Tasche hätten sie Haschisch, in der anderen Heroin und böten beides an Kinder an. „Frontal“-Moderator Bodo H. Hauser sagte, die Folgen des Karlsruher Urteils seien wohl fatal, noch fataler aber seien die Medienberichte.

Mit seinem Zwischenruf aus Mainz beeindruckte Hauser die Kollegen wenig, denn nach der häufig fehlerhaften Information über das „Hasch-Urteil“ gingen viele nahtlos über zum politischen Streit um den Erlaß des nordrhein-westfälischen Justizministers Rolf Krumsiek, demzufolge in seinem Bundesland auch bei geringen Mengen harter Drogen von der Strafverfolgung abzusehen sei. Die „Welt“ wartete fortan täglich mit einem Artikel über die Drogen-Gefahr auf. In der „Süddeutschen“ (19. Mai) warnte Dieter Schröder vor der offenen Drogen-Gesellschaft: „Mit seinem Haschisch-Urteil hat das Bundesverfassungsgericht das Tor zu einem gefährlichen Weg aufgestoßen. Es lag in der Logik dieses Urteils, daß auf die Straffreiheit für den Marihuana-Konsum die Straffreiheit für harte Drogen folgen würde.“ Ein solcher Prozeß wurde von der „Frankfurter Rundschau“ (17. Mai) begrüßt: „Der Karlsruher Richterspruch hat den Anstoß gegeben, auf breiter Ebene eine neue gesellschaftliche Debatte über eine akzeptierende Drogenpolitik zu führen. Das Betäubungsmittelgesetz in seiner jetzigen Form steht zur Disposition.“ Die „taz“ (18. Mai) überschrieb ihren Kommentar von Berndt Georg Thamm mit „Es gibt kein Zurück mehr“. Der „Spiegel“ (23. Mai) warf CDU und CSU vor, sie betrieben „Wahlkampf mit Rauschgifthysterie“. In den ARD-„Tagesthemen“ bekundete Klaus Bednarz in einem Kommentar Verständnis für den Standpunkt des NRW-Justizministers. Im ZDF-„heute-journal“ sah Bernhard Töpper die bisherige Drogenpolitik als gescheitert an, und schließlich widmete sich die ARD der Drogen-Debatte mit dem „Brennpunkt“: „Harter Kampf um harte Drogen“. MH

(MK 23/94, 6. 6. 1994)

Prozeß VW/Opel

Mit der Fachsprache auf Kriegsfuß

Warum ein Verkündungstermin nicht immer ein Urteil ist

Die Affäre Lopez/VW/Opel ist auch nach einem knappen Jahr noch immer für ein internationales Presseecho gut. Nachdem Opel mit seinem Antrag auf ein Beschäftigungsverbot im Eilverfahren vor dem Frankfurter Oberlandesgericht am 16. Dezember gescheitert war, kam es am 5. Januar vor der 6. Zivilkammer des Frankfurter Landgerichts zur mündlichen Verhandlung im Hauptsacheverfahren. Über 30 Journalisten, mehrere Fernsehteams und Rundfunkanstalten folgten dem Geschehen. Rund drei Stunden lang plädierten der VW-Anwalt Jürgen Kicker und Opel-Anwalt Heinz Wetterkamp. Dabei waren augenscheinlich viele Passagen der Plädoyers mehr für die Medien als für die drei Berufsrichter bestimmt. Als zum Schluß noch einmal der Vorsitzende Richter Günther Kinnel zu Wort kam, tat er etwas für Juristen selbstverständliches: „Verkündungstermin, Mittwoch 2. Februar 1994, 8.45 Uhr, Saal B 380," lauteten die Worte, die er der Protokollführerin diktierte.

Nun scheint den meisten Berichterstattern der Begriff des „Verkündungstermins" nicht klar zu sein. Denn fast unisono meldeten die Agenturen am 5. Januar: „Urteil zu Opel/VW-Zivilstreit am 2. Februar" (Reuter-Meldung 324), „Urteil am 2. Februar" (AP-Meldung 122), und auch die Deutsche Presseagentur (Meldung 393) meinte „Urteil im Februar".

Diese Aussage ist schlichtweg falsch. Wenn ein Richter nach der ersten mündlichen Verhandlung einen Verkündungstermin ansetzt, bedeutet dies nicht, daß dann ein Urteil ergeht. Das Gericht kann in diesem Verkündungstermin den Parteien Auflagen machen, Zeugen laden, einen Sachverständigen bestellen, Akten beiziehen und natürlich auch ein Urteil erlassen. Was im VW/Opel-Streit am 2. Februar geschieht, weiß noch niemand. Die Aussage, daß an diesem Tag ein Urteil ergeht, erweckt aber den Eindruck, als sei das Verfahren abgeschlossen, und die Richter würden entscheiden.

Dies ist keine kleine journalistische Ungenauigkeit, sondern einfach eine falsche Information der Öffentlichkeit. Es ist von Nachrichtenagenturen nicht zu erwarten, daß Volljuristen Gerichtsverhandlungen besuchen und über sie schreiben. Vielleicht wäre es aber sinnvoll, wenn wenigstens gewisse Grundkenntnisse vorhanden sind, um zutreffend über rechtliche Fragen berichten zu können. Leider ist es nicht nur bei der Falschinformation durch die Nachrichtenagenturen geblieben. Auch Tageszeitungen übernahmen, wohl unredigiert, die Meldung der Agenturen. So schrieb die „Welt" am 6. Januar in der Unterzeile auch wieder „Urteil Anfang Februar". Und der erste Satz des Artikels, daß die 6. Zivilkammer des Landgerichts über das Beschäftigungsverbot entscheiden werde, erweckte den Eindruck, daß die Urteilsverkündung an diesem Tage selbstverständlich sei. Vorsichtigerdrückte sich der Berichterstatter des „Handelsblattes“ aus, indem er schrieb: „Die Entscheidung wird voraussichtlich am 2. Februar verkündet“. Richtig erfasst hatte den Sachverhalt Norbert Leppert in der „Frankfurter Rundschau“. Er wartete völlig zu Recht ab, ob am 2. Februar ein schnelles Urteil oder eine langwierige Beweisaufnahme ansteht, wie es in seinem Bericht hieß. Nicht beim Termin dabei gewesen ist wohl „Bild“-Frankfurt (6. Januar). Die Zeitung meldete: „Urteil am 20. Februar.“ Seit wann arbeiten Gerichte am Sonntag? mwh.

(MK 3/94, 17. 1. 1994)

Nachtrag: Am 2.2.1994 hat – zur Überraschung der meisten Juristen – das Landgericht Frankfurt ohne Beweisaufnahme ein klageabweisendes Urteil gegen Opel verkündet. So stimmte manche schiefe Aussage dennoch. An den Fakten ändert dies aber nichts.

Spenden

Dubiose Kronzeugen und schiefe Rechnungen

Weißer Ring weist Vorwürfe von „Report“ (ARD/SWF) zurück

Jedes Magazin, das auf sich hält, kommt zur Weihnachtszeit, wenn nicht nur viel Geld für Geschenke, sondern auch für wohltätige Organisationen ausgegeben wird, mit einer Spendengeschichte auf den Markt. Da dieses Thema im Prinzip nichts Neues ist, versuchen manche Magazine, Rat zu geben, wo die Spenden ihrer Leser angeblich am besten aufgehoben sind. Noch schlagzeilenträchtiger sind Geschichten über Spendenskandale. Da sie sich jedoch nicht immer termingerecht zur Weihnachtszeit einstellen, werden alte Vorgänge dem Publikum in neuer Verpackung aufgetischt – wie etwa der von Pannen begleitete Care-Einsatz in Ruanda im Sommer dieses Jahres. Noch besser wirkt ein vermeintlich echter Skandal, zumal bei einem renommierten Spendenempfänger – wie etwa dem Weißen Ring, einer von „Fernsehfahnder“ Eduard Zimmermann mitgegründeten Organisation, die sich um die Opfer von Straftaten kümmert. Seine Arbeit sei die vielen Spenden, die dem Opferhilfeverein zufließen, nicht wert: so lautete der Tenor eines Berichts von Karl-Heinz Holub und Ron Lechner in „Report“ vom Südwestfunk am 21. November in der ARD. Die Journalisten machten dem Weißen Ring anhand von drei Fallbeispielen zum Vorwurf, daß er die von ihm propagierte Opferhilfe nur unzulänglich betreibe und rechneten vor, daß über 60 Prozent der Spenden für Verwaltungszwecke ausgegeben würden und nicht den Opfern zugute kämen. Der Weiße Ring konterte die Vorwürfe. Tendenziös und „wider besseres Wissen" hätten die „Report"-Autoren berichtet, so Helmut K. Rüster, Pressesprecher des Weißen Rings.

„Nur 8000 Mark weitergegeben"

Vor allem die Darstellung eines Opferfalles rief Rüster und Dieter Eppenstein, Generalsekretär des Weißen Rings, auf den Plan. Nach der Ermordung eines türkischen Familienvaters hatte der Weiße Ring in Darmstadt zu Spenden für die Witwe und die vier zum Teil noch minderjährigen Kinder des von einem Nachbarn Ermordeten aufgerufen. 47 000 Mark gingen an Spenden ein, von denen die Familie aber, so stellte „Report" es dar, nur 8000 Mark bekam. Mehr habe die Zentrale des Weißen Rings in Mainz nicht überweisen wollen. Als die örtlichen ehrenamtlichen Mitarbeiter in Darmstadt opponiert hätten, sei „Ungewöhnliches" geschehen. Es sei, wie der ehemalige Außenstellenleiter Karl Kärchner im Interview sagte, überlegt worden, „die Spender anzuschreiben, ob sie auch damit einverstanden seien, dieses Spendengeld einem allgemeinen Topf, dem Allgemeintopf, zuzuführen und wenn nicht, dieses Geld möglicherweise wieder zurücküberweisen wollten". Dazu hörte „Report" den Generalsekretär des Weißen Rings, Dieter Eppenstein, mit dem Satz: „Nein. So ein Schwachsinn fällt mir nicht ein." Um dann zu ergänzen: „Was der Generalsekretär so heftig leugnet, ist jedoch bis heute Tatsache. Die Witwe kann noch immer nicht in voller Höhe über die Spenden verfügen, die für sie gesammelt wurden." Mehr sagten Holub und Lechner zu dem Fall der Familie Bayram nicht. Was sie suggerierten, beschrieb die Illustrierte „Tango" so: „Der SWF enthüllte, daß der ‚Weiße Ring' für die Familie eines von einem Deutschen getöteten Türken 47 000 Mark gesammelt, aber nur 8000 Mark weitergegeben hatte. Der Rest versickerte als Verwaltungskosten."

In Wahrheit liegt der Fall, wie der Weiße Ring durch Dokumente und Kontoauszüge belegen kann, ganz anders und ist recht kompliziert. Zwar trifft zu, daß die Witwe des Ermordeten im Moment nicht über die inzwischen rund 50 000 Mark verfügen kann, aber nicht etwa, weil der Weiße Ring ihr das Geld vorenthält, sondern weil er den Betrag, der sich inzwischen noch um ein paar tausend Mark erhöht hat, zu über 18 500 Mark bar ausgezahlt und den Rest für die vier minderjährigen Kinder der Familie bis zum 18. Lebensjahr fest angelegt hat. So sei es auch am 23. September mit der Witwe besprochen worden, berichten Rüster und Eppenstein. Fünf Tage später trafen sie sich mit Holub und Lechner zum Interview. Dort erläuterten sie, warum sie das Geld nicht auf einen Schlag an die Witwe auszahlten: einmal, weil der Weiße Ring die Witwe und die Kinder einzeln unterstützen wolle, und zum anderen, weil das Geld vor dem Zugriff dritter bewahrt werden sollte. Welche Vorwürfe hätte die Presse wohl erhoben, wenn der Weiße Ring das Geld in einem großen Koffer übergeben hätte und die Witwe es, durch welchen Einfluß auch immer, verloren hätte? Die Schlagzeilen könne man sich ausmalen, meint Eppenstein im Gespräch mit der „Medien-Kritik". Den SWF-Autoren jedenfalls blieb dieser Hintergrund nicht verborgen, wie sich aus einer Abschrift des Interviews, das sie mit Eppenstein führten, entnehmen läßt. Darin hielt Ron Lechner der Geschäftsführung des Weißen Rings in Mainz entgegen, daß die Witwe in Darmstadt immer noch im Unklaren sei, wieviel Geld sie insgesamt bekomme. 8500 Mark habe sie für den Umzug in eine neue Wohnung erhalten. Naheliegend wäre es gewesen, wenn Lechner diese Frage an den Außenstellenleiter des Weißen Rings in Darmstadt gerichtet hätte, Karl Kärchner. Doch der mußte sich vor der „Report"-Kamera dazu nicht erklären und trat als Kronzeuge gegen die Mainzer Zentrale auf. Die wiederum kann auf Kontobelege verweisen, auf denen zu erkennen ist, daß für den Opferfall Bayram schon im Juni insgesamt 18 500 Mark abgehoben wurden. Auch Quittungen über diese Summe liegen der Zentrale vor. Mit ihrem ehemaligen Mitarbeiter Kärchner, der im Unfrieden aus dem Weißen Ring ausschied und eine eigene Organisation gründete, korrespondieren die Mainzer inzwischen nurmehr per Anwalt. „Report" klammerte diese verwickelten Hintergründe aus. Redaktionschef Jochen Waldmann erklärte gegenüber der „Medien-Kritik" dazu auf Anfrage, sein Magazin habe nicht gesagt, daß die Familie Bayram bis zum Tag der Sendung nur 8000 Mark erhalten habe. „Wir haben lediglich darauf hingewiesen, daß Frau Bayram zum Zeitpunkt der Sendung noch nicht über den Spendenbetrag in voller Höhe verfügen konnte." Es sei bekannt gewesen, daß sie 18 500 Mak bekommen hatte, unbekannt gewesen sei, daß das restliche Geld für die Kinder des Ermordeten angelegt werden sollte. In dem Beitrag sei es nicht darum gegangen, „den Eindruck zu vermitteln, nur 8000 Mark seien beim Opfer angekommen". Was bei den Zuschauern jedoch hängenblieb, war genau der Eindruck, den „Tango" weitergab: der Weiße Ring habe nur einen Bruchteil der Spenden weitergegeben.

„Wie ein zweites Trauma"

Im zweiten Fall, den „Report" darstellte, ging es um den Mord an einem Polizisten in Mettmann bei Düsseldorf. Hier habe der Weiße Ring ein Sonderkonto mit der Nummer 34 34 34 eingerichtet. Generalsekretär Eppenstein habe dazu verfügt, daß nur Spenden mit dem Stichwort „Polizistenmord" dem „internen Zweckkonto" zugeführt werden sollten. Spenden ohne diesen Hinweis sollten allgemeinen Spendenkonten zugeführt werden. In seiner Gegendarstellung, die der Weiße Ring nach heftigen juristischen Auseinandersetzungen am 12. Dezember in die ARD brachte, stellt der Opferhilfeverein dazu fest, daß die Nummer 34 34 34 immer das allgemeine Spendenkonto markiere und bei Spenden mit Stichwort intern ein Sonderkonto eingerichtet werde. In Opferfall Nummer drei machten die „Report"-Autoren dem Weißen Ring zum Vorwurf, er habe sich um eine Frau aus

Bremen, die zweimal vergewaltigt wurde und sich um Hilfe an den Weißen Ring wandte, nicht richtig gekümmert. Nach der ersten Tat seien die Aktivitäten des Weißen Rings im Sande verlaufen. „Hier handelt der Weiße Ring nicht seinem propagierten Anspruch gemäß", sagten die Reporter eingangs ihrer Fallschilderung, die wiederum nur bruchstückhaft war. „Als die Frau an Selbstmord denkt, ruft sie erneut an. Sie erhält die Antwort, man könne ihr nicht helfen." Mehrmals habe sie versucht, den Weißen Ring anzurufen, sagte die Frau. Nach längerer Zeit habe sich jemand vom Weißen Ring bei ihr gemeldet und gesagt, das Verfahren gegen den mutmaßlichen Vergewaltiger „wäre höchstwahrscheinlich eingestellt". Das aber sei eine falsche Angabe gewesen, schon bald werde gegen den mutmaßlichen Täter verhandelt, so „Report": „Die Behandlung bei der Hilfsorganisation empfand dieses Opfer wie ein zweites Trauma." Für die Zuschauer dürfte nach dieser Darstellung kaum erkennbar gewesen sein, worum es in diesem Fall eigentlich ging und worin die Fehler des Weißen Rings genau liegen sollten. Dort ist zu erfahren, daß sich das Vergewaltigungsopfer an den Weißen Ring wandte und zweimal einen Beratungsscheck für Rechtsbeihilfe bei einem Anwalt bekam. Weitere Terminabsprachen habe die Frau nicht eingehalten, wie sich durch die Aussage einer Mitarbeiterin, die das Opfer im Krankenhaus besuchen wollte, bestätigen läßt.

Konkurrent DZI als Kronzeuge

Den bruchstückhaft erläuterten Fällen von Opferhilfe ließen Holub und Lechner die finanzielle Abrechnung mit dem Weißen Ring folgen. Gemäß dem Finanzbericht von 1993 habe der Verein 20,4 Millionen Mark an Spenden, Beiträgen und Geldbußen eingenommen. 16,4 Millionen Mark gebe er nach eigenem Verständnis für die Opferhilfe aus. Darin enthalten seien aber Kosten für Öffentlichkeitsarbeit und Projekte. So blieben schließlich nur 7,8 Millionen Mark für die Opfer übrig, und das entspreche einem Anteil von 38 Prozent der verfügbaren Mittel. Der Weiße Ring sage zwar, das Geld werde für Satzungsziele wie die Verbrechensvorbeugung ausgegeben, doch das, so hieß es in „Report", seien „Ausflüchte", wie das Zentralinstitut für soziale Fragen (DZI) in Berlin, meine. „Folgerichtig" könne das DZI, „eine Körperschaft des öffentlichen Rechts, die keine eigenen Spendeninteressen verfolgt", Spenden an den Weißen Ring „‚nicht empfehlen'".

Für jemanden, der die Hintergründe kennt, ist die Einschätzung des DZI keine Überraschung. Schon lange liegt es mit dem Weißen Ring im Clinch, weil es die Ausgaben, die der Opferhilfeverein für seine Satzungziele ausgibt, zu einem hohen Teil für Verwaltungskosten hält. Der Weiße Ring sagt, das DZI habe seinen Maßstab, was genau Verwaltungs- und was Werbekosten seien, nie offengelegt. Die Opferhelfer rechnen anders: 54,9 Prozent der Einnahmen für Opferhilfe, 22,2 Prozent zum Eintreten für ein stärkeres öffentliches Bewußtsein für die Geschädigten und 19,9 Prozent für die Kriminalitätsvorbeugung. Tatsächlich ist der Weiße Ring kein reiner Spendenverein, der das Geld direkt und komplett an Opfer weitergibt, doch das, so der Weiße Ring, habe man auch nie behauptet. Unbeliebt ist der Weiße Ring beim DZI, das von Journalisten häufig unkritisch als „Spenden-TÜV“ bezeichnet wird, auch deswegen, weil Weißer Ring-Geschäftsführer Eppenstein mithalf, im Herbst 1993 eine Konkurrenzveranstaltung zum DZI zu gründen. Unter auf Spenden angewiesenen Organisationen hatte sich zunehmender Unmut über das „Spendensiegel“ breitgemacht, das DZI-Geschäftsführer Lutz E. Worch erdachte. Mit ihm will die Berliner Stiftung klassifizieren, welche Organisationen spendenwürdig sind, und kassiert dafür Gebühren. Im Oktober 1993 gründete sich der Deutsche Spendenrat, der sich aus derzeit 44 spendensammelnden gemeinnützigen Organisationen zusammensetzt, mit dem Ziel, die „ethischen Grundsätze des Spendenwesens in Deutschland“ zu wahren. Mitglieder sind unter anderem Greenpeace, der Bund für Umwelt und Naturschutz, die Deutsche Lebens-Rettungs-Gesellschaft, der Deutsche Tierschutzbund, das Deutsche Rote Kreuz, die Johanniter-Unfall-Hilfe, die Umweltstiftung WWF Deutschland, das Westfälische Kinderdorf und – der Weiße Ring. So erklärt sich das belastete und von Konkurrenz geprägte Verhältnis zwischen dem Weißen Ring und dem DZI, wovon die „Report“-Zuschauer allerdings nichts erfuhren. Das DZI-„Spendensiegel“ hat kürzlich auch der Paritätische Wohlfahrtsverband kritisiert und als unnötig bezeichnet. Das Siegel halte nicht, was es suggeriere, bemängelte der Dachverband von bundesweit 8000 sozialen Organisationen. Das DZI kontrolliere noch nicht einmal stichprobenartig, wie Spenden verwendet würden. Es prüfe nur die Plausibilität angekündigter Projekte. Zudem sei der Antrag für das Siegel teuer: 500 Mark plus 0,025 Prozent der eingesammelten Spenden. Mitglieder des Wohlfahrtsverbands beschwerten sich, sie würden gedrängt, Spendengelder für ein unnötiges Gütezeichen aufzuwenden, um in der Konkurrenz um private Gaben mithalten zu können, meldete die Agentur AP.

An den Abschluß ihres Berichts in „Report“ setzten Karl-Heinz Holub und Ron Lechner die Aussage eines weiteren Kronzeugen gegen den Weißen Ring: Winfried Böckelmann, ehemaliger Ortsvereinsschef. Er sagte vor der Kamera: „Ich habe dann auch Herrn Eppenstein gefragt, wie er denn meine Verwaltungskosten der Außenstelle Gelsenkirchen verbucht. Und da wurde mir gesagt, ja das würde nicht verbucht als Verwaltungskosten, sondern das würde er verbuchen als Zahlungen an Opfer, sogenannte Opferhilfe.“ Auch bei dieser Aussage ist der Hintergrund, den „Report“ nicht erhellte, von Interesse. Böckelmann nämlich schied vor einigen Monaten aus dem Weißen Ring aus. Vor dem Amtsgericht Gelsenkirchen hatte er sich wegen des Vorwurfs des Betrugs zu verantworten. Er hatte Opfern vom Weißen Ring zur Verfügung gestelltes Geld nicht ausbezahlt, sondern nur als Darlehen gegeben. Gegen eine Geldbuße wurde das Verfahren eingestellt, einen hinreichenden Tatverdacht für Betrug sah der Richter jedoch gegeben. Nun sieht sich Böckelmann mit der Aufforderung konfrontiert, seine in „Report“ gesendete Aussage zu widerrufen. Der angegriffene Weiße Ring-Generalsekreträr, Dieter Eppenstein, bestreitet Böckelmanns Angaben energisch. Gegen „Report“ ist der Weiße Ring bisher mit einer Gegendarstellung vorgegangen. Eine Schadensersatzklage soll folgen. MH

(MK 52/94, 27. 12. 1994)

Geiseldrama

Zurückgehaltene oder zurückhaltende Journalisten?

Die Polizei hat aus Gladbeck gelernt – die Medien nicht

„Die Medien sind mit hoher Präsenz vor Ort, behindern erheblich den Einsatz ... und gefährden die Einsatzkräfte. Vermutlich können die Täter Hörfunk und Fernsehen empfangen.“ Mit diesen Worten umriß ein Sprecher der Polizei in der ZDF-Sendung „Frontal“ vom 1. November das Dilemma seiner Kollegen, die seit dem Vortag einerseits die beiden Geiselnehmer Raymond Albert und Gerhard Polak quer durch Deutschland verfolgten und andererseits damit beschäftigt waren, die Presse auf Distanz zu halten. Doch dessen Bitte „an die Medien, sich aus dem Einsatzort zurückzuziehen“, blieb ungehört. Bis zur Ergreifung der aus dem Hamburger Gefängnis Fuhlsbüttel ausgebrochenen Täter wurde die Polizei von einem Heer von Journalisten umlagert.

Die Ähnlichkeit dieser Szenerie zu dem Geiseldrama von Gladbeck, das vor sechs Jahren auch zu einem traurigen Stück Mediengeschichte in Deutschland wurde, sprang aber zugleich noch aus anderen Gründen ins Auge. Denn sowohl das Boulevardblatt „Bild“ als auch der Privatsender RTL 2 hatten während des Einsatzes Kontakt mit den Tätern aufgenommen und diese interviewt. All dies war vielen Medien Anlaß genug, im nachhinein selbstkritisch über ihr Handeln während der zweitägigen Verbrecherjagd nachzudenken.

„Das ist ein journalistisch einwandfreier Kontakt“

In einem Kommentar in der „Welt“ vom 2. November merkte Leonid Hoerschelmann an, daß viele Vertreter von Presse und Fernsehen „aus der öffentlichen Gangsterjagd von Gladbeck zu wenig gelernt haben“. Wieder hätten sich zudem „manche“ Journalisten damit gebrüstet, „Täter am Mikrofon gehabt zu haben, als seien es Popstars oder Spitzensportler“. Mit dieser Kritik zielte Hoerschelmann offensichtlich auf die „Bild“-Zeitung und auf den Privatsender RTL 2, dessen Chef vom Dienst, Christoph Kucklick, einen der Täter sowie eine Geisel per Autotelefon interviewt hatte. Kucklick bezeichnete das Interview in einem Gespräch mit der „Süddeutschen Zeitung“ (2. November) nachträglich als „journalistisch vertretbar“. Doch die Gründe, die er hierfür anführte, ließen den Eindruck entstehen, er habe sich keineswegs mit einem Straftäter auf der Flucht unterhalten: Der Geiselnehmer Polak habe am Telefon „sehr sachlich“ gewirkt, so daß er den Eindruck gewann, „das ist ein journalistisch einwandfreier Kontakt“. Daß mit dem Interview auch eine lukrative Einschaltquote verbunden war, hatte Kucklick jedoch augenscheinlich einkalkuliert. Denn er wies deutlich darauf hin, daß „wir . . . als Privatsender in der Konkurrenz“ stehen.

„Oberheuchler auf Gangsterjagd“

Die „Bild“-Zeitung wartete hingegen erst gar nicht mit einer Legitimation für ihr am 1. November abgedrucktes Gespräch mit Gerhard Polak auf. Daß sie damit auf die Befriedigung reiner Sensationsgier bei ihren Lesern setzte, bewiesen schon die hochemotionalen Formulierungen des Blattes (zum Beispiel: „Geisel-Ungeheuer“, „Macheten-Mörder“), aber auch die von „Bild“-Reporter Radoslav Rajlic gestellten Fragen: „Wollen Sie ein Blutbad?“, „Und wenn die Polizei eingreift?“ Absurd erscheint vor diesem Hintergrund allerdings, daß ausgerechnet „Bild“ in der Ausgabe vom 2. November dem Moderator des „heute-journal“ (ZDF), Alexander Niemetz, verstohlenen Sensationsjournalismus vorwarf: Der habe in der Sendung vom Vortag „verzweifelt seine Reporterin in Sachsen zu erreichen“ versucht. „Er jammert: Wieder ein Geiseldrama. Und wieder können es einige Journalisten nicht lassen, die Gangster zu verfolgen. Er fragt einen Polizei-Einsatzleiter: ‚Gibt es denn keine Möglichkeit, die Journalisten zu stoppen?‘ Dann klappt endlich die Schaltung zu seiner Reporterin. Die sitzt – wo wohl? – im Auto, mitten im Reporter-Pulk hinter Gangstern und Polizei!“ Die ZDF-Mitarbeiterin lieferte dann vor Ort einen durchaus sachlichen und zurückhaltenden Bericht, was „Bild“ aber offensichtlich nicht davon abbringen konnte, Niemetz einen „Oberheuchler auf Verbrecherjagd“ zu nennen.

Der hessische Innenminister Gerhard Bökel bewertete die Live-Interviews mit den Tätern auf einer Pressekonferenz am 2. November – von der nur ARD, ZDF und die dritten Programme ausführlich berichteten – als „etwas geschmacklos“. Überdies kritisierte er die „Frontberichterstattung“ einiger Sender, die mit Privathubschraubern den Geiselnehmern und der Polizei in gefährliches Gelände gefolgt waren. Bökel machte in seinen Erklärungen freilich deutlich, daß die ‚schwarzen Schafe‘ der journalistischen Zunft im Gegensatz zu dem Drama von Gladbeck diesmal in der Minderheit gewesen waren, die Mehrheit sich also an die Anweisungen der Polizei gehalten hatte.

Selbstlob bei der ARD

Mit diesem Lob fühlten sich offenbar einige Medien direkt angesprochen, zum Beispiel der Hessische Rundfunk. In einem Bericht in der „Hessenschau“ zu der Pressekonferenz hieß es, daß „verantwortliches Handeln und Selbstbeschränkungen ... von vielen Pressevertretern auf sich genommen wurde, um die Fahndung nicht zu gefährden“. Dafür habe es „auch klares Lob von der Polizei, auch für den HR“ gegeben. Nicht minder klopfte Luc Jochimsen sich und der ARD in einem Kommentar für die „Tagesthemen“ auf die Schulter. Sie sagte, „der Fall Gladbeck – die Vermarktung des Verbrechens, die kriminelle Medienschau – hat sich nicht wiederholt“. Es habe keinen „Terror live und im Originalton“ gegeben. „Weil verantwortungsvolle Berichterstattung aber auch bedeutet, daß die Arbeit der Polizei so wenig wie möglich behindert wird, eine Anmerkung in eigener Sache zum Schluß. Die Teams der ARD haben sich strikt an die Anweisungen der Polizei gehalten, was auch immer berichtet und kommentiert wird. Lehren nach Gladbeck? Ja und ohne wenn und aber.“

„Medientroß“ im Nacken

Das Selbstlob für die ARD war allerdings nicht überzeugend. Denn völlig zu Recht gab Jörg Stein, Chef der Gewerkschaft der Polizei, in der Sendung „ppp“ (HR, 2. November) zu bedenken, daß „insgesamt ... der Auftrieb“ der Medienschar vor Ort – zu der auch die Reporter der ARD zu rechnen waren – für die Polizei hinderlich war. Sobald die Polizei versucht habe, eine Aktion einzuleiten, sei „der Medientroß hintergelaufen“. Daher plädierte er dafür, bei ähnlichen Einsätzen zukünftig die Medien „ganz auszuschließen“. Lutz Tillmanns, Geschäftsführer des Deutschen Presserates, widersprach Stein in der Sendung. Es sei gar nicht möglich, die Medien von solchen Ereignissen auszuschließen. Dies dennoch erreichen zu wollen, bewertete Tillmanns als „verhängnisvoll“.

Gladbeck wiederholte sich nur für die Journalisten

Bedauerlicherweise hakte der Moderator der Sendung, Manfred Krupp, an diesem Punkt nicht nach. Dabei wäre gerade die Frage nach Möglichkeiten und der Vertretbarkeit von Einschränkung der Informations- und Pressefreiheit im Zusammenhang mit der Verbrechensbekämpfung ein interessanter Diskussionspunkt gewesen, den aber Stein und Tillmanns nicht vertieften. Ebenfalls nur flüchtig debattierten sie über den Wert jener von den Innenministern der Länder und dem Deutschen Presserat nach Gladbeck ausgearbeiteten Vereinbarung, die den Journalisten Zurückhaltung während der Ermittlungsarbeit der Polizei auferlegt.

Die Frage, wo letztendlich journalistische Zurückhaltung beginnt, ging in der nachträglichen Diskussion der Medien weitgehend unter. Daß diese Zurückhaltung durch Live-Interviews mit den Geiselnehmern eindeutig nicht gegeben war, bestritt niemand; und auch Christoph Kucklick konstatierte in seinem Gepräch mit der „Süddeutschen Zeitung", daß er dabei „Bauchschmerzen" hatte. Die Mehrzahl der Medienvertreter kann sich aber mit dem Hinweis auf vereinzelte Fehltritte von Kollegen nicht aus der Affäre ziehen. Denn wie die oben zitierten Aussagen von Polizeisprechern und dem Chef der Polizeigewerkschaft belegen, war allein schon die gewaltige Medienpräsenz störend, wenn nicht gar ein Sicherheitsrisiko. Und nur weil die Sicherheitskräfte die vielen Journalisten weitgehend vom direkten Geschehen abschirmen konnten, blieben sensationalistische Auswüchse wie beim Geiseldrama von Gladbeck, als Reporter etwa die beiden Verbrecher Dieter Degowski und Hans-Jürgen Rösner mit ihren Geiseln mitten in der Kölner Fußgängerzone interviewten, aus. Das heißt aber auch, daß die Medien sich weniger aus eigener Überzeugung oder Einsicht in die Notwendigkeit zurückgehalten haben, als daß sie zurückgehalten werden mußten. Die Polizei hat offenbar aus Gladbeck gelernt, die Medien nicht. dkg

(MK 46/94, 14. 11. 1994)

Sensationsjournalismus

„Bereit, Leute zu töten, die Ihr Kind getötet haben?"

RTL interviewte die Mutter eines ermordeten Kindes ohne Skrupel

Schon die Ankündigung der Titelgeschichte der „RTL aktuell"-Nachrichten vom 8. Juni war reißerisch. „Der kleine Kevin aus Köln ist ermordet worden", sagte Moderator Peter Kloeppel und schaltete zum Ort des Verbrechens, nach Köln. Von dort berichtete Chefreporter Ulrich Klose in allen Einzelheiten über einen Kindesmord.

„Uli, wie ist der Junge umgebracht worden?", wollte Kloeppel wissen. Klose sagte es ihm genau: „Kevin ist erstochen worden, vermutlich mit einem ganz normalen Küchenmesser. Polizisten und Nachbarn, die die Leiche heute morgen gesehen haben, sagten uns, das Kind sei bestialisch zugerichtet gewesen. Das heißt, der komplette Halsbereich sei zerfleischt gewesen, also Dutzende von Stichen (der Reporter deutet auf seinen Hals). Eine Frau sagte mir, es hätte so ausgesehen, als ob jemand im Wahn das Kind erstochen habe." Kloeppel: „Was vermutet denn die Polizei, wo die Leiche des Jungen in den vergangenen Tagen versteckt war?" Klose: „Sollte sich 'rausstellen, daß es sich bei den Festgenommenen auch um die Täter handelt, dann war die Leiche mindestens viereinhalb Tage in diesem Haus (der

Reporter zeigt auf das hinter ihm liegende Haus). Das ist die Wohnung der Pflegemutter, dieser rote Bereich, das ist eine 43-Quadratmeter-Wohnung. Hierfür werden jeden Monat 300 Mark Miete gezahlt, das sind nur zwei Zimmer. Ja, und man fragt sich natürlich, warum hat die Polizei diese Leiche dann nicht schon eher gefunden, wenn man jetzt glaubt, daß dort die Täter wohnen? Ganz einfach: Man hat nur flüchtig gesucht. Und heute wollte man mit Leichenspürhunden kommen. Das wußte die Familie, das war Polizeitaktik. Da kann man davon ausgehen, daß dann vielleicht die Familie gestern abend Panik bekam und im letzten Moment die Leiche über die Gartenmauer geworfen hat." Nach dieser detaillierten Beschreibung der Stichverletzung und der Spekulation über den genauen Tathergang griff das RTL-Magazin „Explosiv" das Thema noch einmal auf und verstärkte den Eindruck, die geistig behinderte Tochter der Tagesmutter habe den kleinen Jungen ermordet.

Im RTL-„Nachtjournal" von Heiner Bremer lieferte Ulrich Klose dann ein Interview mit der verzweifelten Mutter des ermordeten Jungen ab, die offenbar dringend ärztlicher Hilfe bedurfte, nicht aber eines Interviews mit RTL. Klose rückte der am ganzen Körper zitternden jungen Frau trotzdem mit dem Mikrophon zu Leibe: „Wann haben Sie das denn mitbekommen, daß die Familie Floßbach hinter der ganzen Sache stecken soll?" Die Mutter: „Durch's Fernsehen, eben ‚Explosiv'. Aber ich glaub' das nicht, da will jemand 'ne falsche Fährte legen." Klose: „Warum glauben Sie das nicht? Halten Sie diese Familie für anständig, eine Familie, die sowas nie tun würde?" Ob der Junge nach den Aufenthalten bei der Tagesmutter verstört gewesen sei und sie etwas vom Tatverdacht gegen ihre Nachbarn wisse, fragte Klose: „Wie würden Sie denn reagieren, wenn sich jetzt tatsächlich 'rausstellt, daß es die Familie war?" Die Mutter des ermordeten Jungen sagte, sie würde „amoklaufen" und sich rächen. Wie, wußte sie noch nicht genau. Reporter Klose brachte sie auf eine Idee: „Haben Sie schon mal darüber nachgedacht, daß das ähnelt auch dem Fall Bachmeier? Monika Bachmeier, die sich auch für den Mord an ihrem Sohn gerächt hat? Haben Sie für sowas Verständnis dann?" Antwort: „Auf jeden Fall, ich wär auch bereit dazu." Klose: „Bereit, Leute zu töten, die Ihr Kind getötet haben?" Antwort: „Ja, auf jeden Fall." MH

(MK 25/94, 20. 6. 1994)

Bundeswehr

„Klammheimlich Fakten“

ARD-„Monitor“ führt eine Kampagne gegen die Streitkräfte

Die Bundeswehr ist eines der bevorzugten Themen des ARD-Magazins „Monitor“. Ob es um Tiefflüge oder um einen Berufsoffizier geht, der sich mit dem Slogan „Soldaten sind potentielle Mörder“ identifiziert – Klaus Bednarz und sein „Monitor“-Team sind mit Kritik an der Bundeswehr stets zur Stelle. Am 1. Februar nun lieferte das Magazin seinen Beitrag zur Diskussion um die Beteiligung deutscher Soldaten an Blauhelm-Aktionen der Uno ab. Tenor: Während die Politiker noch diskutieren, schaffen die Militärs „klammheimlich Fakten“, wie Klaus Bednarz es formulierte, und proben unter dem Vorwand, in Somalia oder Kambodscha humanitäre Hilfe zu leisten, den weltweit-martialischen Einsatz.

Karin Führ, Philip Siegel und Peter Wingert berichteten über die Einsätze von Bundeswehr-Transportfliegern in Somalia, Iran und der Türkei sowie über die Bundeswehr-Sanitäter in Kambodscha. Ihr Ziel war es, die humanitäre Hilfe der Soldaten als dilettantisch darzustellen. Dazu bemühten die „Monitor“-Autoren zwei Vertreter des Technischen Hilfswerks (THW) vor die Kamera, die kritisierten, daß die Bundeswehr-Transportflieger zu langsam, zu klein und zu teuer seien. THW und Hilfsorganisationen kämen in der Türkei und in Somalia besser alleine zu Rande, hieß es. Über die Tatsache, daß die humanitäre Hilfe vor der Ankunft amerikanischer Soldaten in Somalia in den Händen marodierender Banden landete, gingen die ARD-Autoren großzügig hinweg. Sie verzichteten auch darauf, Vertreter der Bundeswehr Stellung nehmen zu lassen. Sogar die Angaben über die Kosten der Flugeinsätze stammten von den beiden befragten THW-Mitarbeitern, die andeuteten, daß es größere und bessere Transportflugzeuge als die der Bundeswehr gebe. Wie er binnen sechs Stunden, die sie der Bundeswehr als Wartezeit ankreideten, ein amerikanisches Großraumflugzeug vom Typ Galaxy oder eine russische Antonow startklar machen will, verriet der zitierte THW-Mitarbeiter nicht. Ebenso unklar war, warum „Monitor“ der Bundeswehr vorhielt, ihre Frachtpreise seien zu hoch, betrügen 16 Mark im Verhältnis zu 1,73 Mark pro Flugkilometer. Daß die 16 Mark eine rechnerische Größe sind, inklusive sämtlicher Betriebskosten, die de facto nicht in Rechnung gestellt werden, verschwiegen die „Monitor“-Autoren genauso wie die Tatsache, daß die Bundeswehrflieger des Lufttransportstützpunktes Mombasa mit weniger als 50 Mann und drei Maschinen fast soviel Hilfsgüter nach Somalia transportiert haben, wie die Amerikaner mit 1000 Soldaten und 16 Flugzeugen. Nachzulesen waren solche Fakten im „stern“ (2/93), dessen Reporter Kai Hermann berichtete, daß die Deutschen bei den Einheimischen hohes Ansehen genießen: noch ein Umstand, der nicht in die „Monitor“-Konstruktion aus dem fernen Köln paßte.

Zum Einsatz deutscher Sanitäter in Kambodscha fiel „Monitor“ noch weniger vordergründig stichhaltige Kritik als zu den Transportfliegern ein, nur die Einschätzung, daß humanitärer von militärischem Einsatz nicht mehr zu unterscheiden sei. Bestätigen ließ sich „Monitor“ solche Verdikte von Wolfgang Vogt, Sozialwissenschaftler an der Führungsakademie der Bundeswehr. Unterlegt war das Ganze mit Archiv-Bildern und einem durchweg süffisant vorgetragenen Text. Somalia sei der neue „Exerzierplatz für die Humanität“ deutscher Militärs, die Hilfsflüge für kurdische Flüchtlinge in Iran seien bloß eine gute „Imagewerbung“: Vorwürfe über Vorwürfe, alles ohne Belege und ohne Zeugen. Einseitiger läßt sich ein Bericht nicht anfertigen.
MH

(MK 6/93, 8. 1. 1993)

Blauhelm-Einsätze

„Afrika-Feldzug“

Fernsehmagazine führen hysterische Kampagne gegen Bundeswehr

Die UN-Einsätze der Bundeswehr in Kambodscha und Somalia haben zu einer öffentlichen Kontroverse über die Verteidigungspolitik geführt, wie es sie hierzulande seit dem Nato-Doppelbeschluß nicht mehr gegeben hat. Auf der politischen Ebene wird zwischen den Parteien über die Verfassungsmäßigkeit solcher Einsätze gestritten. In der Bevölkerung herrscht – wie Meinungsumfragen zeigen – die Ansicht vor, deutsche Soldaten sollten sich grundsätzlich aus internationalen Krisen heraushalten. Auch in den Medien wird heftig debattiert. Hier geht es oftmals nur vordergründig um Sachargumente für oder gegen bestimmte Einsätze der Bundeswehr. Schaut man genauer hin, ist zu erkennen, daß es den Machern einiger Fernsehmagazine gefällt, die Bundeswehr schlechthin zu verteufeln, der Lächerlichkeit preiszugeben und mit allen zu Gebote stehenden Mitteln der Emotionalisierung vor den angeblichen Welteroberungsgelüsten deutscher Generäle zu warnen.

Lächerlich gemacht werden die Soldaten regelmäßig in der ARD-Sendung „ZAK“. Hier donnerten beispielsweise die in Geilenkirchen stationierten Awacs-Aufklärungsflugzeuge bedrohlich über die Köpfe hinweg (18. April) und marschierte ein vom Westdeutschen Rundfunk gefälschtes Sechs-Mann-Afrika-Korps (25. April) in Bundeswehr-Kampfanzug plus Tropenhelm durch die Kölner Innenstadt, um Passanten mit dreist-militaristischem Auftreten und dümmlichen Sprüchen („Wir gehen nach Somalia“) zu mehrheitlich negativen Reaktionen zu provozieren.

„Die menschliche Dummheit ist grenzenlos“

Über solche Mätzchen hinaus wurde den Zuschauern in Hessen 3 in den vergangenen Wochen eine geballte Anti-Bundeswehr-Kampagne serviert. Angefangen beim Regionalmagazin „Hessenschau“, das am 21. April zum Thema UN-Einsätze den als „Kritiker aus den Reihen der Bundeswehr“ apostrophierten Oberstleutnant Lothar Liebsch aufbot. Liebsch, Mitglied des Darmstädter Signals – einer kleinen Soldaten-Gruppe, die besonders durch ihre Solidarisierung mit dem Ausspruch „Alle Soldaten sind potentielle Mörder“ auf sich aufmerksam machte –, erklärte, daß Bundeswehrsoldaten grundsätzlich von Auslandseinsätzen fernbleiben sollten. Der Einsatz in Somalia könne schon deswegen nicht „humanitär“ genannt werden, weil die Soldaten Waffen mit sich führten, sagte Liebsch und empfahl, den Marschbefehl nach Somalia zu verweigern.

Das sollte nicht seine letzte Empfehlung auf Hessen 3 bleiben. Für das Wochenmagazin „Dienstag“ („Helden im Zinksarg. Deutsche an die Front?“, 11. Mai) erschien Liebsch noch einmal vor der Kamera. Hinzu kam der als Fundamental-Kritiker der Bundeswehr ausgewiesene Ex-Admiral Elmar Schmähling als Studiogast von HR-Chefredakteur Wilhelm von Sternburg. Der wiederum versuchte erst gar nicht, sich mit den rechtlichen, politischen und moralischen Fragen, die mit den internationalen Bundeswehr-Einsätzen verbunden sind, auseinanderzusetzen, sondern dozierte, das alles sei ein Werk gewissenloser Kriegshetzer: „Für deutsche Generäle, für vaterländisch gesinnte Politiker und für unsere Waffenproduzenten sind endlich die nervösen Zeiten vorbei. Sie dürfen aufatmen, denn die Zukunft der Bundeswehr ist gesichert. Wo der Feind fehlt – und seit Ende des Kalten Krieges denkt ja wahrhaftig keiner mehr daran, unser Land militärisch anzugreifen – da muß man sich eben die neuen Gelegenheiten schaffen. Also, Sie kennen die Debatten der letzten Monate: die Deutschen weltweit an die Front. Mag da in unserer Verfassung auch stehen, was da will. Trotzdem sei es gesagt: Nichts anderes steht da, als daß sich die Bundesrepublik eine Verteidigungsarmee hält, also die Soldaten zu nichts anderem verpflichtet sind, als einen Angriff auf das Territorium unseres Landes abzuwehren. Meines Wissens sind es weder die Roten Khmer, noch die Somalier, noch die serbischen Mordbuben, die hochbewaffnet an unseren Grenzen stehen, um den Einfall zu proben. Macht nichts, die menschliche Dummheit ist grenzenlos. Und auf deutschen Manöverplätzen werden wieder tödliche Pfadfinderspiele geprobt. Das Erhabene und das Lächerliche: es liegt wie immer dicht beieinander.“

Die Berichte der „Dienstag“-Mitarbeiterinnen Caroline Imlau und Ulrike Bremer entsprachen von Sternburgs Diktum. Eine für die Presse inszenierte Bundeswehrübung nutzte Caroline Imlau, um die Soldaten als kampfeslüsterne Simpel vorzuführen. Kommentar zum Zeltaufbau: „Erste Lektion: der Soldat im Kampf mit dem Pfadfindergrundwissen“; zur Installation einer Behelfsdusche: „Wichtigste Aufgabe: Soldaten helfen sich selbst“; zur Mahlzeit im Freien: „Essen Sie schon für Somalia Probe?“ „Heija Safari“ sei das Motto der Armee: „Wir sehen uns wieder. Demnächst in Somalia oder vielleicht auch anderswo. Aber dann richtig, auch mit Waffen und so.“ Ulrike Bremer warnte vor der „neuerlichen Gehirnwäsche, die an den Deutschen erprobt“ werde. „Deutsche Weltmachtträume werden dem Volk wieder nahegebracht“, dozierte von Sternburg. Das „Gift der Dummheit und des Militarismus“ wirke sogar in den Köpfen der Friedensbewegung und jener Altlinken wie Daniel Cohn-Bendit, die für ein militärisches Einschreiten gegen den Völkermord in Bosnien plädierten. Münden ließ von Sternburg seine halbstündige Fernseh-Mission in den Satz: „Der gerechte Krieg ist schlimmer als der ungerechteste Frieden.“

Stichwort „Zinksarg“

Mit weniger Pathos als Hessen 3, aber identischer Stoßrichtung nahmen sich die Politmagazine der Privaten des Themas an. „stern TV“-Moderatorin Amelie Fried (5. Mai) gab sich ironisch: „Völlig ungefährlich sei es da – im Norden von Somalia – wo in wenigen Tagen die ersten Bundeswehrsoldaten eintreffen. Das hört man zumindest aus dem Verteidigungsministerium. Humanitäre Hilfe: So heißt der Einsatz, bei dem zum ersten Mal in der Geschichte der Bundesrepublik Soldaten in ein Kriegsgebiet geschickt werden. 1600 Mann werden es insgesamt sein. Bewaffnet mit Schützenpanzern und Maschinengewehren, wie es sich eben für eine ordentliche Friedensmission gehört. Daß tatsächlich keine Gefahr für das Leben der Soldaten besteht, darf bezweifelt werden.“ Genau wie die Kollegen vom Hessischen Rundfunk sah „stern TV“-Reporter Klaus Arth den Soldaten bei ihrer Somalia-Übung zu. „Die Bundeswehr gibt sich die Ehre. Vorstellung der Truppe, die in Somalia deutsche Geschichte schreiben darf“, schilderte er das Szenario. „Kaum hat das Bundesverfassungsgericht die umstrittene Rechtmäßigkeit des ersten deutschen Bundeswehreinsatzes bestätigt, denken die Soldaten und ihre Führer schon an weitere Heldentaten.“ Amelie Fried war gespannt, „was uns der Verteidigungsminister erzählen wird, wenn die ersten deutschen Soldaten im Zinksarg nach Hause kommen.“

„Zinksarg“ war auch das Stichwort für das „Spiegel TV Magazin“ (RTL, 9. Mai), dessen Moderator Stefan Aust die Bundeswehr zum „Somalia-Feldzug“ respektive „Abenteuerurlaub“ starten sah: „Die Militärpfarrer sind in Alarmbereitschaft und auch sonst ist alles klar für den ersten Kriegseinsatz der deutschen Nachkriegsarmee.“ „Spiegel TV“-Autor Helmar Büchel bemühte für den Somalia-Einsatz den Vergleich zum Afrika-Feldzug im III. Reich. „Das deutsche Heer“, so sagte er, bereite sich „gewissenhaft auf den ersten Afrikafeldzug seit Rommel vor“, mache sich fit „für die große Safari“, sogar die Militärseelsorger fieberten „dem Einsatz bei den schwarzen Heidenkindern entgegen.“

Faire und umfassende Darstellungen bei ARD und ZDF

Angesichts solch reißerisch aufgemachter Kampagne gegen den vermeintlichen „Afrika-Feldzug“ der Bundeswehr gingen jene Fernsehsendungen, die zum Thema Somalia-Einsatz auf einseitige Hetze verzichteten und Hintergrundinformationen für ein sachliches Pro und Kontra beisteuerten, fast unter. Doch es gab sie: in der ARD-Sendung „Kehrt Marsch, an die Front“ (13. Mai) zum Beispiel, auch wenn es nach der Ankündigung im ARD/ZDF-Videotext zunächst nicht danach aussah. Dort nämlich war die Rede von deutschen Soldaten, die „in die Welt hinaus“ gingen, weil „Nato-Grenzen“ für sie „kein Hindernis mehr“ seien. Zwar fanden sich auch hier ein paar abfällige Bemerkungen über die für Somalia übenden Soldaten, ohne die offenbar kaum ein Fernsehreporter mehr auskommt, und das obligatorische Interview mit Elmar Schmähling. Doch insgesamt lieferte die unter Leitung von NDR-Chefredakteur Robert Hetkämper entstandene Sendung, bei der Norddeutscher Rundfunk, Westdeutscher Rundfunk und Bayerischer Rundfunk zusammenarbeiteten, eine kritische, aber faire und umfassende Schilderung der Lage der Bundeswehr. Zehn Autoren wurden im Nachspann genannt. Sie berichteten über die strukturellen und konzeptionellen Probleme der Bundeswehr, über ihre Rolle im Rahmen der Nato, über fehlende Wehrgerechtigkeit, Pro und Kontra Berufsarmee, über das Fehlen einer klaren Bundeswehrplanung und die Auswirkungen für die betroffenen Soldaten. Die Probleme der Soldaten hierzulande, in Kambodscha und die Lage in Somalia wurden geschildert. Die Streichung von Truppenverbänden, Standortschließungen, die unklare Auftragslage und die Auswirkungen für Heer, Luftwaffe und Marine kamen zur Sprache, Gebirgsjäger genauso wie Jetpiloten oder U-Boot-Besatzungen zu Wort.

Auch das ZDF-Magazin „Frontal“ (20. April) berichtete auf seriöse Weise über die Bundeswehr und internationale Einsätze. Der entsprechende Beitrag von Udo Hahn und Klaus Heckenhahn, den Ulrich Kienzle mit den Worten ankündigte, die Bundesregierung sei dabei, „auf kaltem Wege eine neue Sicherheitspolitik durchzuboxen“, übte Kritik an der Haltung der Regierung, ließ jedoch Befürworter und Gegner des Somalia-Einsatzes zu Wort kommen und verkürzte das Meinungsspektrum nicht – wie „Dienstag“, „ZAK“, „stern TV“ und „Spiegel TV“ – auf die den jeweiligen Magazinmachern genehme Richtung.

Eine angemessen differenzierte und behutsam geführte Sachdiskussion über die derzeitige und die zukünftige Rolle der Bundeswehr gab es schließlich sogar auch auf Hessen 3. In der Sendung „Streitfragen“ (22. April) diskutierten Heiner Geißler, Stefan Schwarz, Hermann Otto Solms und Karsten Voigt. Moderiert wurde die Runde von Klaus-Rüdiger Metze und Wilhelm von Sternburg. In Ruhe konnten die Politiker hier ihre Argumente austauschen. Die beiden Moderatoren hielten sich mit ihren Kommentaren ausnahmsweise zurück und ließen den Kompetenteren den Vortritt. Bezeichnend, daß die erstgenannten und ihre Sichtweisen bei der „Dienstag"-Sendung knapp drei Wochen später auf demselben Kanal ausgeblendet wurden. Man hätte es besser bei der Diskussion mit Geißler, Schwarz, Solms und Voigt belassen. MH

(MK 22/93, 1. 6. 1993)

Bundeswehr

Deutscher Pazifismus weltweit

Anti-Armee-Kampagne von „Monitor" (ARD/WDR) geht weiter

Nichts im deutschen Fernsehen ist berechenbarer als ein „Monitor"-Bericht über die Bundeswehr. Jeder, der das Magazin von Klaus Bednarz einige Male gesehen hat, weiß, was kommt: pazifistische Predigten, die grundsätzliche Verdammung aller Soldaten und irrationale Warnungen vor der angeblichen Gier deutscher Militärs, in aller Welt Krieg zu führen. So vermochten die entsprechenden Berichte der „Monitor"-Sendung vom 1. Juli über die Bundeswehr nicht zu überraschen, bis auf die Tatsache, daß sie besonders spekulativ und konstruiert ausfielen und die Manipulationen offensichtlicher denn je waren, wodurch die agitatorische Absicht der Magazinmacher besonders deutlich zutage trat.

Damit seine Zuschauer nicht erst lange darüber nachdenken mußten, welche Aussage sich hinter den beiden „Monitor"-Berichten über die Bundeswehr verbarg, nahm Magazin-Chef Bednarz die Quintessenz vorweg: Der humanitäre Einsatz der Bundeswehr in Somalia sei nur Tarnung. Die deutschen Soldaten sollten in Kürze „weltweit ins Gefecht geschickt werden", und zwar „egal unter welcher Flagge", also unabhängig von UN oder Nato. Der Einsatz in Somalia sei „nur ein erster Testlauf", sagte Bednarz: „Unter dem Deckmäntelchen humanitärer Hilfe werden die ersten Schritte Richtung Kampfeinsätze der Bundeswehr weltweit geübt."

„Monitor"-Tautologie: Es ist nicht sicher, daß es sicher ist

Zur Einstimmung zeigte „Monitor" einen Beitrag des ARD-Korrespondenten Jörg Hafkemeyer. Hatte er in den vergangenen Wochen sachlich für die Nachrichtensendungen der ARD aus dem somalischen Belet Uen berichtet, sollte sich das jetzt ändern. Hafkemeyer paßte sich an das „Monitor"-Niveau an. Sein Bildmaterial unterschied sich nicht von dem anderer Korrespondenten: Bilder aus dem Bundeswehr-Camp, von Konvoi-Fahrten und Interviews mit Soldaten. Wohl aber setzten sich die Spekulationen des Journalisten deutlich vom Tenor der Nachrichtenberichte ab. Hafkemeyer baute ein Bedrohungsszenario auf. Da er aber die notwendigen Hintergrundinformationen nicht vorstellen konnte, geriet sein Text zur Beschwörung. So beobachtete er, daß die Bundeswehrsoldaten bei Konvoifahrten mit „Maschinengewehren, Gewehren und Pistolen bewaffnet" seien. Seine Interpretation: „Dieser Aufwand spricht gegen die Annahme, daß es sicher sei. Die erste Gefährdung besteht in dem Umstand, daß überhaupt nicht sicher ist, ob es sicher ist. Die zweite Gefährdung besteht darin, daß niemand von den Militärs Herkunft und Struktur der über 15 000 Kriegsflüchtlinge in und um Belet Uen kennt. Die dritte Gefährdung rührt aus der Tatsache her, daß die deutschen Soldaten die über 100 versprengten Rebellen nicht als Gefährdungspotential ansehen." Hafkemeyers Fazit: „Die deutschen Soldaten in Afrika sind Fremde unter Fremden in einem fremden Land – Somalia. Sie wollen helfen, sagen sie, und wissen nicht ganz genau wie. Und eigentlich sind sie überfordert, in dieser für sie unsicheren Lage."

Hafkemeyers Suggestiv-Bericht aus Somalia bereitete den Boden für den nachfolgenden Beitrag von Karin Führ und Arnd Henze. Sie verstärkten die These, die Bundesregierung wolle die Soldaten weltweit in den Krieg schicken. Die „Befürworter von Kriegseinsätzen" dürften nach dem Entscheid des Bundesverfassungsgerichts hoffen. Bald gebe es „Bundeswehreinsätze überall in der Welt". Mit ein paar Textfetzen aus den verteidigungspolitischen Richtlinien der Bundesregierung meinte „Monitor", die nächsten Ziele deutscher Eroberungslust angeben zu können: Angola und Südafrika dürften an erster Stelle stehen, hieß es. Unterlegt war die Warnung vor dem deutschen Militär mit alten Manöverbildern und Aufnahmen von einer für die Presse vor etlichen Wochen arrangierten Bundeswehr-Übung in Lahnstein bei Koblenz.

Jetzt folgte die Krönung der „Monitor"-Politagitation. Die Magazinmacher beließen es nicht dabei, vor dem von ihnen konstruierten weltweiten Eroberungszug der Armee zu warnen, sie unterbreiteten einen Alternativvorschlag: eine deutsche Friedensarmee à la „Monitor". Nicht Soldaten sollten im Auftrag der UN oder im Verein mit den Verbündeten agieren, sondern Friedenshelfer, die dazu beitragen sollten, daß dank eines weltweiten „Frühwarnsystems" Bürgerkriege nicht mehr entstehen könnten. Vortragen ließ „Monitor" diese Idee von Wolfgang Vogt, einem Sozialwissenschaftler von der Führungsakademie der Bundeswehr. Er hatte dem Magazin schon im Februar bei einem gegen die Armee gerichteten Beitrag als Insider-Kronzeuge zur Verfügung gestanden.

Friedenskorps à la „Monitor"

Nun entwickelte der Sozialwissenschaftler einen Plan zur Auflösung der Streitkräfte: „Die Bundeswehr sollte in der Tendenz überführt werden, aufgelöst werden als nationale Sicherheitskomponente." Ein kleines Bundeswehr-Kontingent, 5000 bis 8000 Mann, sollte an die Vereinten Nationen abgegeben werden. Der Schutz eines vereinten Europas sei zu leisten mit

„Friedenskräften, die kein Militär im alten Sinne sein müßten". Dann könnten „nationale Interessen" auch „nicht mehr militärisch durchgesetzt werden", ergänzten die „Monitor"-Journalisten. Dritter Vorschlag des im Sold der Bundeswehr stehenden Sozialwissenschaftlers: „Und der Rest der Bundeswehr – der große Teil – hätte sich friedenspolitisch zu entsorgen. Das wäre der ehrenvolle Auftrag. Er hätte teilweise möglicherweise in den Bundesgrenzschutz integriert zu werden oder hätte sich, mit Sozialplan versehen, von diesem Beruf zu verabschieden." Die entlassenen Soldaten könnten ja, so „Monitor", als „Alternative zu Kriegseinsätzen" in einem weltweit operierenden deutschen Umwelt- und Katastrophenhilfswerk mitarbeiten. „Also, ich denke, wir Deutschen haben in diesem Jahrhundert genug geschossen", ließ das Fernsehmagazin den SPD-Bundestagsabgeordneten Hans Wallow die vermeintliche „Alternative zum Schießen" loben.

Die von „Monitor" aufgestellten Behauptungen über die angeblichen Absichten der Bundeswehrführung („weltweit ins Gefecht", „egal unter welcher Flagge") zu widerlegen, ist ein leichtes angesichts der Einbindung der Bundeswehr in den UN-Auftrag und in die Nato sowie mit Blick auf die Deutsch-Französische Brigade. Doch auch wenn man sämtliche Falschdarstellungen beiseite läßt, vermag das Friedenskorps à la „Monitor" nicht zu überzeugen. Den bedrängten Bosniern könnte es wohl kaum zur Hilfe eilen, denn dort wird ja geschossen und gemordet. Und ob die von den Amerikanern im Auftrag der UN zumindest weitgehend vertriebenen Rebellen in Somalia deutschen Friedenshelfern die Verteilung von Nahrungsmitteln an die verhungernde Bevölkerung ohne weiteres gestattet hätten? Oder sollten die UN-Soldaten aller Länder sich vor allem darum kümmern, deutsche Friedenshelfer zu schützen? Die Ideen, die Klaus Bednarz in seinem als Magazin getarnten Agitationsforum vorstellt, vermögen nicht zu überzeugen. Sie taugen weder zur fundierten Kritik an der Bundeswehr noch zur Bewältigung internationaler Konflikte. MH

(MK 28/93, 12. 7. 1993)

Somalia

Nachrichten als Glosse

ARD, ZDF und RTL karikieren Bundeswehreinsatz in Belet Huen

Wer sich heutzutage im deutschen Fernsehen einen sachlichen und objektiven Bericht über den Bundeswehreinsatz in Somalia ansehen will, der muß lange suchen. Denn Fernsehjournalisten, die sich mit ihrer ureigenen Aufgabe der wertfreien und objektiven Übermittlung von Fakten befassen, sterben langsam aus. Hochkonjunktur haben dagegen Wortakrobaten, denen jeder Nebensatz zum glossierenden Kommentar gerät, frei nach dem Motto: die Bundeswehr in Somalia – Journalisten antreten zum Lächerlichmachen! Besonders deutlich wurde das bei der Berichterstattung über den Besuch von Verteidigungsminister Volker Rühe in Belet Huen.

Bei den ARD-„Tagesthemen" trat die Maxime, Soldaten und Minister zu Witzfiguren zu degradieren, am 25. Juli offen zutage, wie zum Beispiel in der Moderation von Ulrich Wickert: „Ach wie ist es schön, die Großen stolpern zu sehen, denkt sich der Volksmund. Aber es war nur ein spitzer Stein, der Minister Rühe in Belet Huen zu Fall brachte." Der Besuch in Somalia erinnere ihn an „die Geschichte vom Igel und dem Hasen", sagte Wickert. „Immer wenn der Hase an das Ende des Feldes gerast kam, saß der Igel schon dort und rief: ‚Ick bin all hier'. So ähnlich ist das auch mit Verteidigungsminister Volker Rühe. Als die deutschen Blauhelme in Deutschland abgeflogen sind, hat er sie verabschiedet. Und als sie heute in Belet Huen ankamen, war er schon vor ihnen da, um sie zu empfangen." Reporter Jörg Hafkemeyer schloß sich Wickerts Fabulierstil in seinem Bericht aus Belet Huen an. Volker Rühe habe sich einen Überblick verschaffen wollen und sei deshalb mit Soldaten auf einen Hügel geklettert, erzählte Hafkemeyer: „Von oben schaut ja ohnehin manches anders aus. Das ist in somalischen Belet Huen nicht anders als im fernen Bonn". Später habe der Minister noch einen Feldgottesdienst besucht, ein Gebet gesprochen und einen „ausgewählten Kreis" Rede und Antwort gestanden.

„Vom Panzer huldvoll grüßend"

Im ZDF-„heute-journal" eiferte Moderator Eberhard Piltz am 26. Juli den „Tagesthemen" nach. „Vor Ort, im deutschen Camp in Belet Huen, war es auch heute ruhig, wenn auch noch keineswegs Alltag. Schließlich war ja heute auch noch der Minister Volker Rühe dabei, seine Pflicht als Dienstvorgesetzter der Soldaten durch persönlichen Einsatz in Afrika wahrzunehmen", sagte Moderator Eberhard Piltz, jedes Wort gedehnt betonend, unterstützt durch spielerisch-leichtes Auf- und Abwippen.

ZDF-Reporter Klaus Prömpers berichtete derweil in gelangweilt-ironischem Tonfall: „Volker Rühe auf dem Weg nach Hause in kugelsicherer Weste, und vom Panzer huldvoll grüßend." Werkzeugkästen, Tafelschwämme und zwei Röntgengeräte habe Rühe verteilt. „Was macht den Geist von Belet Huen aus, außer dem Sand?" wollte Prömpers von Rühe wissen. Der Minister gab ihm zur Antwort, daß die Soldaten ihr moralisches Engagement ernst nähmen und ihre „ganze Persönlichkeit" einbrächten. Diese Vorlage ließ sich Prömpers nicht entgehen. Er zeigte Soldaten beim Zeltaufbau, dazu sein Text: „Nun ist der Minister im Urlaub in Dänemark. Und nach Ankunft des letzten Konvois heute, können sie ihre Persönlichkeit wieder einbringen. Das heißt zunächst mal, Zelte aufbauen für den nächsten Teil, mit Holzböden gegen den Sand, der überall 'reinkriecht." Zum Abschluß gab es noch eine grinsend aufgesagte ironische Draufgabe von Moderator Piltz. Die technischen Pannen bei der Übertragung aus Belet Huen sollten die Zuschauer doch bitte entschuldigen: „Ich hoffe, den Geist von Belet Huen wird's nicht gestört haben."

„Rutschfeste Wüstentreter"

Für „RTL aktuell" machte sich Ulrich Klose über den, wie Moderatorin Brigitte Reimann sagte, „großen Auftritt" Volker Rühes in Belet Huen, lustig. „Die Somalis klatschen begeistert, als der Verteidigungsminister mit Schußweste im Radpanzer an ihnen vorbeirollt. Szenen wie bei einem bunten Straßenumzug. Rühe trug heute rutschfeste Wüstentreter. Bloß nicht noch ein Sturz in Somalia! Denn am Morgen empfingen ihn die 16 mächtigsten Clanchefs der Stadt. Die kleinen Könige von Belet Huen garantieren den deutschen Soldaten volle Unterstützung, und der Minister dankte prompt mit zwei Röntgengeräten für's Krankenhaus", sprach Klose in heiterem Tonfall. Im Gespräch mit Moderatorin Angelika Bade, die grinsend sagte, Rühe sei mit seiner „Stippvisite" wohl sehr zufrieden, erklärte Klose dann, es werde wohl so bald keine weiteren UN-Einsätze der Bundeswehr geben. Nicht zuletzt, weil die Regierung nicht noch einmal „durch die Hintertür der Verfassung" wolle. „Zunächst zumindest nicht", ergänzte er prustend.

Sachliche Informationen über den Besuch Rühes bei den deutschen Soldaten in Belet Huen gab es derweil beim auf 19 Uhr verlegten Sat 1 „Newsmagazin". Hier wurden die Zuschauer nicht genervt von ironisch formulierenden, grinsenden oder losprustenden Reportern. Statt dessen gab es eine wesentlich umfassendere und hintergründigere Berichterstattung als bei ARD, ZDF und RTL. Minister Rühe kam hier zu Wort, ohne persifliert zu werden, im Studio konnte Karsten Voigt die Haltung der SPD zu UN-Einsätzen der Bundeswehr erläutern. Dieter Kronzucker berichtete aus Washington, daß in Amerika immer stärker kritisiert werde, daß nur amerikanische Soldaten gefragt seien, wenn es gefährlich werde.

„Ein Minister überzeugt sich selbst"

Sat 1-Reporter Hans Schregelmann meldete sich aus Belet Huen mit einem sachlichen Report. „Ein Minister überzeugt sich selbst, daß seine Soldaten in Belet Huen nicht gefährdet sind. Treffen mit afrikanischen Stammesfürsten – das ist auch für einen Bonner Politiker nicht alltäglich", textete er zu eben jenen Bildern, die den Kollegen von ARD, ZDF und RTL Anlaß für ihre glossarischen Berichte waren. „Die Deutschen seien willkommen und sicher. Die UN-Aktion wird von der kriegsmüden Bevölkerung rückhaltslos unterstützt. Ein sichtlich zufriedener Volker Rühe bedankt sich mit dem Bundeswappen. Geste, aber auch Symbol für die erneuerte deutsch-somalische Freundschaft." Zum Abschied Rühes meinte Schregelmann: „Er fliegt mit der Gewißheit nach Hause, daß seine Männer hier Sinnvolles leisten. Und bisher ging es auch ohne Zwischenfälle ab. Der deutsche UN-Konvoi rollt. Heute kamen die letzten Fahrzeuge an. Ende gut, alle da."

Was die Zuschauer normalerweise von den Nachrichtensendungen der Öffentlich-Rechtlichen erwarten dürfen und diese eigentlich leisten müssen, lieferte allein das Sat 1-„Newsmagazin": aktuellen, an den Fakten orientierten, unvoreingenommenen Nachrichtenjournalismus. Die Nachrichtenmacher der ARD-„Tagesthemen" und des ZDF-„heute-journals" – die von „RTL aktuell" sowieso – machten ihren Job nicht. Sie verdrängten bei ihrer Bericherstattung über Rühes Besuch in Belet Huen sämtliche Grundsätze ihres Metiers und demonstrierten, was ihnen zum Stichwort „Geist von Belet Huen" einfällt: Sie grinsen, feixen und juxen. MH

(MK 31/93, 2. 8. 1993)

Bundeswehr

„Sprache ist verräterisch"

Propaganda statt Information:
das „Nachtjournal" (RTL) zu Schultze-Rhonhof

Ein gutes Nachrichtenmagazin war das „Nachtjournal" nie. Zu unbedarft in der Sache, zu einseitig in der Parteinahme und zu sehr durchwirkt von Meinungskommentaren ist die von Heiner Bremer und Anna Doubek im Wechsel geleitete Sendung. Was sich das „Nachtjournal" anläßlich der umstrittenen Neujahrsrede des Generalmajors Gerd Schultze-Rhonhof am 16. Januar leistete, war jedoch mehr als nur das inzwischen gewohnte Maß an Einseitigkeit und Oberflächlichkeit: Es war die Abkehr von sämtlichen professionellen Regeln des Nachrichtenjournalismus – ein Beispiel für Fernseharbeit, wie sie Propagandisten, nicht aber Journalisten leisten.

In seiner Ansprache hatte General Schultze-Rhonhof, Befehlshaber des Wehrbereichs II, das „Mörder-Urteil" des ersten Senats des Bundesverfassungsgerichtes kritisiert, demzufolge ein Aufkleber mit dem Tucholski-Zitat „Soldaten sind Mörder" eine zulässige Meinungsäußerung darstellen könne und nicht in jedem Fall die Bundeswehr verunglimpfe. Hierzu formulierte Schultze-Rhonhof seine Meinung und griff dabei seinerseits zu einem Vergleich: „Der Vergleich von Soldaten mit Mördern ist so absurd und zutiefst ehrabschneidend, wie es ein Vergleich des Bundesverfassungsgerichts mit dem Volksgerichtshof der NS-Zeit sein würde. Damit wäre ein Vergleich eines Soldaten mit einem Mörder auch so richtig wie ein Vergleich von Bundesverfassungsgericht und Volksgerichtshof." Mit diesen Sätzen, so meinten entrüstete Kommentatoren, habe Schultze-Rhonhof die

Verfassungsrichter mit dem Volksgerichtshof direkt verglichen. „General verglich BVG mit Volksgerichtshof", schrieb etwa die „taz" und ließ ihrer Entrüstung über die Meinungsäußerung des Generals freien Lauf, gipfelnd in einer Karikatur mit dem Text: „Wenn Verfassungsrichter Volksgerichtshofrichter wären, dann würden sie Generalmajor Schultze-Rhonhof als fiesen, alten Drecksack bezeichnen, der vor Dummheit brummt!!"

„Wirbel und Empörung"

Beim „RTL Nachtjournal" war die Entrüstung über die Stellungnahme des Generals vergleichbar der bei der linksalternativen „taz". Und ähnlich deftig wie das Berliner Blatt formulierte Heiner Bremer in seiner Fernsehmoderation. „Generalmajor Schultze-Rhonhof hat es eigentlich nicht so gemeint, oder vielleicht doch? Selten hat eine Äußerung aus der Bundeswehrführung für soviel Wirbel gesorgt. Der General hatte das Bundesverfassungsgericht mit dem Volksgerichtshof der Nazis verglichen, der bekanntlich Bluturteile am Fließband produzierte. In wenigen Stunden muß er bei Verteidigungsminister Rühe zum Rapport", kündigte Bremer sein Journal im Vorabtrailer sensationsheischend an. In seiner Anmoderation ließ er eine Belehrung über den politisch korrekten Ton in der öffentlichen Auseinandersetzung folgen: „Die Sprache ist verräterisch", dozierte Bremer voller Verve, „vor allem in der Politik. Wer seine Worte nicht sorgfältig wägt, muß damit rechnen, daß die falschen Zungenschläge für Wirbel und Empörung sorgen. So ergeht es jetzt dem Generalmajor der Bundeswehr, Schultze-Rhonhof. Der hohe Offizier hatte das Urteil des Bundesverfassungsgerichts zum Tucholski-Zitat ‚Soldaten sind Mörder' heftig attackiert und erklärt, dieser Vergleich sei ebenso absurd und ehrabschneidend wie ein Vergleich zwischen dem Bundesverfassungsgericht und dem Volksgerichtshof der Nazis. Einmal abgesehen davon, daß die Richter in Karlsruhe nur das Zitieren des Tucholski-Spruchs als freie Meinungsäußerung gewertet haben, beweist der General mangelndes Fingerspitzengefühl im Umgang mit der deutschen Geschichte. Aber damit steht er nicht allein. Sogar Minister sind da bisweilen höchst unsensibel."

Es folgte ein Beitrag von Ralf Meske über, wie Bremer sagte, „Unbedachtheiten mit fataler Außenwirkung", der mit dem eigentlichen Thema nur noch assoziativ zu tun hatte. Denn O-Töne des Generals, von anderen Soldaten, des Verteidigungsministeriums oder der Fachpolitiker der Parteien, wie sie die Korrespondenten anderer Sender an diesem Abend zusammentrugen, gab es beim „Nachtjournal" nicht. Auch wurde der Zusammenhang nicht weiter erläutert, als dies Bremer in seiner Moderationsrede getan hatte. Statt originärer Information, wie sie ein klassischer Bericht unter Anhörung aller Beteiligten oder ein Interview hätte transportieren können, lieferte das „Nachtjournal" einen Filmkommentar, wie ihn sich sonst auf Zuspitzung angelegte Politmagazine erlauben. Darin ging es, unterlegt von einem Bilderteppich mit Aufnahmen von Bundeswehrübungen und Auftritten deutscher Minister auf dem internationalen Parkett, um das Bemühen Deutschlands um einen ständigen Sitz im Sicherheitsrat der Vereinten Nationen, was mit Argwohn zu betrachten sei, denn: „Für viele unserer Freunde auf der Welt steht der Beweis noch aus, wie abschreckend die Wirkung deutscher Vergangenheit auf unser zukünftiges Verhalten wirklich ist. Die Deutschen wollen die weltpolitische Zukunft, können aber mit ihrer Nazi-Vergangenheit immer noch nicht angemessen umgehen. Unsensibilität gegenüber der deutschen Geschichte gehört, entgegen Beteuerungen des Gegenteils, zum Standardrepertoire konservativer Politik." Weit weg von den Äußerungen Schultze-Rhonhofs, dessen Stellungnahme von unvoreingenommenen Beobachtern unter anderem auch als Signal der Stimmung in der Truppe verstanden wurde, philosophierte das „Nachtjournal" über angeblich vorhandene deutsche Machtträume, die sich in Sätzen wiederfänden, wie sie Außenminister Klaus Kinkel zur „Wiedergutmachung" der Nazi-Vergangenheit sage. „Auch Bundeswehrgeneral Schultze-Rhonhof hat ehrenvolle Absichten, wenn er seine Soldaten davor schützen will, als Mörder bezeichnet zu werden", urteilte das „Nachtjournal" zum Abschluß. „Doch wie er das Bundesverfassungsgericht und den Nazi-Volksgerichtshof in einem Satz unterbrachte, läßt mehr auf Unsensibilität im Umgang mit der Vergangenheit als auf die Fähigkeit zur weltpolitischen Mündigkeit schließen."

Das „tertium comparationis"

Wie aber „Sensibilität im Umgang mit der Vergangenheit" aussehen und sich die „Fähigkeit zur weltpolitischen Mündigkeit" ausdrücken soll, verriet Heiner Bremers „Nachtjournal" nicht. Er und seine Mitarbeiter versteckten sich lieber hinter ihrer bequem und leicht zu verfilmenden Entrüstung, die sich selbst genug war. Da reichte ein Anlaß wie die Rede des Generals Schultze-Rhonhof, um derart loszupoltern, daß nicht einmal auffiel, wie inkonsistent die Klage über den vermeintlichen Skandal war. Behauptung reihte sich an Behauptung, es wurde deklamiert statt recherchiert. Daß die Worte Schultze-Rhonhofs, der sich an diesem Abend übrigens auch bei einem von Ulrich Wickert ausgesprochen inquisitorisch geführten Interview in den ARD-„Tagesthemen" nicht aufs Glatteis führen ließ, auch ganz anders interpretiert werden konnten, als dies die Entrüstungsjournalisten im „Nachtjournal" taten, bewies Wolf von Lojewski bei seiner Moderation des „heute-journals" im ZDF. Dort sagte er: „Wenn man alles, was so geredet wird, wörtlich nimmt, wäre es gar nicht so falsch zu sagen, dieser General hat die Weisheit und moralische Integrität des Bundesverfassungsgerichtes gelobt. Doch er tat es auf eine so pfiffige Art, daß man ihm die Begeisterung einfach nicht so recht glaubt." In der F.A.Z. (17. Januar) kommentierte Günther Gillessen: „Es wird gesagt, der General habe das Gericht mit dem Volksgerichtshof verglichen. Das hat er durchaus nicht. Vielmehr hat er die Gleichsetzung von Soldaten mit Mördern als so „zutiefst ehrabschneidend“ bezeichnet, wie es wäre, wenn jemand das Verfassungsgericht mit Freislers Volksgerichtshof vergliche. Die Entwürdigung ist die verbindende Mitte des Vergleichs, das ‚tertium comparationis‘. Der nach einer klassischen Redefigur gebildete Passus der Rede läßt keinen Zweifel, daß das eine so empörend ist, wie es das andere wäre.“

Von solcherlei Feinanalyse der sprachlichen Mittel, die der General bei seiner Kritik einsetzte, war das RTL-„Nachtjournal“ in seiner überschäumenden Entrüstung weit entfernt. Ebenso von der Erkenntnis, die das Institut für Demoskopie Allensbach zu diesem Thema beisteuerte. Die Allensbacher stellten fest, daß 50 Prozent der Deutschen den Ausspruch „Soldaten sind Mörder“ in Zusammenhang mit der Bundeswehr sehen und als Verunglimpfung empfinden. 37 Prozent sind der Ansicht, daß darin keine Beleidigung der Bundeswehrsoldaten zu sehen ist. Von den Männern, die selbst bei der Bundeswehr sind oder waren, sind wiederum 56 Prozent der Meinung, daß es sich bei dem Tucholski-Zitat um eine Verunglimpfung handele. Diesen Umstand mißachtete das Bundesverfassungsgericht bei seinem Urteil, in dem es heißt, es sei „nahezu ausgeschlossen, daß ein durchschnittlicher Leser den Tucholski-Aufkleber in dem Sinn verstehen könnte, die Soldaten der Bundeswehr würden der Begehung von Mordtaten beschuldigt“. Für die Berichterstatter des RTL-„Nachtjournals“ spielte die Frage, was die Bürger, erst recht die Bundeswehrsoldaten, denken, schon gar keine Rolle. MH

(MK 5/95, 30. 1.1995)

Bundeswehr

Panzer nicht verschenkt

Verteidigungsministerium widerlegt Vorwürfe von „Monitor“ (WDR)

Einen ganz großen Verschwendungsskandal bei der Bundeswehr kündigte „Monitor“-Chef Klaus Bednarz dem Publikum in seiner Sendung vom 9. März an: 534 Panzer vom Typ Leopard 1 im Wert von 500 Millionen Mark habe die Bundeswehr im wahrsten Sinne des Wortes verschenkt an die Firma GLS, ein Tochterunternehmen des Rüstungskonzerns Krauss-Maffei. „Eine schier unglaubliche Geschichte“, entrüstete sich Bednarz. Die Krauss-Maffei-Tochter GLS könne mit den ausrangierten Panzern nun so richtig Geld verdienen. 500 Millionen, so die Rechnung der „Monitor“-Mitarbeiter Ekkehard Sieker und Volker Happe, könne die Rüstungsfirma aus dem Wiederverkauf der Altpanzer herausschlagen. Vernachlässigen mußten die Reporter allerdings, daß die Bundeswehr für die veralteten, aus den 60er und 70er Jahren stammenden Panzerfahrzeuge weder bei den

Nato-Mitgliedsstaaten noch bei der Nato gleichgestellten Ländern einen Abnehmer gefunden hatte. Auch für die Verschrottung der 534 Leopard 1 habe sich außer der Firma GLS niemand interessiert. Sie ersparte dem Bund nach Darstellung des Verteidigungsministeriums damit 4,5 Millionen Mark an Verschrottungskosten. Das und etliche Details der Vorgeschichte des Panzergeschäfts hatte das Ministerium der „Monitor"-Redaktion am 9. März mitgeteilt, auf eine Anfrage hin, die einen Tag zuvor, also einen Tag vor der „Monitor"-Sendung, eingegangen war. Trotzdem fand die Darstellung des Verteidigungsministeriums in dem Beitrag von Sieker und Happe nur in einem einzigen Satz ihren Niederschlag.

Panzermonteur als Rüstungsexperte

Ausführlich hingegen widmeten sich Sieker und Happe den Worten eines ehemaligen Panzermonteurs. Er avancierte in ihrem Beitrag zum Kronzeugen für die angebliche 500-Millionen-Verschwendung, zum Rüstungsexperten, der beurteilen können sollte, welchen Wert die ausrangierten Panzer darstellen. Doch zunächst sagten die „Monitor"-Autoren, ohne genau zu erklären, wie alt die fraglichen Panzer wirklich sind und wie es um ihre technische Ausrüstung steht, daß der Leopard 1 „immer wieder nachgerüstet" und „in seinem Kampfwert gesteigert" worden sei. Jetzt habe man 534 davon an die frühere Herstellerfirma „praktisch verschenkt". Interviews zu dieser Frage habe die Firma Krauss-Maffei verweigert, am Telefon lediglich gesagt, die Leopard-1-Panzer seien doch nur alter Schrott. „Doch vor Ort", sagten Sieker und Happe bei der Kamerafahrt um das Gelände der GLS herum, werde der „‚alte Schrott' vor Witterungseinflüssen geschützt" und sogar durch Krauss-Maffei-Mitarbeiter am Zaun vor neugierigen Blikken bewahrt. Im Bild waren die mit grünen Planen bedeckten Panzer auf einem abgezäunten Terrain zu sehen. Daß Panzer, aus denen man noch verwendungsfähige Ersatzteile zu gewinnen hofft, gegen Regen und Schnee geschützt werden, wird verständige Beobachter nicht verwundert haben. Auch daß die Krauss-Maffei-Tochterfirma die auszuschlachtenden Panzer nicht irgendwo herumstehen läßt, womöglich noch ohne Zaun, darf eigentlich niemanden bekümmern, ebenso nicht, daß Krauss-Maffei umhereilende Kamerateams mißfallen. Bei „Monitor" jedoch dienten die Bilder der eingezäunten Panzer als optischer Beweis dafür, daß die Leopard 1 alles andere als „Schrott" seien.

Dies nun trachteten die „Monitor"-Reporter mit der Aussage besagten Panzermonteurs zu belegen, der in Quadrat-Ichendorf bei Köln an den Panzern gearbeitet habe, die jetzt bei der GLS in München stünden: „Ein erfahrener Praktiker, der 32 Jahre lang in diesem Werk Panzer instandgesetzt hat, gibt Auskunft." Frage: „Die Leopard 1, die schließlich zu Krauss-Maffei gegangen sind - waren die wertlos?" Antwort: „Auf keinen Fall." Frage: „Waren die denn einsatzbereit?" Antwort: „Zum Großteil ja. Aber die nicht einsatzbereit waren, hätte man mit einigen Instandsetzungsstunden einsatzbereit machen können." Frage: „Welchen Wert hatten diese Leopard 1 denn noch?" Antwort: „Den Wert kann ich Ihnen nicht sagen. Aber besorgen Sie sich beim Materialamt des Heeres den Wiederbeschaffungspreis und ziehen Sie davon 40 Prozent ab. Dann haben Sie 'ne gute Schätzgrundlage über den Wert der Fahrzeuge."

So einfach also sollte es sein. Und die „Monitor"-Reporter taten, wie ihnen von dem auskunftsbereiten Monteur geheißen. Mittels „vertraulicher Unterlagen" des Heeresmaterialamtes errechneten sie, daß jeder vollständige Panzer 1,7 Millionen Mark wert sein müsse. Daraus errechnete ein „Experte aus dem Rüstungsgeschäft", der jahrelang Ersatzteile von Panzern geliefert habe, daß es sich „durchweg um einsatzfähiges Material" handele, das seiner Erfahrung nach mit geringem Aufwand von etwaigen Standschäden zu befreien und für 500 Millionen Mark zu verkaufen sei. Jetzt erst rückten die „Monitor"-Macher ein Zitat des Verteidigungsministeriums ins Bild: „Da ein Übernahmeinteresse von Nato- bzw. Nato-gleichgestellten Ländern nicht bestand ... kam nur die Verschrottung oder die Abgabe an die Hersteller als Lösung in Betracht." Daß dies so sei, bezweifelte für „Monitor" der ehemalige Ersatzteilhändler. Er meinte, die Türkei, Spanien und Portugal könnten Interesse an den Panzern haben sowie Länder in Osteuropa. Daß letztgenannte als Abnehmer der Panzer schon als Nicht-Nato-Länder nicht in Frage kommen, vernachlässigte der Kronzeuge. So könne sich das Ganze für Krauss-Maffei zu einem „gigantischen Geschäft entwikkeln", meinten Sieker und Happe, sekundiert von dem SPD-Verteidigungspolitiker Gernot Erler, der kritisierte, daß die Firma GLS kein Kostenrisiko trage. Da es bei der Bundeswehr noch viele solcher Verträge gebe, flössen Gewinne bei der Verwertung alten Bundeswehrmaterials auf Privatkonten und nicht in die Bundeskasse.

Das sieht man bei Krauss-Maffei ganz anders. Der Nato-Markt, der für die Leopard 1 in Frage komme, sei überschwemmt, sagte ein Sprecher von Krauss-Maffei auf Nachfrage der „Medien Kritik". Das Unternehmen werde es „sehr schwer haben, die anfallenden Kosten durch Erlöse abzudecken". Als Ganze seien die mindestens 20 Jahre alten Panzerfahrzeuge nur sehr schwer zu verkaufen. Zudem gebe es ein Überangebot an Ersatzteilen. Auch das Bundesverteidigungsministerium bringt gegen die Behauptungen von „Monitor" zahlreiche Einwände vor. Sie fanden sich unter anderem in jenem Schreiben, das „Monitor" mit nur einem aus dem Zusammenhang gerissenen Satz zitierte. Über ein mündliches Interview hatten sich „Monitor" und das Verteidigungsministerium übrigens zuvor nicht einigen können. Das Ministerium hatte zur Auflage gemacht, daß eine Interviewäußerung – egal welcher Länge – nur in Frage komme, wenn sie nicht nachträglich von der Redaktion geschnitten werde. „Monitor" habe dies abgelehnt. Mit Blick auf die altbekannte Manipulationstechnik des Auslassens wichtiger Informationen lehnte das Verteidigungsministerium ein Interview nach „Monitor"-Machart ab. Das schriftliche Zitat, das

„Monitor“ dann statt dessen einblendete, bewies, wie richtig die Vorsicht der Bundeswehr-Presseleute war. Gegen die unvollständige Zitierweise ihrer schriflichen Einlassung waren sie dagegen machtlos.

„Mondpreis“ von 500 Millionen Mark

Es war ihnen dann aber ein leichtes, noch am Tag der „Monitor“-Ausstrahlung die von dem WDR-Magazin errechneten 500 Millionen Mark für die alten Panzer als „Mondpreis“ abzuqualifizieren und den Fernsehbeitrag zu widerlegen.

Da sich kein Kaufinteressent für die 468 Leopard 1 der Serien A1 bis A4 und 66 Fahrgestelle (ohne Turm und Rohr) des Leopard 1 der Serie A5 gefunden und es gegolten habe, „weiter hohe Wartungs- und Lagerkosten“ für die ausrangierten Panzer zu vermeiden, „mußte rasch ein wirtschaftliches Verwertungskonzept entwickelt werden“, so das Verteidigungsministerium in einer Erklärung. Infrage gekommen sei Verschrottung oder die Abgabe an die Industrie zur Entsorgung. Die Kosten einer Verschrottung hätten „nach vorliegenden Erfahrungswerten“ rund 8500 Mark pro Panzer, insgesamt also 4,5 Millionen Mark, betragen. Dadurch, daß die Firma GLS die Panzer übernommen habe, seien die Verschrottungs- und Lagerkosten für die Bundeswehr entfallen. Im übrigen treffe es so wie von „Monitor“ dargestellt nicht zu, daß die 534 Leopard 1 der Firma GLS einfach überlassen worden seien. Die Firma trage die Kosten des Transports – pro Panzer 2200 Mark –, die Kosten der Ersatzteilgewinnung sowie die Kosten der Verschrottung und Entsorgung für die unverkäuflichen Teile. Von eventuellen Gewinnen habe die Firma 10 Prozent an den Bund abzuführen. Zudem sei sichergestellt, daß die Firma die Panzer nur in Übereinstimmung mit den strengen deutschen Waffenexportbestimmungen an das Ausland abgeben könne.

Wie sagte Klaus Bednarz noch eingangs seiner Sendung? „Eine schier unglaubliche Geschichte!“ Recht hat er, allerdings nur in bezug auf die Arbeit seines Magazins.
MH

(MK 13/95, 27. 3. 1995)

II.
Wirtschaft

Sozialhilfe

Kein Maßstab für Armut

Worüber die Massenmedien nicht berichten

4,7 Millionen Menschen beziehen in Deutschland Sozialhilfe. Seit 1980 hat sich diese Zahl mehr als verdoppelt. Eine „neue Armut" mache sich breit: so schlußfolgern die beiden großen Kirchen in ihrem dieser Tage veröffentlichten Sozialbericht ebenso wie die „Deutsche Armutskonferenz", in der Selbsthilfeverbände der freien Wohlfahrtspflege und der DGB vertreten sind. Die Armut in Deutschland habe ein Ausmaß erreicht, das für die Gesellschaft eine Zerreißprobe bisher unbekannten Ausmaßes darstelle, so klagen die Kritiker. Das Fernsehen illustriert diese Darstellungen durch bewegende Bilder von Armut. Die Zahl von 4,7 Millionen Sozialhilfeempfängern ist für die Massenmedien zum Maßstab für Armut in Deutschland geworden.

Irreführende Globalzahl

Doch diese Betrachtungsweise führt in die Irre, wird der Armutswirklichkeit nicht gerecht. Die Zahl 4,7 Millionen (1992), jüngere exakte Zahlen liegen nicht vor, täuscht. Dies liegt an einer methodischen Besonderheit der Sozialhilfestatistik. In ihr wurde bisher jeder neue Leistungsfall, nicht jedoch dessen Dauer und Beendigung erfaßt. Mit anderen Worten: Es handelt sich um eine kumulierte Zahl, Zugänge und Abgänge werden nicht saldiert, es erfolgt keine Durchschnittsrechnung. In den „Grundinformationen und Daten zur Sozialhilfe" des Bundesministeriums für Familie und Senioren vom Juni 1994 wird deshalb von einem „verzerrten Bild" gesprochen. Dies auch deshalb, weil die Sozialhilfestatistik – anders als beispielsweise die Arbeitslosenstatistik – sämtliche Mitglieder einer Bedarfsgemeinschaft registriert, so daß die Empfängerzahl, wenn etwa eine vierköpfige Familie in den Leistungsbezug eintritt, um vier Personen steigt. Erst seit Januar 1994 werden die statistischen Daten der Sozialhilfe in überarbeiteter Form erhoben. Aussagekräftiger sind heute schon die Stichtagszahlen vom Jahresende. Während in der kumulierten Rechnung 3,6 Millionen Personen im Jahre 1992 die „laufende Hilfe zum Lebensunterhalt außerhalb von Einrichtungen" (der wichtigste Teil der Sozialhilfe) bezogen, waren es zum Jahresende 1992 „nur" 2,3 Millionen. Wie aus der Berechnung des Bundesministeriums für Familie und Senioren hervorgeht, lagen die Stichtagszahlen der Bezieher laufender Hilfe zum Lebensunterhalt von 1964 bis 1992 um 30 bis 40 Prozent niedriger als die Jahresgesamtzahlen.

Wenn auf die beträchtliche Zunahme der Sozialhilfebezieher verwiesen wird, so muß außerdem bedacht werden, daß bis November 1993 auch Asylbewerber Leistungen gemäß dem Bundessozialhilfegesetz (BSHG) erhielten. Der beträchtliche Anstieg der Asylbewerberzahlen in der Vergangenheit hat sich daher auch in der amtlichen Sozialhilfestatistik niedergeschlagen. Während die Zahl der deutschen Empfänger von Hilfe zum Lebensunterhalt seit 1980 um knapp die Hälfte gestiegen ist, erhöhte sich die Zahl der ausländischen Empfänger – vor allem wegen der Asylbewerber – um etwa das Fünfeinhalbfache. Am Jahresende 1992 waren das 758 194 Personen. Die stark gestiegene Zahl der Asylbewerber führte dazu, daß der Ausländeranteil von 1,3 (1970) über 10 Prozent in der Mitte der achtziger Jahre auf 35 Prozent am Jahresende 1992 (früheres Bundesgebiet) gewachsen ist. In der Altersgruppe der 18- bis 24jährigen männlichen Hilfeempfänger liegt der Ausländeranteil bei 66 Prozent, unter den 25- bis 50jährigen männlichen Hilfeempfängern bei 50 Prozent.

Sozialhilfe verhindert Armut

Die Zahl der Sozialhilfeempfänger taugt aber auch deshalb nicht als Maßstab für Armut, weil über die Bedeutung der Sozialhilfe ein grundlegendes Mißverständnis in der Öffentlichkeit besteht. Gemäß § 1 BSHG soll die Sozialhilfe dem Leistungsempfänger die Führung eines Lebens ermöglichen, das der Würde des Menschen entspricht. Mit anderen Worten: Ihm wird ein menschenwürdiges Leben auf dem sozio-kulturellen Mindestniveau unserer Gesellschaft garantiert. Wer Sozialhilfe empfängt, soll also gerade nicht der „Armut" verfallen, wie sie vom Ministerrat der Europäischen Union definiert wird. Danach gelten jene Einzelpersonen, Familien und Personengruppen als arm, „die über so geringe (materielle, kulturelle und soziale) Mittel verfügen, daß sie von der Lebensweise ausgeschlossen sind, die in dem Mitgliedstaat, in dem sie leben, als Minimum annehmbar ist." Deswegen enthält die Hilfe zum Lebensunterhalt nicht nur einen allgemeinen Regelsatz, der übrigens auch überschritten werden kann, sondern weitere Leistungen wie die tatsächliche Miete samt Nebenkosten, Heizung, Lernmittel für Schüler, Instandsetzung von Hausrat und Wohnung, Beschaffung von Gebrauchsgütern sowie Aufwendungen für besondere Anlässe und so weiter. So kommen Summen zustande, die oftmals höher liegen als erzielbares Einkommen in unteren Tarifbereichen. Vor diesem Hintergrund ist die Tatsache zu beurteilen, daß rund ein Drittel jener Bezieher von Sozialhilfeeinkommen eine zumutbare Arbeit abgelehnt hat, denen sie angeboten worden war.

Zur Sozialhilfe gehören schließlich noch Hilfen in besonderen Lebenslagen, die unter anderem folgende Leistungen beinhalten: Hilfe zum Aufbau oder zur Sicherung der Lebensgrundlage; vorbeugende Gesundheitshilfe; Krankenhilfe; Hilfe bei Schwangerschaft; Hilfe zur Familienplanung; Hilfe für werdende Mütter und Wöchnerinnen; Eingliederungshilfe für Behinderte; Hilfe zur Pflege; Hilfe zur Weiterführung des Haushalts; Hilfe zur Überwindung besonderer sozialer Schwierigkeiten; Altenhilfe. Bei Gesamtausgaben von brutto 42,6 Milliarden Mark für die Sozialhilfe Ende 1992 entfallen übrigens 14,7 Milliarden Mark (35 Prozent der Gesamtausgaben) auf die Hilfe zur Pflege innerhalb von Einrichtungen, wenn auch die Zahl der Leistungsempfänger in diesem Bereich (673 782 bzw. 14,3 Prozent der Sozialhilfeempfänger im Gesamtjahreszeitraum 1992) nicht in gleicher Weise ins Gewicht fällt. Dabei ist zu bedenken: Die Inanspruchnahme der Sozialhilfe ist hier weniger auf zu niedrige Einkommen als vielmehr auf die hohen Kosten stationärer Hilfsmaßnahmen zurückzuführen.

Keine Zwei-Drittel-Gesellschaft

Wie sehr die Zahl der Sozialhilfeempfänger als Maßstab für die Armut tatsächlich in die Irre führt, das belegten die Bremer Sozialwissenschaftler Prof. Dr. Stephan Leibfried und Dr. Lutz Leisering in der „Zeit" (18. November). Sie berichteten in ihrem Artikel „Das neue Bild der Armut" über die Ergebnisse ihres Forschungsteams. Danach sind zwar immer mehr Menschen von Sozialhife abhängig – aber für immer kürzere Zeit. Die Untersuchung begann mit einer Stichprobe (10 Prozent) aller Personen, die 1983 in Bremen Sozialhilfe (Hilfe zum Lebensunterhalt) beantragt hatten und denen man bis 1989 nachgehen konnte – eine bisher einmalige Untersuchung in der Bundesrepublik. Sie gibt Aufschluß darüber, wie häufig die Bezieher von Sozialhilfe im Zeitablauf wechselten. Zu den Ergebnissen gehört: „Das Bild von einer zeitlich stabilen Ausgrenzung eines unteren Bevölkerungsteils wird fraglich." Es handele sich nicht um eine abgespaltene Schicht, die gegen „höherstehende" Bevölkerungsgruppen abgeschottet ist. Armut ist nicht statisch, sondern oft eine Übergangszeit in kritischen Lebensphasen. Sie kann geradezu Teil der Lebensgestaltung sein, etwa bei alleinstehenden Müttern. Nur elf Prozent der Antragsteller hatten reine Bezugszeiten von sechs Jahren oder mehr. Auf der anderen Seite bezogen netto immerhin 56 Prozent nur bis zu einem Jahr Sozialhilfe. Unter den Hilfebeziehern gibt es „aktive Gestalter": Sie nutzten die Hilfe produktiv, um eigene Lebensziele zu verwirklichen, etwa ein Kind aufzuziehen oder nach Scheidung, Krankheit oder Krise wieder Fuß zu fassen. Nach Jahren vermochten sie es, die Sozialhilfe unbeschädigt zu verlassen.

Resistente Problemfälle

Weitere erstaunliche Ergebnisse der Untersuchung: Auch Arbeitslose entkommen meist der „Abstiegspirale". Entgegen jeder Erwartung beziehen sie kürzer Sozialhilfe als die meisten anderen Gruppen. 54 Prozent der in die Untersuchung einbezogenen Arbeitslosen haben den Sozialhilfebezug nach längstens einem Jahr beendet. Von den Problemfällen mit Mehrfachbelastungen (wie Krankheit, Behinderung), einer Teilgruppe aller Arbeitslosen, standen dagegen mehr als 45 Prozent länger als drei Jahre in Bezug. Und weiter heißt es in dem Artikel: „Nur als einen unter mehreren Verlaufstypen fanden wir die klassische, verfestigte Armutskarriere: langer Hilfebezug, Probleme mit dem Amt, Entmutigung und Erfolglosigkeit bei der Bewältigung des Alltags kommen in diesen Fällen zusammen. Ausschlaggebend sind meist ein früh gescheitertes Erwerbsleben und besondere soziale Probleme wie Heimerziehung oder frühe Invalidität nach einem Unfall."

Die „Zeit"-Autoren resümieren: Armut sei wesentlich komplexer als „manche linke wie rechte Weltsichten es wahrhaben wollen". Sie sei häufig von kurzer Dauer, die Betroffenen helfen sich oft selbst und auch längere Armutsphasen seien nicht gleichzusetzen mit Hoffnungslosigkeit. Das Modell von einer Zwei-Drittel-Gesellschaft treffe nicht die Realität. Es übertrage den alten Klassenkampf auf heutige Armut. Die Ergebnisse der neueren Untersuchungen legten es eher nahe, daß wir es heute mit einer „70-20-10-Gesellschaft" zu tun haben, einer Gesellschaft, in der 70 Prozent nie arm werden, 20 Prozent zeitweise und 10 Prozent länger arm sind. Es gebe einen fluktuierenden, dabei aber wachsenden Problembereich von Arbeitslosigkeit, Armut und Wohnungsnot. Innerhalb dieses Bereiches gebe es bewegliche und weniger bewegliche Teile und auch einen verfestigten Sockel von begrenztem Umfang. „Das könnte die Herausforderung für Dramatisierer jeglicher Couleur werden."

Verleitung zum Mißbrauch

Dennoch: Einerseits gibt es unverschuldete Armut, andererseits weist das System der Sozialhilfe Mängel auf, die zum Mißbrauch verleiten. Ein Indiz hierfür ist die dramatisch wachsende Zahl junger Sozialhilfeempfänger. Hierzu berichtet Joachim Becker, SPD-Oberbürgermeister von Pforzheim, in seinem Buch „Der erschöpfte Sozialstaat" (Eichborn, 1994), daß viele Jugendliche es ablehnen, eine qualifizierte Lehre zu durchlaufen und sich eine „Auszeit" nehmen. 15 Prozent des Jahrgangs einer Altersgruppe verließen unsere Schulen und Ausbildungsplätze ohne einen Abschluß. Für sie sei der soziale Abstieg programmiert. Becker berichtet über typische Fälle des Mißbrauches: Ein junger Mann hat vom Studium der Soziologie genug und die Absicht, einige Jahre zu privatisieren. Er geht zum Arbeitsamt und meldet sich arbeitslos. Das Arbeitsamt kann ihm keine geeignete Tätigkeit anbieten. Mit der Arbeitslosenbescheinigung geht er dann zum Sozialamt und beantragt Sozialhilfe, die ihm sofort gewährt wird. Das Sozialamt verläßt sich auf die Angaben des Antragstellers, die wegen datenschutzrechtlicher Bestimmungen nicht überprüfbar sind. Früher enthielten die Formulare den Hinweis, daß der Antragsteller damit einverstanden ist, daß bei den örtlichen Kreditinstituten Auskünfte eingeholt werden dürfen. Dies ist heute grundsätzlich nicht mehr möglich. Der Mißbrauch von Sozialhilfe kann somit in vielen Fällen nicht festgestellt werden. Datenschutz schützt den Rechtsbrecher. Ein anderer Fall: Einem 30jährigen Sozialhilfeempfänger, alleinstehend, wird eine gemeinnützige Beschäftigung angeboten. In der Woche darf er höchstens 20 Stunden arbeiten, wofür ihm zur Sozialhilfe ein sogenannter Mehrbedarfszuschlag von 3,50 Mark pro Arbeitsstunde gewährt wird. Es handelt sich nicht um ein Arbeitsentgelt, sondern um eine Zulage, die den Mehrbedarf seines Lebensunterhaltes abdecken soll. Auf die Frage des Sozialamtsleiters, warum er Sozialhilfe beziehe, antwortet er: „Ich wollte mich einfach mal eine gewisse Zeit ausruhen!“ Auf die Anregung, daß er am nächsten Tag Punkt sieben Uhr beim Städtischen Amt für Stadtentsorgung arbeiten könne, wendet er ein, dies sei ihm bei der geringen Entlohnung zu so früher Stunde einfach nicht zumutbar.

Sozialhilfe als „Droge“

Becker weiter: „Wer sich weigert, Arbeit oder gemeinnützige Beschäftigung anzunehmen, dem kann die Sozialhilfe auf das Unerläßliche, höchstens jedoch um 30 Prozent gekürzt werden. Nach der ständigen Rechtssprechung ist eine solche Kürzung jedoch auf acht Wochen begrenzt. Nach Ablauf von acht Wochen muß dem Sozialhilfeempfänger erneut Gelegenheit zur Arbeit gegeben werden. Ist eine solche Arbeit zu diesem Zeitpunkt nicht nachweisbar, so erhält der Anspruchsberechtigte wieder die volle Sozialhilfe.“ Becker kritisiert, daß hinter all den Hilfeleistungen kein überzeugendes gesamtgesellschaftliches Konzept stehe, das imstande wäre, sozialen Fortschritt zu ermöglichen. Die Sozialhilfe habe viele Menschen – einer Droge vergleichbar – in Abhängigkeit gebracht. „Wer zwei oder mehr Jahre Sozialhilfeempfänger ist, verändert seine psycho-soziale Struktur, seinen Umgang und sein Verhalten. Er kann nur noch mit Mühe ein Leben führen, das man als normal empfindet.“ Übersteigerte Fürsorge habe Abhängigkeit und Anspruchsdenken provoziert und die Verantwortung für das eigene Leben geschwächt. Vom Staat seien nun alle Ressourcen ausgeschöpft worden, um notleidenden Menschen zu helfen. Becker weiter: „Der Staat hat jedoch keine Handhabe entwickelt, den Menschen auf seine Grundverantwortlichkeit sich selbst und der Gemeinschaft gegenüber zu verpflichten und ihn dafür notfalls auch in die Pflicht zu nehmen.“ sp

(MK 49/94, 5. 12. 1994)

Arbeitsmarkt

Patentrezept ohne Wert

„Arbeit für alle“ – Öko-Vision des Franz Alt

Franz Alt, viele Jahre Chef des ARD-Magazins „Report“/Baden-Baden, ökologisch bewegter Autor religiöser „Erweckungsbücher“, schied in Streit und Zorn von seinem Sender. Nachdem es ihm bisher offenbar nicht so recht gelungen ist, der internationalen Friedensbewegung durch den Hinweis auf die christliche Bergpredigt zum Erfolg zu verhelfen, erscheint er weiter als Fernsehautor und Moderator. In „Arbeit für alle“ (ARD/SWF, 14. Dezember) propagierte er jetzt „Das ökologische Wirtschaftswunder“.

Ausgangspunkt seiner Exegese ist die gegenwärtige hohe Arbeitslosigkeit, die nicht durch einen „absoluten Vorrang für Arbeitsplätze“ verringert werden könne und auch nicht dürfe. „Soll tatsächlich das Waffenexport-Verbot gelockert werden, damit es Arbeitsplätze gibt, wie Gerhard Schröder es will? Oder sollen neue Atomkraftwerke gebaut werden, damit es einige tausend Arbeitsplätze gibt, wie die Atom-Lobby meint? Oder brauchen wir als Export-Schlager die Magnet-Schwebebahn ‚Transrapid‘ nur deshalb, weil der Verkehrsminister dafür 10 000 Arbeitsplätze garantiert?“ Nach Alt natürlich nicht, denn den Menschen und der Umwelt zu Liebe dürfe es ein solches wirtschaftliches Wachstum nicht geben. Den Ausweg aus der Misere könnten nur Verkürzung, Flexibilisierung und Ökologisierung der Arbeitswelt und der Wirtschaft bringen.

Acht Millionen neuer Öko-Arbeitsplätze?

Alt und seine Mitstreiter in der Sendung – Prof. Ernst-Ulrich von Weizsäcker und Prof. Ingrid Kurz-Scharf – errechnen sich eine wundersame Arbeitsplatz-Vermehrung von über acht Millionen neuer, primär ökologisch definierter Arbeitsplätze von der Wasserwirtschaft über die Solarenergie, Abbau der Kernenergie, dem öffentlichen Verkehr bis hin zur Informatik. Und mit welchem Instrument wird dieses ökologische Arbeitsplatzwunder geschaffen? Mit einer ökologischen Steuerreform, die alle Energien und Stoffe jährlich um fünf Prozent verteuert, damit es „rentabler würde, Kilowattstunden und Kubikmeter Wasser arbeitslos zu machen statt Menschen“. Alt erläuterte das an einem Beispiel: „Noch leben wir in einer Autodiktatur. Wer mobil sein will oder muß, braucht in den meisten Fällen noch ein Auto und gibt dafür monatlich im Durchschnitt 750 Mark aus. Wenn wir bis zum Jahre 2020 gegenüber heute eine Vervierfachung des öffentlichen Verkehrs mit Hilfe eines attraktiven und bequemen öffentlichen Verkehrssystems haben, dann brauchen wir für eine Monatskarte, die für den ganzen öffentlichen Verkehr gültig ist – also für Taxen, Bahn, Bus, Straßenbahn und Schiff im Regional- und Fernverkehr – nur noch etwa 500 Mark monatlich pro Familie. Mobilität wird also billiger, sicherer, umweltfreundlicher und bequemer.“ Hier, so sei zu sehen, steige die Lebensqualität durch mehr ökologischen Wohlstand. Um dies zu erreichen, müssen natürlich in den nächsten Jahren die Preise für Benzin, Strom, Stahl, Bleche, Arzneien usw. kumulativ steigen.

„Bürgereinkommen“ für alle

Alts Botschaft: eine ökologische Kultur ziehe herauf. Das Erwerbseinkommen der Menschen werde immer unwichtiger. Jedermann, vom Kind bis zum Greis, könne in letzter Konsequenz aus den ökologischen Abgaben ein „Bürgereinkommen“ von mindestens tausend Mark erhalten, über das er frei verfügen dürfte. Jeder könnte also praktisch frei über seine Zeit disponieren, ob für Lohnarbeit, soziale Arbeit, Familien- und Kinderarbeit, freiwillige Arbeit, Zeit für spirituelle Entwicklung oder einfach so – freie Zeit fürs Nichtstun. Diese Kultur werde ermöglicht durch die Weiterentwicklung der Ökobesteuerung: Da jedermann ein auskömmliches „Bürgereinkommen" erhalte, würden alle anderen sozialen Unterstützungen (Lohnnebenkosten) überflüssig; praktisch werde jedem Büger die freie Selbstverwirklichung ermöglicht.

Alt bot seine Sendung als Motiv dafür an, über Arbeit erneut nachzudenken, sie neu zu verstehen etwa nach dem Motto, wie, was, wann und wozu arbeiten wir? Doch er erwies seinen Zuschauern einen schlechten Dienst, den wohl negativsten dadurch, daß er nicht genügend bewußt gemacht hat: Deutschland kann keine Insel der ökologischen Seligkeit sein, sondern es ist und bleibt aufgrund seiner geopolitischen Lage ein vom Export existentiell abhängiges Land, von dem sich Franzosen, Engländer, Amerikaner und Japaner bestimmt nicht einreden lassen werden, nach welcher Facon sie ihre Arbeit künftig gestalten sollen. So gleicht seine Botschaft jener Münchhausens, der sich am eigenen Schopf (der Dienstleistungen) aus dem weltwirtschaftlichen Produktionsgeflecht herauslösen möchte.

Ohne „Weltregierung" keine Chance

Es lohnte eigentlich nicht, von solcher Alt'schen Weltfremdheit Kenntnis zu nehmen, gäbe es da nicht eine Vielzahl ihm Gleichgesinnter, die vor allem in den Medien für diese Vision Stimmung machen. Deshalb soll hier ein Zitat aus dem jüngsten Gutachten des Sachverständigenrates zur Begutachtung der gesamtwirtschaftlichen Entwicklung (F.A.Z., 18. November) noch angefügt werden. Dort heißt es: „Eine steuerliche Verteuerung des Faktors Energie wirkt – für sich genommen – ähnlich wie die Energieverteuerung durch eine Ölpreiskrise... Wenn die Verteuerung des Produktionsfaktors Energie ohne einen Verlust an Arbeitsplätzen und Wachstum bewältigt werden soll, dann müssen die privaten Haushalte die Einkommenseinbußen, die ihnen durch höhere Preise für Umwelt oder energieintensive Güter abverlangt werden, erkennen und akzeptieren. Werden die Preisniveausteigerungen dagegen bei den Lohnverhandlungen zum Gegenstand von Ausgleichsforderungen gemacht, dann wird dem energiebedingten Kostenschub ein Lohnkostenschub hinzugefügt – mit weiteren Verlusten an Geldwertstabilität und letztlich auch Beschäftigung. Aus dieser Überlegung heraus wird auch deutlich, wie problematisch es wäre, die Wettbewerbsnachteile durch zusätzliche Umweltsteuern mit Hilfe einer Abwertung der Währung ausgleichen zu wollen." Und weiter heißt es dort: „Abgesehen davon, daß eine Abwertung nur gesamtwirtschaftlich wirkt und somit nicht die Last des Strukturwandels schmälert, würde sie weitere Einkommensverluste über abwertungsbedingte Preissteigerungen mit sich bringen. Darüber hinaus würde sie wichtige importierte Rohstoffe, wie zum Beispiel Rohöl, verteuern und somit auch von daher die Kostenrechnung der Unternehmen belasten. Somit wäre fraglich, ob selbst die nicht energieintensiven, außenwirtschaftlich orientierten Produktionsbereiche einen Vorteil hätten. Eine Verwendung der Mittel des Umweltsteueraufkommens zur Reduktion anderer Steuer- und Abgabenlasten würde die genannten Probleme zwar abschwächen, aber nicht beseitigen . . ."

Und noch ein Zitat zu diesem Thema. Unter der Schlagzeile „Auf der Ökowelle zur Protektion" schrieb Christian Schubert (F.A.Z. 19. Dezember): „Viele der heute diskutierten Modelle für einen umweltschützenden Welthandel haben eine Art von Weltregierung zur Voraussetzung, eine realitätsferne Annahme. Allein der Kontrollaufwand wäre kaum vorstellbar. Auch die Frage, wie die jeweils die Unternehmen begünstigenden oder benachteiligenden Effekte monetär bewertet werden sollten, ist völlig ungeklärt. Im übrigen darf nicht vergessen werden, daß unterschiedliche Ausgangslagen der einzelnen Volkswirtschaften eine wichtige Voraussetzung für den Welthandel sind." sp

(MK 52/94, 27. 12. 1994)

Steuerpolitik

Agitprop statt Wirtschaftsinformation

Als wär's ein SED-Film: „Plusminus" (WDR) über die Steuerpolitik

„Die Leistungsbilanz der Regierung für die Klientel der Bestverdienenden kann sich durchaus sehen lassen. Noch nie hat eine Bundesregierung so viel dafür getan, Reiche noch reicher zu machen." Dies waren die einführenden Sätze in WDR-„Plusminus" (ARD, 16. August) zu einem Beitrag über die Steuerpolitik. Der Vorwurf: Während diverse Steuererhöhungen der letzten Jahre die Bezieher niedriger Einkommen hart träfen, gewähre die Regierung den Reichen Steuervorteile wie die Senkung des Spitzensteuersatzes bei der Einkommensteuer, Erleichterungen bei der Körperschaftsteuer und für das Bauen in den neuen Bundesländern.

Nun kann man über die Steuerpolitik sicher streiten. Doch die Art und Weise wie H.-C. Schultze und Horst Freudenthaler (Moderator: Gabriel Heim) Kritik übten, war mehr als Wahlhilfe für Rot-Grün. Es war ein Stück, das die Stasi-Abteilung für Desinformation ebenso erfreut hätte wie jetzt Gysi und Co. Ganz auf der Linie der Theorie vom „Staatsmonopolistischen Kapitalismus", der zufolge eine bürgerliche Regierung immer nur das Exekutivorgan des Großkapitals sein kann, wurde gegen Bonn gehetzt: „Damit Milliardäre und Millionäre weiterhin gelassen in die Zukunft blikken können, hat sich die Bundesregierung einiges einfallen lassen . . . Das sind längst nicht alle guten Ideen der Bundesregierung, um den Reichen eine kleine Freude zu machen. Das Bemühen um eine Rundumversorgung ist unverkennbar. Und es fängt bei den kleinen Bedürfnissen des Alltags an ... Die Bundesregierung greift auch solchen Leuten unter die Arme, die für einen exklusiven Inlandflug auch schon mal ein paar Tausend Mark bezahlen können ... Doch wichtiger noch als hohe Summen ist Bonns guter Wille, auch die kleinen und alltäglichen Sorgen der Superreichen nicht zu vergessen." Den klassenkämpferischen Stil untermalten Bilder, die Kumpanei zwischen Reichen und Politikern suggerierten, die ein quasi parasitäres Leben in Luxus und Genuß „derer da ganz oben" anprangern sollten.

Daß es bei den Steuerentlastungen darum geht, „Arbeitsplätze und neue Fabriken" zu schaffen, diese Absicht wurde höhnisch mit dem Vorwurf beiseite geschoben, angereichert würden nur Finanzanlagen. Wie es wirklich aussieht, zeigte die Deutsche Bundesbank in ihrem Monatsbericht Mai: „Zur Finanzierung ihrer Investitionen stand den Unternehmen in Deutschland insgesamt im vergangenen Jahr ein höheres Eigenmittelaufkommen zur Verfügung als 1992. Die Summe aus nicht entnommenen Gewinnen, Abschreibungen und Investitionszuschüssen von anderen Sektoren belief sich 1993 auf schätzungsweise knapp 280 Milliarden DM ... Als ein bemerkenswertes Zeichen des Fortschrittes im Umstrukturierungsprozeß ist es zu werten, daß im Osten Deutschlands das Defizit im Unternehmensbereich trotz höherer Investitionen geringer als zuvor ausfiel." „Nirgendwo auf der Welt gibt es im Verhältnis zur Bevölkerungszahl so viele Milliardäre wie in der Bundesrepublik", hieß es bei „Plusminus". Diese Aussage mag stimmen oder nicht, was die Autoren verschweigen, ist, daß nach Schätzungen der Bundesbank das private Gesamtvermögen zwischen 1970 und 1990 von 1,5 Billionen Mark auf 9,5 Billionen Mark gestiegen ist. Es gehört Millionen von Mittelstands-Haushalten, Inhabern oder Anteilseignern hunderttausender mittlerer und kleiner Betriebe. Die „Zeit" (19. August) berichtete, nach letzten verfügbaren Stichproben habe nur jeder elfte Haushalt kein Vermögen, jeder vierte weniger als 5000 Mark gespart. Dagegen verfüge etwas weniger als die Hälfte aller Haushalte über Haus- und Grundvermögen. sp

(MK 36/94, 5. 9. 1994)

Stahlindustrie

Aggressive Parolen kontra handfeste Hintergründe

Der WDR heizt die Proteste an, das ZDF ordnet sachlich ein

Nicht gut steht es um die Zukunft der deutschen Stahlindustrie: Ganzen Standorten in Dortmund, Rheinhausen oder Siegen droht die Schließung, zehntausende Stahlarbeiter bangen um ihre Arbeitsplätze. Da ist es selbstverständlich, daß die öffentlich-rechtlichen Grundversorger ihr Publikum – außer mit den aktuellen Nachrichten – in Hintergrundsendungen über die Zusammenhänge informieren müssen. Wie ist die wirtschaftliche Situation der Branche, wie hoch die bestehenden oder notwendigen Subventionen? Welche nationale und internationale Entwicklung führte zu dieser Krise? Sind Entlassungen aus betriebs- und volkswirtschaftlichen Gründen wirklich unvermeidbar? Mit welcher sozialen Absicherung versucht man, den Betroffenen zu helfen?

Klare, sachorientierte Antworten auf solche, an wirtschaftliche Fakten anknüpfende Fragen, hätten den Zuschauer interessiert. Doch was er vom ARD-„Brennpunkt“ des Westdeutschen Rundfunks am 17. Februar geliefert bekam, war keine fundierte wirtschaftliche Analyse, sondern eine Darstellung politischer Forderungen der Arbeitnehmer.

Spektakuläre Bilder abgewartet

Im Grunde verwunderte die Tendenz der Sendung nicht. Denn der Kölner Sender griff die Thematik nicht etwa auf, weil die Branche seit vielen Jahren wirtschaftliche Probleme hat, sondern weil die enttäuschten Stahlarbeiter in der „Nacht der 1000 Feuer“ protestierend auf die Straße gingen und ihrem Unmut lautstark Luft machten. Aufrührende Bilder und derbe Sprüche waren bei der ARD gefragt, nicht schlecht abfilmbare ökonomische Tatsachen. Nach einer viel zu kurzen stichwortartigen Einleitung folgte eine Reportage von den Stahl-Standorten, wobei sich WDR-Chefredakteur Fritz Pleitgen selbst inszenierte. Umringt von zahlreichen Demonstranten hatte das WDR-Team eine Bühne aufgebaut; hier sei die zentrale Kundgebung. Dann heizte der Moderator zuerst einmal der Menge ein: „Die kämpferische Stimmung von früher habe ich bis jetzt noch nicht feststellen können“, sagte er provozierend, und wie auf Kommando brach der Protest der Demonstranten los. Der Reporter Tom Buhro hakte nach: „Viele sagten, das geht den Leuten so am Rücken vorbei“. Der Einspruch eines Teilnehmers war herausgefordert und kam prompt.

Ohne die ökonomischen Realitäten zu berücksichtigen, forderte man, alle Arbeitsplätze in Deutschland zu erhalten: „Heute wird hier der Anfang gemacht. Und wenn uns nicht geholfen wird von der Bundesregierung, dann wird es in den nächsten Monaten erst mal richtig rundgehen." Im folgenden wurde Protestberichterstattung geliefert. Pfeifkonzerte, Verzweiflung, Hoffnungen und Drohungen wechselten sich ab. Ein Betriebsratsvorsitzender: „Die sollten erst mal in die Gänge kommen und auf Brüssel und Bonn Einfluß nehmen." Ein anderer: „Die müssen halt irgend etwas machen". Ein Dritter: „Das beste für alle über 40 wäre wohl, sie hängen sich auf. Dann hat Herr Kohl wenigstens genug Geld, um für unsere Kinder zu sorgen."

Nicht einmal in den eingespielten Fernsehbeiträgen nutzte man die Chance, einzuordnen. Den Text überlagerte dramatische klassische Musik. Man merkte deutlich: Es ging um Emotionalisierung. Zwar wurde zum Beispiel erläutert, daß bei vielen Standorten *„mehrere Rettungsversuche"* gescheitert waren, doch warum die Bemühungen erfolglos blieben, erfuhr man nicht.

Pleitgen heizt ein

Nach dem Beitrag heizte Pleitgen zunächst wieder die Stimmung an: „Wir hätten jetzt gerne zu den Stillegungsplänen die Stahl-Chefs persönlich gesprochen, aber sie fühlten sich hier und heute nicht stark genug dafür." Pfeifkonzert. Im nachfolgenden Interview mit dem Präsidenten der Wirtschaftsvereinigung Stahl, Ruprecht Vondran, trat der Moderator nicht als neutraler Frager auf, sondern formulierte Hoffnungen und Vorwürfe. „Aber nun haben wir doch erlebt, daß es plötzlich einen Aufschwung im Stahl gab. Warum könnte so etwas nicht wieder passieren? Oder wird jetzt die Chance genutzt, bei einer konjunkturellen Abschwächung tief einzuschneiden?" Auf den Hinweis, daß osteuropäische Länder mit Dumpingpreisen auf den Markt drängen, sagte Pleitgen: „Aber Herr Vondran, das klingt doch wirklich wie ein Alibi". Wie voreingenommen und uninformiert Pleitgen war, zeigte schon seine Wortwahl: „Nun hat sich Krupp Hoesch einverleibt"; „die Menschen führen einen dramatischen Arbeitskampf"; „es geht um Schicksale von Menschen, die malocht und malocht haben und nun plötzlich auf die Straße fliegen sollen". Das Thema Kohlebergbau leitete Pleitgen so ein: „Jetzt geht es auch bei der Kohle in den Keller". Der entsprechende Beitrag wurde eingespielt mit dem Song „This is the end" aus dem Film „Apocalypse now". Er bestand weitgehend aus der Auflistung drohender Entlassungszahlen.

Die F.A.Z. widmete der WDR-Berichterstattung am 19. Februar einen großen Artikel. Ihr Urteil unter der Überschrift „Reporter entdeckten Talent zur Frontberichterstattung": „Eine richtige Straßenblockade, mitten in Dortmund, das ließ nicht wenige Medienschaffende ihr bislang brachliegendes Talent zur Frontberichterstattung entdecken. Die Zuschauer haben Teil am ‚Schauder', der einen ob der ‚vorrückenden' und der ‚blockierten Hauptschlagader' des Ruhrgebiets erfaßte." Dagegen beklagte die F.A.Z.:

„Für Erklärungen über die Ursachen der Stahlkrise, über die soziale und wirtschaftliche Lage im Revier, über den Strukturwandel im größten industriellen Ballungsraum Europas blieb keine Zeit.“

Basis-Information beim ZDF

Wie man es selbst in deutlich kürzerer Zeit schaffen kann, zumindest wichtige Basisdaten zusammenzutragen, bewies am darauffolgenden Tag das ZDF in der Sendung „WISO“, in der eben nicht die „Politiker“ unter den Journalisten zu Wort kamen, sondern das entsprechende Fachressort. Zunächst stellte Moderator Michael Jungblut klar: „Im Ruhrgebiet war gestern die ‚Nacht der tausend Feuer‘. Wieviel Steuergelder bereits jetzt in den Hochöfen verbrannt werden, wurde dabei allerdings nicht erwähnt. Wenn Stahlarbeiter in ihrer deprimierenden Lage davon sprechen, daß die Werke, in denen sie viele Jahre ihren Lebensunterhalt verdient haben, ‚plattgemacht werden‘, dann kann man das sicher verstehen. Wenn aber auch Gewerkschafter, Kirchenmänner oder Politiker, die es eigentlich besser wissen sollten, mit solchen polemischen Ausdrücken um sich werfen, dann ist das eigentlich nicht mehr zu verstehen. Niemand schließt Stahlwerke aus reinem Übermut. Auch Ärzte müssen manchmal eine Amputation vornehmen, um Leben zu retten.“

Es folgte ein Bericht von Gabi Specks, der die Forderungen der Betroffenen nicht unterschlug, aber darüber hinaus den internationalen Rahmen und die Entwicklung in den vergangenen Jahren aufhellte: Die Stahlindustrie in Europa hat mehr als 30 Millionen Tonnen Überkapazität; Billigstahl aus Osteuropa drückt die Preise in den Keller; die klassischen Stahlabnehmer, die Autoindustrie und der Maschinenbau, sind ebenfalls gefährdet.

Probleme eines Hochlohnlandes

Jungblut versuchte, den Sachverhalt auch für Laien verständlich zu machen: „Was bedeutet es denn, der Markt sei schuld an der Misere? Das bedeutet zum Beispiel, daß wir alle weniger Stahl verbrauchen, weil wir Autos haben wollen, die leichter sind, damit sie weniger Treibstoff benötigen. Oder daß wir immer mehr Stahl aus Ländern kaufen, die ihn billiger produzieren.“

Dann knüpfte er an wirtschaftliche Gesamtbedingungen an, von denen isoliert die Situation nicht betrachtet werden darf: „In einem Hochlohnland zu leben, hat für die Bezieher der hohen Einkommen seine angenehmen Seiten. Es hat aber auch seinen Preis, nämlich den Verlust all der Arbeitsplätze, auf denen ein so hoher Lohn nicht mehr erwirtschaftet werden kann. Eine Zeitlang läßt sich das verschleiern, nämlich durch Milliardenzuschüsse aus der Staatskasse. Auf Drängen der nationalen Regierungen hat die EG-Kommission das auch immer wieder erlaubt. 120 Milliarden Mark – 120 Milliarden – an nationalen Beihilfen für die Stahlindustrie wurden in den letzten 15 Jahren bewilligt. Mit den Folgen, die wir jetzt überall in der EG erleben. Denn damit wurden Überkapazitäten von 20 bis 25 Millionen Tonnen Stahl geschaffen und mindestens 80 000 Arbeitsplätze, die keine Zukunft mehr haben."

In einem Bericht von Udo van Kampen erläuterte Dr. Klaus Ehlermann, bei der EG-Kommission dafür zuständig, daß nationale Regierungen unwirtschaftlichen Betrieben keine verdeckten Gelder zukommen lassen, die Gefahr der Wettbewerbsverzerrung. Danach fließen reichlich Gelder: Italien subventionierte mit 39 Milliarden Mark, Großbritannien mit 27, Frankreich mit 23 und Deutschland mit sieben Milliarden Mark. Der Bericht zeigte Beispiele verpuffter Subventionsmilliarden im Ausland auf. Trotz enormer Gelder konnten die Unternehmen nicht marktfähig gemacht werden. Der Blick nach Spanien, Italien und Belgien belegte vergleichbare Probleme im Ausland, die Krise an der Ruhr war keineswegs „von denen in Bonn" hausgemacht und einzigartig.

Inszenierter Protest kontra Fakten und Hintergründe

Jungblut sprach offen die Kehrseite der Subventionen an. „Der Staat braucht nicht nur für den Aufbau im Osten, sondern auch für Erhaltungssubventionen der eben geschilderten Art und viele andere Eingriffe in die Wirtschaft immer mehr Geld. In Deutschland beansprucht Vater Staat schon jetzt mehr als 43 Prozent der gesamten Wirtschaftsleistung für sich. In Japan und den USA ist er mit erheblich weniger zufrieden, dort sind es jeweils rund 30 Prozent. Und doch kommen Bund, Länder und Gemeinden mit dem Geld nicht aus, daher werden wir fast täglich mit neuen Vorschlägen für weitere Erhöhungen überrascht."

Fazit: In fast 45 Minuten brachte es die politische Redaktion des WDR nicht fertig, viel mehr als inszenierten Protest und drohende Szenarien zu entwerfen. Dagegen benötigte die Wirtschaftsredaktion des ZDF knapp zehn Minuten, um die Hintergründe und Ursachen, an Fakten orientiert, aufzuhellen.

gka

(MK 9/93, 1. 3. 1993)

Tarifverhandlungen

Unausgewogene Berichterstattung

Nachrichtensendungen bevorzugen die Gewerkschaften

Eigentlich müßten die klassischen Gegenspieler bei Tarifverhandlungen ähnliche Möglichkeiten haben, ihre Positionen in den Medien zu vertreten. Weitgehend unabhängig von externen Eingriffen können sie als gleichberechtigte Partner aufgrund der Tarifautonomie aushandeln, was die eine Seite fordert und die andere bereit oder fähig ist zu zahlen. Aber: Die Gewerkschaften kommen selbst in den Nachrichtensendungen deutlich häufiger zum Zuge als ihr klassischer Gegenspieler, die Arbeitgeber.

Diese Beobachtung – die derzeit wieder bei den Auseinandersetzungen um die Tarifverträge in Ostdeutschland zu machen ist – bestätigte sich in einer IMK-Langzeitbeobachtung zu den Tarifverhandlungen und Streiks im vergangenen Frühjahr.

Flut von Gewerkschaftsäußerungen

Analysiert wurden an 28 Tagen die dpa-Meldungen, die Beiträge von „Tagesschau" und „Tagesthemen" sowie die Berichte von „RTL-Aktuell" zum Thema Lohn- und Arbeitsmarktpolitik. Die Fragestellung hatte gelautet: Welche Gruppierungen bekommen in den Medien die Gelegenheit, ihren Standpunkt einzubringen?

Die Deutsche Presse-Agentur, deren Kunden die Journalisten selbst sind, verbreitete in erster Linie Erklärungen weiter und orientierte sich dabei wohl vorwiegend an dem, was von außen eingegangen war. Das Resultat: Im Angebot waren 303 Standpunkte der Gewerkschaften (75,2 Prozent) enthalten, nur 100mal (24,8 Prozent) äußerten sich die Arbeitgeber. Eine Flut von Gewerkschaftsstandpunkten überdeckte damit die deutlich zurückhaltender geäußerten Positionen der Arbeitgeber. In der Agentur, die in Deutschland eine Schlüsselrolle bei der Weitergabe von Informationen hat, geben sie damit quantitativ klar den Ton an.

Dieser Trend schlug sich aber in den Fernsehnachrichten von ARD und RTL, die beide dpa als Quelle nutzen, deutlich nieder und wurde sogar noch verstärkt. Gewerkschaftsstandpunkte wurden bei der ARD mehr als doppelt so oft (69 : 31) berücksichtigt, bei RTL war es sogar dreimal so oft (28 : 10). Besonders große Wirkung erzielten die Gewerkschaften dabei mit ihren Protestaktionen (hiermit vor allem bei RTL). Denn die für das Bildmedium Fernsehen interessanten Kundgebungen und Demonstrationszüge werden besonders gerne abgefilmt.

Tendenziöse Berichterstattung

Vor dem Hintergrund solcher Ergebnisse verwundert es nicht, daß sich diese Bevorzugung der Gewerkschaftsvertreter auch in der Tendenz der Berichterstattung über die Tarifauseinandersetzungen niederschlug. In den als „leicht tendenziös" oder „tendenziös" eingestuften Berichten zu den beiden Gruppierun-gen wurde festgestellt: 73,4 Prozent der dpa-Berichte, bei denen die Arbeitgeber zentraler Gegenstand des tendenziösen Beitrages waren, richteten sich gegen diese Gruppe. Nur 26,6 Prozent stellten sie positiv dar. Anders bei den Gewerkschaften: Standen sie im Mittelpunkt des dpa-Berichtes, so ging es nur in 32,9 Prozent der Fälle negativ aus, 67,1 Prozent der einseitigen Berichte wirkten unterstützend.

In den Fernsehnachrichten fiel die einseitige Darstellung der beiden Kontrahenten noch gravierender aus. Rund 80 Prozent der Nachrichten von ARD und RTL, die als zentrale Gruppierung die Arbeitgeber behandelten, waren deutlich kritisch gegenüber dieser Gruppe. Nur in 20 Prozent der Fälle konnten die Arbeitgeber mit der Darstellung ihrer Anliegen zufrieden sein. Anders bei den Gewerkschaften: in 75 Prozent war die Tendenz positiv, nur in 25 Prozent negativ.

Als Erklärung für diese Berichterstattung bietet sich vor allem eine deutlich aktivere Medienarbeit der Gewerkschaften (und Zurückhaltung der Arbeitgeber) an. Permanent treten Funktionäre während der Tarifauseinandersetzungen auf den unterschiedlichsten Ebenen an die Öffentlichkeit. Vor allem die speziell inszenierten Protestkundgebungen scheinen dem Bedürfnis der Fernseh-Journalisten nach „attraktiven Beiträgen" entgegenzukommen.

Sollte dem so sein, dann müßten die verantwortlichen Redakteure vor allem in den Fernsehsendern prüfen, ob sie einem medienwirksamen Aktionismus der Gewerkschaften zu stark nachgeben, und ob sie damit vielleicht sogar allzu stark fremdgesteuert sind.

Privatsender im Interessenskonflikt

Bei RTL überraschen diese Daten auch deshalb, weil man einem privatrechtlich organisierten Sender ein besonders großes Verständnis für die Belange von Unternehmen oder Arbeitgebern unterstellen könnte. Immerhin wird der Sender ja von deren Werbeausgaben finanziert. Doch für das RTL-Verhalten gibt es eine Erklärung, die aus einem klassischen Konflikt herrühren könnte, dem sich Privatsender ausgesetzt sehen: Zwar erscheint es auf den ersten Blick naheliegend, daß man die wirtschaftspolitische Grundlage der eigenen Existenz und die Interessen der Werbekunden besonders hervorhebt. Eine Betonung von Arbeitgeberpositionen könnte aber zur Ablehnung beim Publikum – das überwiegend aus Arbeitnehmern besteht – und zu einem Abfall der Einschaltquoten führen. Das Resultat: Solange die Einschaltquoten das entscheidende Kriterium für Werbebuchungen sind, scheint man die Vernachlässigung der politischen Interessen der werbungtreibenden Unternehmen in Kauf zu nehmen.

Ausgewogenheit bewußter herstellen

Insgesamt kann die Berichterstattung – vor allem im Fernsehen – nicht recht befriedigen. Immerhin sind gerade die Fernsehnachrichten als Informationsquelle für die breite Zuschauermasse dazu verpflichtet, ausgewogen zu berichten. Die Redaktionen sollten prüfen, ob es nicht interne Möglichkeiten gibt, die garantieren, daß gerade bei konfliktgeladenen Ereignissen wie Tarifverhandlungen beide Seiten ganz bewußt ausgewogener in die Berichterstattung einbezogen werden können. Ansonsten könnte leicht der Verdacht aufkommen, daß die Ursachen für die verzerrenden Darstellungen bei den subjektiven wirtschaftspolitischen Einstellungen der Redaktionen zu suchen sind, die sie massiv mißbrauchen. gka

(MK 17/93, 26. 4. 1993)

Tarifverhandlungen

Analytische Sachbeiträge sind die Ausnahme

Fernsehberichterstattung ist oft oberflächlich und einseitig

Gewerkschaften und Arbeitgeberverbände haben das Recht, die Löhne und Arbeitsbedingungen frei miteinander auszuhandeln. Das garantiert Artikel 9 Absatz 3 des Grundgesetzes. Die unabhängigen, rechtlich gleichgestellten Tarifpartner können sich im freien Spiel von Forderung und Gegenforderung auf einen Tarifabschluß einigen. Mit der Tarifautonomie sollte in erster Linie ein unmittelbarer Einfluß des Staates verhindert werden, niemand soll Arbeitsbedingungen und Entlohnung verordnen können.

Doch auch die Journalisten – als Multiplikatoren ebenfalls ein wichtiger Machtfaktor im Lohnpoker – wären gut beraten, ihre persönlichen Standpunkte auf Kommentare zu beschränken und dem Bürger ansonsten in der von Interessen geprägten Auseinandersetzung fundamentale Fakten zu liefern. Denn vordergründige Sympathien können in der Öffentlichkeit leicht zu wirtschaftlichen Fehleinschätzungen führen, die mittelfristig niemandem nützen: nicht der durch die Rezession gedrückten Gesamtkonjunktur, nicht dem für viele Fehlentscheidungen einspringenden Steuerzahler, nicht den Arbeitslosen und schon gar nicht den vom Konkurs bedrohten Unternehmen und ihren Angestellten.

Gewerkschaften geben die Anlässe vor

Betrachtet man unter dieser Prämisse die Berichterstattung im Fernsehen in der Zeit vom 27. April bis 13. Mai, so läßt sich leicht nachweisen: Tagelang wurde in fast allen aktuellen Sendungen der eine Tarifpartner dem anderen vorgezogen. Einige typische Beispiele: „RTL Aktuell“ interessierte sich am 28. April, dem Tag der Urabstimmung bei der IG Metall, vor allem dafür, wann und wo der Streik begann. Zwar gab man beiden Seiten kurz Gelegenheit zum Statement, doch dominierte eine Reportage, für die die Reporterin Katja Burkard ans Fließband gegangen war, um die Angst der

Arbeitnehmer und „die Einschüchterungsversuche der Chefs" darzustellen. Ähnlich informierte Sat 1. Zwar kam auch hier „Arbeitgeberchef" Hans-Joachim Gottschol mit zwei Sätzen kurz zu Wort, doch auch beim zweiten großen deutschen Privatsender bekam der Zuschauer einen „Gewerkschaftsbericht" geliefert. Sabine Christiansen begann ihre Moderation in den ARD-„Tagesthemen" am selben Tag mit dem Satz: „Die Beschäftigten im Osten wollen nicht klein beigeben." Reinold Hartmann und Gabriele Pattberg suchten sich im anschließenden Bericht einen Leipziger Treuhand-Betrieb heraus, bei dem der Geschäftsführer seinen Mitarbeitern den 26prozentigen Lohnanstieg zugesagt hatte. Zwar bemühte sich Frau Christiansen insgesamt um Ausgewogenheit, doch die Bilder gewerkschaftlicher Kampfbereitschaft und ein langes Interview mit dem IG Metall-Funktionär Klaus Zwickel überdeckten fast jede andere Information. Abschließend stellte der Kommentator Christoph Singelstein klar, daß allein die Arbeitgeber am Streik und an der brisanten Situation Schuld seien.

Solche Berichte wiederholten sich täglich, ohne inhaltlich Neues zu bieten. Auch die als Ergänzung gedachten Sendungen aus den Bundesländern behielten diese Art der Aufbereitung bei. So standen bei ARD-„Punkt 5" am 10. Mai die Solidaritätsproteste westdeutscher Arbeitnehmer im Mittelpunkt. Aspekte wie Auftragslage der Unternehmen, Produktivität der ostdeutschen Wirtschaft, Exportchancen, Investitionsprogramme, Subventionierungen ehemaliger und bestehender Treuhandbetriebe, Lohnvergleiche mit deutschen oder internationalen Unternehmen, Preisvergleiche etc. wurden nicht beleuchtet. Aufgrund der „Streikberichte" war der Zuschauer geneigt zu sagen: Gönnt diesen fleißigen Menschen doch die geforderte Lohnerhöhung – ohne die ökonomischen Rahmenbedingungen realistisch einschätzen zu können.

Zwänge aktueller Fernsehsendungen

Den Verantwortlichen für die aktuellen Sendungen in den Fernsehanstalten ist hier sicherlich ein Vorwurf zu machen. Man müßte sich stärker um Zusatzinformationen bemühen und sich nicht mit der Weiterverbreitung inszenierter Aktionen begnügen. Allerdings scheint die Thematik auch an die Grenzen dessen zu rühren, was das Bildmedium Fernsehen in Nachrichtensendungen leisten kann. Während streikwillige Arbeiter, aufgebrachte Funktionäre und spektakuläre Protestzüge hervorragende Objekte für die Kameras darstellen, stößt man bei langwierigen Erläuterungen abstrakter betriebswirtschaftlicher oder volkswirtschaftlicher Zusammenhänge sicherlich schnell an die Grenzen dessen, was der Zuschauer in einer Nachrichtensendung verkraftet.

Daher wäre es eigentlich die Aufgabe der zumeist wöchentlich ausgestrahlten Politik- und Wirtschaftssendungen, die Einseitigkeiten auszugleichen und den Verteilungskampf auf beiden Seiten kritisch zu hinterfragen.

Machte man sich jedoch die Mühe, die Fernsehmagazine in den drei Untersuchungswochen genauer zu betrachten, dann präsentierte sich ein vielschichtiges und insgesamt unbefriedigendes Bild. Angesichts der enormen Bedeutung überraschte zunächst, wie selten man die Thematik überhaupt aufgriff. Viele Hintergrundsendungen klammerten die gerade hochaktuellen Tarifauseinandersetzungen völlig aus, sie stellten ihre Sendezeit dagegen oft für Beiträge mit höherem Unterhaltungswert, aber deutlich geringerer Relevanz und niedrigerem Aktualitätsbezug zur Verfügung.

Ergänzendes zu den aktuellen Nachrichten lieferten vor allem zwei öffentlich-rechtliche Magazine. Das ARD-Magazin „Report" aus München setzte sich am 26. April auch einmal kritisch mit den aufputschenden und teilweise aggressiven Aktionen von Gewerkschaftsfunktionären auseinander und belegte, daß es keineswegs nur um wirtschaftliche Fragen, sondern auch sehr stark um den politischen Kampf geht. Man fing ein, daß viele Arbeitnehmer „sehr gemischte" Gefühle beim Streik hatten, daß sie durchaus Verständnis für die Situation ihrer Betriebe besitzen, und daß die Reihen keineswegs so geschlossen waren, wie es die Funktionäre vor den Kameras sonst glauben machten. Ein Arbeitgeber aus Sachsen bekam als Beispiel für viele kleine Betriebe die Chance darzustellen, daß er bei der gegenwärtigen Auftragslage keine Chance sehe, die Löhne zu erhöhen. „Report" aus Baden-Baden thematisierte am 10. Mai die Vor- und Nachteile des Tarifsystems. Nachteilig wirkte sich aus, daß man die Grundlagen unseres Tarifsystems und seine Vor- und Nachteile nicht zuerst einmal erläuterte. Statt dessen begnügte sich das Magazin damit festzuhalten, daß sich das Modell vielfach bewährt habe. Beide Tarifparteien erhielten die Möglichkeit, grundsätzliche Probleme anzusprechen, an verschiedenen Beispielen aus unterschiedlichen Branchen bereitete „Report" die Probleme exemplarisch auf. Auch die gesamtwirtschaftliche Situation wurde angesprochen.

Das Wirtschafts-Fachmagazin der ARD, „Plusminus", beschränkte sich am 11. Mai unter der Leitung von Gabriel Heim im Prinzip auf eine Wiederholung spektakulärer „Tagesschau"-Szenen. In Moderation und Reporterkommentaren bezogen die Journalisten massiv Partei gegen die Arbeitgeber. „Plusminus" berichtete über „Wut und Frust" in Ostdeutschland, die Arbeitnehmer seien von den Arbeitgebern verschaukelt worden. Deutlich stellte „Plusminus" sogenannte „Streikbrecher" an den Pranger, vor der Kamera mußten sie sich von aufgebrachten Arbeitern beschimpfen lassen. Radikale Drohungen der IG-Metaller wurden nahezu pausenlos aneinandergereiht, rücksichtslos bezog man in Wort und Bild Stellung gegen Treuhand, Arbeitgeber und Politiker.

Inhaltlich nahezu bedeutungslos war auch das ZDF-Gegenstück „WISO" am 13. Mai. Der Nachteil: Michael Opoczynski und seine Mitarbeiter schalteten live zu den Tarifverhandlungen nach Sachsen, um möglichst tagesaktuell sein. Da jedoch die Tarifpartner nicht die erhoffte Vereinbarung getroffen hatten, interviewte „WISO“ notgedrungen einen Tarifexperten der IG Metall. Die Sendezeit wurde dem Drang nach Aktualität geopfert, einen Hintergrundbeitrag, der als Ersatz für das fehlende Tagesereignis hätte dienen können, hatte man nicht in Reserve.

Sinnlose Spielereien bei „stern-TV“

Eine geradezu katastrophale Berichterstattung präsentierten die Privatsender. Sie klammerten die Thematik fast völlig aus und lieferten, wenn sie doch einmal einen Beitrag anboten, oberflächliche Spielereien. So setzte „stern-TV“ am 5. Mai allein auf unterhaltsame Effekte und schickte Doppelgänger von Helmut Kohl und Erich Honecker zu den Streikenden, um deren Reaktionen zu testen. Natürlich mokierten sich einige der Streikenden über den Gag, andere kamen dem Ansinnen der Reporter deutlicher entgegen und ließen sich durch die Provokation zu heftigen Tiraden über die Bonner Politiker hinreißen. „Drohungen für Kohl, Rausschmiß für Honecker“ – mehr hatte „stern TV“ nicht zu bieten. Das „Spiegel-TV-Magazin“ (RTL) am 9. Mai konzentrierte sich vor allem auf die Personalquerelen in CDU und SPD. Einziges Thema mit ostdeutschem Aufhänger bildete der „Abgang des Knatterchargen“ Günther Krause, darüber hinaus polemisierten Stefan Aust und seine Redaktion in „Spiegel“-Manier ausgiebig über die angeblich unfähigen Politiker in Bonn.

Daß die insgesamt einseitige Berichterstattung nicht auf mangelnde Informationen zurückzuführen ist, belegten derweil in hervorragender Weise die Journalisten der Printmedien. Die Kommentatoren lieferten einen regen Argumentationsaustausch, zahlreiche Beiträge informierten ausführlich und analytisch. Darüber hinaus erhielten Experten aus der Wissenschaft Raum für sachliche Erläuterungen und Analysen. Das Beispiel Tarifverhandlungen bewies, daß die Zeitungen und Zeitschriften dem Fernsehen in Sachfragen um Längen voraus sind. Was könnten die Ursachen für die zumeist doch einseitigen oder oberflächlichen Fernsehberichte sein? Neben den erwähnten besonderen Anforderungen, denen die aktuellen Sendungen des Bildmediums Fernsehen ausgesetzt sind, bieten sich vor allem zwei Erklärungen an:

1. Die „Medienarbeit“ der Gewerkschaften ist besser und effektiver als die der Arbeitgeber, und die Fernsehanstalten lassen sich hiervon einspannen. Dies setzt jedoch voraus, daß sich die Journalisten weitgehend damit zufriedengeben, Weiterverbreiter vorbereiteter PR-Aktionen zu sein. Eigene, fachkundige Recherchen strengt man nur in begrenztem Maße an. Mit dem gerne zitierten Anspruch, unabhängige Kontrolleure gesellschaftlich wichtiger Prozesse zu sein, wäre es dann (zumindest in diesen Sachfragen) nicht sehr weit her.

2. Die politischen Sympathien der Journalisten gehören den Gewerkschaften, deren Anliegen sie in den Berichten unterstützen. Auch dies wäre denk-

bar und könnte vor allem zwei Ursachen haben. Zum einen kann nicht ausgeschlossen werden, daß sich zahlreiche Redakteure noch von ideologischen Vorurteilen gegen Unternehmer und Arbeitgeberverbände leiten lassen und entsprechend Position beziehen. Zum anderen wäre es aber auch möglich, daß man einen Opportunismus gegenüber seinem Publikum pflegt, das vorwiegend aus Angestellten und Arbeitern besteht. gka

(MK 21/93, 24. 5. 1993)

Bischofferode

Medienwirksamer Hungerstreik

Vier Fernsehsendungen von ARD und ZDF im Vergleich

Seit Anfang Juli befinden sich im thüringischen Bischofferode rund 40 Kalibergarbeiter im Hungerstreik. Ihr Protest gegen die von der Treuhand befürwortete Schließung ihrer Salzmine ist medienwirksam angelegt, denn er gibt dem Bildmedium Fernsehen die richtige Nahrung: verzweifelte Menschen im Kampf gegen eine seelenlose Maschinerie – genau der Stoff, aus dem reißerische Oberflächenreportagen à la RTL sind. Doch hinter der Schließung des Kalibergwerks in Bischofferode steckt mehr. Das Werk wird von vielen für wirtschaftlich überlebensfähig gehalten, die Entscheidung der Treuhand, einen Zusammenschluß west- und ostdeutscher Kaliunternehmen zu forcieren, dem Bischofferode zum Opfer fällt, ist nicht unumstritten.

„punkt 5“ (ARD): „Hunger tut richtig weh“

Doch dafür interessiert sich hauptsächlich die Presse, längst nicht jeder Fernsehsender, die wochentäglich jeweils um 17.05 Uhr ausgestrahlte ARD-Sendung „punkt 5“ überhaupt nicht. Statt dessen gab hier Moderatorin Angela Fritzsch am 19. Juli in Boulevard-Manier ihr Weltbild preis. „Im Normalfall läuft das so“, erklärte sie den Zuschauern: „Unternehmer droht an, Stellen abzubauen. Gewerkschaft marschiert auf, diskutiert mit Unternehmern und Politikern. Kompromiß. In Bischofferode ist alles anders: Führungslos Hungernde machen selbst die sonst so hartgesotten wirkenden Herren in blau oder grau einfach ratlos. Vielleicht haben sie ja eine Ahnung von dem, was jeder Arzt weiß: Hunger tut richtig weh und macht Magen, Nieren und Herz kaputt.“

„Kontraste“ (ARD): „Mit dem Mute der Verzweiflung“

Von „führungslos Hungernden“, „sonst so hartgesotten wirkenden Herren in blau und grau“ und Hunger, der „richtig weh“ tut, war am selben Tag beim ARD-Magazin „Kontraste“ (SFB) zwar nicht die Rede, aber auch Moderator Jürgen Engert machte kein Hehl daraus, wem seine Sympathie gehört: „Heute abend mußte wieder einer der Kumpel, die sich im Kalibergwerk Bischofferode im thüringischen Eichsfeld im Hungerstreik befinden, ins Krankenhaus gebracht werden. Die Bergleute setzen nicht aus Trotz und Dollerei ihr Leben aufs Spiel. Sie fühlen sich als Opfer einer westlichen Kartellpolitik, und gegen die stemmen sie sich mit dem Mute der Verzweiflung. Sie haben auf Helmut Kohl, den sie wählten, gehofft. Aber anhand von Bischofferode offenbart sich wieder einmal, daß die Politik gegenüber internationalen Kartellen am kürzeren Hebel sitzt. Statt den Versuch zu wagen und einem Unternehmer aus Westfalen namens Johannes Peine den Einstieg in Bischofferode zu gestatten, fällt der Politik nichts anderes ein, als 700 lausige Arbeitsplätze mit Steuergeldern zu finanzieren.“

Der Bericht des „Kontraste“-Mitarbeiters Reinold Hartmann verstärkte Engerts Befund, der Hungerstreik in Bischofferode habe für die Bürger in den neuen Ländern symbolischen Charakter. Hartmann erklärte den wirtschaftlichen Hintergrund dahingehend, daß Bischofferode zugunsten der Marktinteressen von BASF geopfert werde. Mit der geplanten Fusion der ost- und westdeutschen Kaliindustrie entstehe ein Großunternehmen, an dem die Treuhand mit 49 Prozent, die westdeutsche Kali und Salz AG mit 51 Prozent beteiligt sei. An der Kali und Salz AG wiederum sei die BASF mehrheitlich beteiligt, spreche also beim Abbau des Salzes „das letzte Wort“. BASF brauche das Salz zur Herstellung von Düngemitteln: „Auf dem Düngemittelmarkt steht BASF mit an der Spitze in Europa. Mit der Fusion stirbt Bischofferode – ein wichtiger Rohstofflieferant ihrer Konkurrenten.“ Bestätigung für diese Erklärung fand Hartmann bei einem Gutachter der Thüringer Landeswirtschaftsförderungs-Gesellschaft, der in einer Studie zu dem Ergebnis kam, daß Bischofferode nicht eingestellt werden müsse. Nun holte „Kontraste“-Autor Hartmann den westdeutschen Speditions-Unternehmer Johannes Peine vor die Kamera, der bei der Treuhand ein Konzept vorgelegt hat, um das Kaliwerk in Bischofferode weiterzuführen. Spätestens ab diesem Zeitpunkt war der „Kontraste“-Bericht nur noch für Insider verständlich. Denn der Unternehmer sprach von Verhandlungen mit der Treuhand über Bärwalde, über Kaufgespräche und Notartermine, die „kurzfristig gecancelt“ wurden, weil die Treuhand vertragliche Dinge über Bischofferode, Bleicherode und Angersdorf habe klären wollen. Der zuständige Treuhand-Direktor Klaus Schucht bestätigte die Aussagen, was aber nicht bedeutete, daß den Zuschauern erklärt wurde, was mit den Orten Bischofferode, Bleicherode, Bärwalde und Angersdorf wohl zu verbinden sei. Sorgte „Kontraste“ bei der Darstellung der wirtschaftlichen Hintergründe für reichlich Verwirrung, fiel das Schlußurteil umso klarer aus. „Von vielen“, sagte Hartmann, werde den Kali-Kumpeln „vorgeworfen, die marktwirtschaftlichen Realitäten nicht wahrhaben zu wollen. Doch im Grunde streiken sie für die Marktwirtschaft und gegen politische und wirtschaftliche Kartelle – ein Kampf mit ungleichen Mitteln." Jürgen Engert schloß sich mit einem dramatischen Plädoyer für staatliche Interventionen an: „Weil es keine Industriepolitik für die strukturschwachen Regionen gibt, droht der Osten Deutschlands zum Süden Italiens zu werden. Wie hieß es doch so schön? Beseitigung der Teilung heißt teilen. Statt dessen ist ein Verteilungskampf zwischen West und Ost im Gange. Die Kumpels von Bischofferode stehen stellvertretend für die Menschen zwischen Ostsee und Thüringer Wald."

„Frontal" (ZDF): Kampf „gegen den Rest der Welt"

Ähnlich markige Worte wählte ZDF-„Frontal"-Moderator Ulrich Kienzle einen Tag später: „Seit 18 Tagen streiken die Kalikumpel von Bischofferode. Sie kämpfen auf verlorenem Posten, gegen alle wirtschaftliche Vernunft, gegen die Treuhand, gegen die Landes- und Bundesregierung, gegen die Gewerkschaft, kurz: gegen den Rest der Welt. Nicht ohne Erfolg, denn der Streik hat neuen Stolz in die triste Welt von Bischofferode gebracht." Mit Kienzles Worten war der nachfolgende Beitrag von Martina Niembs inhaltlich schon vollständig umrissen. Sie beschränkte sich auf eine emotionsgeladene Kommentierung der Bilder, die ihre Kameraleute einfingen. Tenor: „Der Protest im Eichsfeld – vielleicht ein Wendepunkt der deutschen Einigung. Lernprozeß Ost: Wer stillhält, verliert. Wer sich wehrt, gewinnt – vielleicht."

Hungerstreikende Arbeiter und ihre Ehefrauen kamen mit wütenden und verzweifelten Statements zu Wort. „Unmenschlich" sei die Regierung, „eiskalt" würden ihre Arbeitsplätze vernichtet, sagten sie. „Hier tickt eine soziale Zeitbombe, eine existenzielle Auseinandersetzung, die an Arbeitskämpfe aus dem letzten Jahrhundert erinnert", deutete Martina Niembs und zeigte den Abtransport einiger Bergleute im Krankenwagen im Bild. „Es gibt Ossis, die sich nicht mehr ducken." Bischofferode sei „kein Streik, wie ihn die satte, alte Republik kannte. Es geht nicht um mehr Lohn oder eine weitere Masche im sozialen Netz. Wer um seinen Stolz kämpft, den beeindrucken rein ökonomische Argumente herzlich wenig. Bis heute hungern 40 Kaliarbeiter auf dem Werksgelände. Sechs Hungerstreikende liegen bereits im Krankenhaus. Es dürften noch mehr werden in den nächsten Tagen."

„Zündstoff" (ZDF): „Mitleid oder Vernunft?"

Um die Signalwirkung des Hungerstreiks kümmerte sich einen Tag später (21. Juli) die ZDF-Sendung „Zündstoff". Schon ihr Titel verriet, daß es nicht um bloße Beschreibung oder beschwörerische Appelle, sondern um das Abwägen der Argumente ging: „Bischofferode: Entscheidung aus Mitleid oder wirtschaftlicher Vernunft?" Moderator Michael Jungblut sah die Lage distanziert und kritisch. Den „Streikenden von Bischofferode" sei es gelungen, sagte er, „den Verlust ihrer Arbeitsplätze zu einem nationalen

Ereignis zu machen. Sie haben Politiker und Gewerkschaften in tiefe Verlegenheit gestürzt und die Verantwortlichen bei der Treuhand in einen Erklärungsnotstand gebracht." Vor einigen Wochen hätte kaum einer gewußt, wo Bischofferode liegt. „Die meisten kannten nicht einmal den Namen. Das zeigt, was man durch medienwirksam inszenierte Aktionen erreichen kann. Denn während überall in Deutschland Zehntausende von Arbeitsplätzen verloren gehen, richtet sich das öffentliche Interesse seit Wochen fast nur noch auf das kleine Häufchen der 700 Kali-Kumpel in Thüringen. Haben Sie ein Zeichen gesetzt? Werden andere ihrem Beispiel folgen? Schon wird mit weiteren Hungerstreiks gedroht. Der Deutsche Gewerkschaftsbund und die Kirchen forderten heute eine Trendwende der staatlichen Industriepolitik. Hätte sich das ganze Drama nicht vermeiden lassen, wenn die Treuhand das Angebot eines privaten Unternehmers angenommen hätte, die Grube zu sanieren?"

Das Für und Wider einer solchen Entscheidung wurde in mehreren Beiträgen abgewogen. Sämtliche Beteiligten kamen zu Wort: streikende Arbeiter, der Unternehmer Johannes Peine, die Treuhand. Informationen über die Verhältnisse auf dem von einem Überangebot gekennzeichneten internationalen Kalimarkt gab es ebenso wie über die Lage der Kaliwerke in den neuen Ländern, den geplanten Zusammenschluß zwischen west- und ostdeutschen Kaliunternehmen oder die Stärken und Schwächen der Pläne Peines für Bischofferode. Aber auch die Perspektive der Arbeitnehmer kam nicht zu kurz. Es wurde dargelegt, daß Entlassene mittleren Alters kaum eine Chance haben, jemals wieder angemessene Arbeit zu finden. Hinzu kam, in Passagen jeweils zwischen den einzelnen Beiträgen, ein langes Interview, das Michael Jungblut mit Klaus von Dohnanyi führte. Er erklärte, warum der Streik in Bischofferode inzwischen eine solche symbolische Bedeutung für die neuen Länder habe und forderte von Politikern und Wirtschaftsleuten den „Mut, rechtzeitig zu sagen, was ist". Es fehle die Bereitschaft, „die Dinge anzusprechen und sich zu stellen."

Mitleid könne kein Ersatz für wirtschaftliche Vernunft sein, warnte Michael Jungblut zum Abschluß: „Das Signal von Bischofferode: Wenn das so verstanden wird, daß notwendige Stillegungen nicht über die Köpfe der betroffenen Menschen beschlossen werden dürfen, und daß alle Hemnissse für Investitionen in neue Arbeitsplätze entschlossen beseitigt werden müssen, dann hätte sich der Streik gelohnt. Wenn das Signal aber so verstanden wird, daß sich der Staat durch Aktionen und einen Appell an die Emotionen zu wirtschaftlich unsinnigen Zusagen bewegen läßt, wären die Folgen fatal." Gäbe Jungbluts Sendung ein Signal, wäre das alles andere als fatal: 45 Minuten Information, sachliche Einordnung, der Zuschauer darf sich sein Urteil selber bilden – makelloses öffentlich-rechtliches Informationsfernsehen.

MH

(MK 31/93, 2. 8. 1993)

Konto überzogen

ARD-Film „Die Geldmacher" (SDR) diffamiert das Bankgewerbe

Die Ankündigung der ARD-Sendung „Die Geldmacher" am 8. September war eindeutig. „Von der Macht der Banken und der Ohnmacht ihrer Kunden. Angst statt Vertrauen, Feind statt Freund", handele das Stück, schrieb die Programmzeitschrift „TV Hören und Sehen" (35/93): „Claus Bienfait zeigt in einer Collage aus Bildern, Statements und Werbespots, wie weit Anspruch und Wirklichkeit bei den Finanzkonzernen auseinanderklaffen".

Damit war die Marschrichtung des collageartigen ARD-Films vorgegeben, bei dem der Kabarettist Hans-Jochen Busse als Moderator fungierte. Er mimte einen gewitzten Bankmanager, der in seinem Büro vor dem Computer sitzt. Auf seinem PC liefen Filme und Interviews ab, aus denen sich der ARD-Film zusammensetzte. Zwischen den Beiträgen meldete sich Busse mit kabarettistischen Kommentaren zu Wort. Eingangs sinnierte er über den Wert des Geldes: „Für den Bankkunden zeigt sich der Wert des Geldes, wenn er es ausgibt, also es verbraucht. Die Wirtschaft spricht hier vom Verbraucher. Meistens verbraucht der Kunde soviel von dem Geld der Bank, daß es weg ist, weshalb sich die Bank beim Kunden einen Gegenwert holen muß, der das verbrauchte Geld wert ist. Und damit kommt die Bank zu ihrem Geld, umso mehr, da der Gegenwert meistens mehr, als das ganze Geld wert ist."

„Und auf einmal ist man weg ..."

Im folgenden Videoclip berichtete eine Mutter mit einem lebhaften Kind auf dem Arm von ihren Erfahrungen mit ihrer Bank. Sie komme sich wie eine Bittstellerin vor, wenn sie um ihr eigenes Geld fragen müsse, klagte sie. Über die Hintergründe erfuhr der Zuschauer nichts. Es wurde nur eingeblendet, daß sie 150 000 Mark Schulden habe. Kurze Zeit später kam eine Pelzhändlerin zu Wort. Auch sie hatte wohl keine guten Erfahrungen mit Banken gemacht. Die eingeblendeten Zahlen informierten den Zuschauer über Schulden von 550 000 Mark und einen Konkurs. Die Geschäftsfrau beschrieb ihre Situation nach Zwangsversteigerung, Gewerbeverbot und die Tatsache, daß sie von Sozialhilfe abhängig sei: „Und auf einmal ist man weg und man ist nichts mehr, weil die Füße unter dem Tisch zusammengesteckt wurden. Und da wurde gemauschelt: Also R., die werden jetzt geschlachtet und jetzt sind Sie dran. Und da waren wir dran." Daß sie sich ungerecht behandelt fühlte, wurde deutlich. Dunkel blieb der Zusammenhang. Worum ging es eigentlich? Was war geschehen?

Auch die Geschichte eines wiederholt ins Bild gesetzten Schreinermeisters wurde unkorrekt erzählt. Er behauptete mit Blick auf seine Lage: „Man zerstört hier so einen Betrieb, der Arbeit hat. Wir haben also gut Arbeit, wir haben drei Monate Auftragsvorlauf für unser Personal, ich habe einen Nachfolger, ich habe eine Familie und da stürzt man eigentlich viele Leute ins Unglück, wo es gar nicht nötig wäre.“ Tatsächlich handelt es sich bei seinem Betrieb um ein kleineres Unternehmen mit drei Mitarbeitern. Die Diskussion dreht sich um einen Kontokorrentkredit von 100 000 Mark, wie die zuständige Bank mitteilt. Der Schreiner gibt sogar zu, daß er keine Probleme mit der Bezahlung hat. Warum also der Streit? Dem Zuschauer wurde vorenthalten, daß der Schreinermeister sich weigert, Sicherheiten für den Kredit zu stellen.

Hier griff der Autor auf ein bereits in mehreren Sendungen bewährtes „Opfer“ zurück. Bei Karin G. aus Bochum wurde für kurze Zeit der Hintergrund deutlich. Offenbar ist sie auch durch eigene Schuld in die Misere geraten, so daß aus einem Kredit von 3000 Mark dann 19 600 Mark Schulden wurden. Bevor der Zuschauer das jedoch recht begreifen konnte, wurde der Film beschleunigt und der Erzähler unverständlich. So gelang es dem Filmautor Bienfait selbst beim Text, daß den Zuschauer nur bestimmte Informationen erreichten und er sich kein klares Bild machen konnte. Auch die Geschichte einer Kosmetikerin war mehr als dürftig. Daß sie mit einem Umsatz von 6 000 Mark im Monat zwei weitere Arbeitsplätze geschaffen habe, ist selbst für Laien unglaubwürdig. Und dann behauptete sie noch: „Ich glaube, es wird viel weniger Arbeitslose und Sozialhilfeempfänger geben, wenn man es den Leuten noch leichter machen würde. Daß man sagt, wir unterstützen sie tatsächlich mit dem Existenzgründungsdarlehen, das steht nicht nur auf dem Papier, sie bekommen das. Ich weiß hier aus ganz nächster Nähe, da hat man Millionen jemandem gegeben und es geht ja auch überallhin das Geld, die kriegen Millionen und Milliarden Darlehen und der kleine Mann, sprich hier die kleine Frau, die bekommt nichts.“

Interviews zu imaginärem Gespräch zusammengeschnitten

Dann berichtete Dr. Leo P., ehemaliger Richter, über seine Tätigkeit als Banken-Ombudsmann. Er wurde, wie vom Bundesverband deutscher Banken zu erfahren war, eigens für die ARD-Sendung von München nach Köln eingeflogen. Auf die Bitte des Autors Bienfait, der zu verstehen gab, daß die öffenlich-rechtlichen Sender nur wenig Geld hätten, übernahm der Bundesverband sogar die Kosten dafür. Nur etwa 50 Sekunden hatte Dr. P. dann während der 45minütigen Sendung Zeit, die Bedeutung seines neugeschaffenen Amtes zu erklären. Durch die Schnittechnik des Films befand er sich zudem in einem imaginären Gespräch mit drei verschiedenen – natürlich unzufriedenen – Kunden und antwortete auf deren anklagende Sätze. Doch die Schimpfkanonade ging noch weiter. Wilhelm S. wurde als ehemaliger Bankvorstand vorgestellt. Er sagte, die Banken seien einer Mafia gleichzusetzen und regelrecht darauf aus, andere „platt zu machen“. Auch hier fehlten Angaben, die geäußerte Meinung stand ohne Bezug im Raum.

Nach einem Werbespot der Citibank erklärte dann Michael B., Pressesprecher der Bank, das neue Elektronic Banking. Mitten in seinem Vortrag kam die Frage: „Was ist Bonität? Erklären Sie mal." Michael B.: „Äh, das ist, . . . äh, stop, . . . das ist eine schwierige Frage." Die überraschende Frage konnte der Pressesprecher nicht sofort beantworten; deshalb bat er, die Kamera anzuhalten und, wie er später erklärte, hatte er auch darum gebeten, die Sequenz nicht zu senden. Der Pressesprecher der Citibank konnte also nur als Einfaltspinsel erscheinen, weil ARD-Filmer Bienfait die Kamera gegen seinen erklärten Willen weiterlaufen ließ. Auf diesen Filmtrick angesprochen, meinte Ernst Elitz, Chefredakteur des Süddeutschen Rundfunks, unter dessen Verantwortung „Die Geldmacher" entstanden: „Man sieht deutlich, daß der Pressesprecher abwinkt, damit die Kamera stoppt. Das heißt aber nicht automatisch, daß diese Sequenz nicht gesendet werden sollte." Und Claus Bienfait, der Autor des Films, habe ihm versichert, daß der Pressesprecher dies auch nicht verlangt habe, sagte Elitz. Von der ARD dermaßen vorgeführt, machte der Citibank-Sprecher natürlich einen schlecht vorbereiteten Eindruck, den der Fernsehkritiker Tilmann P. Gangloff in der „Westdeutschen Zeitung" (10. September) belustigt kommentierte: „Gemein konnte Bienfait auch werden: Als der Pressesprecher der Citibank etwas von Bonität der Kunden erzählte, wollte Bienfait wissen, was denn Bonität sei, und da mußte sein Gesprächspartner passen – peinlich, peinlich." Filmmoderator Jochen Busse ergänzte das Bild vom dummen, geldgierigen Banker: „Unter Bonität versteht man gemeinhin ein digitales Akkreditiv, nicht wahr, das nach einer säkularen Margenkompression zum kummulierten Disagio wird. Oder einfacher ausgedrückt: Gefragt ist die doppelte Golddeckung! Ja, wie soll ich Ihnen das nun wieder erklären, am besten so: Hast Du was, kriegst Du was. Eigentlich doch ganz einfach."

Die letzten drei Minuten des ARD-Films waren noch suggestiver gestaltet. Zu flippiger Musik sah man Sequenzen aus Werbefilmen der Banken, sah Börsenhändler um Aktienkurse feilschen und dazwischen immer wieder Szenen von Kriegen, von Hungernden und Toten, gemischt mit jeder Menge Geldscheinen und den Rufen der Makler. Auch der selbsternannte Altmeister der Spekulation, Kostolany, ließ sich mit seinen Aussagen vor den Karren des ARD-Autors Bienfait spannen, dabei waren seine Aussagen über Banken oder Banker wohl eher Resultate persönlicher Erfahrungen. Er kritisierte die Banken und lobte die Börsianer: „Meine Reaktion gegenüber den Banken ist sehr gemischt. Ich halte sie für nicht unehrlich, nicht unanständig, aber halt sind sie Geschäftsleute, die auch eigene Interessen haben, nicht nur die Interessen der Bevölkerung und der Kundschaft. Wie soll man mit seinem Banker umgehen? Sehr vorsichtig, mißtrauisch und zynisch, nicht weil sie unehrlich oder unanständig wären, aber unerfahren sind die meisten, denn diese neuen Banker überall, die kommen direkt von der Schulbank in die Bank und haben keine Erfahrung." Nach dem Abspann erhielt Kabarettist Busse das letzte Wort: „Lassen Sie mich mit einem Zitat unseres Bundeskanzlers schließen: Herr Doktor Kohl hat erkannt: ‚Wichtig ist doch nur, was hinten raus kommt.' Gute Nacht!"

Wer Vorurteile hatte, bekam sie bestätigt

Wer schon immer etwas gegen Banken hatte, durfte sich durch diesen Bericht bestärkt fühlen. Wer Informationen erwartete, sah sich getäuscht. Getäuscht hat Autor Bienfait auch die beteiligten Banken. Ihnen gegenüber hatte er – wie die Nachfrage bei den Bankhäusern ergab – bei den Dreharbeiten von einem neutralen Bericht über ihre Geschäftspolitik und neue Dienstleistungen gesprochen. Neben nicht unerheblichen finanziellen Mitteln wurde ihm viel Zeit gewidmet, er nach Kräften unterstützt. Daß Journalisten kritische Fragesteller sind, erwartet man von ihnen. Daß sie sich durch Tricks und Lügen das Vertrauen der beteiligten Menschen erschleichen, um sie dann aufs Kreuz zu legen, hat mit Journalismus nichts gemein. Und wenn dann noch Absprachen, bestimmte Szenen nicht zu senden, nicht eingehalten und die Betroffenen lächerlich gemacht werden, werden Rechte beschnitten, um die andere Journalisten für andere Betroffene kämpfen.

Auch stellt sich die Frage, warum Bienfait nur Kunden gefunden hat, die ihren Banken nicht gerade wenig Geld schulden und wieso er sie stellvertretend für Millionen Bankkunden vorgeführt hat, wenn nicht zu dem Zweck, die Banken zu diskriminieren. Dazu bediente er sich seiner ganzen Kreativität, ließ Informationen wegfallen, verfälschte Aussagen und benutzte Interviews, die ihm zu einem anderen Thema gewährt wurden. Durch seine Schnittechnik erweckte er den Eindruck einer direkten Konfrontation zwischen den Banken und ihren Kunden. Die Banken zumindest wurden über diese Vorgehen nicht informiert. Im Gegensatz zu seinem Interview-Partner bei der Citibank weiß Bienfait offensichtlich genau, was Bonität ist. So gelang es ihm durch sein äußerst gewinnendes Auftreten, das Vertrauen der Banker zu erlangen und man gab ihm einen Vertrauenskredit. Den hat er nun wohl überzogen, so daß es mit seiner derzeitigen Bonität nicht mehr so gut bestellt sein dürfte. AS

(MK 38/93, 20. 9. 1993)

Banken

Der Wolf im Schafspelz

Reaktion der Betroffenen auf den ARD-Film „Die Geldmacher"

Die ARD-Sendung „Die Geldmacher" (Süddeutscher Rundfunk) vom 8. September hat bei den Beteiligten und anderen Geldhäusern helle Empörung ausgelöst. In einem collageartigen Film mit kabarettistischen Einlagen hatte Autor Claus Bienfait in einer Weise über das Verhältnis von Banken und Bankkunden berichtet, die den Bezug zur Realität vermissen ließ und mit journalistischer Berichterstattung nichts mehr gemein hatte (vgl. MK 38/93).

„Wenn das der neue Stil des Journalismus ist, dann Gute Nacht!“, kommentierte Michael Bierdümpfl, Pressesprecher der Citibank, Düsseldorf, die Art der Berichterstattung. Seiner Meinung nach heuchelte der Autor Interesse an Banken und ihren Dienstleistungen, um sich bestimmte Aussagen zu erschleichen. Diese seien dann in einer tendenziösen Berichterstattung in einen fremden Zusammenhang gestellt worden. Er rechnet nicht mit einer generellen Veränderung des Verhältnisses der Banken zu den Medien, räumt aber ein, daß er zukünftig mißtrauischer sein wird: „Es kommt darauf an, ob man den Journalisten und seine Arbeit bereits kennt und die Zusammenarbeit schätzt.“

„Das war Demagogie!“

Walter Schumacher, der Pressesprecher der Deutschen Bank in Frankfurt, empfindet diese Form der Satire für das Thema Bank und Bankkunden als unangemessen. Es sei beim Zuschauer der Eindruck erweckt worden, als handelte es sich um einen ernstzunehmenden Bericht und nicht um eine kabarettistische Collage. „Es wurde bewußt der Eindruck erzeugt, die Banken seien kühl, unangreifbar und ungerecht. Den gezeigten Bankkunden wurde Gelegenheit gegeben, ihren Frust abzureagieren und er (der Bericht) stellte bewußt konträre Aussagen aus Interviews mit Banken als Antwort dagegen. Damit sollte sich der Zuschauer dann ein eigenes Urteil bilden. Das war Demagogie!“ Auch die Art und Weise, wie es zu dem gezeigten Interview kam, findet er haarsträubend. Der Autor habe sich wie ein Wolf im Schafspelz um ein Gespräch zum Thema Banken („ganz allgemein“) bemüht. Im Verhältnis zu Journalisten werde sich zukünftig einiges wohl ändern. So sprach Schumacher positiv von Funk und Printmedien, will aber beim Fernsehen nur noch mit Journalisten arbeiten, wenn deren Arbeitsstil und die Art der Verarbeitung bekannt sind. Kritische Journalisten sind erwünscht, aber keine wie Bienfait. „Wenn man solche Themen anfaßt, sollte man auch demokratisch miteinander umgehen, z.B. in einer Talkshow, also live, so daß man auch etwas dazu sagen kann!“

Auch beim Bundesverband deutscher Banken ist man verärgert und fühlt sich getäuscht. Mit Paul Kellenbenz von der Pressestelle des Verbandes hatte der ARD-Filmautor über einen Informationsfilm nach dem Motto „Was tun die Banken“ gesprochen und alte und neue PR-Filme mitgenommen. Deshalb war der Verband auch bereit, die Kosten für das für die ARD-Sendung vorgenommene Interview mit dem Banken-Ombudsmann Dr. Leo Parsch zu übernehmen. Die Art und Weise, wie das Interview geschnitten wurde, empfindet Kellenbenz als unfair. Seine neue Marschrichtung liegt daher schon fest: „Bei den Printmedien sind wir positiv, bei

Magazinen eher zurückhaltend. Fernsehen ist derzeit kein Thema mehr. Da werden wir eher fertige Produkte, Clips etc., anbieten."

Auf die Frage nach der Machart des Films angesprochen, erwähnte Volkmar Kübler, Pressesprecher der Dresdner Bank, Frankfurt, die geschickte Schnittechnik und die raffinierte Kopplung verschiedener Aussagen. Der Zuschauer sei getäuscht worden und habe den Eindruck erhalten, es handelte sich um die Realität. „Der Autor hat zuwenig Wissen über Banken, wie Kredite vergeben werden etc., daher war der Film nicht objektiv." Kübler selbst hat noch keine negativen Erfahrungen gemacht, wird aber zukünftig die Gesprächspartner noch sorgfältiger aussuchen. Durch die extrem kurzen Sequenzen kam es nach Ansicht von Peter Pietsch, Pressestelle der Commerzbank, Frankfurt, zu keiner konkreten Aussage. „Da jammern die Befragten, daß die Banken ihnen keinen oder zuwenig Kredit geben, und der Verbraucherschutz behauptet, die Banken vergeben ihr Geld zu leicht." Für ihn war der Film eine einseitige Berichterstattung und wird ihn vorsichtiger im Umgang mit dem Fernsehen sein lassen. Für Horst Haßl, Ressortleiter bei der Frankfurter Sparkasse, war der Bericht lediglich enttäuschend. Er vermißte die Fachkunde, die inhaltlichen Aussagen des Films seien oft nur verwaschen gewesen: „Der Kabarettist Jochen Busse lenkte nur ab, und insgesamt ist mir der Film kaum in Erinnerung geblieben." Haßl sieht das Verhältnis zu Journalisten nicht tangiert.

Und was halten Journalisten von solchen Machenschaften? Für Wolfram Schubert, Redakteur bei der „Wirtschaftswoche" in Düsseldorf, wurde zu sehr auf die Banken eingeschlagen. „Sicherlich ist es ärgerlich, wenn die Gebühren erhöht werden. Ich habe auch vor ein paar Tagen Bescheid von meiner Bank bekommen. Aber man muß auch Gerechtigkeit walten lassen. Von meiner Bank verlange ich ja auch, daß sie mein Geld sicher anlegt, also die Kreditrisiken prüft. Sie muß darauf achten, daß nichts verloren geht." So fand er den ARD-Bericht ausgesprochen einseitig. Er sei nur durch die Bildschirm-Spiele mit der Computer-Maus und den Bemerkungen von Jochen Busse aufgelockert worden. Aber auch Schubert rechnet damit, daß die Banken nun etwas zurückhaltender werden. Die Betroffenen sind besonders verärgert, weil sie angeben, getäuscht worden zu sein und ihre Beiträge einem nicht ansatzweise erkennbaren Zweck gedient hätten. Alle Befragten waren sich einig, daß die reißerische Form des Berichts mehr verfälschte als erklärte. AS

(MK 39/93, 27. 9. 1993)

Wirtschaftsjournalismus

Rufschädigung per Polemik

Erneut bot „Plusminus“ (WDR) eine unfaire Berichterstattung

Wer spekuliert, kann auch verlieren. Dem winkenden Gewinn steht das Risiko gegenüber. Daher sollten Spekulanten nicht nur den Markt und das Objekt ihres Interesses gewissenhaft prüfen, sondern auch die eigenen finanziellen Möglichkeiten realistisch einschätzen. Eine Binsenweisheit, die auch auf Immobilien zutrifft: Wer Wohnungen kauft, um sie durch Steuerersparnis, Mieteinnahmen und späteren Wiederverkauf zu finanzieren, kann keine Erfolgsgarantie erwarten. Bricht der Markt ein, erweist sich das vermeintliche Schnäppchen als Fehlkauf, oder läßt man seine steuerlichen Rahmenbedingungen leichtfertig außer acht, muß man unter Umständen Lehrgeld zahlen.

Verluste durch Spekulation

Anders sieht man dies offenbar beim sogenannten „Wirtschaftsmagazin“ in der ARD, „Plusminus“ (WDR-Ausgabe). So nahm sich die Redaktion am 11. Mai die Bayerische Landesbank vor und stellte in einem Beitrag von Detlef Flintz und Klaus Schmidt zwei Personen vor, die dem Kölner Immobilienunternehmer Clemens J. Vedder im Jahre 1983 aus steuerlichen Gründen Eigentumswohnungen abgekauft hatten. Im ersten Fall wurde das Objekt des Käufers Hans-Jürgen Felber mit einem Kredit der Bayerischen Landesbank von 53000 Mark finanziert. Seine Hoffnung, daß das Objekt im Wert steige, erfüllte sich nicht. Felber verkaufte nach sechs Jahren mit einem Erlös von 27000 Mark. Im zweiten Fall gewährte die Bank dem Ehepaar Gerhard und Angela Schmid einen Kredit von 140000 Mark. Als diese ihr Objekt nach sieben Jahren verkauften, konnten sie nur einen Erlös von 101000 Mark erzielen.

Die Vorwürfe richteten sich nun nicht an die Erwerber, die offenbar ohne den Rat eines Steuerberaters oder eines Sachkundigen leichtfertig spekuliert hatten. Auch der Immobilienhändler, dem „Plusminus“ nebenbei (und laut Gericht zu Unrecht) unseriöses Vorgehen unterstellte, war nicht das Zielobjekt der Kritik. Der Beitrag richtete sich vor allem gegen die Bayerische Landesbank. Sie habe unter anderem

- den Käufern Kredite für Abschreibungsobjekte gegeben, die Verluste eingebracht haben;
- dem Immobilienhändler Vedder einen Kredit von 127 Millionen Mark für verschiedene Großobjekte gegeben (darunter die betroffenen), obwohl Vedder nicht seriös sei, weil er zur Täuschung der Käufer einen irreführenden Prospekt vorgelegt und angekündigte Instandsetzungen nicht zufriedenstellend ausgeführt habe;

– die beiden Käufer weder über Risiken der Zinsentwicklung noch über mögliche negative Aspekte der Wohnungen ausreichend aufgeklärt.

Vorwürfe in Sketch gekleidet

Bezeichnend war die Art und Weise, in der „Plusminus" das Thema aufarbeitete. So wählte man keinen normalen Filmbericht, um die Kritik vorzutragen (möglicherweise, um nicht haltbare Tatsachenaussagen zu vermeiden), sondern flüchtete sich in eine witzig-satirische Darstellung. Der Beitrag war als Sketch aufgemacht, bei dem ein vermeintlicher Boxpromoter mit rauher Stimme, flotten Sprüchen und viel Polemik die „Bank des Jahres" auszeichnete. Unter Fanfarenklängen und eingespieltem Zuschauergejohle wurde verkündet, daß die Bayerische Landesbank den Preis gewonnen habe. Es war klar, daß die „Auszeichnung" eine Verurteilung für unseriöses Verhalten darstellte. Sie sei die Bank des Freistaates Bayern, „dort wo Bankgeschäfte noch nach der guten bajuwarischen Art (dabei schlug er mit der rechten Faust in die linke Handfläche) gemacht werden."

Eingeflochten in die „Preisverleihung" wurde ein „Erwerber-Quiz", bei dem den beiden Spekulanten Fragen gestellt wurden. Sie sollten belegen, daß die Käufer einer Beratung bedurft hätten, woraus eine moralische Verpflichtung der Bank abgeleitet wurde. Im Grunde offenbarten sie aber, daß die leichtfertigen Käufer sich vor dem Kauf weder über die Objekte selbst noch über den Markt informiert hatten. Da wurde ihnen von „Plusminus" aber zugute gehalten, die Bank hätte sie vor dem Geschäft warnen müssen.

Entsprechend empört reagierte die Bank gegenüber dem Westdeutschen Rundfunk. In einem Schreiben an den Intendanten und die Aufsichtsgremien warf sie dem Sender „unqualifizierte" und „unverschämte" Berichterstattung vor. Der Beitrag von „Plusminus" sei umso unverständlicher, als man den Sachverhalt in einem ausführlichen Antwortbrief am 5. Mai 1993 auf über 20 Seiten dargestellt habe. „Offensichtlich ging es der Redaktion jedoch nicht um die sachliche Darstellung des Vorganges, sondern um eine höchst polemische Sendung jenseits jeglicher Seriosität".

Gerichtsurteile nicht berücksichtigt

In der Tat setzte sich das Schreiben vom 5. Mai (sowie ein weiteres vom 10. Mai) in vielen Details ausführlich mit Fragen und Vorwürfen der „Plusminus"-Redaktion auseinander. Die Bankvertreter machen darin zum Beispiel deutlich, daß der Vorgang bereits Gegenstand von Gerichtsverfahren in Mönchengladbach und München gewesen sei. Dabei „wurde eine Beweisaufnahme durchgeführt, die die erhobenen Vorwürfe nicht erhärten konnte. Alle anderen entschiedenen Klagen, insgesamt 27, wurden . . . ohne Beweisaufnahme rechtskräftig abgewiesen. Dies hat insoweit rechtliche Bedeutung, als eine Klageabweisung ohne Beweisaufnahme bedeutet, daß die Klage auch dann keinen Erfolg hätte, wenn alle Behauptungen der Kläger tatsächlich bewiesen würden." Aus den beiden oberlandesgerichtlichen Entscheidungen sei zu ersehen, „daß die Bayerische Landesbank aus Rechtsgründen für den angeblichen Schaden der Erwerber keine Verantwortung trifft".

Doch für „Plusminus" zählten weder die Argumente der Bank noch die der unabhängigen Richter. Dies ist unverständlich. Denn das Münchner Oberlandesgericht (AZ 26 U 6769/91) wies am 14. September 1992 nicht nur die Berufung der Kläger (zuvor Landgericht München I vom 14.10.1990) ab und verpflichtete sie zur Zahlung der Kosten des Berufungsverfahrens. Darüber hinaus machte es den Käufern der Objekte verschiedene gravierende Vorwürfe.

Kein schuldhaftes Verhalten nachzuweisen

In der Urteilsbegründung heißt es unter anderem: Weder dem Verkäufer Vedder noch der Bayerischen Landesbank sei ein rechtswidriges und schuldhaftes Verhalten nachzuweisen. Es fehlte an einer schlüssigen Darlegung, daß die Prospektangaben falsch seien, die Baubeschreibung sei im wesentlichen zutreffend, versprochene Leistungen seien erbracht worden. „Anhaltspunkte dafür, daß insoweit in Ausbeutung der Unerfahrenheit der Kläger sittenwidrige Abreden getroffen wurden, bestehen nicht." Die Beschuldigung, die Bank habe von möglichen Mängeln gewußt, fanden die Richter nicht bestätigt. „Die Behauptung, der Beklagten . . . habe ein Wertgutachten mit der Feststellung versteckter Mängel der Wohnanlage vorgelegen, ist offensichtlich ins Blaue hinein mit dem Ziel der Ausforschung aufgestellt." Darüber hinaus stellte das Oberlandesgericht klar, daß eine allgemeine Aufklärungspflicht einer kreditgebenden Bank gegenüber dem Darlehensnehmer über die Risiken der beabsichtigten Darlehensverwendung nicht bestehe. Bei steuersparenden Bauherren- oder Erwerbermodellen – „gelten sogar besonders strenge Voraussetzungen für die Bejahung der Schutzbedürftigkeit des Interessenten, weil davon auszugehen ist, daß dieser entweder selbst die notwendigen Erfahrungen besitzt oder sich der Hilfe von Fachleuten bedient."

Das Gericht lehnte sämtliche Vorwürfe der Kläger ab. Es machte ihnen im Gegenzug sogar heftige Vorwürfe: „Die Kläger wollten unter Ausnutzung anfallender Werbungskosten mit Hilfe von Steuerersparnissen ohne echten eigenen Aufwand Immobilienaufwand bilden und nahmen hierfür Kosten in Kauf, die bei normalem Erwerb einer Immobilie nicht angefallen wären. Auch über die Rentabilität des Objektes wurden die Kläger durch den Prospekt nicht getäuscht. Sie mußten wissen, daß sie nicht dem (im Prospekt als Beispiel vorgerechneten – die Red.) Höchststeuersatz unterliegen und aus der ihnen mit dem Prospekt vorgelegten Rentabilitätsberechnung erkennen, daß die Kaltmiete . . . wegen nicht umlegbarer Nebenkosten und anfallender Verwaltungs- und Instandhaltungskosten nur teilweise für die Finanzierung zur Verfügung steht."

Auch hätten sich die Käufer über den ungefähren Wert der Immobilie mit Hilfe von Fachleuten besser informieren müssen, ihre eigene steuerliche Situation hätten sie an Hand ihrer persönlichen Steuerquote überprüfen müssen. Das Gericht: „Sie konnten nicht einfach die Augen vor den ihnen bekannten Tatsachen verschließen und deswegen auf eine nicht vorhandene Anlagequalität vertrauen." Zum Schluß warf das Gericht den Klägern sogar vor, mit verdeckten Karten zu spielen. „Unstreitig sind ihnen aus der Durchführung des Erwerbermodells Steuervorteile zugeflossen, die sie nicht offenlegen."

gka

(MK 25/93, 21. 6. 1993)

Schneider-Pleite

„Einen so guten Schauspieler gibt es nicht"

Der flüchtige „Baulöwe" Schneider täuschte auch den „Spiegel"

Mit falschen Angaben über seine Vermögensverhältnisse, gefälschten Mietverträgen und manipulierten Kalkulationen hat der flüchtige und mittlerweile per Haftbefehl gesuchte Immobilienunternehmer Jürgen Schneider die gesamte Bankenbranche – allen voran die Deutsche Bank – düpiert und getäuscht. Doch nicht nur bei den Banken verstand es Schneider, sich in ein für ihn günstiges Licht zu setzen. Er beeindruckte auch die Journalisten und sogar jenes Magazin, das sich besonders sicherer Urteilskraft rühmt – den „Spiegel", der noch am 3. Januar schrieb: „kein anderer baut aufwendiger und restauriert schöner als Schneider."

Positiv wie selten charakterisierte das Hamburger Magazin damals den Unternehmer, der gut drei Monate später, am 18. April, auf dem Titelblatt des „Spiegel" als „Pleite-König" und „Bauspekulant" in einer Fotomontage präsentiert wurde, bei der sich über seinem Konterfei die gewaltigen Staubwolken einer zusammenbrechenden Häuserruine türmten. Am 3. Januar hatte es im „Spiegel" noch ganz anders geklungen: „Immobilienkaufmann mag Jürgen Schneider nicht genannt werden – das ist für ihn ‚fast beleidigend'. Der größte private Immobilienbesitzer Deutschlands will mit der Branche, in der sich so viele Glücksritter und halbseidene Figuren tummeln, nichts zu tun haben."

„Schneider kann rechnen"

Einer von Schneiders Lieblingssprüchen, so schrieb der „Spiegel" im Januar, laute: „Es muß sich rechnen." Und: „Schneider kann rechnen, obwohl er Grundstücke teuer kauft und Häuser ungemein aufwendig renoviert." An die besten Immobilien in Leipzig sei er „außerordentlich flott" gekommen und habe dort „im Nu 300 Millionen Mark investiert". Dabei gehe es dem Immobilienunternehmer nicht um das schnelle Geld. „Er habe eben ‚eine riesige Freude an historischen Immobilien', erklärt der Investor seine Sanierungsarbeit. Als Student, erinnert er sich, habe er ‚fast geflennt', als er in Frankfurt sah, wie Spekulanten Altbauten platt machten. Schneider hat dann gezeigt, daß auch mit der Erhaltung alter Gebäude viel Geld zu verdienen ist." Schneider und seine Frau, lobte der „Spiegel" weiter, führten ihr Unternehmen in der „etwas altmodischen Form einer Gesellschaft des bürgerlichen Rechts (GdbR)", in der „die beiden persönlich mit ihrem gesamten Vermögen" hafteten. Als Person, merkte der „Spiegel" schließlich an, sei Jürgen Schneider zurückhaltend, medienscheu und „ein zutiefst konservativer Mensch: ‚Alles muß auf einem gesunden Boden stehen.'"

Daß der Boden, auf dem die Unternehmungen Schneiders standen, aus geliehenem Geld in Milliardenhöhe bestand, konnte der „Spiegel" nicht wissen. Doch auch die inzwischen durch die Presse gegangenen und – wie allenthalben zu lesen und zu hören ist – seit langem bekannten rüden Methoden und harten Verträge, mit denen Schneider seine Handwerker bei der Stange hielt, erforschte der „Spiegel" im Januar 1994 nicht. Das aber hinderte das Blatt nicht daran, wie so viele andere Medien auch, nach Schneiders Flucht nicht sich selbst zu korrigieren, sondern die Banken wegen ihrer angeblich fehlenden Sorgfalt bei der Kreditvergabe in die Pflicht zu nehmen: „Die größte Pleite der Nachkriegszeit erschüttert den deutschen Immobilienmarkt. Jahrelang hatte Jürgen Schneider die Banken genarrt und Milliarden-Kredite erschwindelt. Vertrauensselig hatten die Kreditinstitute den Finanzjongleur hofiert: Nun haben sie den Schaden – und den Zorn und Spott dazu."

Nun erschien Schneider dem „Spiegel" nicht mehr ganz so volksnah und treuherzig. Was dem „Spiegel" vorher an Schneider so gut gefallen und so echt ausgesehen hatte, markierte das Magazin jetzt als Fassade, mit der Schneider die Banken getäuscht habe: „Von dem ‚Frankfurter Bub', wie sich sein Großkunde gern nannte, war Ulrich Weiss, Vorstandsmitglied der Deutschen Bank, sehr angetan. Dr. Jürgen Schneider, Berufsbezeichnung ‚privater Investor', machte bei allen Bankern Eindruck, wenn er in seinem liebevoll gepflegten 15 Jahre alten Mercedes vorfuhr. Im dunklen Zweireiher mit dezentem Einstecktuch hatten die Geldhäuser einen distinguierten Herrn vor sich, an dem allenfalls das Toupet und die etwas zu lang geratenen Hosen auffällig erschienen. Mit den meisten Vertretern des Immobiliengewerbes hatte er jedenfalls wenig gemein." Die Geldgeber Schneiders seien sich, wie die „Frankfurter Allgemeine Zeitung" es noch Ende Februar notiert habe, der Kreditwürdigkeit Schneiders sicher: „Schneiders Imperium sei ‚in sich tragfähig'."

Nach dem Tadel für die hereingefallenen Bankiers und dem Verweis auf deren Urteil in der F.A.Z. beeilte sich der „Spiegel" dann, vom „Fall eines vermutlich betrügerischen Groß-Bankrotteurs“ schnell zur „Banken-Affäre“ überzugehen, dem „bodenlosen Leichtsinn“ und dem „Versagen deutscher Kreditinstitute“. Anders als bei ähnlichen Gelegenheiten, verzichtete der „Spiegel“ darauf, sich länger mit der Person des Milliarden-Pleitiers zu befassen. Das Blatt legte auch kein besonderes Augenmerk auf die, wie Börsen-Fachmann Gerhard Czerwensky es in einem Fernsehinterview nannte, „kriminelle Energie“, die hinter Schneiders Geschäften gestanden habe. Dem „Spiegel“ ging es bei seiner großen Titelgeschichte über den Fall Schneider, die am ersten Montag nach der Flucht des Milliarden-Pleitiers erschien, in der Hauptsache um die Banken. Zwar stehe mit Schneider ein „Missetäter parat, der mit scheinbar raffiniert eingefädelten Betrugsmanövern die Banken prellte. Doch in ihrer Gier, mit dem vermeintlich potenten Großinvestor ins Geschäft zu kommen, ließen sich die Institute bereitwillig hinters Licht führen.“

„Schattenseiten des ‚feinen Schufts‘ . . . blieben verborgen“

Über ihre vermeintlichen Fehler ließ sich der „Spiegel“ über weite Strecken der neun Seiten langen Titelgeschichte aus. Fast nur noch am Rande ging es um den flüchtigen Immobilienspekulanten. „Viele, die Schneider vertrauten“, hieß es in einem Abschnitt, könnten „noch immer nicht fassen, was geschehen ist. ‚Einen so guten Schauspieler gibt es nicht‘, meinte ein enger Mitarbeiter. Die Schattenseiten des ‚feinen Schufts‘, wie ‚Bild‘ den Abgetauchten titulierte, blieben verborgen.“ Schneider habe „alle getäuscht: seine Vorstandskollegen und Banker, Journalisten und Politiker wie den Frankfurter Oberbürgermeister Andreas von Schoeler“. Daß auch sie selbst sich täuschen ließen, erwähnten die „Spiegel“-Schreiber bei ihrer Aufzählung der Enttäuschten nicht. Dabei hätten sie die perfekte Camouflagemit einem sehr aussagekräftigen Zitat aus ihrem eigenen Blatt, Ausgabe 3. Januar 1994, eindrucksvoll belegen können. Dort wurde zum Abschluß der Lobeshymne auf den Großinvestor Schneider gemutmaßt, daß er wahrscheinlich sogar mit den 100 aufwendig gestalteten Sozialwohnungen, die er in Frankfurt baue, noch Geld verdienen werde: „Einem Geschäftspartner bekannte er einmal: ‚Ich habe noch nie Geld verloren.‘“ MH

(MK 19/94, 9. 5. 1994)

Schneider-Pleite

„Im Skandal-Land Deutschland“

Das Fernsehen: sachliche Berichte, moralische Appelle und Satire

Für einen Pleitier, der sich mit mehreren hundert Millionen Mark abgesetzt hat, vom Bundeskriminalamt gesucht wird und Auslöser für Konkurse und Entlassungen ist, hat der flüchtige Bauunternehmer Jürgen Schneider eigentlich eine relativ gute Presse. Die „Bild“-Zeitung erklärte ihn zwar zum „feinen Schuft“, und auch die seriösen Medien verurteilten einhellig seine Flucht aus der Verantwortung. Im Mittelpunkt ihrer Kritik aber stehen jene, die mit den Aufräumarbeiten des größten Immobilienskandals der Bundesrepublik befaßt sind – die Banken. Sie, vor allem die Deutsche Bank, haben den Schaden, eine sehr schlechte Presse und werden vor allem im Fernsehen als Witzfiguren vorgeführt.

Bei der ARD nahm die „Hessenschau“ im Programm von Hessen 3 am 11. April die Berichterstattung über Schneiders Pleite auf, berichtete schnell, umfassend und kompetent über die Folgen seiner Flucht, vor allem für die Handwerker und für die Banken. Ganz anders ging drei Tage später die Chefredakteurin des HR, Luc Jochimsen, im ersten ARD-Programm zu Werke. Im „Brennpunkt“ (14. April) gefiel sie sich als Generalanklägerin der Banken. „Guten Abend im Skandal-Land Deutschland“, begrüßte sie die Zuschauer, denen Axel Mühlhaus in einem stimmungsgeladenen aber faktenarmen Bericht das Märchen von „König Schneider“ erzählte; dem angeblich volksnahen, aber de facto größenwahnsinnigen Unternehmer, der irgendwann durchdrehte: „Wie sollte Schneider widerstehen? Von hohen Tieren umgeben, Geld reichlich. Und noch dazu eine weiße Weste, von der Ehefrau poliert.“ Und schon ging es um die Schuld der Banken, deren Verantwortlichkeit der ARD-„Brennpunkt“ kaum hinreichend darzustellen, geschweige denn zu erklären in der Lage war, aber trotzdem wußte, „die Gier nach dem großen Geld“ habe sie blind gemacht. So hieß es im Bericht von Michael Best und Barbara Müller. „Tatort Banken – so heißt dieser Wirtschaftskrimi eigentlich“, sagte Luc Jochimsen zum Abschluß und beklagte, daß ihr niemand aus der Bankenwelt zum Interview bereitgestanden habe. Und das war wirklich schade, denn interessant gewesen wäre allemal zu hören, welche Fragen sie Bankvertretern bei all der Oberflächlichkeit zu stellen gedachte.

„Hasardeure und Abzocker mit von der Partie“

Im „Tagesthemen“-Kommentar am selben Abend machte Wolfgang Kenntemich, Chefredakteur des MDR, da weiter, wo Luc Jochimsen aufgehört hatte – bei der Schuld der Banken. „Wie oft“, mahnte er, seien auf dem Immobilienmarkt „Hasardeure und Abzocker mit von der Partie?“ Um so verwunderlicher sei, „wie blauäugige Banker einem Biedermann-Schuft wie Schneider die Milliarden in den Rachen werfen und mit seinen eher plumpen Tricks mit Firmenschachtelungen und falschen Sicherheiten sich blenden lassen konnten. Mit kleinen Existenzgründern gehen die dann meist weit pingeliger um. Gekniffen sind aber nicht die Banker. Die haben als Sicherheit die Filetstücke aus Schneiders Hinterlassenschaft: Hotels, Einkaufszentren, Ladenpassagen vom Feinsten und in bester Lage und – wie man weiß – auch sonst sowas auf der hohen Kante." Die Dummen seien die Handwerker, und im Osten verzweifelten die Menschen an der Marktwirtschaft, sagte Kenntemich: „Bei den Großbanken muß es personelle Konsequenzen geben. Und mit schneller Hilfe für die tatsächlichen Opfer, nämlich die Handwerker und Mittelständler, könnten die Bankiers beweisen, daß sich nur Schufte von der Devise ‚Moneten statt Moral' leiten lassen."

„Donald-Trump-Syndrom" und „politisch-moralische Verantwortung"

Dieter Balkhausen äußerte im „heute journal" noch grundsätzlichere Zweifel. „Meine Berufserfahrung lehrt: Zwischen Ethik und Monetik ist in der Wirtschaft oft ein weites Feld", sagte Balkhausen. Um den Fall Schneider in seiner „Mischung aus Wachstumsgier, riskanter Kreditfinanzierung und großzügigen Banken, Lug und Trug, knallharter Preisdrückerei bis hin zu ständigen Bergen unbezahlter Rechnungen angemessen zu beschreiben", müsse man einen neuen Begriff erfinden, meinte der ZDF-Journalist. Und die Banken? „Gut, man weiß, hinter den properen Fassaden der Geldinstitute sitzen nicht nur Musterknaben und Könner. Aber sie wußten fast alle, daß Schneider seine Kredite innerhalb von zwei Jahren um das Doppelte auf fünf Milliarden Mark steigern konnte ... Die Pleite des Schneider-Imperiums wird wohl nicht zu verhindern sein. Und was tun die Bankiers für die Betroffenen? Wir warten und hoffen."

Mit ebensolcher Kritik, aber weit weniger Pathos kamen an diesem Abend die Nachrichten von RTL und Sat 1 bei ihrer Schneider-Berichterstattung aus. Er nenne einen Fall wie diesen das „Donald-Trump-Syndrom", sagte der Chefredakteur des Wirtschaftsmagazins „Impulse", Roland Tichy, in „RTL aktuell". Die Banken seien einfach auf den Protz des Pleitiers hereingefallen. Im Sat 1-„Newsmagazin" sagte die SPD-Finanzexpertin Ingrid Matthäus-Maier, die Banken hätten letztes Jahr hervorragende Bilanzen gehabt und seien bei Kleinkrediten sehr genau. Die „politisch-moralische Verantwortung" solle nun dafür sorgen, daß nicht nur sie ihr „Schäfchen ins Trockene" brächten.

Während die Nachrichtenkorrespondenten an diesem und den folgenden Tagen sachlich und informationsorientiert über die neuesten Entwicklungen im Fall Schneider berichteten und die Kommentatoren von ARD und ZDF früh und flugs ihre rigorosen moralischen Urteil fällten, verlegten sich die Fernsehmagazine, die ja eigentlich auch informieren und den Zuschauern bisweilen investigativen Journalismus bieten wollen, mangels Aufklärungsbedarf auf die Persiflage.

RTL-„Spiegel TV“ zum Beispiel beschränkte sich am 17. April ganz aufs Märchenhafte. Magazinchef Stefan Aust las vor: „Vor nicht allzu langer Zeit, da lebte ein tapferes Schneiderlein mit seiner Frau in Königstein in einem Schloß. Sie waren zufrieden und dankbar, denn ein gutes Schicksal hatte sie in wenigen Jahren mit Reichtum und großen Besitztümern im ganzen Land bedacht. Es gab nämlich viele Freunde in den mächtigen Geldhäusern im nahen Frankfurt, die gern und oft am Hof in Königstein zu Besuch waren. Und sie halfen mit ihren reich gefüllten Schatullen dem Schneiderlein, immer mehr und immer größere Paläste zu erbauen, wohin die Menschen strömten, um schöne Dinge einzukaufen oder ihrer täglichen Arbeit nachzugehen. So mehrten das Schneiderlein und seine Frau ihren Besitz. Die Geldherren bekamen viele Zinsen für ihre großzügigen Darlehen, und die Regierenden freuten sich, daß das Antlitz der Städte in Ost und West durch des Schneiderleins Bauten an Glanz gewann. Denn Marktwirtschaft bringt jedem etwas Gutes.“ Schneiders Buchhaltung, so „Spiegel TV“ weiter, sei „schlampiger als in jeder Frittenbude“ gewesen. Die Banken, sagte Aust, hätten durch ihr Kreditgebaren einen „geradezu kriminellen Umgang mit Schneider“ gepflegt: „Und wenn er nicht geflohen wäre, dann pumpte er noch heute. Und die fabelhafte Deutsche Bank und ähnliche zweifelhafte Institutionen werden den Schaden schon abwälzen können auf die geduldigen kleinen Sparer und die Lohnempfänger, die jede Buchung teuer bezahlen müssen.“

„Dr. Blender und seine Big Spender“

Dem ARD-Magazin „ZAK“ (17. April) fiel zu alledem nur ein, eine Persiflage von „Bitte melde Dich“, der Vermißten-Such-Sendung mit Jörg Wontorra auf Sat 1 zu produzieren. Bei „Frontal“ im ZDF (19. April) gab es einen nicht ganz ernstgemeinten „WISO-Tip“ nach dem Motto: „WISO Steuern Zahlen?“ Moderator Ulrich Kienzle sprach von einer „Laienspielschar“, die Schneider „die Milliardenkredite förmlich aufdrängte“. Anders als es die reißerische Ankündigung Kienzles und der Titel „Dr. Blender und seine Big Spender“ erwarten ließen, vermittelte der nachfolgende Beitrag von Beate Thorn und Sönke Vaihinger jedoch nicht nur Klagen und Klamauk, sondern eine ganze Reihe von Fakten, die im Detail zeigten, wie der Bauunternehmer Schneider die Banken mit falschen Zahlen zu Krediten überredete.

„Kennzeichen D“ berichtete dann, wie es für das ZDF-Magazin aus Berlin typisch ist, von der anderen Seite des Skandals – den Auswirkungen der Schneider-Pleite auf die wirtschaftliche Lage und die Stimmung in den neuen Ländern, in Leipzig. Zwar war auch hier wieder eine Menge Hohn und Spott im Spiel, angefangen bei Magazinchef Joachim Jauer, der sagte, der Beitrag von Christhard Läpple und Friederike Pohlmann handele vom

„Aufschneider von Leipzig“ und seinem „Schieberramsch“, über die Popgruppe „Die Prinzen“ mit ihrem Titel „Ich wär so gerne Millionär“, bis hin zum Auftritt eines Kabarettisten, der den Leipziger Stadtvätern vorhielt, sie hätten die Hütchenspieler aus der Stadt verjagt und Schneider geholt. Jetzt aber wisse man, daß die Stadt es besser anders herum gemacht hätte. Doch „Kennzeichen D“ beließ es nicht bei Satire und Sarkasmus, sondern erkundete die Stimmung bei den ostdeutschen Handwerksfirmen, die auf Schneider-Baustellen arbeiteten und nun, so das ZDF, zu 80 Prozent ihre Löhne nicht mehr zahlen könnten. Ein Leipziger Pfarrer ereiferte sich am heftigsten: „Es hat sich wieder einmal gezeigt, daß eloquente Schlipsträger kommen, uns belehren wollen, wie Marktwirtschaft funktioniert und wie der Aufbau zu machen ist. Und dann sind es doch nur kleine fiese Betrüger.“ Joachim Jauer meinte schließlich, diese „Gruselstory aus dem real existierenden Kapitalismus“ hätte zu DDR-Zeiten niemand für möglich gehalten, man hätte sie für SED-Propaganda gehalten.

Etwas ruhiger wurde die Berichterstattung im Fernsehen erst, als die von Schneiders Pleite hauptsächlich betroffene Deutsche Bank in die Offensive ging. Am 21. April war der Vorstandssprecher der Deutschen Bank, Hilmar Kopper, zu Gast im ZDF. In „Was nun, Herr Kopper?“ stellte er sich den kritischen, aber unaufgeregten Fragen von Klaus Bresser und Klaus-Peter Siegloch. In der Diskussionsrunde SAT 1 „Talk im Turm“ mußte sich Kopper zwar wieder Kritik gefallen lassen, nutzte aber auch die Möglichkeit, die genauen Umstände zu schildern, unter denen Schneider zu seinen Milliarden-Krediten kommen konnte. Moderator Erich Böhme hielt sich zurück und ließ seine Gäste die kritischen Fragen formulieren, die an die Deutsche Bank zu stellen waren. „Was nun“ und „Talk im Turm“ hoben sich damit wohltuend ab von der empörten, aber selten mit Augenmaß formulierten Kritik vieler Fernsehjournalisten, denen die Banken nicht als Opfer der Schneider-Pleite, sondern als die eigentlich Schuldigen erschienen. MH

(MK 20/94, 16. 5. 1994)

Schneider-Pleite

„Geblendet vom matten Glanz“

Die Presse: Nur die F.A.Z. versagt sich der Banken-Kritik

Nicht nur für das Fernsehen, auch für einen großen Teil der Publikumspresse standen mit der Nachricht vom Verschwinden des Bauunternehmers Jürgen Schneider die beteiligten Banken unter Anklage. Sogar in der sonst wohlwollend und abwägend kritisierenden Presse bekamen Kritiker die Oberhand.

Daß die „taz“ von Anfang an scharf gegen die Banken schoß, durfte man erwarten. „Die Vorstände in den deutschen Großbanken haben dem Baulöwen die Milliarden offenbar nur so in den Rachen geworfen – geblendet vom matten Glanz der alten Fassaden der historischen Villen und Hotels, die Schneider bevorzugt aufkaufte“, schrieb Klaus-Peter Klingelschmitt am 14. April. Nicht weniger hart ging aber Helmut Maier-Mannhart in der „Süddeutschen Zeitung“ mit den Kreditinstituten ins Gericht. Er erinnerte an die „Unternehmen und die vielen Beschäftigten, die im Gefolge eines Konkurses daran glauben müssen“. Sie seien „die eigentlichen Leidtragenden der Bedenkenlosigkeit, mit der so manche Bank Kredite in diesen Größenordnungen an Schuldner vergibt, die hoch pokern“. „Millionen Eigenheimer reiben sich die Augen“, schrieb „Welt“-Chefredakteur Peter Gillies: „Als sie von ihrer Bank eine Hypothek oder ein Baudarlehen begehrten, sahen sie sich akribischsten Nachforschungen ausgeliefert . . . Die Größe des Schneider-Imperiums verleitete offenbar zur Lässigkeit.“ Auch die „Frankfurter Rundschau“ sah die Banken „am Pranger“: „Sie finanzierten das große Rad, das Schneider drehte. Sie vergaßen dabei die guten Bräuche der Kaufmannszunft, denen jeder andere Häuslebauer unterworfen ist“.

„Blind auf den Namen Schneider gesetzt“

Das Negativurteil über die Banken, vor allem über die Deutsche Bank als Hauptkreditgeber Schneiders, war also bei einigen schon gefällt, als der Wirtschaftsdienst „Czerwensky intern“ über die Deutsche Presse-Agentur vermelden ließ, der getürmte Schneider habe der Deutschen Bank schon am 7. April in einem Brief mitgeteilt, daß er „mit unbekanntem Ziel verreist“ sei. Am 13. April hatte die Deutsche Bank erst Anzeige erstattet. Sie wehrte sich gegen den Vorwurf, der Staatsanwaltschaft Schneiders Flucht ein paar Tage vorenthalten zu haben, und wies darauf hin, daß sie in den Tagen nach dem 7. April bemüht gewesen sei, sich einen genauen Überblick über Schneiders Verhältnisse zu verschaffen, bevor sie Anzeige erhob. Die Pressekritiker überzeugte das nicht. „Es raubt einem schon den Atem, auf welch billige Weise sich die Finanzmanager haben täuschen lassen – wobei noch weitere Leichen im Keller liegen dürften. Die Banker haben blind auf den Namen Schneider gesetzt“, schrieb Ulf Brychcy in der SZ (16. April). Frank Gotta meinte in der „Welt“ (18. April): „Fassungslos steht der Bürger diesem undurchsichtigen Treiben der allmächtigen Geldgötter gegenüber, und ihm schwant, daß auch diese Zeche letztlich an ihm hängenbleiben wird.“ Hinzu komme der Rufschaden für die deutschen Banken im In- und Ausland. Das Vertrauen und „der Glaube an die Professionalität unserer Finanzinstitute“ seien erschüttert. „Dumm oder gutgläubig?“, fragte „Focus“ (18. April) und stellte fest: „Fast alle Banken fielen auf den Baulöwen Schneider rein.“ Der „Spiegel“ geißelte das „Milliarden-Versagen der Banken“ und ihre „Gier, mit dem vermeintlich potenten Großinvestor ins Geschäft zu kommen“. Von einem „Bank-Skandal“ schrieb Helmut Maier-

Mannhart in der „Süddeutschen" (19. April). Die Deutsche Bank stehe „im Kreuzfeuer hochberechtigter Kritik", es sei sogar die Frage aufzuwerfen, „ob nicht die Deutsche Bank respektive ihre handelnden Personen selbst straffällig geworden sind". Die Folgen der Schneider-Pleite seien jedenfalls verheerend, vor allem weil „die Banken auf ihrem ureigensten Terrain, nämlich der ganz normalen Geschäftsabwicklung im Immobilienbereich, jämmerlich versagt" hätten.

„Weihrauchkesselchen in der Vorstandsetage sind leer"

„Wirtschafts-Woche"-Chefredakteur Stefan Baron (22. April) machte als Folge der Schneider-Pleite sogar die „Entmystifizierung der Deutschen Bank" aus, was auch den „Mythos Deutschland" zerstöre: „Wer die Deutsche Bank in Verruf bringt, bringt uns alle in Verruf". „Es ist", so Baron, „etwas grundsätzlich faul in der Wirtschaft dieses Landes. Und weil die Deutsche Bank in ihr eine so bedeutende Rolle spielt, ist sie auch besonders betroffen." Jetzt stimmte auch die „Zeit" (22. April) in das Konzert der Kritiker ein. „Milliarden und Vertrauen verloren" war der Artikel von Wilfried Herz betitelt, in dem er das Allgemeingut der Pressekritik wiederholte: „Ein einzelner skrupelloser Schuldner hat die Kreditinstitute in Verruf gebracht, weil sie offenkundig leichtfertig seinen Angaben vertrauten und ihm Milliarden über Milliarden ausliehen. Wenn eine relativ kleine Zahl von Geldmanagern das Vertrauen in die Seriosität und Solidität der Banken aufs Spiel setzt, droht nicht nur dem Bankensystem, sondern der gesamten Volkswirtschaft Gefahr." Die Banken, schrieb Bernd Wittkowski in der „Frankfurter Rundschau" (26. April), müßten sich fragen, inwieweit sie „mit einer gehörigen Portion Arroganz" selbst dazu beigetragen hätten, „daß sie beim schadenfrohen Publikum in Verschiß sind wie wohl nie zuvor". Es gelte Konsequenzen zu ziehen „für das Verhältnis zu den seit langem vergrätzten und deshalb schadenfrohen Kunden sowie für den Umgang mit der Öffentlichkeit". Schließlich skizzierte auch der „stern" (28. April) das „Ende eines Mythos". Gemeint war die Deutsche Bank. Chefredakteur Rolf Schmidt-Holtz kam es vor wie „die Entzauberung der Magier": „Vorstände deutscher Großbanken waren und sind irgendwie immer etwas ganz Besonderes. Jene unvergleichbare Mischung aus Habitus und Macht hat uns Sterblichen seit jeher ungeheure Ehrfurcht eingeflößt. Und die – allerdings widerlegbare – Vermutung allerhöchster Kompetenz. Der prächtigste Tempel, in dem die Hohenpriester des ökonomischen und monetären Sachverstandes ihre heiligen Messen lasen, der hieß nun mal bei uns Deutsche Bank. Seit der Schneider-Pleite bröckelt die Fassade, die Weihrauchkesselchen in der Vorstandsetage sind leer."

„Verschwommenheit der Argumente"

Einzig der Wirtschaftsteil der F.A.Z. versagte sich der allgemeinen Pressekritik an den Banken. Die F.A.Z. machte sich sogar für die Banken stark.

So schrieb am 16. April Jürgen Dunsch, „bei näherer Betrachtung" gehe „die Kritik im Fall Schneider zum Teil wüst durcheinander. Einerseits wird eine leichtfertige Kreditvergabe der Banken beklagt, andererseits die dingliche Sicherung gerügt, die sie jetzt in Anspruch nehmen." Gefördert werde die „Verschwommenheit der Argumente" durch das „Ansinnen einer merkwürdigen Art von Solidarhaftung", die die Banken für die von Schneiders Pleite betroffenen Handwerker übernehmen sollten. Gerald Braunberger (18. April) meinte: „Von einem generellen Versagen der Banken zu sprechen ist aber heillos übertrieben." „Das Fiasko von Jürgen Schneider ist ein Einzelfall", war an diesem Tag das F.A.Z.-Gespräch mit Roland Ernst, dem Betreiber der Heidelberger Bauträger-Gruppe, überschrieben. Der Wirtschaftsteil der „Welt" behauptete am selben Tag das genaue Gegenteil: „Schneider-Pleite ist kein Einzelfall." MH

(MK 20/94, 16. 5. 1994)

Postbank

Politische Intention statt Wirtschaftsinformation

Postbank: „Plusminus" nahm Partei für Privatisierungsgegner

Die Postbank habe „noch hart mit der Vergangenheit zu kämpfen", lautete einer der einleitenden Sätze im Beitrag von Horst Freudenthaler und H.-C. Schultze für das Wirtschaftsmagazin „Plusminus" (ARD/WDR) vom 21. Juni. Er ließ die Zuschauer hoffen, daß es im Folgenden um Informationen zum Weg der Postbank in die Privatisierung gehen werde. Doch die Hoffnung trog. Denn die „Plusminus"-Autoren verfaßten keinen Wirtschaftsbericht, sie machten Politik. Es ging ihnen nicht um die vergangenen vier Jahre seit dem Vertrag, der die Post in die eigenständigen Unternehmen Telekom, Postdienst und Postbank gegliedert hat. Es ging ihnen auch nicht um die politischen Hindernisse, die der Privatisierung der Unternehmen noch im Wege stehen und sie zum Zankapfel der Parteien machen. Und es ging nicht um das Buhlen der SPD um die Postgewerkschaft. Statt dessen wurden lose Einzelaspekte so miteinander verwoben, daß am Ende eine einseitig ausgerichtete politische Attacke gegen die Postbank herauskam.

Komplott zwischen FDP und Banken suggeriert

Das wurde augenfällig schon bei der Auswahl der Gesprächspartner. Im Sinne der Postbank kam lediglich der Staatssekretär des Bundespostministeriums, Gerhard O. Pfeffermann, zu Wort. Mit der Postbank suchten die

Reporter das Gespräch nicht – und das, obwohl die Postbank Gegenstand ihrer zahlreichen Vorwürfe war. Zunächst führten sie an, daß 40 Prozent der Aufträge des Postdienstes auf die Postbank entfielen. Dieser Satz ließ verschiedene Interpretationen zu: 1. Der Postdienst arbeitet in einem hohen Maß für die Postbank. 2. Die Postbankleistungen werden von den Kunden rege nachgefragt. Die logische Ableitung könnte heißen: Der Postdienst sollte sich die Leistungen für die Postbank bezahlen lassen. Tatsächlich zahlt die Postbank dem Postdienst hohe Summen für die „Schalterleistungen". Außerdem: Die Postbank hat offensichtlich so viele Kunden beziehungsweise Aufträge, daß sich die Privatisierung lohnen würde. Doch das war kein Thema für Freudenthaler und Schultze. Sie führten die „wertvolle Kundenkartei von 24 Millionen Adressen" ins Feld und sagten, daß sie ein enormes Kaufinteresse in der deutschen Bankenwelt an der Postbank wekken könne. Um was für Adressen es sich handelt, verrieten die Reporter den Zuschauern nicht. Sie mußten besonders in Verwirrung geraten, weil anschließend von rund fünf Millionen Girokonten bei der Postbank die Rede war, was also ungefähr rund fünf Millionen Adressen entsprechen dürfte. Da die unbestimmte Zahl von 24 Millionen nur das Interesse am Aufkauf der Postbank belegen sollte, ließen die Autoren nun den SPD-Abgeordneten Peter Paterna, Vorsitzender des Bundestags-Postausschusses, bekannt als Gegner der Privatisierung, zu Wort kommen. Er sah die „Gefahr, daß die Bankenlobby dahintersteckt und die FDP als Speerspitze im Parlament verwendet wird". Seine Befürchtung war die, „daß die Postbank in der Weise auszuschlachten versucht wird, daß man die Kundenkartei einfach verkauft". Fehlte dieser Argumentation schon jeglicher Realitätsbezug, war der „Beleg" für die Drahtzieherschaft der FDP geradezu absurd. „Tatsächlich sind die Verbindungen der FDP zur Bankenwelt eng", behaupteten Freudenthaler und Schultze. Steckbriefartig, mit Foto und schriftlichen Angaben, teilten sie mit, der Verhandlungsführer der FDP, Staatssekretär Rainer Funke, sei Syndicus im Bankhaus M. M. Warburg-Brinckmann, Wirtz und Co. Und „auch die Engagements des FDP-Wirtschaftsexperten Otto Graf Lambsdorff" könnten „sich sehen lassen". Er sei Mitglied des Verwaltungsrates und des Aufsichtsrates im Bankhaus Trinkaus und Burkhardt Düsseldorf. Diese paar Angaben reichten „Plusminus", eine Verschwörung zwischen der FDP und der Bankenwelt zu suggerieren.

Nach der prinzipiellen Attacke gegen die Privatisierung, die Banken und die FDP folgte die Attacke gegen den Postbankvorstand. „Obwohl der Postbankvorstand rund vier Jahre Zeit hatte, das Unternehmen auf die Privatisierung vorzubereiten, hat sich seine Tätigkeit nicht gerade segensreich ausgewirkt", urteilten die „Plusminus"-Autoren. Sie trugen vor, die Postbank habe eine teure Banksoftware namens Cordoba angeschafft, die in der Anwendung Schwierigkeiten mache, und für die vor dem Einkauf kein schriftlicher Kostenvergleich vorgelegen habe, wie der Rechnungshof kritisiere. Das allein galt „Plusminus" als Beleg für Mißmanagement. Hätten Freudenthaler und Schultze für ihren Bericht die zwei Tage später stattfindende Bilanzpressekonferenz der Postbank abgewartet, wären sie eines Besseren belehrt worden. Nach mehreren Verlustjahren konnte die Postbank für 1993 nämlich ein fast ausgeglichenes Jahresergebnis vorlegen und rechnet für 1994 erstmals mit einem Gewinn. Der Vorstand hat mit konsequentem Kostenmanagement und offensiver Produktpolitik die Postbank in nur knapp vier Jahren aus tiefroten Zahlen an den Rand der Gewinnzone gewirtschaftet. Davon wollten die „Plusminus"-Autoren jedoch nichts wissen. Sie bemühten erneut Peter Paterna, der sich verärgert zeigte, „daß man gerade vor wenigen Tagen nun die Verträge dieser Herrschaften auch noch um mehrere Jahre verlängert hat". Paterna mußte wissen, daß in allen Postunternehmen die Verlängerungsverträge für die Vorstandsmitglieder auf nur zwei Jahre, statt zuvor vier, befristet wurden, um den künftig privaten Unternehmen nicht den personellen Handlungsspielraum zu beschneiden.

Zu guter Letzt wurde auch noch Wilhelm Hübner vom Verband der Postbenutzer bemüht, Klage zu führen über die Postbank. Sein Fazit: „Geschäftskunden können den Postbankdienst praktisch nicht mehr nutzen." Ohne Überleitung – und damit einen logischen Zusammenhang suggerierend – sagten Freudenthaler und Schultze: „Das zeigt sich an den postbankinternen Statistiken." In einem Schaubild zeigten sie: Anzahl der Girokonten im Dez.'92: 5 039 838, Dez.'93: 4 839 871, im Mai '94: 4 725 872; Verlust 314 000 Girokonten. „Und dieser Trend hält an." Abgesehen davon, daß die Postbank diese Statistiken selbst schon gelegentlich veröffentlicht hat, ist bekannt, daß früher Kontoführung, Zahlungsverkehr und die Postzustellung von Belegen ohne Weiterberechnung der Kosten an die Kontoinhaber erfolgten. Wie bei allen Banken üblich, werden diese Kosten jetzt den Kunden berechnet. Das entlastet die Kostenseite der Postbank um jährlich 350 Millionen Mark. Für die Bewertung der Geschäftstätigkeit der Postbank ist jedoch nicht die Zahl der Kontoinhaber entscheidend, sondern das Einlagenvolumen. Und dies ist konstant geblieben.

Das Fazit von Freudenthaler und Schultze offenbarte, daß es ihnen nicht um die Postbank ging, sondern um Politik: „So ist die Postbank unzureichend auf die Privatisierung vorbereitet, und das kann auch böse Folgen für den Start der gelben Post in die Privatisierung haben. Denn sollte die privatisierte Postbank im Konkurrenzkampf untergehen, würden nach internen Schätzungen bis zu 40 000 Postler den Arbeitsplatz verlieren. Viele kleine Postämter würden geschlossen werden. Deren Kundschaft wäre dann auf die noch teurere Konkurrenz angewiesen." Das kann doch nur heißen, daß der Postdienst noch kein wettbewerbsfähiges Unternehmen ist. Die „Plusminus"-Reporter suggerierten mit ihrer abenteuerlich anmutenden „Beweisführung" jedoch, daß die Privatisierung Postbank und Postdienst gefährde.
emb

(MK 27/94, 4. 7. 1994)

Internationale Automobilausstellung

Unbekannte Sparmotoren aus dem Hut gezaubert

„Frontal" und „Panorama" werben für zweifelhafte Öko-Konzepte

Über die Krise der deutschen Automobilindustrie wird seit geraumer Zeit in den Medien berichtet. So verwundert es nicht, daß dieses Thema anläßlich der 55. Internationalen Automobilausstellung in Frankfurt Thema vieler Fernsehsendungen war. Neben einer Vielzahl von ausgewogenen und informativen Berichten fielen zwei Magazine der öffentlich-rechtlichen Sender durch extrem oberflächliche Beiträge negativ auf. Sie fanden sich am 7. September in der ZDF-Sendung „Frontal" und am 9. September im ARD-Magazin „Panorama". Beiden Sendungen war gemein, daß sie nachweisen wollten, daß die deutsche Automobilindustrie die Entwicklung von sparsamen und ökologischen Fahrzeugen vernachlässigt habe.

Olaf Steenfadt, der Autor des Berichts in „Frontal", wollte dies an den Beispielen zweier deutscher Erfinder aufzeigen. Der als erstes vorgestellte Thomas Albiez habe es ohne finanzielle Hilfe der Automobilindustrie beziehungsweise ohne öffentliche Mittel, sondern mit etwa 20 Mitarbeitern und der Unterstützung eines Schokoladenherstellers, der „quadratisch, praktische Abschlepphilfe" leistete, geschafft, ein Elektroauto zur Serienreife zu entwickeln. Dieses fahre auch mit vier Personen bei Stromkosten von „zwei Mark/100 Kilometer" bis zu 100 Kilometer mit einer Batterieladung. Doch koste das Elektromobil zur Zeit noch 55 000 Mark, für einen Zweitwagen ein stolzer Preis. Sicher gibt es Idealisten, die auch diesen Preis bezahlen, doch bleibt die Frage offen: Ist der Elektrowagen wirklich ökologisch sinnvoller als ein mit Verbrennungsmotor angetriebenes Fahrzeug mit gleichen Transport- und Fahrleistungen?

„Frontal" vernachlässigt die Primärenergiebilanz

Vergessen wird bei den Argumenten für die Elektrofahrzeuge fast immer, daß der Strom, der aus der Steckdose kommt, in Kraftwerken erzeugt wird, die in der Bundesrepublik zu über 60 Prozent durch Verbrennung von fossilen Brennstoffen betrieben werden. Selbst moderne Kraftwerke arbeiten nur mit einem Wirkungsgrad von weniger als 50 Prozent. Addiert man die Verluste bei Transport, beim Ladevorgang und in den Batterien hinzu, so sieht die Primärenergiebilanz bei einem Elektrofahrzeug nicht oder nur geringfügig besser aus als bei konventionell angetriebenen Fahrzeugen; allerdings mit dem zu diskutierenden Vorteil, daß die Schadstoffe bei der Stromerzeugung auf der grünen Wiese emittiert werden und nicht in den Innenstädten. Anders sieht diese Bilanz zum Beispiel in den USA aus, dort ist der Anteil an regenerativen Energien (Wind, Wasser, Sonne), und an

Kernenergie bei der Stromerzeugung sehr viel höher, so daß dort der durch die Gesetzgebung ab 1998 vorgeschriebene Anteil von Cero Emission Vehicles, also Elektrofahrzeugen, an der Gesamtzahl der Zulassungen eher sinnvoll ist.

Der zweite Teil des Berichts in „Frontal“ war dem Erfinder Frank Stelzer gewidmet, der ein Motorkonzept entwickelt hat, das mit nur einem beweglichen Teil auskommt und „dreimal so sparsam ist“ wie ein konventioneller Verbrennungsmotor. Dieser Verbrauch darf aus thermodynamischer Sicht angezweifelt werden. Eine Faustregel besagt, daß bei einem konventionellen Verbrennungsmotor etwa ein Drittel der Brennstoffenergie als mechanische Nutzenergie abgegeben wird, ein weiteres Drittel geht durch die Aufheizung des Abgases verloren und das verbleibende Drittel wird dem Motor als Kühlwärme entzogen. Bei einem Verbrauch von sechs Litern Kraftstoff heißt das, daß zwei Liter des verbrauchten Kraftstoffs zum Betreiben des Fahrzeuges genutzt werden und die übrigen vier Liter zur Erwärmung der Umgebung verschwendet werden. Da ein vergleichbarer Stelzer-Motor aber angeblich nur zwei Liter verbrauchen soll, käme dies einem Wirkungsgrad von 100 Prozent gleich, einem Wert, der bei thermischen Prozessen technisch nicht erreichbar ist.

„Panorama“ verfilmt Greenpeace-Aktion

Dethlev Cordts, der Autor des Berichts in „Panorama“, wollte zeigen, daß die Automobilindustrie weltweit, besonders aber die deutsche, kein Interesse daran habe, ein wirklich umweltfreundliches Auto zu verkaufen. Er dokumentierte zu diesem Zweck eine Kampagne, die Greenpeace nach dem Muster des Öko-Kühlschranks startete: Die Aktionisten von Greenpeace kamen durch eine List an den Prototyp des Renault „Vesta“, eines Personenwagens mit besonders geringem Bezinverbrauch. Die Greenpeace-Mitarbeiter gaben sich als Bundesstiftung für den Umweltschutz aus, baten darum, den Vesta ausstellen zu dürfen, entwendeten den Wagen von ihrer eigenen – vorgetäuschten – Ausstellung, um ihn auf einem Platz vor den Messehallen in Frankfurt aufzustellen.

Der Vesta, ein mit Mitteln des französischen Staates entwickelter Prototyp, habe einen Stadtverbrauch von 3,66 Litern auf 100 Kilometer. Dies war die einzige technische Information, die in „Panorama“ über das Fahrzeug gegeben wurde, auf einem kurz eingeblendeten Papier konnte man erkennen, daß der Vesta von einem Dreizylinder-Motor mit 740 Kubikzentimetern angetrieben wird, also vielleicht eine Leistung von 20 Kilowatt hat. Auch der Preis blieb ungenannt. Die Abmessungen ließen erkennen, daß der Vesta zu den Kleinwagen zu rechnen ist. Dieses Fahrzeug hat zwar 1987 mit einem Verbrauch von 1,94 Litern auf 100 Kilometer auf der Strecke Paris-Bordeaux einen Weltrekord aufgestellt, doch bremste der von „Panorama“ befragte Werner P. Röser von Renault die Euphorie des Fernsehautoren mit dem Hinweis, „dieses Auto ist nicht alltagstauglich". Zweifel an diesem Urteil schien „Panorama"-Journalist Dethlev Cordts angesichts von Bildern, die den Vesta in zügiger Fahrt auf der Autobahn zeigten, dennoch zu haben. Doch ist kaum anzunehmen, daß diese Bilder während des Weltrekordversuchs aufgenommen wurden. Unerwähnt blieb in diesem Zusammenhang auch, daß Audi 1989 mit einem nur leicht modifizierten Audi 100 TDI einen Weltrekord mit 1,76 Litern auf 100 Kilometer bei einer Durchschnittsgeschwindigkeit von 60,2 Stundenkilometern über mehr als 4000 Kilometer auf öffentlichen Straßen aufstellte.

Die Greenpeace-Aktion mit dem FCKW-freien Kühlschrank hat gezeigt, daß die Initiative eines Interessenverbandes dazu führen kann, daß ein Industrieunternehmen ein neues Produkt einführt. Ob das mit dem Produkt Auto gelingen kann, ist sehr fraglich. So werden sich die Investitionen, die nötig waren, um den Öko-Kühlschrank auf den Markt zu bringen, im Bereich einiger Millionen Mark bewegt haben, für die Entwicklung eines neuen Autos werden Milliarden benötigt. So investierte Ford etwa drei Milliarden Mark in die Entwicklung des Mondeos. Ebenso zweifelhaft scheint die Akzeptanz beim Kunden, auch wenn Greenpeace-Geschäftsführer Thilo Bode sagt: „Wir haben eine Umfrage gemacht mit Emnid, ein Drittel der Autofahrer wären bereit so ein Auto zu kaufen, das zwei Liter braucht und dafür fünf Mark für den Liter Benzin zu zahlen". Die Reaktionen auf die bevorstehende Erhöhung der Mineralölsteuer zeigen jedoch, daß die große Mehrheit der Bürger einen höheren Benzinpreis ablehnt.

Nebenbei bemerkt, sind im Prinzip alle in der Sendung vorgestellten Fahrzeuge allein auf Grund ihrer Transport- beziehungsweise Fahrleistungen in das Marktsegment der Klein- und Kleinstwagen einzuordnen. In der Zulassungsstatistik ist das erste Fahrzeug dieser Kategorie, der Ford Fiesta, aber mit 8068 verkauften Einheiten für Juli 1993 erst an achter Stelle zu finden (zum Vergleich: den ersten Platz belegte der VW Golf mit 26 303 verkauften Fahrzeugen). Aufgrund der zum Teil recht beengten Platzverhältnisse und der – wie der Crash-Test in der „ADAC Motorwelt" 9/93 zeigte – durch kurze Knautschzone und niedrige Masse zum Teil nicht überzeugenden Sicherheit in dieser Klasse, sind die vorgestellten Fahrzeuge eigentlich nur als Zweitwagen für den Stadtverkehr geeignet. Da der Einsatz moderner Technik, die zur Erzielung des niedrigen Verbrauchs und eines Minimums an passiver Sicherheit (Airbag) notwendig ist, aber mit relativ hohen Kosten verbunden ist, scheint es fraglich, ob der Markt für diese Wagen schon so groß ist, daß die Automobilindustrie genügend Fahrzeuge absetzen kann, damit die hohen Entwicklungskosten vertretbar sind.

Gerade die deutsche Automobilindustrie hat aber schon viele Konzepte vorbereitet (Mercedes Benz Vision A 93, BMW E1, VW Chico, Ford Sub B) die in drei bis fünf Jahren zumindest in ähnlicher Form auf den Markt kommen können. Viel sinnvoller ist es jedoch, daß an der Verbrauchsoptimierung der Volumenmodelle gearbeitet wird, denn das sind die Fahrzeuge, die eine durchschnittliche Familie haben will. Auf einem Symposium in Wien kündigte der damalige Vorstandschef von Audi und jetzige Vorstandsvorsitzende des VW-Konzerns, Ferdinand Piëch, an, am Ende dieses Jahrhunderts werde es das Auto geben, das ohne Abstriche an Sicherheit, Fahr- und Raumkomfort weniger als fünf Liter auf 100 Kilometer verbraucht. SH

(MK 38/93, 20. 9. 1993)

Nachtrag: Auf dem Wiener Motorensymposion, am 5. Mai 1995, sagte Audi-Vorstandschef Demel, daß nach heutigem Stand der Technik ein Drei-Liter-Auto noch vor Ende des Jahrhunderts serienreif sein werde. Dieser Wagen werde die Größe eines VW Polo haben und etwa 25 Prozent teurer sein. Er stellte die Frage in den Raum, ob solch ein Fahrzeug von den Kunden akzeptiert werde. Gegen den „Erfinder" Frank Stelzer wurde, wie Zeitungsberichten zu entnehmen war, im Jahr 1995 in über 100 Fällen wegen Betrugsverdachts ermittelt.

Ozon

Machtausübung durch Tempo-Limit

Die Argumentation der Anti-Auto-Lobby

Bei entsprechender Regie kann selbst eine Mini-Demo über Fernsehen, Hörfunk und Presse bundesweit publikumswirksam Resonanz finden. Wie das abläuft, schilderte die „Frankfurter Rundschau" (20. August) anschaulich. Der Bund für Umwelt und Naturschutz Deutschland (BUND) hatte in mehreren Städten Straßenblockaden organisiert. Zu der um 8.30 Uhr in Frankfurt am Main anberaumten Blockade konnte er vierzehn Fotografen und Kameraleute aufbieten. Zusammen mit 28 „Umweltschützern" wurde eine bildwirksame Show abgezogen. Die Akteure ließen sich von den Kameraleuten aufnahmegerecht plazieren, zogen weiße Schutzmonturen an, schnallten Gasmasken auf und legten sich auf die Fahrbahn – „aus Protest gegen ‚die in Bonn', die seit Jahren auf Zeit spielten und eine taugliche Sommersmog-Verordnung mit Tempolimits und Fahrverboten blockierten". Die BUND-Aktion bildete wohl den vorläufigen Abschluß der diesjährigen Ozon-Kampagne, die mit den amtlich verordneten Tempo-Limits um Heilbronn herum begann und u.a. in Hessen fortgesetzt worden war.

„Ozonkatastrophe total"

Bereits im Mai 1993 hatte der „Spiegel" (22/93) Apokalyptisches über das „Reizgas aus heiterem Himmel" zu berichten gewußt. Da war von einer

„Öko-Katastrophe“ die Rede, von einer verhängnisvollen Weise, „in der das Ozonproblem auf der Erde mit dem Ozonmangel im All verknüpft“ sei. Seit ihre Schutzhülle undicht geworden sei, gelangten immer mehr UV-Strahlen zur Erde. Das bedeute nicht nur mehr Krebsgefahren für die Menschen. „Unter dem Einfluß der energiereichen UV-Strahlung wird vermutlich auch die Produktion des Ätzgases am Boden noch weiter angeheizt werden – Ozonkatastrophe total.“ Soweit der „Spiegel“. Bei der „Beweisführung“ gegen das „Ätzgas“, dem „unter allen in der Atmosphäre vorhandenen Umweltgiften die stärkste Schadwirkung zugeschrieben“ werde, stützte sich das Magazin auf das Heidelberger Umwelt-und Prognose-Institut; es steht den rot-grünen Apokalyptikern nahe.

Apokalyptisch gab sich auch „Focus“ (28/94) mit der Schlagzeile: „Der Fluch der Sonne“. Unterzeile: „Die Gesundheitsschäden durch Sommersmog belaufen sich jährlich auf 25 Milliarden Mark.“ Die einleitenden Sätze „Erdball paradox: Am Himmel wird der schützende Mantel aus Ozon immer löcheriger, am Boden röcheln Rentner und Renner an heißen Sommertagen in dicken Ozon-Schwaden.“ Doch im weiteren Verlauf des Artikels wurde sachlich berichtet. Das Magazin zitierte Experten des Umweltbundesamtes in Berlin, die keinen Trend zu immer größerer Ozon-Belastung erkennen. Sie haben den Ausstoß der Ozon-Vorläuferstoffe der zurückliegenden zwanzig Jahre untersucht. Erstaunliches Ergebnis: Die Menge an emittierten Stickoxiden und Kohlenwasserstoffen veränderte sich kaum, das Ozon-Potential blieb nahezu konstant. Experten kamen zu Wort, die meinten, Ozon-Dunst lasse sich nicht durch örtlich beschränkte Notstandsmaßnahmen wie Drosselung der Industrieproduktion, Tempo-Limit oder Fahrverbote bekämpfen. Ganz Mitteleuropa sei von Ozon-Vorläufersubstanzen erfüllt, die bei Sonneneinstrahlung zur Ozon-Bildung beitrügen. Schließlich zitierte „Focus“ einen Lungenexperten von der Universitätsklinik Freiburg: Für Ärzte sei die schädliche Wirkung von Ozon wissenschaftlich nur eingeschränkt bewiesen: „Wenn Boris Becker bei einem Ozon-Wert von 250 Tennis spielt, so macht ihm dabei nur die Hitze etwas aus . . . Gesunde Menschen bemerken erhöhte Ozon-Werte kaum“. Unter Normalbedingungen zeige Ozon nur bei Patienten mit Asthma und bei Kindern Wirkung, die an einer Verengung der Luftröhre leiden. Eine wichtige Rolle spiele wohl die Psyche. Siegfried Borelli von der Uniklinik der TU München will nicht ausschließen, daß Beschwerden allein schon durch Ozon-Alarm ausgelöst werden. Tatsächlich ist nach Ansicht des Bundesumweltministeriums erst eine Ozon-Konzentration von über 360 Mikrogramm je Kubikmeter Luft gesundheitsschädigend. Die Beeinträchtigungen seien jedoch nur vorübergehender Natur. Erst bei sehr hohen Ozon-Konzentrationen über einen längeren Zeitraum, wie beispielsweise in Los Angeles, Mexiko oder Athen, könne es zu chronischen Erkrankungen kommen. Auch die Europäische Union meint, erst ab 360 Mikrogramm Ozon je Kubikmeter Luft sei eine Warnung vor möglichen Gesundheitsbeeinträchtigungen angemessen.

Unbeeindruckt von solchen Einwänden verordnete die rot-grüne hessische Landesregierung den Autofahrern mehrfach den Ozon-Alarm mit seinen Tempobeschränkungen, assistiert vom Hessischen Rundfunk, vor allem von der „Hessenschau" des HR-Fernsehens. Zweifel an der Richtigkeit der Maßnahmen konnten da nicht aufkommen. Während die „Frankfurter Rundschau" ebenfalls regierungsfromm reagierte, blieb die F.A.Z. ablehnend und kommentierte entsprechend. Am 11. August ließ sie einen Leser zu Wort kommen, der meinte, daß die Parteien, die auch in Hessen regieren, ihre Macht prüfen wollten und ob die Angst, als Umweltsünder sozial geächtet zu werden, noch wirkt. „Beides wurde bestätigt und, fast wie bestellt, werden auch das Tempo-Limit bejahende Umfragen veröffentlicht (Auftraggeber?) . . . Erst Heilbronn, dann Hessen. Was derzeit alles stattfindet, nimmt immer mehr den Charakter eines Kreuzzuges an . . ."

„Ideologischer Kampf gegen Autofahrer"

Theo Romahn, Dipl.-Ing./Architekt und selbständiger Städteplaner, berichtet in seinem Buch „Politik gegen Autofahrer" (Verlag Drittes Jahrtausend, Düsseldorf 1993) über sechs Phasen eines ideologischen Kampfes gegen die Autofahrer. Immer wieder sei dem Auto vorgeworfen worden, es wirke zerstörerisch, sei ein Mordwerkzeug, vernichte Städte und Wälder, verursache Ozon-Schäden und fördere den Treibhauseffekt. Nach Meinung des Autors ist der Kampf gegen das private Auto das Hauptintegrationselement aller linken Gruppierungen, die auf anderen Politikfeldern untereinander durchaus zerstritten sein können. Der Kampf gegen die Autoindustrie richte sich gleichzeitig prinzipiell gegen das kapitalistische Industriesystem und damit gegen das marktwirtschaftliche System der Bundesrepublik Deutschland. In einem weitverzweigten Netzwerk von Öko-Instituten, alternativen Verkehrsverbänden bis hin zum BUND werde dieser Kampf systematisch geführt. Romahn erinnert daran, daß in keinem anderen westlichen Land ein Anti-Auto-Kampf in ähnlicher Form stattgefunden habe.

Die alternative „taz" formulierte diese Aversion gegen das Auto mitten im Ozon-Alarm am 8. August so: „Niemand mehr kann heute den ökologischen, ökonomischen und sozialen Niedergang unserer Autogesellschaft übersehen. Der Traum vom ewigen Wachstum ist zum Alptraum geworden. Das Mobilste, das der Mensch geschaffen hat, Geld, vagabundiert unkontrolliert in der Welt herum. Und das Sinnbild dieser Mobilität, das Auto, droht zur schlimmsten Destruktionskraft der kommenden Jahre zu werden . . ."

Nachdem atlantische Tiefs längst die Sommerhitze wieder abgelöst haben, wirkt geradezu absurd, welche Schreckensszenarien von Journalisten entworfen wurden. „Das Jahr, in dem die Erde Feuer fing", beschrieb die „Sunday Times" diesen Sommer. In der „Welt am Sonntag" (7. August) hieß es, „die Milchmenge der Kühe sinkt, Feuerwehren und Notärzte werden immer häufiger zu Menschen gerufen, deren Kreislauf versagt. Dem Körper fehlen bei diesen Temperaturen Wasser und Mineralstoffe.“ Und weiter: „Seit Beginn der regelmäßigen Wetteraufzeichnungen hat es in Deutschland keinen so heißen Juli gegeben.“ Da kann es kaum noch überraschen, daß Politiker, wie beispielsweise Bundesumweltminister Klaus Töpfer, die sommerliche Hitze als wahrscheinlichen Vorboten der Klima-Katastrophe durch den von Ozon mitbestimmten Treibhauseffekt bezeichneten. Dagegen halfen auch nicht Dementis des Deutschen Wetterdienstes: Der heiße Sommer sei kein Vorbote einer grundlegenden Klimaänderung. Die Meteorologen wiesen darauf hin, daß der Sommer in anderen Teilen Europas seinem Namen nicht gerecht geworden sei. Ihr Fazit: „Aus einer regionalen Klimaanomalie, die sich nur in einem Element – der Temperatur – und nur über einen Monat zeigt, kann kein Schluß auf eine Veränderung des Klimas gezogen werden.“ Ähnliche Witterungsbedingungen wie im bisherigen Sommer habe es in diesem Jahrhundert auch in den Sommermonaten der Jahre 1911, 1922, 1947, 1959, 1976, 1983, 1986 und 1992 gegeben. Unbeeindruckt von diesem Dementi blieb auch Professor Dr. Hartmut Graßl vom Max-Planck-Institut für Meteorologie in Hamburg. Ihm ist der heiße Sommer ein Hinweis darauf, was wäre, wenn wir so weitermachen wie bisher. Im übrigen: „Da Ozon jedoch das drittwichtigste Treibhausgas der Erdatmosphäre ist, verändert derjenige, welcher Ozon oben abbaut, unten hinzufügt, gleichzeitig das Klima der Erde.“

Ist das Ozonloch eine Chimäre?

Professor Wolfram Engels, Mitherausgeber der „Wirtschaftswoche“, mokierte sich (1. Juli) über die Aufregung: „Der Forschungs-, Medien- und Politikzyklus läuft nach einem Schema ab: Ein Wissenschaftler äußert eine Vermutung. Der grünkarierte Teil der Presse verbreitet die Vermutung als Tatsache – Politiker sehen eine Möglichkeit, sich zu profilieren, beschaffen Forschungsgelder und wenden sie dem Autor der Vermutung zu. Wer die wildesten und düstersten Meinungen verbreitet, wird mit den höchsten Forschungsmitteln überschüttet und macht eine brillante Karriere. Wenn der Hiobs-Postversand so lohnend ist, dann finden sich in der Marktwirtschaft auch Unternehmer, die ihn betreiben.“ Engels verwies darauf, daß ein großer Teil der Einflußfaktoren auf das Klima entweder unbekannt oder in Wirkung und Bedeutung nicht geklärt ist. Eine Farce ist für ihn auch die gängige Diskussion über das Ozonloch, wie die Ozonverdünnung über dem Südpol werbewirksam genannt werde. Sie solle durch FCKW verursacht sein, mit der Folge, daß UV-Strahlen zur Erdoberfläche gelangen, die Hautkrebs verursachen. Engels: „Da muß ein Wunder geschehen sein: Die rückwirkende Kausalität. Das Ozonloch wurde nämlich entdeckt, bevor es FCKW überhaupt gab. Das Ozon schirmt zwar einen Teil der UV-Strahlung ab, aber ausgerechnet diejenigen Strahlen, die das bösartige Melanom erzeugen, läßt es ungehindert durch.“

Tatsächlich sei die globale Ozonschicht, nachdem die FCKW in die Stratosphäre gelangten, nie dünner, sondern dicker geworden. In der Antarktis zeige sich das Ozonloch nur im Winter, im Sommer verschwinde es wieder. Zwar habe die NASA im Februar 1992 auch ein Ozonloch über dem Nordpol entdeckt, mußte die Entdeckung aber wenige Wochen später widerrufen. „Seitdem zeigt sich das arktische Ozonloch nur noch in der deutschen Presse". Ist das Ozonloch also eine Chimäre, fragt Engels. Nein, sage Paul C. Roberts, Präsident des Washingtoner Instituts für politische Ökonomie: „Das Ozonloch muß eine Gefahr sein, denn es verschlingt Milliarden Dollar. Das Biest frißt Geld zum Nutzen der chemischen Industrie. Die FCKW müssen schließlich ersetzt werden." sp

(MK 38/94, 19. 9. 1994)

Daimler-Benz

„Deutschlands S-Klasse am Rande des Abgrunds"

Sat 1-„Spiegel TV Reportage" hetzt gegen Mercedes-Benz

Die Internationale Automobilausstellung in Frankfurt hat auch in diesem Jahr wieder das Interesse der Medien auf sich gezogen. Die Mehrzahl der Berichte befaßte sich mit der konjunkturellen Lage und Perspektive der Automobilbranche oder technischen Neuheiten, besonders unter dem Stichwort „Öko-Auto". Eine Kampagne gegen das Auto schlechthin, wie sie noch vor zwei Jahren zu beobachten war, blieb aus. Unrühmliche Ausnahme: Die „Spiegel TV Reportage" am 21. September auf Sat 1. Unter dem Titel „Der Stern der besseren Gesellschaft – Die S-Klasse von Mercedes-Benz" wollte der Beitrag von Thomas Ammann Bilanz ziehen über die seit zwei Jahren verkaufte aktuelle S-Klasse. Auf welchem Niveau Bilanz gezogen wurde, deutete Moderator Gunther Latsch schon eingangs der Sendung an, als er befand, die S-Klasse sei „zum Symbol geworden" für „die Unfähigkeit, flexibel auf die Bedürfnisse eines sich verändernden Marktes zu reagieren".

Sicher hat er mit diesem Vorwurf nicht ganz Unrecht, denn auch bei Mercedes-Benz hat man gemerkt, daß dieses Fahrzeug zum Teil wegen seiner Größe und des durch das hohe Gewicht bedingten, unzeitgemäß hohen Kraftstoffverbrauchs nicht den erwarteten Erfolg hat. Man hat darauf mit kosmetischen Retuschen reagiert, die die Größe dieses Fahrzeuges spätestens ab 1995 zumindest optisch kleiner erscheinen lassen. Auch der geringen Flexibilität des Unternehmens hat man bei Mercedes-Benz inzwischen den Kampf angesagt, so werden zum Beispiel zwei von fünf Hierarchieebenen im Management der Gesellschaft aufgelöst. Aber aus technischer Sicht hat der Mercedes-Benz-Vorstand Jürgen Hubbert sicherlich recht, als er in

„Spiegel TV“ sagte: „Die S-Klasse . . . ist ein Auto, das die Spitze des Automobilbaus beschreibt, vielleicht eine Spitze, die wir nie mehr erreichen werden.“

„. . . vom niederen automobilen Volk absetzen“

Statt aber auf die Schwierigkeiten des Daimler-Konzerns näher einzugehen und sich mit den Lösungsansätzen zu diesen Problemen sachlich auseinanderzusetzen, fuhr „Spiegel TV“-Autor Ammann lieber „mit Deutschlands S-Klasse am Rande des Abgrunds Schlitten“ und betrieb mit markigen Sprüchen einen automobilen Klassenkampf, der nicht mehr zeitgemäß ist. Mit Sprüchen wie „Ein Kraftwagen, der Lustgefühle vermittelt, wie sie ein Mann am liebsten ganz für sich alleine genießt“, oder „Wer die Rolex und die schöne Frau samt Ring schon sein eigen nennt, kann sich mit der S-Klasse beruhigend vom niederen automobilen Volk absetzen“, wurde Hetze gegen die S-Klasse-Klientel gemacht.

Der Zuschauer gewann zudem den Eindruck, daß die Produktion der S-Klasse – „die Sonderklasse für die besondere Klasse“ – die alleinige Ursache für die Krise bei Mercedes-Benz sei. Verfolgt man diesen Gedanken weiter, bedeutet das, daß die Käufer der S-Klasse die Schuldigen sind, wie zum Beispiel der vorgestellte „Geschäftsmann auf Beutezug in den Osten, umgeben . . . von seinem 600er Mercedes“. Natürlich fehlte in der „Spiegel TV Reportage“ auch der historische Brückenschlag zum Dritten Reich nicht: „Ein deutscher Konzern und ein großdeutscher Führer . . . Demonstration einer unheiligen Allianz von SS-Klasse und Industrie.“ Wollte der Autor etwa damit die Fahrer der S-Klasse mit Nationalsozialisten vergleichen? Nicht erwähnt wurde in diesem Zusammenhang übrigens, daß in dieser Epoche nicht nur Daimler-Benz, sondern die gesamte deutsche Industrie für Hitlers Kriegspläne eingespannt wurde. Volkswagen wurde sogar vom NS-Regime zur Volksmobilisierung gegründet, um dann aber bis 1945 ausschließlich Militärfahrzeuge zu bauen.

„. . . wie der Bundeskanzler von hinten“

Bei dieser Flut von Unsachlichkeit verwunderte es nicht, daß „Spiegel TV“-Reporter Ammann die Mercedes-S-Klasse mehrmals mit einem „abgespeckten Schützenpanzer“ verglich, und er Bodo Buschmann, der die S-Klasse für zahlungskräftige Kunden individuell ausstattet, nicht als Fahrzeugveredler oder Tuner bezeichnete, sondern als „Mercedes-Aufrüster“. Geschickt verstand es Ammann auch noch, primitive Politparolen zu transportieren, indem er den Ästhetik-Professor Bazon Brock den geschmacklosen Vergleich ziehen ließ: „Sieht ja aus von hinten wie der Bundeskanzler von hinten aussieht, wie der . . . berühmte gespaltene Arsch . . . eine Unzeitgemäßheit im Sinne von fläziger Verfettung.“

Während seiner gesamten Reportage übersah Thomas Ammann vor allem eines: die nicht zu leugnende Tatsache, daß es nun einmal einen Markt für Fahrzeuge der Luxusklasse gibt, ebenso wie es einen Markt für Kleinwagen, Elektrofahrzeuge oder Cabrios gibt. Dieser Markt wird trotz weltweiter Rezession für 1993 auf 180 000 Nobelkarossen geschätzt. Mercedes wird dieses Jahr mit etwa 75 000 S-Klasse-Wagen der größte Anbieter in diesem Marktsegment sein, wie schon so oft. Der international sehr gute Ruf der Fahrzeuge mit dem Stern ist nicht zuletzt auf die technische Perfektion der jeweils aktuellen S-Klasse gebaut, die, wie die Autoren richtig erkannten, „stets als höchster Ausdruck deutscher Ingenieurskunst" galten. So kann es sich Mercedes-Benz aus Marketinggründen gar nicht leisten, auf ein Fahrzeug der Luxusklasse als Aushängeschild zu verzichten. Bestimmt wird die zukünftige S-Klasse wieder besser in das Straßenbild passen, zumal die Entwicklungszeiten bei Mercedes-Benz in Zukunft keine zehn Jahre, wie bisher, betragen werden, so daß die neuen Produkte wieder besser auf den Markt passen werden. Vielleicht wird die Kleinwagenstudie Vision A 93 das erste Mercedes-Fahrzeug dieser neuen, bescheideneren Philosophie sein.

Die vom „Spiegel TV"-Autor hochgelobte japanische Automobilindustrie, die auf dem Produktionssektor in der Tat weltweit führend ist, steckt aber, was natürlich dem Zuschauer vorenthalten wurde, genauso wie die deutsche Konkurrenz in der größten Rezession ihrer Geschichte. Den Nachweis, ob die von den Japanern auf der IAA in Frankfurt vorgestellten Prototypen nicht nur „leicht", sondern auch wirklich „sicher" sind, sind die Hersteller noch schuldig geblieben. Denn wie der Crashtest von „Auto Motor und Sport" in Heft 16/93 zeigte, sind die japanischen Fahrzeuge, zumindest in der Golfklasse, noch nicht auf europäischem Sicherheitsstand angelangt. Dem Autofahrer wird es bei einem Unfall sicher lieber sein, wenn er in einem nach dem „aus den 70er Jahren herübergeretteten Sicherheitsdenken" konstruierten „altaussehendem" Auto sitzt, damit aber den Crash gut übersteht.

Aber solche für den Verbraucher wichtigen und nützlichen Informationen bot der Autor der „Spiegel TV Reportage" nicht. Er produzierte hingegen ein Paradebeispiel für unsachlichen Kampagnen-Journalismus. Thomas Ammann bediente sich zu diesem Zweck des billigen Tricks, eine Minderheit, in diesem Falle die S-Klasse-Fahrer, als Buhmann vorzuführen und die Mehrheit gegen diese Minderheit aufzuhetzen. SH

(MK 40/93, 4. 10. 1993)

Hoechst AG

Informationsstörung

Chronologie eines vom Fernsehen vergrößerten Industrie-Unfalls

Das Mißtrauen der gesamten Medien-Nation zog sich die Hoechst AG wegen des Informationsdebakels nach dem schwerwiegenden Störfall im Hoechst-Werk Griesheim am 22. Februar zu. Trotz zunehmenden Bemühens blieb tagelang unklar, wie groß die Gefahr für die von dem o-Nitroanisol-Regen betroffenen Bewohner des Frankfurter Stadtteils Schwanheim war. Nach dem 22. Februar erschien die Firma Hoechst unter dem Vergrößerungsglas der Medien, besonders des Fernsehens. Ein „Störfall" nach dem anderen wurde verzeichnet, in den Agenturmeldungen tauchte regelmäßig der Passus „noch ein Störfall bei Hoechst" auf. Als sich dann am Morgen des 15. März im Hoechster Stammwerk eine Explosion ereignete, bei der ein Arbeiter ums Leben kam und ein anderer schwere Verbrennungen erlitt, schien das Mißtrauen in die Hoechst AG, das vor allem von zahlreichen Journalisten vorgebracht worden war, bestätigt.

15. März 1993: drei, acht, neun, elf Störfälle

Und Mißtrauen bestimmte denn auch die Berichterstattung über den zweiten großen Unfall bei Hoechst. Ein großer Journalistentroß versammelte sich am Unglückstag vor den Toren des Unternehmens. Die Reporter wußten zunächst gleichermaßen zu berichten, es habe eine Explosion, einen Toten und einen Schwerverletzten gegeben. Gefahren für die Umwelt und die Anwohner bestünden nicht, gaben sie unter Berufung auf die Hoechst AG weiter, mit hörbar zweifelndem Unterton an der Stichhaltigkeit der Informationen. Daß die genaue Ursache des Unglücks nicht sofort benannt werden konnte, bestärkte die Journalisten in ihren Ressentiments. Das war zum Beispiel bei der ARD-„Tagesschau" deutlich durchzuhören: „Angaben der Firma Hoechst wurden von den Behörden vorerst bestätigt", hieß es dort. „Die Kollegen müssen gebrannt haben wie die Fackeln", zitierte Michael Best einen Hoechst-Mitarbeiter in den „Tagesthemen". Für das ZDF berichtete Olaf Buhl, Methanol und Venylacetat seien durch die Explosion und den anschließenden Brand wohl freigeworden. „Wieder einmal" gebe es „Beruhigungsversuche der Hoechst AG". Bei Sat 1 wurde über mögliche Sabotage spekuliert. „RTL-aktuell" meldete, „die Firma Hoechst" gebe „wieder mal vorschnell Entwarnung", es seien aber krebserregende Stoffe freigesetzt geworden. RTL-Reporter Ulrich Klose stellte seine Version des Unfalls vor: „Da reicht ein falscher Knopfdruck, und schon ist das Unglück da." Einen Reporter des hessischen Privatradios FFH machte mißtrauisch, daß er – wohlgemerkt erst kurz nach dem Unfall – eine halbe Stunde vor den Werkstoren warten mußte und immer noch nicht an den Unfallort gelassen wurde, wie er seinen Hörern entrüstet mitteilte.

Doch kaum waren die Reporter dann direkt am Unfallort, wunderte sich Sat 1-Reporter Jens Niehuss, daß die Journalisten so nah an den Ort des Geschehens durften. Er hielt das für den Beweis fehlender Sicherheitsmaßnahmen bei der Hoechst AG.

In Kommentaren und Moderationen wurde moralische Entrüstung laut. So zum Beispiel bei „punkt 5 – Länderreport" der ARD. Die sichtlich schlecht vorbereitete Moderatorin Angela Fritzsch befragte dort einen Hoechst-Ingenieur: „Das Unglück ist sicher nicht wieder gutzumachen. Wie verhalten Sie sich?" „Ist das giftig oder nicht?", mußte Angela Fritzsch immer wieder zwischenfragen. Sie verabschiedete den Hoechst-Mitarbeiter mit der Anweisung:
„Ich hoffe, daß sich die Sache bald aufklärt." „Chemieunternehmen können auch Zeitbomben sein", folgerte „heute-journal"-Moderator Alexander Niemetz. Im „Tagesthemen"-Kommentar sprach Wilhelm von Sternburg: „Ich weiß nicht, . . . ob die Gesetze in unserem Land ausreichen, um die Herren in den Konzernetagen der Chemieindustrie zu einem verantwortungsbewußten Handeln zu zwingen." Nach dem Griesheim-Unfall habe sich Hoechst gegenüber den Anwohnern „geradezu skrupellos" verhalten. Und das habe sich nicht geändert: „Das Menetekel der Chemieindustrie steht an der Wand: Seveso, Bhopal und Basel. Wollen wir mit dem Risiko solcher Katastrophen in den Ballungsgebieten an Rhein und Main solange leben, bis der chemische Gau tatsächlich eintritt?"

Einig waren sich die Fernsehjournalisten am 15. März also in ihrem moralischen Urteil, uneinig jedoch bei Angaben über die Anzahl der Unfälle bei der Hoechst AG (wie übrigens auch die Agenturen und Zeitungen). „Bei Hoechst ist es das neunte Unglück innerhalb von drei Wochen", sagte Ulrich Wickert in den „Tagesthemen". Vom „achten Störfall" sprach Alexander Niemetz im „heute-journal". Sein Kollege Olaf Buhl berichtete von elf Störfällen. Für „RTL aktuell" zählte Moderator Peter Kloeppel: „Beim Chemiegiganten hat es heute wieder einen Unfall gegeben, den achten innerhalb von drei Wochen." Acht Störfälle waren es auch bei „stern TV"-Moderator Günther Jauch. Bei den „Sat 1 News" berichtete Jens Niehuss, die Explosion sei „der dritte schwere Unfall bei Hoechst", Sat 1-Moderator Hans-Hermann Gockel: „Das ist insgesamt der elfte Unfall". „Elf Störfälle" habe es „in den vergangenen drei Wochen" bei Hoechst gegeben, hieß es im Sat-1-Magazin „Akut". Der Bonner Studioleiter von n-tv, Manfred Schell, kam auf „mindestens neun Unfälle seit Rosenmontag".

16. März 1993: Greenpeace setzt die Akzente

Als sich dann im Laufe des zweiten Tages das Ausmaß und die Folgen des Unfalls genauer abzeichneten, wurde erkennbar, wer sachliche Informationen lieferte und wer nicht. Die Fernsehberichterstattung fiel auseinander. Darstellungen des Geschehens und Rückblicke auf die Ereignisse bei

Hoechst seit dem Griesheim-Unfall waren die Regel. ARD und ZDF beließen es dabei. Nicht so jedoch die Privatsender. Sie setzen – wenn auch in unterschiedlicher Ausprägung – auf die Sensation. Für die sorgte eine Gruppe von Greenpeace-Aktivisten, die mit zwei Lastwagen vor den Werkstoren der Hoechst AG vorfuhr. Greenpeace-Mitarbeiter Manfred Krautter behauptete, daß bei dem Unfall am Vortag hochgiftiges Dioxin freigesetzt worden sei und verlangte, daß Greenpeace bei Hoechst Bodenproben entnehmen und selbst untersuchen lassen könne. Proben für eine Dioxin-Untersuchung entnahmen jedoch schon die ermittelnden Untersuchungsbehörden und die Hoechst AG. Die Greenpeace-Gruppe ließ von ihrem Vorhaben jedoch nicht ab und versuchte am Abend auf das Firmengelände zu stürmen, um selbst Bodenproben zu nehmen. Es kam zum Tumult. Polizei und Hoechst-Sicherheitsleute hielten die Greenpeace-Gruppe auf.

Für das Fernsehen war die handgreifliche Auseinandersetzung natürlich ein gefundenes Fressen. In diesem Fall vor allem für den Nachrichtenkanal n-tv, der extra mit einem Übertragungswagen am Ort war, um ständig live berichten zu können. „Greenpace bleibt am Ball, n-tv bleibt am Ball und damit auch Sie“, hieß es den ganzen Tag über, und pünktlich zum Sturm auf das Hoechst-Tor übertrug der neue Nachrichtenkanal Prügelszenen. n-tv-Reporter Bernhard Staudinger gab dabei nur noch die Informationen von Greenpeace weiter und berichtete im Stil eines Frontberichterstatters: „In diesem Moment ist es passiert. Hier wird eben das Tor gestürmt, von Greenpeace-Mitarbeitern. Man hat den ganzen Tag hier vorher ausgehalten. Es gibt erste Auseinandersetzungen mit dem Werksschutz. Hier werden wieder Leute ‘rausgeworfen. Die Polizei ist da. Es wird zugemacht. Wir liefern hier gerade die Bilder davon.“ Hautnah konnte man den Tumult also bei n-tv erleben, ebenso beim „Spiegel TV-Magazin“ auf RTL (21. März). Auch dort zeigte man die Prügelszenen und machte sich einen Spaß daraus, unbeteiligte Mitarbeiter der Hoechst AG zu ihrem Kenntnisstand über den Unfall zu befragen, um zu zeigen, daß die Firma mit Informationen hinter dem Berg halte. Für ebenso dramatisch wie wichtig hielt man die Greenpeace-Vorwürfe auch bei den „Sat 1 News“: „Seit heute nachmittag steht fest: bei der Explosion gestern und dem Brand danach wurde Dioxin freigesetzt, eines der gefährlichsten Gifte überhaupt“, sagte Moderator Gockel. Wieder einmal habe man die „Öffentlichkeit nur zur Hälfte informiert“, sagte Jens Niehuss. Bei „RTL aktuell“ urteilte man ähnlich.

Die Nachrichtensendungen von ARD und ZDF würdigten das von Greenpeace aufgeworfene Thema an nachrangiger Stelle. Den von Greenpeace stammenden Vorwurf, bei der Explosion und dem nachfolgenden Brand sei Dioxin frei geworden, meldeten sie zwar, für das „Geplänkel am Werkstor“, wie Harald Feller es in der „Tagesschau“ nannte, interessierten sich ARD und ZDF jedoch nicht. Und sie taten gut daran. Denn über all den reißerischen Bildern vergaßen die Privat-Reporter nach Sinn und Zweck der Greenpeace-Aktion zu fragen. Mit den beiden Meßwagen, die bei der Hoechst AG vorfuhren, ließen sich die Bodenproben nicht untersuchen. Wie Manfred Krautter sagte, habe Greenpeace eigene Proben beim Fresenius-Institut untersuchen lassen wollen, genau dort also, wo die behördlichen Untersuchungen vorgenommen wurden. Ihr Ergebnis verkündete das hessische Umweltministerium eine Woche nach dem Unfall: „Die ermittelten Dioxinwerte entsprechen den üblicherweise nach Bränden gemessenen Werten und lassen sich als sehr niedrig einstufen." Das stellt Krautter jedoch nicht zufrieden. Er kritisiert, daß die Untersuchung nicht umfassend genug gewesen sei, man etwa nicht nach dem Stoff Venylacetat gesucht habe – ein Vorwurf, den das Umweltministerium zurückweist.

„Massenhysterie kann helfen"

Um diese sachlichen Hintergründe zu erfahren, mußte man schon in die Zeitungen schauen, zum Beispiel in die F.A.Z., in der Caroline Möhring über das „Ultragift" Dioxin aufklärte. Im Privatfernsehen ging die kenntisfreie Stimmungsmache dagegen munter weiter: Der neue Sender Vox baute in der Frankfurter Innenstadt ein Podium auf und lud die Passanten zur Talk-Sendung „Vox populi". Thema war die „Angst vor den Chemiegiganten". Vollkommen kenntnisfrei über die Unfälle bei Hoechst und ihren Hergang, Arbeit und Zuständigkeiten der Behörden, ja sogar nicht einmal wissend, wen sie vor der Kamera befragte, fing Moderatorin Joe Harriet Stimmen ein. Immer wieder fragte sie: „Sind sie ein Betroffener?", um dann festzustellen, daß sie einen Greenpeace-Mitarbeiter oder einen Behördenvertreter vor sich hatte. Als sich eine Bürgerin wegen der schweren Störfälle besorgt zeigte, aber vor Hysterie warnte, sagte Frau Harriet, eine „Massenhysterie" könne in diesem Fall „vielleicht helfen". Das WDR-Magazin „ZAK" wollte angeblich auch nur helfen. Zumindest gab Magazinmacher Küppersbusch einen Gag seiner Redaktion als „sehr humanen Menschenversuch" aus: In einem als Informationswagen der Chemischen Industrie getarnten PKW fuhr man durch Schwanheim, um die Bewohner mit der Durchsage zu beglücken: „Fast eine Woche gibt es keinen neuen Störfall". Für den „Störfall" sorgten einige Fernsehjournalisten in dieser Woche lieber selber. MH

(MK 14/93, 5. 4. 1993)

Chemie

Minder giftig und trotzdem krebserregend

Das Informationschaos nach dem Störfall bei der Hoechst AG

Am 22. Februar, kurz nach vier Uhr morgens, ging über den Frankfurter Stadtteilen Griesheim, Schwanheim und Goldstein ein gelb-brauner Regen nieder: Zwei Tonnen des Farben-Rohstoffs „o-Nitroanisol“ entwichen nach einem Bedienungsfehler im Griesheimer Werk der Hoechst AG über ein Sicherheitsventil ins Freie, wurden vom Wind über den Main und die drei Stadtteile geweht.

Es begannen hektische Tage für Feuerwehr, Polizei, Betriebsangehörige, Aufsichtsbehörden, Kommunal- und Landespolitiker und selbstverständlich auch für die Presse. Die Anwohner wurden von Feuerwehr und Polizei informiert, wie sie sich nach dem Niederschlag der – wie Hoechst angab, nach DIN-Normen als „minder giftig“ klassifizierten – Substanz verhalten sollten: Kinder nicht im Freien spielen lassen, kein Wintergemüse aus dem Garten essen, Straßenschuhe in der Wohnung ausziehen. Die Journalisten informierten sich, wie die zahlreichen an diesem und den folgenden Tagen eingehenden Agentur-Meldungen zeigten, bei der Hoechst AG, beim Umweltamt und beim Gesundheitsamt der Stadt Frankfurt und dem hessischen Umweltministerium. Tenor der ersten Berichte: ein zwar schwerer, aber nicht katastrophaler Betriebsunfall, ohne akute Lebensgefahr für die Menschen.

Sonderseiten in der „Bild“-Zeitung

Die Interpretationen einiger Journalisten klangen aber schon bald wesentlich dramatischer: „Hoechst-Explosion. Gelbes Gift, Krebs-Gefahr. Alle Kinder sofort waschen“, lautete die Schlagzeile auf der Titelseite der „Bild“-Zeitung (23. Februar). Auf den „Sonderseiten 6 und 7“ herrschte an reißerischen Überschriften kein Mangel: „Das Gift kam, als alle schliefen“, „Der verseuchte Stadtteil schweigt – fast alle arbeiten bei Hoechst“, „Die Hoechst-Bosse: Ausreden und Lügen“. „Bild“-Autor Horst Cronauer verurteilte die „Chemie-Bosse“ als „Berufsabwiegler“, die erst die Wahrheit sagten, wenn sie der Lüge überführt seien.

Das wurden sie nach Ansicht von Peter Lückemeyer aber nicht. Im Lokalteil der F.A.Z. („Rhein-Main-Zeitung“) schrieb er am 23. Februar, es sei „zu loben“, „daß das Chemieunternehmen schon kurz nach dem Austritt des bis dato nur Fachleuten bekannten o-Nitroanisol die Öffentlichkeit informierte.“ Weniger gut klinge der Vorwurf, daß Hoechst nur die Polizei, nicht aber die Berufsfeuerwehr von dem Unfall informiert habe. Hoechst gab an, nach 40 Minuten die Polizei informiert zu haben, in der Gewißheit, daß durch sie auch die Berufsfeuerwehr alarmiert werde. Tadelnswert sei aber auch die Profilsucht der Politiker: „Aber daß gleich der hessische Umweltminister Fischer von den Grünen anreisen mußte, obwohl er doch sicherlich viele andere Wahltermine hat – in solcher Eilfertigkeit dürfte schon ein bißchen Befriedigung darüber liegen, daß man hier einen ungeliebten Chemiekonzern genau in der Ecke findet, in der man ihn gerne sieht." Diese Ecke war in der „Frankfurter Rundschau" auf Seite eins, rechts oben: „Hoechst-Giftwolke über Frankfurt", stand dort, samt der Einschätzung des Frankfurter Umweltdezernenten Tom Koenigs (Grüne), daß es sich um einen „der ‚größten Störfälle' in der chemischen Industrie" handele. „Rundschau"-Redakteur Hans-Jürgen Biedermann kommentierte: „Die Hoechst AG muß sich wieder einmal den Vorwurf gefallen lassen, sie breite über Störfälle in ihrem ‚Hoheitsgebiet' am liebsten den Mantel des Schweigens."

Für die Frage, ob Hoechst die Berufsfeuerwehr hätte direkt informieren müssen oder darauf vertrauen durfte, daß die Polizei automatisch die Feuerwehr alarmierte, interessierte sich am Abend des Unglückstages, und erst recht am nächsten Tag, niemand mehr. Nach dem Redaktionsschluß der Zeitungen verstärkte sich das Gerücht, die ausgetretene Substanz sei wesentlich gefährlicher, als von Hoechst angegeben. Die Berichte der abendlichen Fernsehnachrichten waren widersprüchlich, entsprechend den Informationen, die sie von Hoechst, der Stadt Frankfurt oder dem hessischen Umweltministerium bekamen. So berichtete Olaf Buhl für das ZDF zurückhaltend, ähnlich wie auch Hessen 3 und Sat 1: Der Vorfall sei „offenbar schwerer, als zunächst angenommen."

Barbara Müller kritisierte in ihren Beiträgen für die ARD die Hoechst AG dagegen schon ganz deutlich: „Daß die Firma Hoechst den ausgetretenen Stoff als minder giftig bezeichnet, kann die Anwohner kaum beruhigen. Erste Stellungnahmen sagen auch ganz anderes." In der 20-Uhr-„Tagesschau" wußte sie zu berichten: „Tatsächlich gilt o-Nitroanisol, das heute morgen hier nach einem groben Bedienungsfehler aus einem Ventil ausströmte, als Haut- und Atemgift. Es steht im Verdacht, Krebs zu erregen. Ein Bäcker, der zur Zeit des Unfalls am Werk vorbeiradelte, hat Hautverätzungen davongetragen. Das Unternehmen beruhigt trotzdem." Bei „RTL aktuell" ordnete man den Störfall bereits als Katastrophe ein. Nachrichten-Moderator Andreas Karr merkte an: „Nur dem kalten Wetter ist es zu verdanken, daß es in der Mainmetropole nicht zu einer Katastrophe kam." Im nachfolgenden Filmbericht hieß es: „Was zunächst harmlos aussieht, entpuppt sich später als Haut- und Atemgift. Nur die Temperaturen verhindern, daß eine gefährliche Gaswolke entsteht und die Menschen bedroht." Woher RTL wußte, daß ganz Frankfurt kurz vor der Katastrophe stand, konnten die Zuschauer allerdings nur raten. Sowohl in den Berichten wie auch in den Zwischenmoderationen am 22. und 23. Februar vermied es die RTL-Nachrichtenredaktion, die beteiligten Stellen – vor allem die Hoechst AG – zu zitieren.

„Minder giftig“ oder „minder krebserregend“?

Am 23. Februar, dem Tag nach dem Hoechst-Unfall, verbreitete sich die vom hessischen Umweltministerium stammende Information, bei der Hoechst AG sei man schon zwei Wochen vor dem Unfall darüber informiert gewesen, daß o-Nitroanisol zwar als minder giftig eingestuft sei, sich aber bei Tierversuchen herausgestellt habe, daß der Stoff, wenn er in hoher Konzentration aufgenommen wird, krebserregend sein könne. Für den Moderator der ARD-„Tagesthemen“, Ulrich Wickert, war das Anlaß, eine seiner mit sprachlicher Finesse verfaßten Kommentar-Moderationen aufzusagen: „Im Umgang mit Worten sind manche Leute ebenso ungenau wie im Umgang mit Giften. Doch bei den Worten sind sie dann besonders ungenau, wenn sie mit den Giften nicht sorgsam genug umgegangen sind. Nach dem Chemie-Unfall bei Hoechst hieß es gestern, die ausgetretenen Schadstoffe seien ‚minder giftig‘. Wie das schon klingt. ‚Minder giftig‘ ist Beamtendeutsch und heißt wahrscheinlich ‚weniger giftig‘. Aber heute stellt sich heraus, daß die Firma Hoechst sich auch in der Wahl des Wortes getäuscht hat. ‚Minder giftig‘ ist nämlich auch ‚giftig‘, und wie sich nun plötzlich ergibt, sind die ausgetretenen Chemikalien so giftig, daß sie als krebserregend gelten, aber vielleicht nur ‚minder-krebserregend‘?“

Der nachfolgende „Tagesthemen“-Bericht von Barbara Müller sorgte, genau wie am nächsten Tag die „Frankfurter Rundschau“ und zahlreiche Regionalzeitungen, dafür, daß die Hoechst AG vollends in die Informations-Defensive geriet. Die Journalisten verbreiteten die vom hessischen Umweltministerium stammende Information, daß ein interner Hoechst-Bericht vom 8. Februar darlege, daß o-Nitroanisol Krebs erregen könne. Das habe Hoechst verschwiegen. Doch das stimmte nicht ganz: Was die ARD um 22.30 Uhr als Enthüllung anbot, hatte Dr. Fritz Schuckmann von der Hoechst AG kurz nach 18 Uhr im hessischen RTL-Regionalprogramm „Hessen Report“ erläutert: daß sich o-Nitroanisol bei einem Langzeitversuch mit Ratten und Mäusen als krebserregend erwiesen habe. Die Unterstellung der Journalisten, Hoechst habe mit der Wahrheit hinter dem Berg gehalten, stimmte also nicht ganz.

Keine „nette, harmlose Erklärung“

Doch das sollte der Hoechst AG nicht mehr viel helfen. Am 24. Februar schwenkten auch die Journalisten, die zunächst abwartend berichtet hatten, auf eine Hoechst-kritische Linie um. Im „heute-journal“ moderierte Wolf von Lojewski im Stile seines Kollegen Wickert von der ARD: „Manchmal dauert es einfach etwas länger, bis Menschen auf die Palme klettern. Wann immer sich im modernen Alltag das Alarmierende, Ungewöhnliche zeigt, dann hoffen wir, es werde schon alles eine nette, harmlose Erklärung haben.“ Doch eine solche Erklärung gebe es im Fall von Hoechst nicht, teilte Olaf Buhl in seinem Bericht mit, in dem er wütende Bürger zu Wort kommen ließ, unter anderem einen Kinderarzt mit dem Urteil, die Informationspolitik der Hoechst AG sei „menschenverachtend und konzeptionslos“. Die „Hessenschau“ im dritten Fernsehprogramm des Hessischen Rundfunks widmete dem Unfall nun fast ihre gesamte Sendezeit. Moderator Uwe Günzler meinte, was über die Folgen des Unfalls bekannt werde, „wird von Tag zu Tag schlimmer“. Am 2. März machte sich der Hessische Rundfunk dann mit einer eineinhalbstündigen Sondersendung zum landesweiten Fernsehforum, zu dem weder die Hoechst AG noch der Verband der chemischen Industrie einen Vertreter entsandte. Da Politiker anderer Parteien nicht eingeladen wurden, war die Bahn frei für einen kostenlosen Wahlkampfauftritt von Frankfurts Oberbürgermeister Andreas von Schoeler (SPD) und Umweltminister Joschka Fischer (Grüne).

Mochten die Hoechst-Pressesprecher auch darauf hinweisen, daß der Bericht über die Krebsgefahr von o-Nitroanisol von Anfang Februar erst vier Tage vor dem Unfall dem Bundesausschuß für Altlasten (BUA) vorgelegt worden sei, außer dem Fachmann, der sich mit dem Bericht beschäftigt hatte, niemand über den letzten Stand der Forschung im Bilde war und sich nichts an der DIN-Einstufung „minder giftig“ geändert habe – ihre Glaubwürdigkeit war dahin – erst recht, als die „Frankfurter Allgemeine Sonntagszeitung“ am 28. Februar mitteilte, daß die Hoechst AG seit November 1992 über die amerikanische Tierversuchs-Studie zu o-Nitroanisol Kenntnis hatte. Nun fühlten sich die Berichterstatter, die von Anfang an mißtrauisch gewesen waren, in ihrem Urteil endgültig bestätigt. Die Schlagzeilen der „Bild“-Zeitung überschlugen sich: „Schwanheim eine Totenstadt“, „Werden unsere Kinder krank?“, „Die Menschen beten in der Kirche“. Gestandene Chemie-Kritiker brachen den Stab über die Industrie, wie zum Beispiel Hermann-Josef Tenhagen in der „tageszeitung“ (1. März): „Macht, Geld und die Arbeitsplätze in der deutschen Chemieindustrie haben die Manager in der Vergangenheit nicht vor unangenehmen Fragen, aber vor der einzig möglichen Konsequenz ihres unverantwortlichen Tuns bewahrt. Wenn die Industrie nur mit Stoffen hantieren dürfte, die ihr genau bekannt sind, müßte sie dicht machen, so gestern ein Hoechst-Sprecher mit entwaffnender Offenheit. Man sollte den Mann endlich beim Wort nehmen. Macht ihren Laden dicht, denn sie wissen nicht, was sie tun.“ Die chemische Industrie müsse ihre „Wagenburg-Mentalität“ ablegen, befand die „Frankfurter Rundschau“, und Hans D. Barbier ermahnte in der F.A.Z. (25. Februar) die gesamte Branche: „Die Industrie verlangt von der Politik Klarheit und Verläßlichkeit: beides wünscht sich mit vollem Recht die Öffentlichkeit auch von der Industrie.“

In einem Leitartikel machte Rainer Flöhl (F.A.Z., 1. März) deutlich, daß der eigentliche Schaden nicht durch einen Bedienungsfehler im Hoechst-Werk Griesheim entstanden sei, sondern durch das nachfolgende Informationschaos: „Angst und Wut wären zu vermeiden gewesen, hätte die Firma angemessen reagiert, nämlich schnell informiert und konsequent gehandelt." Flöhl klärte die Begriffe: „Die Einschätzung der Chemiekalien als minder giftig ist irreführend, weil sich dieser Begriff nur auf die akute Toxizität bezieht. Es besteht also – anders als beispielsweise bei Blausäure – keine unmittelbare Gefahr. Bei länger andauernder Aufnahme ist mit Krebs zu rechnen. Das Risiko ist in diesem Fall vernachlässigbar, weil die Stoffe schnell beseitigt werden sollen." Sein Fazit: „Sicherlich wird verstärkt der Ruf nach geschlossenen Anlagen zu hören sein, die sicherstellen, daß bei Unfällen überhaupt keine Chemikalien in die Umwelt entweichen. Ob sich die Chemie diesen überzogenen Forderungen mit einer fortschrittlichen Meß- und Regeltechnik wird entziehen können, hängt vor allem vom Vertrauen ab, das sie in der Öffentlichkeit genießt. Der Hoechster Störfall hat dies Vertrauen auf kaum faßbare Weise untergraben. Der materielle Schaden ist vergleichsweise gering, der psychologische dafür um so größer."

Doch der Unfall hatte bei allem Schaden für manchen auch Nutzen – für die „Bild"-Schlagzeilenmacher zum Beispiel, die den Notstand ausriefen, für die RTL-Nachrichtenfilmer, die braune Soße auf der Straße zeigten, und erst recht für Fundamental-Kritiker der chemischen Industrie, die alle Konzerne am liebsten dicht machen würden. MH

(MK 10/93, 8. 3. 1993)

Chemie

„Schattenseite des Chemiestandortes"

Die Hoechst-Sicherheitsgutachten fanden wenig Beachtung

Wenn es über einen spektakulären Unfall zu berichten gilt, kann sich die Chemie-Industrie der Aufmerksamkeit der Medien, besonders des Fernsehens, stets sicher sein. Gibt es aber Positives zu berichten, wird die Nachricht schnell abgehakt. Häufig fällt sie ganz unter den Tisch oder wird sogar ins Negative verkehrt. Mit dem Ergebnis der vom hessischen Umweltminister Fischer in Auftrag gegebenen Gutachten über das Sicherheitsmanagement der Firma Hoechst verfuhr das Fernsehen nach diesem Schema. Kein Wunder: Das Gutachten bot keine negative Sensation. Es bescheinigte der Firma Hoechst, daß die Chemie-Unfälle im Frühjahr nicht auf Mängel im Sicherheitsmanagement zurückzuführen seien.

Davon erfuhren die Zuschauer der ARD-„Tagesschau" am 22. September, dem Tag, an dem Joschka Fischer das Ergebnis der Gutachten bekanntgab, jedoch nichts. Die „Tagesthemen" beließen es bei einer knappen Wortmeldung, die lediglich ein Zitat Fischers umfaßte. Ähnlich war es beim ZDF:

„heute“ meldete kurz und knapp das Ergebnis, das „heute-journal“ fand es nicht berichtenswert.

Bei den Regionalsendungen war die Berichterstattung schon intensiver. Im „Hessen Report“ auf RTL erinnerte Moderatorin Brigitte Weinand an den Tag des ersten Hoechst-Unfalls. Er habe das „Vertrauen in die Sicherheit der chemischen Industrie endgültig ins Wanken gebracht“. Es folgte ein wertfreier Bericht, der den Inhalt der Gutachten skizzierte und Ausschnitte der Pressekonferenz Joschka Fischers sowie die Reaktion von Hoechst umfaßte. „Man hat offenbar auf sachlicher Ebene einen Gesprächston gefunden und kommt zu gleichen Ergebnissen“, charakterisierte der „Hessen Report“ das Verhältnis zwischen Unternehmen und Politik.

Ebenso ausführlich, aber mit unverwechselbarer Tendenz berichtete das dritte Fernsehprogramm des Hessischen Rundfunks. Der Moderator der Regionalsendung „Hessenschau“, Uwe Günzler, formulierte salopp: „Klar war: die Informationspolitik des Konzerns war katastrophal. Aber wie stand es mit der Sicherheit? So nach dem sechsten, siebten Störfall war Umweltminister Joschka Fischer erstens sauer, zweitens hatte er die Nase voll und drittens die Faxen dicke und sagte: Jetzt ist Schluß, jetzt kommen zwei Gutachter her, die untersuchen das, und dann hagelt es harte Konsequenzen. Tja, und jetzt liegen die Gutachten vor. Und das Fazit? Sicherer als bei Hoechst geht es gar nicht.“ Daß dieses Gutachten-Ergebnis so nicht stehen bleiben könne, machte der nachfolgende Beitrag von Manfred Krupp deutlich. Einer emotional gefärbten Erinnerung an die Unfallserie im Frühjahr („ein ganzer Stadtteil wurde verseucht“) und Zusammenfassung der Gutachten ließ HR-Autor Krupp ein kritisches Fazit folgen. Das Gutachten, betonte er, spreche „vom ‚gesellschaftlich tolerierten Restrisiko‘. Es könne auch nicht durch eine gute Organisation ausgeschlossen werden“. Wie groß ein solches Risiko sein könne, machten „die Analysen des TÜV deutlich. Geprüft wurden 90 Anlagen, bei denen mit gefährlichen Stoffen und Druckreaktoren gearbeitet wird, ähnlich der ersten Unfallanlage in Griesheim. Übrigens Anlagen, die alle von den Behörden abgenommen worden waren“. Fazit des HR: „Trotz aller entlastenden Gutachten: Das ist die Schattenseite des Chemiestandortes Hessen, zu dem sich heute, noch einmal, auch der grüne Umweltminister bekannte.“ MH

(MK 40/93, 4. 10. 1993)

Chemie/Pflanzenschutz

Fremde Fakten

„Globus“ (ARD/BR) berichtet oberflächlich über Pestizid-Exporte

Fremde Fakten statt aufwendiger Hintergrundrecherche bestimmen hierzulande bei aktuellen Umweltthemen oft die Berichterstattung. Ist eine Umwelt-Katastrophe oder ein Unfall geschehen, muß es für die Reporter ganz schnell gehen. Und so schlägt die Stunde der Umweltgruppen. Sie geben die Stichworte, mit denen die Journalisten dann die Debatte bestimmen. So geschah es auch beim ARD-Umweltmagazin „Globus“ (BR). Dort berichtete am 22. Februar Michael Steinlein anläßlich der Apron-Plus-Havarie in der Nordsee über die Pestizid-Exporte der deutschen chemischen Industrie. Wie zuvor das Magazin „Frontal“ im ZDF, bezog auch der Reporter des ARD-Umweltmagazins seine Argumente von einer Umweltgruppe. Und genau wie die Kollegen von „Frontal“, blieb er dem Publikum den Beweis einer überzeugenden eigenen Hintergrundrecherche schuldig, statt dessen richtete er wohlklingende Allgemeinplatz-Appelle an die chemische Industrie.

„Pestizide für die Dritte Welt. Wird die Verantwortung kleingeschrieben?“, stellte Steinlein seinem Bericht als Frage voran und stellte fest: „Womit hierzulande kein Mensch in Berührung kommen mag, in den Ländern der Dritten Welt wird es seit Jahr und Tag in großen Mengen auf Äcker und Felder gebracht.“ Drei Millionen Menschen würden laut der Weltgesundheitsorganisation (WHO) jedes Jahr durch den Umgang mit Pestiziden vergiftet.

„Risikobewußtsein wenig ausgeprägt“

Und was unternehmen die deutschen Pestizid-Hersteller? Oskar Böttcher vom Industrieverband Agrar sagte im Interview, daß es beim Umgang mit Pestiziden zunächst natürlich auf die Beachtung der Gebrauchsanweisung ankomme. Hier setzte „Globus“-Reporter Steinlein einen Schnitt und ließ als Antipoden Theo Freres, einen Entwicklungshelfer der Universität Gießen, zu Wort kommen. Die Feldarbeiter in der Dritten Welt, sagte Freres, könnten häufig gar nicht lesen, sie könnten bisweilen nicht einmal die Farben, die die verschiedenen Giftklassen kennzeichnen, zuordnen. Schutzanzüge oder Schutzmasken, die eigentlich zwingend erforderlich seien, gebe es so gut wie überhaupt nicht. Von welchem Land oder zumindest von welcher Region oder welchem Kontinent der deutsche Entwicklungshelfer sprach, verriet der „Globus“-Bericht den Zuschauern nicht, geschweige denn, auf welche Mittel sich diese Aussagen beziehen sollten. Dennoch war sich Autor Steinlein in der Bewertung der beiden gegeneinander gestellten Aussagen sicher. „Risikobewußtsein und Verantwortungsbereitschaft scheinen in der deutschen Pestizid-Industrie wenig ausgeprägt zu sein“, klagte er und ließ sich seine Ansicht vom Hamburger Umweltsenator Fritz Vahrenholt bestätigen, der – wiederum ganz allgemein – davon sprach, daß die Anwendungsrisiken von Pestiziden in der Dritten Welt „sicher" unterschätzt würden.

Nach einer derlei unkonkreten Beschreibung der Gefahren, gegen die „die" – wieder ganz pauschal behauptet – Politiker nichts unternähmen, schlug „Globus" etwas zur Verbesserung der Situation vor. Als Fordernden bat das Magazin einen Vertreter des Pestizid-Aktions-Netzwerks (PAN) vor die Kamera, der meinte, die Ausfuhr von Pestiziden müsse erschwert werden. Was hierzulande verboten sei, dürfe grundsätzlich nicht ausgeführt werden. 80 Prozent der in Deutschland hergestellten Pestizide würden exportiert, ergänzte „Globus"-Autor Steinlein. Auf die Tatsache, daß auch Präparate ausgeführt werden, für die hierzulande keine Genehmigungen beantragt werden, die deswegen aber trotzdem noch nicht verboten sind, ging der Reporter erst gar nicht ein. Er bezog sich auch nicht auf den Fall des Ciba-Geigy-Präparates Apron Plus, sondern auf Erkenntnisse der von ihm bereits zitierten Umweltgruppe PAN, derzufolge eine Hoechst-Tochterfirma bis 1992 ein in Deutschland verbotenes Pestizid in der Türkei vertrieben habe.

„Wie erklären Sie diesen Widerspruch?"

Mit dieser Angabe konfrontierte Steinlein nun den Vertreter des Industrieverbands Agrar, Oskar Böttcher. Der sagte zunächst ganz allgemein: „Der Industrieverband und seine Mitgliedsfirmen produzieren, stellen nicht her und exportieren keine Pflanzenschutzmittel, die in der Bundesrepublik Deutschland oder in der Europäischen Gemeinschaft verboten sind." Steinlein: „Gehört die Firma Hoechst auch zu ihrem Verband?" Böttcher: „Die Firma gehört zu unserem Verband, jawohl." Jetzt verriet der Reporter, worum es ihm eigentlich ging: „Das Pestizid-Aktions-Netzwerk PAN hat in jüngster Zeit – 1991 und '93 – zwei Fälle aufgedeckt, in denen die Firma Hoechst, beziehungsweise deren Tochterfirma, in der Türkei und in Afrika, Pestizide vertrieben hat, die Wirkstoffe enthalten, die in der Bundesrepublik schon seit mehreren Jahren verboten sind. Beide Fälle wurden von Hoechst eingestanden. Ihr Verband erklärt, wie Sie gerade eben auch, daß deutsche Firmen seit Jahren keine Pestizide vertreiben würden, die hierzulande verboten seien. Wie erklären Sie diesen Widerspruch?"

Oskar Böttcher entgegnete, der Reporter solle in diesem konkreten Fall doch die Firma Hoechst fragen. Als mögliche Erklärung bot er an, daß es ja sein könne, daß die genannten beiden Mittel bereits vor Jahren produziert wurden, sich die gesetzliche Lage inzwischen geändert habe und jetzt noch alte Lagerbestände vorhanden seien. Mit dieser Antwort mußten sich die Zuschauer begnügen, warteten aber gespannt darauf, was die Firma Hoechst zu den Vorwürfen sagen würde. Und – nichts geschah. Denn es folgte kein Interview mit der Firma Hoechst, und es folgte auch nicht die

Angabe, daß die Firma ein Interview verweigert habe. Die vom Journalisten nicht selbst recherchierte Angabe des illegalen Pestizid-Vertriebs durch die Firma Hoechst oder ein Tochterunternehmen in der Türkei und in Afrika blieb als Randnote stehen. Sie diente nur dazu, den Vertreter des Industrieverbands Agrar in argumentative Schwierigkeiten zu bringen. Aber nicht einmal das gelang.

„Der Pestizid-Bumerang kommt zurück"

Dafür aber klang das Fazit des „Globus"-Berichts dann wieder sehr bestimmt. Auf die von der Eigenrecherche her nicht überzeugende Schnell-Abstrafung der chemischen Industrie folgte ein quasi salomonischer Schlußsatz, dem nicht zu widersprechen ist, weil er sich in seiner Pauschalität und Abstraktion jeder kritischen Prüfung und Auseinandersetzung entzieht: „Was wir vor der eigenen Tür nicht haben wollen, rücksichtslos in Nachbars Garten kippen – ein Schuß, der nach hinten losgeht! Denn der Pestizid-Bumerang kommt zurück, unsichtbar in Obst und Gemüse, in Futter und Pflanzen. Für Industrie und Politik besteht Handlungsbedarf, aber auch für jeden einzelnen von uns. Ganz ohne Chemie geht es im Pflanzenschutz nicht. Doch mit mehr Verantwortungsgefühl müßten die damit besonders in den Ländern der Dritten Welt verbundenen Probleme durchaus zu lösen sein."
MH

(MK 10/94, 7. 3. 1994)

Tourismus

„Abgeschreckt durch die Horrormeldungen"

„WISO" (ZDF) über Folgen der Apron-plus-Berichte an der Nordsee

Als Tausende von kleinen Päckchen mit dem Pflanzenschutzpräparat „Apron plus" im vergangenen Januar an die Nordseestrände in Dänemark, Deutschland und Holland angeschwemmt wurden, war das Interesse der Medien groß. Reporter von Fernsehen, Rundfunk und Presse schwärmten aus, um über die Folgen der Havarie des französischen Frachters Cherbro zu berichten. 88 Container hatte das Schiff in einem Sturm verloren, drei davon enthielten die Apron-plus-Beutel, hergestellt von der Firma Ciba Geigy, die an die Küste geschwemmt wurden. Nach dem Sensationsauflauf und Spekulationen über mögliche Gefahren – in einem ARD-Bericht war damals ein toter Vogel neben einem Apron-plus-Beutel zu sehen – erlahmte das Medienecho schnell. Die Anwohner der Küste aber, besonders der deutschen Nordseeinseln, bekamen die Folgen des Sensationsinteresses zu spüren: Die Urlauber, von denen die Region wirtschaftlich abhängig ist, bleiben aus, und das, obwohl überhaupt keine Gefahr mehr besteht. So berichtete Ursula Lindenberg im ZDF-Wirtschaftsmagazin „WISO“ am 26. Mai.

Darstellung in den Medien „sehr überzogen“

„Wir fragen jetzt“, sagte „WISO“-Moderator Michael Opoczynski: „Was wurde getan, um eine Wiederholung der Katastrophe auszuschließen? Sind die Strände der friesischen Inseln wieder sauber? Und vor allem: Sind die Urlauber wieder zurückgekehrt? Denn Touristen, die braucht die Wirtschaft an der Küste.“ Ursula Lindenberg sah sich um, um zu erfahren, was sich nach den „Horrormeldungen“, die durch die Presse gingen, an der Küste ereignete. Der Kurdirektor von Juist, Udo Gesang, erinnerte sich: „Die Darstellung in Rundfunk, Fernsehen und in Pressemedien war meines Erachtens sehr überzogen und wurde der Gefahrensituation nicht gerecht.“ Daß mittlerweile überhaupt kein Grund mehr zur Sorge bestehe, belegte ZDF-Autorin Lindenberg mit dem Hinweis auf Untersuchungen des niedersächsischen Umweltministeriums und der Stiftung Warentest. Bei einem Umweltministertreffen in Paris habe man sich zudem auf Forderungen geeinigt, um Havarien wie jene der Cherbro künftig zu vermeiden.

Den Menschen an der Küste nütze das aber im Moment noch wenig, sagte Ursula Lindenberg: „Die Insulaner können nicht zur Tagesordnung übergehen. Viele Gäste sind abgeschreckt durch die Horrormeldungen, die Insulaner die Leidtragenden.“ Heiko Witte, Sprecher der Ostfriesischen Inseln, sagte: „Dieser Cherbro-Unfall mit seiner emotionalisierenden Wirkung ‚Gift für meine Kinder‘, trat zu einer Zeit an, als die Hauptnachfrage für die Inseln entstand. Man hat gemerkt, daß diese Nachfrage gering war, wir befürchten müssen, daß die Übernachtungszahlen in unserem Bereich zirka um 20 bis 30 Prozent unter dem Vorjahrsniveau liegen werden. Das ist unsere Befürchtung.“ „Schuldlos“, hieß es im „WISO“-Bericht zum Abschluß über die Lage der Küstenanrainer, „waren sie an dem Unfall des französischen Frachters – ein Unglück, das zunächst ernster zu sein schien, als es dann letztendlich war. Wie so häufig müssen die Insulaner ausbaden, was andere ihnen eingebrockt haben.“ Eine wichtige Zutat zu der für diesen Sommer befürchteten Tourismus-Flaute haben die panikmachenden Medien geleistet. „WISO“ dagegen leistete einen Beitrag zur sachlichen Aufklärung, die vor allem für jene ein Gewinn war, die sich überlegen, an der Nordsee ihren Urlaub zu verbringen. MH

(MK 23/94 6. 6. 1994)

Streit um Gefährlichkeit von Dimethoat

„Spiegel" bekräftigt Pflanzenschutz-Darstellung, BASF kontert

Einen Bericht des „Spiegel" vom 20. Juni unter dem Titel „Giftige Trauben", demzufolge der Pflanzenschutzwirkstoff Dimethoat, enthalten in dem BASF-Präparat Perfekthion, beim Einsatz im Obstanbau in Chile Krebs und Erbgutschäden bei Menschen verursacht, hat die BASF mit Gegeninformationen gekontert (siehe MK 26/94), nach denen der Verdacht gegen das Pflanzenschutzmittel falsch und wissenschaftlich nicht haltbar ist. Inzwischen hat „Spiegel"-Wissenschaftsredakteur Karl-H. Schaper in einem Schreiben an die BASF die Vorwürfe seines Magazins bekräftigt. Die BASF wiederum wartet mit einer Reihe von Hinweisen auf jüngste wissenschaftliche Studien zu diesem Thema auf.

„Spiegel": In die „Liste der Krebserreger" aufgenommen

Karl-H. Schaper entgegnete der Entwarnung der BASF, der zur Rede stehende Wirkstoff Dimethoat könne weder als krebserregend noch erbgutschädigend bezeichnet werden, daß es in einer Uno-Liste von 1986 heiße: „Der Einsatz von Dimethoat kann zu Erbgutschäden, Schäden der Fortpflanzungsorgane sowie an der Leibesfrucht führen. Es besteht außerdem Verdacht auf krebsauslösende Wirkung". Zudem belege eine neuere, im Lexikon Ökotoxologie veröffentlichte Studie die krebserregende Wirkung sowohl von Dimethoat als auch von Chlorpyrifos. Aufgrund neuester amerikanischer Untersuchungen im März 1993 sei Dimethoat in die „Liste der Krebserreger" aufgenommen worden. Zu der von der BASF angeführten Untersuchung des chilenischen Gesundheitsministeriums bemerkt Schaper: „Der ‚Spiegel' hat sowohl im Gesundheits- als auch im Agrarministerium recherchiert; niemand hat ihn dort auf die Studie aufmerksam gemacht. Sollte sie existieren, wäre sie allerdings noch von der Militärregierung erstellt, was ihre Glaubwürdigkeit als fragwürdig klassifizierte."

Wissenschaftsredakteur Schaper bekräftigt auch die im „Spiegel" vom 20. Juni beschriebene mangelnde Aufklärung der im Obstanbau beschäftigten chilenischen Arbeiter. Hierzu gebe eine Veröffentlichung der Comisión Nacional Campesina Auskunft. Danach seien 55 Prozent der Arbeiter nicht über die schädlichen Nebenwirkungen der eingesetzten Pflanzenschutzmittel informiert. Der „Spiegel" habe beobachtet, daß Etiketten und Gefahrenhinweise fehlten. In derselben Veröffentlichung finde sich auch eine Zusammenfassung der Gesundheitsstudie der Gynäkologin und Kinderärztin Dr. Victoria Mella vom Regionalkrankenhaus Rancagua. Aus ihr gehe hervor, „daß im untersuchten Obstanbaugebiet die Zahl der mit mehrfachen Mißbildungen Geborenen doppelt so hoch ist wie im Landesdurchschnitt". Untersucht worden seien die Zeiträume 1975 bis 1977 sowie 1989 bis 1990.

Auch angesichts dieser Hinweise und Behauptungen von seiten des „Spiegel“ hält die BASF es nicht für gerechtfertigt, Dimethoat als krebserregend zu bezeichnen. Nach Meinung des Unternehmens können weder die vom „Spiegel“ zitierte Uno-Liste noch die Aussagen in dem Lexikon Ökotoxologie als „kompetente Autorität in dieser Frage anerkannt“ werden. Nach den aktuellen Daten sei die Liste der Uno nicht korrekt mit Blick auf die Tatsache, daß Dimethoat in Ländern der EU zugelassen sei, in denen die höchsten Sicherheitsanforderungen gälten. Zum Beleg verweist die BASF auf ein Gutachten des britischen Ministeriums für Landwirtschaft, Fischerei und Nahrung vom November 1993. Hieraus gehe eindeutig hervor, „daß die verantwortlichen Toxikologen der englischen Zulassungsbehörden den Wirkstoff Dimethoat weder für cancerogen (krebserregend, d. Red.) noch teratogen (Mißbildungen bewirkend) noch mutagen (Erbgut verändernd) halten“. Die vom „Spiegel“ zitierte Klassifizierung in den USA beziehe sich lediglich auf einen Verdacht aus dem Jahre 1984. Demgegenüber habe die Biologische Bundesanstalt bei der Zulassung des Mittels Perfekthion am 14. Dezember 1993 festgelegt, daß eine Kennzeichnung von Krebsgefahr und fruchtschädigender Wirkung nicht erforderlich sei. Auch die Weltgesundheitsorganisation WHO vertrete in einer Studie über Dimethoat die Einschätzung, daß keine Gefahr bestehe. Die Studie des chilenischen Gesundheitsministeriums, die Karl-H. Schaper für wenig glaubwürdig hielt, falls sie aus der Zeit der Militärdiktatur stamme, datiert, so die BASF, auf den Oktober 1993. Daher träfen die Bedenken gegen die Glaubwürdigkeit nicht zu. „Wir freuen uns, daß wir Ihnen den Bericht des chilenischen Gesundheitsministeriums vom Oktober 1993 zugänglich machen können, den Sie bei Ihren Recherchen nicht ausfindig machen konnten“, schreibt die BASF dem „Spiegel“ und stellt fest: „Laut Auskunft des chilenischen Landwirtschaftsministeriums liegt auch keine Anfrage des ‚Spiegel‘ zu diesem Thema vor.“

BASF: „Keinerlei Rückschlüsse hinsichtlich der Kausalität“

Zu der Studie der Gynäkologin und Kinderärztin Mella hält die BASF fest, daß der für die Registrierung von Pflanzenschutzprodukten zuständige Unterstaatssekretär des chilenischen Landwirtschaftsministeriums mitteilt, die Studie sei seit langem bekannt, werde jedoch nicht herangezogen, weil ihr das wissenschaftliche Fundament fehle. Die Studie sei wissenschaftlich nicht haltbar, da keine Untersuchungen darüber vorlägen, ob und in welchem Umfang die betroffenen Bevölkerungsgruppen tatsächlich dem Einfluß von Insektiziden ausgesetzt waren. Das von Frau Mella beobachtete Phänomen zunehmender Totgeburten mit Mißbildungen in einem bestimmten Zeitraum sei zudem viel zu komplex, als daß es allein auf den Zuwachs des Obstanbaus zurückgeführt werden könne. Das habe auch Dr. Roberto Tapia, Professor für Toxikologie an der Universität von Santiago und landesweit als Kapazität auf diesem Gebiet geltend, in einem entsprechenden Gutachten festgestellt, das der Verband der chilenischen Pflanzenschutzmittel-Hersteller in Auftrag gegeben habe. Die Untersuchungen der Kinderärztin Mella seien, so die BASF, deshalb so zu beurteilen, wie das chilenische Gesundheitsministerium es tue: „Die Ergebnisse stellen eine Situationsbeschreibung dar, lassen aber keinerlei Rückschlüsse hinsichtlich der Kausalität zu".

Zu dem vom „Spiegel" ebenfalls als mangelhaft dargestellten Ausbildungsstand der in den chilenischen Obstplantagen beschäftigten Menschen und der Etikettierung der Pflanzenschutzmittel bemerkt die BASF schließlich, daß sie ihre Präparate Perfekthion und Salut gemäß der in Chile gültigen Gesetzgebung vertreibe. Im Etikett erschienen die Maßnahmen zum sicheren Umgang mit Pflanzenschutzmitteln. Die Giftigkeit werde mit verschiedenen Farben signalisiert. Im Falle der beiden BASF-Mittel bedeute die Farbe blau „cuidado – moderatamente tóxico" (Vorsicht – mittelmäßig giftig). Sowohl die BASF als auch der chilenische Pflanzenschutzmittel-Herstellerverband schulten die Anwender der Präparate. Als beispielhaft geltende Schulungsprogramme unter Aufsicht von Agraringenieuren seien eigens auf die Bedürfnisse von kleinen Landwirten zugeschnitten. Sogar im Fernsehen habe es eine Aufklärungskampagne gegeben – mit Erfolg. Ein Todesfall durch die falsche Handhabung von Pflanzenschutzmitteln sei in den letzten 20 Jahren in Chile nicht zu verzeichnen gewesen. MH

(MK 31/94, 1. 8. 1994)

Chemie/Farben

Ein erfundener Skandal

„Spiegel" stellte Naturfarbenhersteller ohne Beweis als Giftmischer dar

Der Enthüllungsjournalismus, ob echt oder vermeintlich, ist in den Medien ein dominierendes Genre. Da werden Skandale aufgedeckt, die die Menschen in Staunen, Angst und Wut versetzen: ein probates Mittel, Leser und Zuschauer zu mobilisieren und für die eigene Auflage etwas Gutes zu tun. Es kann und soll dabei wohl auch der Eindruck entstehen, die Journalisten wären genial recherchierende Spezialisten, die sich durch knochenharte Arbeit den Durchblick verschaffen und die Öffentlichkeit kompetent informieren. Aber das Gegenteil ist oft der Fall. Die angeblich aufgedeckten Skandale entpuppen sich bei näherem Hinsehen manchmal als kompletter Unsinn. Leser und Zuschauer werden des öfteren für dumm verkauft. Das wird auch dann klar, wenn man den Weg, den die Journalisten bei ihrer Recherche gegangen sind, zurückverfolgt. Personen und Institutionen, die im Vorfeld eines Beitrages um Stellungnahme gebeten wurden, sind oft erschüttert, wenn sie dann den fertigen Beitrag sehen oder lesen.

Hinterlistige Recherche des „Spiegel"

Der Beitrag „Duft nach Veilchen – Ökoschwindel in der Farbenindustrie: Biolacke enthalten Nervengifte und krebsverdächtige Substanzen" im „Spiegel" vom 13. Februar war ein Beispiel, bei dem man sich fragte, wie so etwas überhaupt gedruckt werden kann: ein Sammelsurium von Halbwahrheiten und Fehlinformationen. Schon der erste Satz war nicht so ganz astrein: „In der Braunschweiger Farbenfabrik Auro riecht es wie auf einem orientalischen Basar. Ein Hauch von Orangen und Limonen liegt in der Luft." Beim Leser entstand so der Eindruck, der Verfasser des Beitrages, Matthias Schulz, schildere seine lebhaften Eindrücke vom Besuch der Firma Auro. Tatsache ist, daß niemand vom „Spiegel" das Unternehmen je aufgesucht hat, obwohl Auro in dem Beitrag eine Schlüsselrolle spielte. Die Auro-Mitarbeiterin Anke Meyer beschrieb der „Medien Kritik" den Kontakt mit dem „Spiegel" so: „Genau vier Tage (am 8. Februar) vor Erscheinen des Blattes rief Matthias Schulz aus der Redaktion K 1 des ‚Spiegel' bei Auro an. Das Gespräch dauerte nicht mal eine halbe Stunde. Das war der erste und einzige Kontakt mit dem ‚Spiegel'. Matthias Schulz hat mit keinem Wort erwähnt, was er eigentlich schreibe." Auch konkrete Vorwürfe habe er dem Naturlackhersteller nicht gemacht. Auro schickte daraufhin eine ausführliche Dokumentationsmappe an Matthias Schulz. Nichts davon hat er in seinem Artikel verwendet. Der Geschäftsführer von Auro, Hermann Fischer, zeigte sich denn auch mit Recht darüber befremdet, daß sein Name gleich mehrfach auf der Seite der „Übeltäter" genannt wird.

Begegnung der unmöglichen Art

Der „Spiegel" suggerierte auf unseriöse Weise, daß von den Herstellungsbetrieben der Naturfarben eine Gesundheitsgefährdung für die Anwohner ausgehe. In diesem Zusammenhang wurde ein Uralt-Bericht der „Braunschweiger Zeitung", „Ätherische Öle stinken den Kohlrabizüchtern" vom 14. Oktober 1991 angeführt. Matthias Schulz erzeugte so beim Leser einen völlig falschen Eindruck, denn unter der Schlagzeile der „Braunschweiger Zeitung" hieß es, und das verschwieg der „Spiegel": „Beispielhafte Aussprache zwischen Kleingärtnern und der Geschäftsführung der Auro-Chemie." Der Beitrag der „Braunschweiger Zeitung" endete mit einem Zitat des Vorsitzenden des Kleingartenvereins: „Heute sind sicherlich einige Vorurteile ausgeräumt worden." Auch das verschwieg der „Spiegel".

Die Vorwürfe des Magazins gegen die Naturlackhersteller waren ebenso falsch wie unbelegt. Der Hauptbestandteil der Biolacke, das Terpentin, wurde als krebsverdächtige und nervenschädigende Substanz hingestellt. „Bei Hautberührung bilden sich Ekzeme und rote Bläschen an Lippen und

Armen: Malerkrätze." Dazu Anke Meyer von der attackierten Firma Auro gegenüber der „Medien Kritik": „Die Malerkrätze trat bis in die späten fünfziger Jahre auf. Der Grund dafür war ein Inhaltsstoff des Terpentins, das Delta-3-Karen. Heute gibt es Qualitäten, die sind frei von diesem Stoff. Allergien, wie die Malerkrätze, treten gewöhnlich nicht mehr auf." Diese Informationen lagen dem „Spiegel" vor. Anke Meyer wies auch darauf hin, daß Balsam-Terpentin, das der „Spiegel" als tödliches Teufelszeug hinstellte, Wirkbestandteil medizinischer Einreibemittel wie „Wick-Vaporub" ist.

„Spiegel"-Journalist völlig überfordert

Eine weitere Anlaufadresse bei der Recherche zu dem „Spiegel"-Beitrag war die „Arbeitsgemeinschaft der Naturfarbenhersteller" in Stuttgart. Die Sprecherin der Arbeitsgemeinschaft Anita Rehm erklärte gegenüber der „Medien Kritik", der „Spiegel" habe nach einem kurzen Telefonat alle verfügbaren Unterlagen zu Naturlacken erhalten. Absolut nichts davon sei in dem Beitrag verwendet worden. Der „Spiegel"-Journalist Matthias Schulz sei ohne jede Fachkenntnis aufgetreten und völlig überfordert gewesen. Diese Einschätzung bestätigte sich bei der Diskussion des Beitrages seitens der „Medien Kritik" mit Herbert Lichtnecker vom „Institut und Poliklinik für Arbeits- und Sozialmedizin" in Heidelberg, dessen Arbeitsschwerpunkte Lacke und Holzschutzmittel sind. Der „Spiegel" schrieb: „Xylol und Toluol in Lacken sind krebsverdächtig." Hierzu Herbert Lichtnecker: „Diese Lösemittel sind gut untersucht. Ein krebsauslösendes Potential besteht absolut nicht." Das ist übrigens in allen Lehrbüchern der Toxikologie nachzulesen. Auch von den benzolhaltigen Farben und Lacken – Benzol ist eine in bestimmten Konzentrationen krebsauslösende Chemikalie – die der „Spiegel" erwähnte, wußte der Fachmann Herbert Lichtnecker nichts Konkretes. Weiter schrieb der „Spiegel": „Einige Firmen setzen das smogbildende und krebsverdächtige Testbenzin als Lösemittel ein." Hier hat der „Spiegel" kaum zu fassenden Unsinn geschrieben: der Anstrich einer Fußleiste als Auslöser des Sommersmogs – das ist wohl kaum zu belegen und Testbenzin ist in keiner Weise krebsverdächtig. Woher nimmt sich der „Spiegel" das Recht, solchen Unsinn zu drucken und die Leser derart zu verunsichern? Informationen und Fakten, die der Redaktion vorliegen, wurden unterschlagen, damit der von dem Magazin dargebotene Skandal nicht durch Wahrheiten getrübt wurde – die schlechteste und überflüssigste Form des Journalismus. Und noch eines: Wann werden jene Journalisten, die sich mit Berichten über vermeintliche Giftskandale durch ihr Berufsleben schlagen, endlich die Erkenntnis von Paracelsus akzeptieren, daß im Grunde alles Gift sei, es kommt nur auf die Dosis an. Es wird viel über Gifte referiert, doch nur selten wird die Dosis einbezogen. LS

(MK 10/95, 6. 3. 1995)

Wie denken und arbeiten Journalisten?

Zu den Ursachen unternehmenskritischer Berichterstattung

Viele Unternehmen müssen es immer wieder erleben: Sie stellen ein Produkt her, das vielen Menschen Freude, Heilung oder Erleichterung bringt. Und trotzdem: Die Medienberichterstattung und damit auch die öffentliche Debatte ist oft kritisch bis katastrophal. Einflußreiche aber fachfremde Journalisten in vielzitierten Magazinen – die als Themensetzer fungieren – mißachten nicht selten die positiven Eigenschaften. Sie konzentrieren sich lediglich auf wenig bedeutsame Nebeneffekte oder erfinden sogar eigene Risiken hinzu. Bei der Rezeption bestätigen sich dann alte Erfahrungen. Es ist oft nur zweitrangig, was wirklich geschieht. Die Medien schaffen ihre eigene Wirklichkeit. Eine Medienwirklichkeit, die sich für den Bürger aber als tatsächliche Wirklichkeit darstellen muß, weil er keine andere Quelle oder eigene Erfahrungen hat. Der Mainzer Medienwissenschaftler Professor Dr. Hans-Mathias Kepplinger sagte es in seinem Buch „Ereignismanagement" (Zürich 1992) so: „Wir leben immer mehr in einer selbstgeschaffenen Ereigniswelt, einer künstlichen Realität. Heute stehen die Massenmedien im Zentrum eines Geschehens, das sich ohne ihre Existenz vielfach überhaupt nicht ereignen würde."

Kaum eine Trennung zwischen Meinung und Nachricht

Wie denken Journalisten heute? Welche politischen Einstellungen herrschen vor? Wen versuchen sie wie anzusprechen? Dieser Beitrag möchte einige Daten vorstellen, die Umfragen von Kommunikationswissenschaftlern in Hannover und Mainz ermittelt haben.

Zunächst zu einem Unterschied zwischen deutschen, britischen und amerikanischen Journalisten. Hier hat die Universität Mainz einen grundlegenden Unterschied in der Praxis ermittelt, der auf verschiedene Rollenverständnisse hindeutet: Es geht um eine Positionstrennung zwischen Kommentatoren und Berichterstattern. Während in Deutschland Kommentar und Berichterstattung fast immer in einer Hand lägen, sei dies in den USA und England weitgehend undenkbar. Kommentar und Bericht zu einem Ereignis werden dort zumeist von verschiedenen Personen geschrieben. Damit fehle in Deutschland eine wichtige organisatorische Voraussetzung zur Trennung von Kommentar und Meinung in der aktuellen Berichterstattung.

Englische Journalisten schätzen im Unterschied zu ihren deutschen Kollegen vor allem die Arbeit unter Termindruck, die Möglichkeit, mit interessanten Kollegen zusammenzuarbeiten und als erster zu wissen, was los ist. Deutsche Journalisten schätzen es dagegen, sich für Benachteiligte einzusetzen, Mißstände aufzudecken, die eigenen Interessen weiterzuentwickeln und politische Entscheidungen zu beeinflussen. Das heißt: Engländer wollen sich selbst und andere schnell informieren, Deutsche wollen sich oft durch Einflußnahme selbst verwirklichen. 68 Prozent der westdeutschen und sogar 90 Prozent der ostdeutschen Journalisten sind der Ansicht, daß sie eigene Wertvorstellungen in ihrer Arbeit klar zum Ausdruck bringen sollen. Nur 20 Prozent lehnen dies ab. Und 95 Prozent der deutschen Redakteure sieht sich als Kritiker von Mißständen. Und – es mag Ihnen erstaunlich vorkommen – gut 60 Prozent billigen es, wenn „ohne Rücksicht Kritik geübt wird, auch wenn die Folgen nicht zu übersehen sind". Professor Dr. Beate Schneider aus Hannover schrieb hierzu („Publizistik", 3/1993): Dies ist „eine eher idealistisch geprägte berufliche Orientierung, die darauf abzielt, das Publikum aufzurütteln, aufzuklären und zu beeinflussen".

Bei dieser Arbeitseinstellung verwundert es kaum, daß 50 Prozent der Journalisten bereit sind, bestimmte Aspekte eines Ereignisses bewußt hochzuspielen, wenn es der eigenen Position entspricht.

Fazit Nr. 1: Viele Journalisten wollen Mißstände aufdecken und ihre persönlichen Interessen einbringen. Sie nehmen eine „verzerrende" Berichterstattung dabei bewußt in Kauf.

Wenn Journalisten also bereit sind, ihre Meinung sehr stark einzubringen, dann ist es natürlich interessant, wie diese Meinungen aussehen. Einige Ergebnisse, die in Umfragen der Universitäten Hannover und Mainz ermittelt wurden: In Ostdeutschland haben die Journalisten eindeutige Vorlieben für Grün/Alternative Parteien (32 Prozent) sowie die Sozialdemokraten (23 Prozent). Grüne und Sozialdemokraten waren die einzigen Parteien, die überhaupt positive Noten bekamen. Die schlechtesten Noten erhielten die sozialistische PDS (keine Prozentangabe) sowie die konservative CDU und die Liberalen, die gemeinsam eine Anhängerschaft von 11 Prozent haben. Und auch für westdeutsche Journalisten gilt, daß die Bonner Regierungsparteien – also das konservativ-liberale Lager – deutlich schlechter abschneiden als die Oppositionsparteien. CDU und FDP können nur 17 Prozent der Journalisten zu ihrem Lager zählen, Sozialdemokraten und Grüne immerhin rund 50 Prozent.

Wie denken Journalisten nun über einzelne wirtschaftliche Fragen? Die Forderung „Der Umweltschutz sollte Vorrang vor wirtschaftlichen Interessen haben" unterstützten immerhin 77 Prozent der westdeutschen und sogar 87 Prozent der ostdeutschen Journalisten.

Grundsätzlich kritisch gegenüber großen Unternehmen

Gefragt wurde auch welche Gruppierungen in der Gesellschaft einen zu großen Einfluß haben. 47 Prozent, also knapp die Hälfte, der deutschen (und ebenso viele der britischen Journalisten) sagen: Multinationale Konzerne haben einen zu starken Einfluß. Das bedeutet: Jeder zweite Journalist steht großen Unternehmen und ihren Anliegen grundsätzlich kritisch gegenüber.

Anders stehen diese sogenannten „kritischen" Journalisten denen gegenüber, die Stimmung gegen viele Unternehmen machen. Als ein Beispiel wäre der Einfluß der Umweltorganisation Greenpeace zu nennen, zu deren Medienarbeit eine Untersuchung der Universität Hamburg vorliegt. Die Forscher untersuchten zwei Monate lang, welche Informationen Greenpeace auf verschiedenen Wegen an die Medien gab. Gleichzeitig stellten die Wissenschaftler fest, welche Berichterstattung schließlich dem Leser vermittelt wurde. Ihr Ergebnis: „Als Musterbeispiel an Effizienz und Einflußnahme von Öffentlichkeitsarbeit ist Greenpeace in der Lage, Themen und Inhalte der Berichterstattung über sich selbst bzw. über ausgewählte Umweltprobleme weitgehend zu kontrollieren ... Von einer kritischen Distanz der Medien (mit der Sie als Unternehmensvertreter immer zu kämpfen haben) kann bei Greenpeace keine Rede sein."

Die Journalisten drucken nicht nur die Pressemitteilung brav nach, sondern nutzen die Pressestelle der Umweltschützer immer wieder dazu, sich auch zu anderen Fragen fachliche Beratung zu holen. Sie tun dies, obwohl es Beweise dafür gibt, daß die Umweltorganisation schon mit gefälschtem Pressematerial gearbeitet hat.

Fazit Nr. 2: Viele Journalisten vertreten eine Position, die gegenüber großen Unternehmen eher ablehnend ist. Gleichzeitig haben es gesellschaftspolitisch engagierte Gruppen aus dem eher linksorientierten Umweltbereich – also oftmals Ihre Gegenüber im Informationswettbewerb – viel leichter, bei den Journalisten ihre Botschaften unterzubringen.

Auf Seiten der Journalisten ist dabei sicherlich nicht nur die politische Einstellung dafür verantwortlich zu machen. Wenn niemand diese Dinge sehen und hören wollte, hätten es die Redakteure sicherlich sehr schwer. Und natürlich: Diese Art der Berichterstattung hat ihre Ursachen auch in dem, was die Öffentlichkeit fordert, welche Nachfrage zu welcher Art von Berichterstattung besteht. Der Risikoforscher Professor Dr. Wolfgang van den Daele vom Wissenschaftszentrum Berlin für Sozialforschung hat hier nach gesellschaftlichen Ursachen gesucht und einige interessante Aspekte ermittelt (in: Jungermann, Helmut u.a. Risiko-Konzepte, Risiko-Konflikte, Risiko-Kommunikation, Jülich 1990):

Skeptisch gegenüber dem Fortschritt

1. Durch die hohe Spezialisierung, die zur Einschätzung von pharmazeutischen Produkten notwendig ist, kommt es bei vielen Bürgern (und natürlich auch Journalisten) zu einer Verunsicherung. Es dürfte zu einem generellen Vertrauens-Verlust in viele Forschungsbereiche gekommen sein.

2. Der früher einmal registrierte Forschungsoptimismus ist seit einigen Jahren einer tiefen Abneigung gegenüber sogenanntem Fortschritt gewichen.

Jede Nutzungserwartung wird sofort mit der Möglichkeit von Gefahren verknüpft.

3. Schließlich wird der Widerstand gegen technischen Fortschritt als Protest gegen eine Überwältigung durch Innovationsprozesse gesehen, die irgendwo in der Gesellschaft inszeniert werden und dann die natürlichen und sozialen Lebensbedingungen umwälzen, ohne daß eine Steuerung oder Kontrolle sichtbar ist.

Es sind heute in der breiten Bevölkerung starke Vorbehalte gegen technische Entwicklungen vorhanden. Risikoargumente haben einen besonderen „appeal" – sie sind in hohem Maße konsensfähig. Und natürlich: Sicherheit ist ein anerkannter Grundsatz. Man ist zur Zeit kaum noch bereit, technischen oder medizinischen Fortschritt mit einer Ungewißheit oder gar einem Risiko zu akzeptieren. Das Vertrauen in die Verantwortlichen solcher Projekte ist heute grundsätzlich sehr gering. Ein weiteres Problem bei der Diskussion: Risikodefinitionen sind keine festen, vorgegebenen Größen, viele sogenannte „Grenzwerte" heftig umstritten. Mit relativen Unsicherheiten, unbenannten Gefahren oder vermuteten Schäden läßt sich prächtig streiten und Anhänger gewinnen.

Fazit Nr. 3: Engagierte Meinungs-Journalisten treffen heute mit ihren Vorstellungen auf eine Öffentlichkeit, die ihr tiefes Bedürfnis nach absoluter Sicherheit gefährdet sieht und geradezu gierig ist nach Sensationen, die ihre vermeintlichen Ängste rechtfertigen. gka

(MK 12/94, 21. 3. 1994)

WDR/STEAG

„Angriff gegen eine ganze Technologie"

ARD-„Plusminus" suggeriert kriminelle Machenschaften der STEAG

„Auch heute abend macht ihnen das Erste wieder ein erstklassiges Angebot mit spannenden Wirtschaftsstories aus erster Hand. Legen Sie die Fernbedienung getrost beiseite", begann Gabriel Heim die ARD-Wirtschaftssendung „Plusminus" (WDR) am 19. März. Wer diese Sendung sehe, der wisse, „wie der Hase läuft", hieß es. Aber: Zwar mag der Durchschnittszuschauer den Eindruck gehabt haben, hier über einen Skandal informiert zu werden. Betroffenen und Fachleuten offenbarten sich jedoch zahlreiche Verzerrungen und Halbwahrheiten.

Der Bericht von Ekkehard Sieker und Heimo Claasen unterstellte, der Euro-Tunnel zwischen Frankreich und Großbritannien diene als illegale Giftmülldeponie. Skrupellose Bauunternehmen hätten tonnenweise hochgiftige Flugasche dem Beton beigemischt. Das Szenario sei so unglaublich, „daß man vor der kriminellen Energie der europäischen Giftmüll-Mafia den Hut ziehen müßte.“ Anscheinend sei niemand „diesen Dealern“ gewachsen. Auch deutsche Zulieferer hätten ihre Finger in dem makabren Spiel, sie nutzten das Bauwerk, um hochgiftigen Sondermüll aus den Filtern ihrer Verbrennungsanlagen loszuwerden. Dabei wurde die Flugasche aus Müllverbrennungsanlagen mit der von Kohlekraftwerken gleichgesetzt. Und diese habe es chemisch in sich. Ein früherer Mitarbeiter des Öko-Instituts, Michael Braungart, erläuterte, Flugaschen seien die am höchsten belasteten Verbrennungsrückstände. In diesen Stäuben seien Schwermetalle und hohe Anteile an Dioxin enthalten.

Der nordrhein-westfälische Landtagsabgeordnete der Grünen, Gerd Mai, unterstrich, daß dieser Filterstaub hochgradiger Sondermüll sei, der auf besonders geschützte Deponien gehöre oder sogar auf Untertagedeponien, „wo gewährleistet sein muß, daß über zehntausend Jahre – nach dem Stand der Technik zur Zeit – ein Kontakt mit der Biosphäre nicht stattfinden darf.“ Damit war dem Zuschauer die Brisanz des „Giftcocktails“ vor Augen geführt. Ein dritter Vertreter der Grünen, der Europa-Abgeordnete Paul Straes, unterstellte den am Bau beteiligten Firmen kriminelles Verhalten und stützte seine Theorie darauf, daß die für den Bau des Tunnels zuständige Firma Transmanche-Link ihm zunächst keine Auskunft geben wollte und erst später bestätigte, daß Flugasche verwendet wird. Damit war die Glaubwürdigkeit der betroffenen Unternehmen in Zweifel gezogen.

Einseitige Auswahl der Befragten

Außer den drei Grünen kam lediglich ein niederländischer Rechtsanwalt zu Wort, der eigentlich keine Auskunft geben wollte und lediglich andeutete, daß untersucht werde, ob jemand illegal Stoffe vermischt habe. Indirekt erwähnt wurde noch die niedersächsische Umweltministerin und frühere Greenpeace-Aktivistin Monika Griefahn. Nicht vor die Kamera traten Experten unabhängiger Prüfungsinstitute, des Umweltbundesamtes oder des nordrhein-westfälischen Umweltministeriums. Die bei kriminellen Machenschaften eigentlich einzuschaltenden Ermittlungsbehörden wurden weder benannt noch gehört.

Auch die Firma STEAG, der im Bericht unterstellt worden war, auf deutscher Seite an illegalen Geschäften beteiligt gewesen zu sein, bekam keine Möglichkeit zur Stellungnahme. Sie war in einem Fax, das die Zusammenhänge der Fragen verschwieg, lediglich um Auskunft gebeten worden, ob und in welchen Mengen sie „Kohlekraftwerk-Flugasche“ geliefert habe. Als sie mitteilte, insgesamt 142 000 Tonnen Flugasche als Baustoff geliefert zu haben, wurde ihr unterstellt, sie habe hochgiftigen Sondermüll loswerden wollen. Entsprechend verärgert reagierte die unterschwellig des Verbrechens beschuldigte Firma. Falsch sei die Behauptung, man habe hochgiftige Flugasche zur Beimischung in den Beton geliefert. Die gelieferte Ware sei – wie alle Flugasche aus Steinkohlekraftwerken – ungiftig, stellt die STEAG klar. Sie entstehe bei der Verbrennung von Steinkohle aus dem unverbrennlichen mineralischen Begleitgestein und entspreche chemisch sowie in der mineralogischen Zusammensetzung den seit mehr als 2000 Jahren als Baustoff verwendeten vulkanischen Aschen und Erden. Es handele sich dabei weder um Abfall noch um Sondermüll. Seine gleichbleibend hohe Qualität werde durch ständige Kontrollen in eigenen Labors und durch unabhängige Überwachungsinstitute sichergestellt. Der Einsatz von Steinkohlenflugasche in der Bauindustrie, der Zement- und Betonwarenindustrie werde von vielen Fachleuten befürwortet. Das Umweltbundesamt lege sogar Wert darauf, daß diese Stoffe wieder einer sinnvollen Verwendung – und hierzu zähle vor allem die Verwendung in Baumaterial – zugeführt werden.

Flugasche in Beton, Straßen- und Bergbau

Weltweit werden nach Angaben von STEAG jährlich mehr als 50 Millionen Tonnen Steinkohlenflugasche als Baustoff für Rekultivierungsmaßnahmen verwertet. In Deutschland werden 90 Prozent der jährlich anfallenden 3,5 Millionen Tonnen im Beton und für Betonbaustoffe, im Straßenbau und im Bergbau eingesetzt. Dieser Einsatz erfolge nach umfangreichen Zulassungsprüfungen. Die von der STEAG nach Frankreich gelieferte Flugasche habe den gesetzlichen Vorgaben für Baustoffe entsprochen und sei für den Einsatz im Tunnelbau bestens geeignet, teilte das Unternehmen mit. Die in der ARD-Sendung vorgenommene Gleichstellung von Flugasche aus Müllverbrennungsanlagen und Flugasche aus Steinkohlekraftwerken ist aufgrund gravierender stofflicher Unterschiede unzulässig, wie ein Experte des Umweltbundesamtes bestätigt. So enthalte Asche aus Müllverbrennungsanlagen wesentlich mehr Dioxin.

Empört ist die STEAG auch wegen des unterschwellig erzeugten Verdachts, sie sei an einer illegalen Vermischung von Giftmüll und Flugasche beteiligt gewesen oder habe davon gewußt. So war in dem Bericht erwähnt worden, daß die Flugasche der STEAG nicht direkt zum Tunnel ging, sondern zunächst in die nordfranzösische Stadt Arques, wo ihr noch anderer Sondermüll beigemischt worden sei. Wenn solche Handlungen stattgefunden hätten, so sei dies ohne Wissen des Unternehmens im Ausland geschehen. Mehrfache Ortsbesichtigungen hätten keinen Grund zur Beanstandung gegeben. Außer den Andeutungen hatten die beiden Reporter auch keinerlei Fakten für eine derartige Verwicklung vortragen können. Ein Mitarbeiter des Umweltbundesamtes bestätigte, daß viele journalistische Beiträge in solchen Zusammenhängen mit Vorsicht zu genießen seien. Vieles sei in den Köpfen derer, die das so sehen wollten, entstanden, hier bestehe oft ein „journalistischer Freiraum". Das Unternehmen vermutete hinter dem Beitrag mehr: „Die Unwahrheiten und Unrichtigkeiten . . . können nur als negative Stimmungsmache gegen die Kohleverstromung gedeutet werden. Ähnlich wie bei der Diskussion um die friedliche Nutzung der Kernenergie wird nunmehr versucht, mit Hilfe unqualifizierter Angriffe gegen die Entsorgung, eine ganze Technologie in Frage zu stellen.“ gka

(MK 14/93, 5. 4. 1993)

Rechtsstreit WDR/STEAG

Richter weisen Unternehmensklage zurück

Erneut legt ein Gerichtsurteil den Meinungsbegriff weit aus

Der Westdeutsche Rundfunk darf auch weiterhin behaupten, die STEAG-AG habe Sondermüll zum Bau des Eurotunnels geliefert und dabei mit einer Umweltmafia zusammengearbeitet. Dies entschied jetzt das Landgericht Köln, das damit einen Antrag auf Einstweilige Verfügung der STEAG (Az.: 28 0 209 / 93) zurückwies.

Zur Erinnerung: Am 19. März hatte die Sendung „Plusminus“ einen Bericht über illegale Praktiken beim Bau des Eurotunnels ausgestrahlt (siehe auch MK 14/93). Darin war festgehalten worden, daß die STEAG Filterflugasche aus Steinkohlekraftwerken geliefert hatte, um diese dem Beton als Zusatz beizumischen. Im Beitrag war behauptet worden, diese Flugasche sei Sondermüll. Außerdem blendete man in einen Zeitungstext über eine europäische Umweltmafia den Namen der Firma STEAG ein, die damit in einem deutlich als kriminell definierten Umfeld als Mittäter auftrat.

Unternehmen wehrte sich

Die „Medien-Kritik“, die damals unter anderem nachweisen konnte, daß die Autoren eine deutlich einseitige Informantenauswahl getroffen hatten (drei Vertretern grün-alternativer Gruppierungen stand keine Aussage der Beschuldigten gegenüber), und daß Experten des Umweltbundesamtes die vorgestellte Praxis des Unternehmens für durchaus üblich erachteten, urteilte am 5. April: „Betroffenen und Fachleuten offenbarten sich zahlreiche Verzerrungen und Halbwahrheiten.“

Das Unternehmen wehrte sich gerichtlich gegen die Sendung: Erstens sei Flugasche ein erlaubter Bauzusatz, so auch die gelieferte Ware. Die Bezeichnung „Sondermüll“ erwecke den völlig falschen Eindruck, hier handele es sich um hochgiftige Stoffe, die einer teuren Entsorgung gesetzeswidrig entzogen werden sollten. Vielmehr habe die gelieferte Flugasche „ständiger physikalischer und chemischer Überwachung unterlegen und sei vom Hygiene-Institut des Ruhrgebietes als im Straßen- und Grundbau verwertbar eingestuft". Auch der Eindruck, man gehöre einer „Mafia" an, sei eine böswillige Unterstellung. Der entstandene Eindruck habe zu wirtschaftlichen Einbußen geführt.

„Sondermüll" ist zulässig, weil nicht definiert

Der WDR konterte: Die Aussage, es handele sich um „Sondermüll", sei eine nach Artikel 5 Grundgesetz zulässige Bewertung und keine Tatsachenbehauptung. Vor allem sei der Begriff „Sondermüll" nicht abschließend definiert, die Gesetze und Verordnungen würden diesen Terminus nicht nennen. „Vielmehr werde dieser Begriff in einschlägigen Fach-Lexika folgerichtig und übereinstimmend als Abfall definiert, der nicht mit normalem Hausmüll beseitigt werden dürfe." Da die Flugasche nicht als Hausmüll entsorgt werden dürfe, sei die Bezeichnung „Sondermüll" zulässig und durch die Meinungsfreiheit geschützt.

Ähnlich argumentierte der Sender beim Begriff „Umweltmafia". Der Terminus stelle ein reines Werturteil, „allenfalls aber eine gemischte Äußerung mit ganz überwiegendem Wertungscharakter dar, so daß eine Untersagung nur in Betracht komme, wenn eine sogenannte Schmähkritik vorliege." Das sei aber nicht der Fall.

Interessant sind die Gründe, mit denen die Richter die Verfügung ablehnten. Sie deuten an, wie breit der Spielraum für rufschädigende journalistische „Wertungen" heute sein kann und wie schwierig es Betroffenen oft fällt, gegen Andeutungen und Unterstellungen gerichtlich erfolgreich vorgehen zu können.

So schrieben die Richter in der Urteilsbegründung: Bei der Bezeichnung „Sondermüll" handele „es sich nicht um eine (unwahre) Tatsachenbehauptung, sondern um eine rechtliche Beurteilung, eine rechtliche Bewertung, die unter den gegebenen Umständen als Meinungsäußerung zulässig ist." Eine diesen Begriff (oder den Begriff „Sonderabfall") eindeutig definierende und abgrenzende Begriffsbestimmung gebe es tatsächlich nicht. Es könne daher keineswegs davon ausgegangen werden, „daß als ‚Sondermüll' lediglich solche Abfälle anzusehen sind, die zu den ‚besonders gefährlichen' Abfällen . . . gehören." „Sondermüll" sei eben tatsächlich alles, was „nicht gemeinsam mit Hausmüll entsorgt werden darf."

An dieser Beurteilung änderte sich auch nichts dadurch, daß ein Gutachten des Hygiene-Instituts des Ruhrgebietes belegte, daß Flugasche unter bestimmten Voraussetzungen als Baustoff verwendet werden darf. Der Begriff wurde als Meinungsäußerung eingestuft, das Unternehmen mußte dies akzeptieren.

Ob bei Kunden der STEAG sowie vielen Zuschauern dagegen der Eindruck erzeugt worden war, daß hier etwas Hochbrisantes auf dunklen Kanälen verschwinden sollte, interessierte nicht. Dies ist unverständlich: Denn alleine die Andeutung, hier werde gefährlicher Abfall, vielleicht sogar Gift, illegal verschoben, machte einen ausführlichen „Plusminus“-Bericht überhaupt erst plausibel.

Nicht ausdrücklich beschuldigt

Doch auch im zweiten Punkt gaben die Richter dem WDR Recht. Die Tatsache, daß in den Kontext „Umweltmafia“ die Firma STEAG visuell eingeblendet worden war, bedeute nicht, daß er sich auf die STEAG direkt beziehe. Mit der Erwähnung des Firmennamens STEAG in diesem Zusammenhang sei lediglich deren unstreitige Verbindung zu derartigen Personen dargestellt gewesen. Daß im Zusammenhang mit diesen Geschäften von „skrupellosen Bauunternehmern“ und von „deutschen Zulieferern“ geredet worden war, „die ihre Hände im Spiel hatten“ und deren „kriminelle Energie“ unglaublich sei, bedeute nicht, daß hier konkret die STEAG gemeint sei. Jedenfalls sei dies nicht ausdrücklich gesagt worden.

Die STEAG hat gegen das Urteil inzwischen Berufung eingelegt. Der Begriff „Sondermüll“ sei beim Bürger deutlich negativer belegt, als dies die Richter wahrhaben wollten. Auch gehe man weiter davon aus, daß es sich in beiden Fällen nicht um zulässige Meinungsäußerungen, sondern um unwahre Tatsachenbehauptungen handelt. Ob das Unternehmen allerdings auch ins Hauptsacheverfahren einsteigen oder schließlich resignieren wird, läßt die Firma noch offen. Verschiedene Medien-Urteile der letzten Zeit hätten gezeigt, daß einige Gerichte doch deutlich dazu neigten, die unterschiedlichsten Behauptungen von Journalisten als Meinungsäußerungen durchgehen zu lassen (siehe hierzu auch MK 32/93). gka

(MK 34/93, 23. 8. 1993)

Unternehmensberichterstattung

Nicht Mitglied einer „Umwelt-Mafia“

STEAG und Westdeutscher Rundfunk schließen Vergleich

Das Bauunternehmen STEAG AG hat mit dem Westdeutschen Rundfunk (WDR) vor dem Kölner Oberlandesgericht einen Vergleich abgeschlossen. Darin verpflichtet sich der Westdeutsche Rundfunk, die Behauptung zu unterlassen, die von der STEAG für den Euro-Tunnel als Baumaterial gelieferte Steinkohle-Flugasche enthalte „große Konzentrationen an Dioxinen“. Das Kölner Landgericht hatte in erster Instanz einen Antrag der STEAG auf einstweilige Verfügung gegen diese Behauptung abgelehnt.

Das Wirtschaftsmagazin „Plusminus“ vom WDR (siehe dazu MK 14/93) hatte am 19. März 1993 berichtet, daß bei den Bauarbeiten des Euro-Tunnels zwischen Frankreich und England große Mengen Flugasche aus Müllverbrennungsanlagen und aus Kohlekraftwerken verwendet würden. „Plusminus“ stellte fest, daß es sich hierbei um teilweise gesundheitsgefährdenden „Sondermüll“ handele, der nicht als Baumaterial dienen dürfe, sondern auf Sondermülldeponien gehöre. Außerdem behauptete das WDR-Wirtschaftsmagazin, daß mit der giftigen Flugasche ein internationaler krimineller Handel betrieben werde. Die Firma STEAG wurde in diesem Zusammenhang von den Autoren des „Plusminus“-Beitrages ausdrücklich genannt. Das Unternehmen war zu diesem Themenkomplex von „Plusminus“ vor der Sendung nicht befragt worden und wunderte sich dementsprechend, daß es mit möglicherweise kriminellen Sondermüll-Geschäften in Verbindung gebracht wurde. Die STEAG legte Wert auf die Feststellung, daß sie für den Euro-Tunnel ausschließlich ungiftige Flugasche aus Steinkohlekraftwerken liefert. Bei diesem Stoff handele es sich weder um Abfall noch um Sondermüll, sondern um einen vulkanischer Asche ähnlichen Stoff, teilte das Unternehmen nach der Ausstrahlung des WDR-Beitrages gegenüber der „Medien Kritik“ mit. Der Einsatz der Steinkohle-Flugasche in der Bauindustrie, der Zement- und Betonwarenindustrie werde von vielen Fachleuten befürwortet. Das Umweltbundesamt befürworte, daß die Asche einer sinnvollen Verwendung, wie etwa als Beigabe zu Baustoffen, zugeführt werde. Weltweit würden pro Jahr mehr als 50 Millionen Tonnen Steinkohle-Flugasche als Baustoff für Rekultivierungsmaßnahmen verwandt. 90 Prozent der in der Bundesrepublik jährlich verbauten 3,5 Millionen Tonnen Steinkohle-Flugasche würden im Beton-, Straßen- und Bergbau eingesetzt. Dieser Einsatz erfolge nach umfangreichen Zulassungsprüfungen.

In erster Instanz (siehe MK 34/93) hatte das Kölner Landgericht zugunsten des WDR entschieden und dabei den Begriff „Sondermüll“ nicht als Tatsachenbehauptung, sondern als Meinungsäußerung interpretiert. Daß die Firma STEAG im Bild auftauchte, als die Autoren in ihrem Bericht gerade von einer „Umwelt-Mafia“ sprachen, hielt das Gericht nicht für den Beweis, daß sich der Vorwurf auch unmittelbar gegen das im Bild gezeigte Unternehmen richte. Beim gerichtlichen Vergleich in zweiter Rechtsinstanz erklärte der WDR nun, er habe gar nicht behaupten wollen, daß die von der STEAG gelieferte Flugasche „in ihrer Toxizität mit Flugasche aus Müllverbrennungsanlagen identisch“ und die Firma STEAG Mitglied einer „Umwelt-Mafia“ sei. Diese Behauptungen werde man auch in Zukunft nicht aufstellen. Die Kosten des ersten Gerichtsverfahrens vor dem Landgericht trägt das Unternehmen STEAG. Für den zweiten Gerichtsgang bezahlt die STEAG zu zwei Dritteln, der WDR zu einem Drittel. MH

(MK 47/93, 22. 11. 1993)

Metallgesellschaft

„Lehren aus dem Desaster ziehen“

Der Presse blieb im Streit um MG kaum ein Schachzug verborgen

Nach der kostspieligen Rettungsaktion der großen Anteilseigner und der Banken zugunsten der schwer angeschlagenen Frankfurter Metallgesellschaft (MG) beklagten die meisten Zeitungen die angebliche Ahnungslosigkeit der Kontrolleure. Übereinstimmend wurde die Frage gestellt, wie es möglich war, daß weder der Aufsichtsrat des Unternehmens noch die Wirtschaftsprüfungsgesellschaft etwas von den abenteuerlichen Geschäften des fristlos entlassenen Vorstandsvorsitzenden Heinz Schimmelbusch bemerkt haben wollen. Wie konnte es passieren, wurde gefragt, daß sein Vertrag noch vier Wochen vor dem Rausschmiß um fünf Jahre verlängert wurde?

Plötzlich war zu lesen, daß Schimmelbusch nicht der überragende Manager war, zu dem ihn eine Jury von 20 deutschen Wirtschaftsjournalisten noch zwei Jahre zuvor erklärt hatte. Mit der Begründung, Schimmelbusch sei eine herausragende Figur, hatte ihn das Magazin „Top Business“ 1991 nach einstimmigem Jury-Entscheid zum „Manager des Jahres“ gekürt. Da waren Chefredakteure großer Wirtschaftsmagazine und bekannte Wirtschaftsjournalisten einer Meinung. Jetzt las man es anders: Aus dem Wunderknaben wurde eine dubiose Figur, ein Vertuschungskünstler, ein Meister der Bilanzkosmetik, ein wortgewandter Blender. Ahnungslos waren also nicht nur die amtlich bestellten Kontrolleure. So ganz aus heiterem Himmel, wie es heute dargestellt wird, kam die Entlarvung des Wiener Charmeurs Schimmelbusch denn doch nicht zustande. Schon Anfang der achtziger Jahre lehnte der damalige Vorstandsvorsitzende der Thyssen AG, Dieter Spethmann, den ihm von der Deutschen Bank als Nachfolger empfohlenen Schimmelbusch ab. Er hielt ihn für unseriös und stufte ihn als Hasardeur ein. Und Spethmann war nicht der einzige, der ihn früh durchschaut hatte.

Erster Bericht über Verluste im Ölgeschäft dementiert

Den ersten Anstoß zur Enthüllung der sorgfältig abgeschirmten Misere bei der Metallgesellschaft gab die F.A.Z. Sie berichtete am 6. Dezember 1993 über hohe Verluste bei einer Tochtergesellschaft in New York, die im Ölgeschäft tätig ist, und von einem großen Finanzbedarf. Damit handelte sie sich sofort ein Dementi von Schimmelbusch ein, der eine Krise weit von sich wies und Spekulationsgeschäfte entschieden bestritt. Die Börsianer wurden aber hellhörig: der Kurs der Aktie ging stark zurück. Schimmelbusch handelte, wie wohl nicht anders zu erwarten: Er räumte keine Fehler ein, sondern suchte nach dem Informanten. Den glaubte er in dem Geschäftsführer der Metallbank in New York gefunden zu haben, der fristlos beurlaubt wurde. Zwei Wochen vorher hatten die Medien noch von der

Herbst-Pressekonferenz der Metallgesellschaft berichtet, wo Schimmelbusch auf Fragen nach Schieflagen im Ölgeschäft in Amerika wahrheitswidrig erklärte, es seien keine außergewöhnlichen Vorkommnisse bekannt, alles sei fest im Griff. Da steckte er schon tief im Schlamassel.

Mitte Dezember war die Zeit der Vertuschung vorbei. Die Medien berichteten über eine außerordentliche Aufsichtsratssitzung und über die Abberufung von Schimmelbusch und seinem Finanzvorstand. Weitere fünf Vorstandsmitglieder wurden entweder herabgestuft oder in Pension geschickt. Neuer Vorstandschef wurde Kajo Neukirchen. Über seine erste Pressekonferenz schrieb das „Handelsblatt“: „Schöner hätte man es nicht sagen können“ und zitierte Neukirchen: „Der Vorstand versteht den heutigen Tag als Neuanfang für den Metallgesellschaft-Konzern“. Die Londoner „Financial Times“ (FT) und das amerikanische „Wallstreet Journal“ berichteten am 7. Januar genauso ausführlich wie die deutschen Blätter über die von Neukirchen bekanntgegebene „revidierte Verlustrechnung“ für 1992/93. Aus dem von Schimmelbusch zugegebenen Verlust von 347 Millionen Mark waren nun 1,8 Milliarden geworden. Besonders beunruhigend fand die „Financial Times“, daß nur etwa die Hälfte der Verluste aus dem Ölgeschäft kam. Also hatten auch die anderen Geschäftszweige kräftige Verluste hinnehmen müssen, wovon bis dahin nicht die Rede war. Die FT fand „noch erstaunlicher“, daß Hilmar Kopper, der Chef der Deutschen Bank, nur einen Monat vorher aufgefordert hatte, wegen der Metallgesellschaft „ruhig“ zu bleiben. Die FT räumte allerdings ein, daß das alte Management auch gegenüber dem größten Anteilseigner Deutsche Bank möglicherweise Informationen zurückgehalten habe.

„Gemischtwarenladen in wirtschaftlich unwägbaren Zeiten“

Jetzt tauchte in fast allen Medien die Frage auf, wie es möglich war, daß der Aufsichtsrat und die Bank-Vertreter in diesem Gremium von alledem nichts gewußt haben wollen. Die „Süddeutsche Zeitung“ (7. Januar) schrieb: „Eine bessere Kontrolle durch den Aufsichtsrat und die darin vertretenen Banken hätte das Ausmaß der finanziellen Katastrophe bei dem traditionellen Rohstoff- und Hüttenkonzern verhindern können. Ließen die Aufseher den im Dezember so plötzlich vor die Tür gesetzten MG-Chef Heinz Schimmelbusch zu lange gewähren und selbstherrlich einen unübersichtlichen Gemischtwarenladen in wirtschaftlich unwägbaren Zeiten zimmern? Wieso stieg ein auf NE-Metalle spezialisiertes Unternehmen im großen Stil ins Ölgeschäft ein?“ Im „Handelsblatt“ hieß es: „Selbst wenn das große Rad der Ölspekulation erst im September 1993 zu drehen begonnen hat, stellt sich die Frage, wie intensiv die Bank ihrem Partner in diesem sensiblen Geschäft auf die Finger geschaut hat. Eine ähnliche Frage ist dem gesamten Aufsichtsrat zu stellen, der mit einem repräsentativen Ausschnitt deutscher Spitzenvorstände besetzt ist“.

Der „Spiegel“ sagte es drastisch: „Das deutsche System von Führung und Kontrolle hat schon oft versagt ... gelernt haben die Manager aus all den Pleiten und Pannen nichts. Ein wortgewandter Blender wie der gefeuerte MG-Chef Heinz Schimmelbusch konnte nicht nur an die Spitze eines der größten deutschen Konzerne aufsteigen; er konnte dort auch, unbehelligt von seinen Aufsehern, tun und lassen, was er wollte. Der gebürtige Wiener ... drehte in Frankfurt ein großes Rad. Er kaufte wahllos Firmen auf und baute ein heillos verschachteltes Konglomerat von 258 Unternehmen zusammen ... Verluste konnten da leicht vertuscht werden.“ Auch der Wirtschaftspolitiker Otto Graf Lambsdorff fragte in einem „Handelsblatt“-Interview, wo Prüfungsgesellschaft und Aufsichtsrat blieben. Lambsdorff meinte aber auch, es gebe nicht viele Fälle, in denen mangelnde Aufsicht derart bestraft werde, weil ja die wesentlichen Mitglieder aus Instituten kämen, die jetzt in großem Umfang zur Kasse gebeten würden.

An Kritik am Aufsichtsrat und an der Wirtschaftsprüfungsgesellschaft, die die Bilanz trotz aller „Kosmetik“ abgesegnet hatte, fehlte es in den Medien nicht. Aber es fiel auf, daß der ganze Fall, der mindestens mehr als 7000 Beschäftigten die Arbeitsplätze kostet und die Banken zu hohen Finanzspritzen zur Rettung des Unternehmens zwingt, was auf Kosten der Aktionäre geht, überwiegend einThema für die Wirtschaftsseiten blieb. Da offenbarte sich wieder ein Dilemma des Wirtschaftsjournalismus, der es schwer hat, die komplizierten Geschäftsvorgänge allgemeinverständlich darzustellen. Ein schönes Beispiel dafür lieferte die F.A.Z., die am 20. Januar verdienstvoll zu beschreiben suchte, wie die Verluste bei den Ölgeschäften entstanden sind. Zunächst war es noch relativ einfach: „Die Metallgesellschaft bürdete sich ein gewaltiges Risiko auf, weil sie über amerikanische Gesellschaften Kunden in einem hohen Volumen langfristige Optionen auf Heizöl- und Benzinlieferungen einräumte, um sich Marktanteile zu verschaffen. Die Ölprodukte wurden den Kunden zu einem Festpreis auf fünf bis zehn Jahre im voraus verkauft. Gleichzeitig wurde Kunden angeboten, bei einem Anstieg des Ölpreises die Kontrakte wieder zurückzukaufen.“ Es wurde schon schwieriger, als es um die Absicherung von Termingeschäften ging, aber auch das ließ sich wohl für den Nichtfachmann noch nachvollziehen. Doch nun begann die Fachsprache mit Begriffen wie „Backwardsituation“ und „Contangosituation“, die trotz der beigefügten Erklärungen dem normalen Leser nicht mehr eingehen dürfte. Es wird zwar mit Recht immer gesagt, „Wirtschaft geht alle an“, aber daß man dann auch „für alle“ verständlich schreiben muß, das hat sich noch nicht überall durchgesetzt. Sehr viel leichter verständlich erklärten einige Publikationen, warum die Aufsichtsräte darauf beharrten, sie hätten nichts gewußt. Die F.A.Z. schrieb dazu am 20. Januar: „Wenn die Kontrolleure dies für sich wie auch für die Wirtschaftsprüfer bejahen, dann deswegen, weil sie Schimmelbusch und Forster (der geschaßte Finanzvorstand) strafrechtliche Verstöße unterstellen. Der Aufsichtsrat glaubt, hierfür Indizien zu haben“. Warum die

Aufsichtsräte alle Schuld auf Schimmelbusch schoben, gegen den die Staatsanwaltschaft ermittelt, sagte der „Spiegel“ (24. Januar): „Den Aufsichtsräten, weiß ein MG-Manager, sitzt die Angst im Nacken. Sie fürchten, wegen allzu lascher Kontrolle selbst auf Schadensersatz verklagt zu werden. Die Vertretung der Kleinaktionäre drängt bereits darauf, die Arbeit der Räte schnell zu prüfen.“

„Aufsichtsratssitzungen nicht gehobene Kaffeekränzchen“

Bis zur Rettung des Konzerns wurden alle Phasen sehr genau in den Medien geschildert: Vor allem die Zitterpartie, ob der Konkurs vermieden werden konnte und der Streit zwischen den Banken. Da wurden einige heftig bedrängt, größere Lasten zu übernehmen, was sie dann zur Vermeidung eines Konkurses auch taten. Der „Überlebenskampf der Metallgesellschaft“ („Börsenzeitung“) wurde so akribisch behandelt, daß kaum ein Schachzug unbemerkt blieb. Auch wie es weitergehen könnte, wurde recherchiert und prognostiziert: Die „Frankfurter Rundschau“ schrieb am 14. Januar: „In der deutschen Geldbranche scheint aufgrund der massiven Schieflage der Metallgesellschaft ein Umdenken begonnen zu haben. In mehrfacher Hinsicht, so ein Vorstandsmitglied einer großen Frankfurter Bank, werde sich der Fall MG als ‚Wendepunkt‘ für das hiesige Kreditgewerbe erweisen. Zum einen gelte dies für das aus den USA stammende Rating, also die Vergabe von Noten für die Verbindlichkeit von Schuldnern. Zweitens dürfte jetzt, nachdem die MG, so der Banker ‚in einer Granatenspekulation‘ am Ölterminmarkt ‚alles auf Rot oder Schwarz gesetzt‘ und dabei verloren hat, über ‚Sinn und Unsinn des Terminhandels‘ diskutiert werden.“ Im „Handelsblatt“ hieß es: „Jetzt geht es ans Aufräumen. Viel Wildwuchs einer wilden Ära ist zu entfernen, viel Sand aus dem Konzerngetriebe zu bürsten, eine schlanke Organisation, nicht zuletzt im Bereich der Frankfurter Konzernzentrale, einzuziehen. Auch Außenstehende können Lehren aus dem Desaster ziehen, unter anderen jene, daß Aufsichtsratssitzungen nicht gehobene Kaffeekränzchen sein sollten.“ std.

(MK 6/94, 7. 2. 1994)

Vom „Manager des Jahres“ zum „Finanzartisten“

Heinz Schimmelbusch im wechselhaften Urteil der Presse

„Auch die Wirtschaftspresse hat im übrigen viel zu spät die ständige Schwächung durch Auflösung von stillen Reserven erkannt. Hätten Zahlenreihen über Jahre – wie sie dann endlich im Dezember 1993 in der Wirtschaftspresse zu sehen waren – schon früher vorgelegen, wären die Öffentlichkeit und die Aktionärschaft wachsamer und skeptischer gewesen. Ein erster Schritt in die richtige Richtung wäre, wenn die illustrierte Wirtschaftspresse phantasievolle Titel wie ‚Manager des Jahres‘ weniger aufgrund des Faszinosums einer charismatischen Persönlichkeit als wegen der durch harte Zahlen unterlegten wirtschaftlichen Leistungen verleihen würde.“ Martin Peltzer, Rechtsanwalt und Notar in Frankfurt, hat die Problematik der Publizität der Metallgesellschaft in seinem Gastkommentar in der „Börsen-Zeitung“ vom 28. Januar auf den neuralgischen Punkt gebracht, auf die Frage nämlich nach der kritischen Distanz der deutschen Wirtschaftsjournalisten zu Managern und Unternehmen. Peltzer hat gleichzeitig das gängige Medien-Vokabular um den treffenden Begriff „Illustrierte Wirtschaftspresse“ bereichert und damit eine Medien-Kategorie gekennzeichnet, die ihr Geschäft nach Art der Illustrierten betreibt, also radikal auflagenorientiert.

„Das Votum war überzeugend“ – „Manager des Jahres 1991“

Im Fall Schimmelbusch gebührt „Top Business“ und der zugehörigen Jury das zweifelhafte Verdienst, den MG-Chef mit dem Medienruhm des „Managers des Jahres 1991“ in den Olymp gehoben zu haben. Das las sich damals (in der Dezember-Ausgabe 1991) so: „Das Votum war überzeugend: Der Österreicher Dr. Heinz Schimmelbusch, Chef der Frankfurter Metallgesellschaft AG, verwies bei der Wahl zum ‚Manager des Jahres 1991‘ die deutsche Prominenz auf die Plätze. Seine herausragenden Leistungen: der Umbau des einstigen Rohstoffkonzerns in einen Umweltspezialisten sowie der Kauf der Rest-Feldmühle-Nobel AG.“ Auf sechseinhalb Seiten sangen Anton Hunger, sonst eher kritischem Unglauben verpflichtet, und Chefredakteur Peter Carl das Lob des Absolventen des Jesuiten-Kollegiums Kalkberg, des magna-cum-laude-Volkswirts und des Vranitzky-Beraters Schimmelbusch. Der „elegante“ Zukauf von fünf Milliarden Umsatz durch den Rest-FeNo-Erwerb wurde gepriesen.

Umso nachdrücklicher war in dieser Laudatio von der Deutschen Bank die Rede, von Hilmar Kopper und von Ronaldo Schmitz, die das Geschäft im Sinne der Metallgesellschaft eingefädelt und begleitet haben sollen. Aber es wäre ungerecht, nur von „Top Business“ zu reden. Peter Carl und Anton Hunger befanden sich in bester Medien-Gesellschaft. Für ihre Elogen gab es prominente Vorläufer. Schon am 26. Mai 1987, zwei Jahre bevor Schimmelbusch Vorstandsvorsitzender wurde, (und damals vielleicht sogar noch zu Recht) lobte die F.A.Z.: „Phantasie beflügelt das Geschäft. Kaum einem Unternehmer ist es in letzter Zeit so gut gelungen, die knappen Ressourcen seines Unternehmens derart gewinnbringend einzusetzen wie Dr. Heinz Schimmelbusch.“ Am 13. März 1987, zwei Monate vor diesem Lob, hatte sich Schimmelbusch anläßlich des Skandals um betrügerische Devisengeschäfte bei VW zu Wort gemeldet: „Eines ist sicher“, sagte er der F.A.Z., „gegen kriminelle Energie versagt jedes Controlling“. Fünf Jahre später sollten Sätze wie diese ungeahnte Aktualität erlangen. In der Dezember-Ausgabe 1987 pries ihn das „manager magazin“ als „Revolutionär in der Rohstoffwelt“, als „ungestümen Vordenker“. Das schmeichelhafte Kurz-Porträt endete mit einem Ausblick, der heute nur noch ein maliziöses Lächeln auslösen mag: „Für die Zeit nach seiner Managertätigkeit, deren Ende der Frühberufene in zehn, zwölf Jahren sieht, könnte er sich vorstellen, die politische Bühne seiner Heimat zu besteigen.“

„An Selbstbewußtsein und Charme mangelt es ihm nie“

Im Juli 1988 stand bereits fest, daß Schimmelbusch im Mai 1989 den Vorstandsvorsitz der Metallgesellschaft übernehmen würde. In der „Frankfurter Neuen Presse“ mischte Horst Monsees dem Bild des künftigen Mannes an der MG-Spitze ein paar nachdenklich stimmende Farbtupfer bei: „Jetzt hat der Aufsichtsrat den Weg für den ehrgeizigen Schimmelbusch, der seine Gesprächspartner nicht nur mit seinem Wissen verblüfft, sondern schon mal mit einem durchdringenden Schulmeister-Blick irritiert, geebnet.“ Aber solche Töne waren eher die Ausnahme. Es gab an diesem 14. Juli 1988 andere Kommentare, in denen es von Begriffen wie Kreativität, Weitsicht oder Gespür nur so wimmelte. Ein Jahr später, frisch im Amt des Vorstandsvorsitzenden, wurde Schimmelbusch „Ständig auf der Suche nach dem Unentdeckten“ gesehen. In der F.A.Z. hieß es am 3. Juli 1989: „An Selbstbewußtsein und Charme mangelt es ihm nie. Aber wenn er etwas haben will, sagt er es so bestimmt, daß Widerrede fast schon Auflehnung bedeutet.“

Der „Manager des Jahres“-Titel markiert einen publizistischen Höhepunkt der Schimmelbusch-Karriere, während sich über dem atemlos schnell gewachsenen Konzern schon düstere Wolken zusammenbrauen. Die Wirtschaftsjournalisten freilich werten die Visionen des weltläufigen Konzern-Strategen, als den sie Schimmelbusch hochstilisieren, höher als die eher ernüchternden Zahlen. So überschrieb das „Handelsblatt“ einen 300-Zeilen-Beitrag am 10. Juni 1992: „Die neuen Konturen des Konzerns fußen auf einer nüchternen Skizze“. Und die Lieblingsvokabel des Heinz Schimmelbusch, die von den „Synergien“, taucht auch hier wieder auf – sogar in einem scheinbar griffigen Zusammenhang: „Daß die Minenbetriebe im Einflußbereich der MG Jahr für Jahr ‚mehr Sprengstoff verballern als Dynamit Nobel überhaupt produziert', bewegt ihn ungleich stärker als die Feinheiten des künftigen Konzern-Organigramms." Seriöse große Tages- und Wirtschaftszeitungen sahen die Metallgesellschaft noch im Februar 1993 „auf Konsolidierungskurs". Solche Aussagen standen in kräftigem Kontrast zu einer Analyse, die Reinhard Kowalewsky am 12. März 1993 in der „Wirtschaftswoche" publizierte. Sein Bericht basierte wohl auf den Aussagen internationaler Finanzanalysten, die Schimmelbuschs massive Bilanzkosmetik hinwegwischten. Das Wort vom „Ausverkäufer der Zukunft" machte die Runde. Im Text hieß es: „Die Kasse ist so leer, daß der Metallgesellschafts-Chef für rund eine Milliarde Mark Konzernteile abstoßen muß." Sieben Tage danach meldete die F.A.Z. trocken: „Schimmelbusch sieht keinen Anlaß für Optimismus", obwohl der andererseits immer noch von „einem im Weltmaßstab führenden verfahrensorientierten Umweltdienstleistungskonzern" schwärmte. Am 19. November 1993 verlängerte der Aufsichtsrat unter dem Vorsitz des Deutsche-Bank-Vorstandes Ronaldo Schmitz den Vertrag von Dr. Heinz Schimmelbusch um fünf Jahre – wie man bald darauf in der Dezember-Ausgabe des „manager magazins" las, nicht ohne vorangegangene heftige Debatten, in denen sich die Arbeitnehmerbank des Aufsichtsrats mit einem heftigen Petitum zugunsten von Schimmelbusch vernehmen ließ. Am 24. November fand die Herbstpressekonferenz der Metallgesellschaft statt. Schimmelbusch verkündete für das Geschäftsjahr 1992/93 einen Konzernverlust vor Steuern von 347 Millionen Mark.

Zu diesem Zeitpunkt offenbar noch in Unkenntnis der Ölspekulationen in den USA fuhr das „manager magazin" im Dezember-Heft, das im November produziert wird, eine Doppelstrategie. Unter dem Titel „Der große Bluff" wurde auf acht Druckseiten gnadenlos analysiert und kritisiert, wie Schimmelbusch die schwere Ertragskrise seines Unternehmens durch gewagte Finanzmanöver zu verschleiern suchte. Zu den Autoren gehörte Winfried Wilhelm, der sich von weltmännischem Gehabe nicht beeindrukken ließ. Im anschließenden, dreieinhalb Seiten langen Porträt, das Sibylle Zehle entwarf, sprach die Faszination, die Schimmelbusch auch jetzt noch auszustrahlen versteht, aus jeder Zeile. So schreibt man nicht über einen, von dem man denkt, daß er morgen gefeuert werden könnte, obwohl 15 Seiten vorher im selben Heft vom „Finanzartisten", vom „Versenken" von Milliarden, vom „Desaster" des Konzerns und von „Nebelbomben des Heinz Sch." die Rede ist.

Aus der F.A.Z. erfuhr die deutsche Öffentlichkeit am 6. Dezember zuerst von den akuten Schwierigkeiten der Metallgesellschaft bei Öltermingeschäften in den USA. Deutsche Bank und Dresdner Bank, Anteilseigner und Großgläubiger der Metallgesellschaft, sprangen mit neuen Kreditlinien über 1,5 Milliarden Mark ein. Noch war bei Hilmar Kopper, dem Chef der

Deutschen Bank, nur von „technisch bedingten Liquiditätsproblemen" die Rede. Das ganze Ausmaß der Malaise wurde in den folgenden Tagen sichtbar. Am 17. Dezember entließ der Aufsichtsrat Heinz Schimmelbusch fristlos. Kajo Neukirchen sprang als neuer Vorstandsvorsitzender ein.

In den Medien vollzog sich der Wandel von der jahrelangen Bewunderung für den Wunderknaben aus der Jesuitenschule zur wortreichen Verdammung des „Vertuschungskünstlers" langsamer als sonst. Manche haben sich wohl erst die Augen reiben müssen. Und natürlich bricht die Zeit der Neunmalklugen an. Günter Ogger, gescheiterter Chefredakteur und Autor des Buches „Nieten in Nadelstreifen", schrieb am 9. Januar in der „Frankfurter Allgemeinen Sonntagszeitung" über die Krise der Metallgesellschaft und die Mißwirtschaft in deutschen Firmen. Mario Müller klärte in der „Zeit" über die „Arroganz der Macht" auf. An der nun entbrannten Debatte über die Rolle der Aufsichtsräte beteiligte sich die ganze Branche der Wirtschaftsjournalisten mit großer Hingabe. Hans K. Herdt trat dem weitverbreiteten Stimmenkanon über die Nachlässigkeit und „Verschlafenheit" („taz") der Aufsichtsräte mit einer ebenso einfachen wie klaren Feststellung entgegen: „Hier ist der Aufsichtsrat arglistig getäuscht worden." Bleibt nur hinzuzufügen: Aus den Medien jedenfalls haben die Aufsichtsräte der Metallgesellschaft nur sehr wenig erfahren, das ihren Argwohn hätte rechtzeitig nähren können. -ck

(MK 6/94, 7. 2. 1994)

Mannesmann AG

Opfer der Medien oder eigener Habgier?

Der „Fall Dieter": Keine Chance gegen das raffinierte Timing

Erpresser müssen über konkrete Bedrohungspotentiale verfügen. Sonst sind sie machtlos. Seit dem 13. Juni weiß man deutlicher als je zuvor, daß die Erzeugung von öffentlicher Meinung durch Publizität weitgehend unabhängig von Tatsachen als wirksames Bedrohungspotential benutzt werden kann. Man muß nur den richtigen Einstieg und das richtige Leitmedium finden. Am Beginn des „Falles Dieter" stand im Oktober 1993 die anonyme Drohung an den Vorstandsvorsitzenden der Mannesmann AG, Werner H. Dieter, seine Doppelrolle als Vorstandsvorsitzender und Mannesmann-Rexroth-Lieferant werde Gegenstand einer Pressekampagne, wenn er nicht auf die bevorstehende Wahl in den Mannesmann-Aufsichtsrat verzichte. Erste Andeutungen zu diesem Konflikt gab es im Februar 1994 in der F.A.Z. Und die Düsseldorfer Staatsanwaltschaft hatte schon im Januar Vorermittlungen gegen Dieter aufgenommen.

Der „Spiegel“ war ausersehen, die Kampagne zu eröffnen

Mit der Juni-Ausgabe, die Ende Mai in die Kioske kommt, unterlag „Capital“ dem Fluch der langen Vorlaufzeit. Unter dem Titel „Dieters langer Schatten“ publizierte das Kölner Magazin ein langes „Sündenregister“ Dieters und berichtete breit über den Streit um die neue Führungsstruktur im Mannesmann-Konzern. Für die Story hinter der Story blieben nur magere Vermutungen. Nicht einmal den Namen des „Familienunternehmens“ hatte Autor Rolf Antrecht erfahren. „Capital“ kam wohl nicht vor im Drehbuch des Erpressers – schon gar nicht zu diesem Zeitpunkt. Der „Spiegel“ war ausersehen, die Kampagne gegen Dieter zu eröffnen – mit Titelbild am 13. Juni, genau 26 Tage vor der Hauptversammlung der Mannesmann AG – früh genug, um Vorwürfe genüßlich zu entfalten, zu spät, um sie zweifelsfrei zu widerlegen. Die Schlagzeilen waren aggressiv, aber nicht angreifbar: „Selbstbedienung in der Chefetage“, „Der segensreiche Pakt“. Das Rezept ist – nach Art des Hauses – eine Mischung aus Angriff („Dubios ist die Raffmentalität des Spitzenmanagers“) und juristischen Rückzugstüren („Doch genau das“ – nämlich ein Ehrenmann und freundlicher Bürger – „ist er offenbar nicht“). Und wo deutliche Vorwürfe erhoben wurden, hatten die Hausjuristen vor- und fürsorglich die Parenthese „so berichten Mitarbeiter“ eingefügt. Werner H. Dieter wurde im „Spiegel“-Text zitiert: „Die zuständigen Gremien des Mannesmann-Konzerns . . . sind vom ersten Tage meiner Zugehörigkeit zu diesem Hause, also seit 1968, über die industriellen Beteiligungen meiner Familie unterrichtet.“ Drei Tage später – und früher als die Konkurrenten auf dem Printmedienmarkt – stellte Peter Morner in der „Woche“ Werner H. Dieter in eine Reihe mit dem flüchtigen Jürgen Schneider und den einsitzenden Vorständen der Balsam AG. Die Kampagne rollte.

„Die Welt“ bezog zunächst Gegenposition

Wolfram Baentsch, Nachfolger von Peter Morner als Wirtschaftschef der „Welt“ und selbst vertraut mit dem Magazinmacherhandwerk, bezog am 17. Juni in der „Welt“ Gegenposition: „In Zeiten des Prangers“ lautete der Titel seines Kommentars. Im Text hieß es ganz entschieden: „Gegen den Vorwurf, der Chef hätte jahrelang zum Nachteil von Mannesmann die eigene Familienfirma begünstigt, sprechen viele Fakten.“ Der detailreichen Rechtfertigung der Geschäfte zwischen Hydac, so der Name der Familien-Firmengruppe, und Mannesmann-Rexroth widmete sich Jürgen H. Wintermann am selben Tage in der „Welt“ unter dem eindeutigen Titel „Mannesmann-Chef Opfer einer Kampagne“. Ebenfalls am 17. Juni meldete Manfred Fischer in der „Wirtschaftswoche“ Zweifel an der Rolle Dieters an: „Der Mannesmann-Chef reagierte, wie in solchen Fällen üblich: Er dementierte unlautere Machenschaften, ohne freilich seine Familienbande zu Hydac zu bestreiten.“

Die Geschichte hatte inzwischen internationale Dimensionen angenommen. Das „Wall Street Journal“ spendierte satte 90 Zeilen. Die F.A.Z. hatte für die Nachricht, daß der Vorsitzende des Mannesmann-Aufsichtsrats, Wilhelm Christians, die KPMG Deutsche Treuhand-Gesellschaft mit der Überprüfung der einschlägigen Konzern-Revisionsberichte beauftragt hatte, 24 Zeilen übrig. Wiederum einen Tag später (18. Juni) widmete die „Börsen-Zeitung“ dem Thema einen Zweispalter ohne den Hauch von Vorverurteilung: „Vorwürfe gegen Dieter werden geprüft“. Rigoroser ging Werner Jaspert in der „Süddeutschen Zeitung“ an die Geschichte heran: „Es sollte selbstverständlich sein, daß Topmanager keine Geschäfte zwischen den von ihnen geführten Gesellschaften und Unternehmen machen oder dulden, die ihnen gehören oder an denen sie beteiligt sind, es sei denn, jegliche Möglichkeit unseriöser Selbstbereicherung kann mit Sicherheit ausgeschlossen werden.“

Der „Spiegel“ legte nach und veröffentlichte neue Details

Am 20. Juni legte der „Spiegel“ nach, veröffentlichte neue Einzelheiten und befand scheinbar unbeteiligt: „Die Kontrolleure geraten in Zeitdruck“, während Hans Mundorf den „Fall Dieter“ im „Handelsblatt“ unter juristischen Aspekten beleuchtete: „Klüger wäre es jedoch, auch den Schein einer Befangenheit und jedes fremde Engagement zu meiden.“ Im Berichtsteil sah das „Handelsblatt“ „Dieter in der Defensive“. „Focus“ schien zu wissen, daß die Information „von obersten Management-Kreisen des Konzerns“ an die Öffentlichkeit getragen wurde. Mit einem großen Leitartikel von Hans Jürgensen blieb die F.A.Z. auf ihrer Linie kritischer Distanz: „Wenn diese Vorwürfe zutreffen, wird seine Wahl in den Aufsichtsrat nicht mehr in Frage kommen.“ Am 24. Juni hatte Werner H. Dieter Gelegenheit, in F.A.Z. („Mannesmann-Chef hält Vorwürfe für böswillige Verleumdung“) und „Welt“ („Dieter setzt sich zur Wehr“) zu den gegen ihn erhobenen Vorwürfen Stellung zu nehmen. Laut „Welt“ glaubte er immer noch fest daran, zum Aufsichtsratsvorsitzenden gewählt zu werden. Sieben Tage später schienen ihn im Gespräch mit dem „Handelsblatt“ doch Zweifel zu plagen: „Muß ein Vorstand nach Erreichen der Altersgrenze eigentlich in den Aufsichtsrat wechseln?“ Aber er blieb dabei: „. . . fast alle Argumente sind lächerlich und leicht zu widerlegen“. Der Redakteur fügte hinzu: „Aber eben nicht in der Kürze der Zeit“.

Die „Welt“ macht einen Rückzieher

Am 2. Juli änderte Jürgen H. Wintermann den Tenor der Berichterstattung in der „Welt“. Der Titel hat eine neue Tonart: „Ermittlungen gegen Dieter“; genauso die Unterzeile: „Mannesmann-Chef soll sich persönlich bereichert haben“. Im Text hieß es: „Für Dieter ergibt sich durch das Ermittlungsverfahren eine völlig neue Situation“. Die F.A.Z. schrieb kurz und bündig: „Staatsanwaltschaft ermittelt gegen Dieter“, während Werner Jaspert in der „Süddeutschen Zeitung“ schon das „Aus für Dieter“ sah. Jaspert blieb rigoros: „Er sollte also seine potentiellen Kollegen gar nicht erst vor die Entscheidung stellen, ob er im Augenblick tragbar ist oder nicht“. Hatte der „Spiegel“ unterdessen neue Details ausgegraben, die ihm aber selbst nur noch einen Einspalter wert waren, so hoffte Dieter immer noch auf die Wirkung von Interviews. In der „Welt“ stellte ihm Jürgen H. Wintermann harte Fragen: „. . . läge da nicht ihre Demission gerade im Interesse der Firma?“ Für kaltblütige Leute sind solche Fragen willkommene Stichworte für den eigenen Auftritt. Das ließ sich auch am „Focus“-Interview von Christoph Garding (4. Juli) ablesen. In der „Börsen-Zeitung“ kommentierte Brunfrid Rudnick (5. Juli) vornehm und leicht indigniert: „Das Dilemma um Werner Dieter“, in das Dieter den Aufsichtsrat gestürzt hat, denn „er will die Sache durchfechten und abwarten, welche Fragen die von Christians angeordnete interne Prüfung aufwirft“. Hans Jürgensen riet Dieter in der F.A.Z. (5. Juli): „Der beste Dienst, den Dieter seiner Gesellschaft erweisen könnte, wäre, von sich aus zumindest auf eine Kandidatur für den Vorsitz zu verzichten. Das sollte kein unzumutbares Opfer sein, denn Dieter wußte, was auf ihn zukam, und er hätte die Minen entschärfen können.“ Der Rat muß gut gewesen sein. Die „Welt“ jedenfalls meldete am 7. Juli: „Dieter wird vorerst nicht Oberaufseher“. Die Aufsichtsräte beschlossen in ihrer außerordentlichen Sitzung am 6. Juli eine externe Sonderprüfung, und daß Dieter vorerst nur einfaches Aufsichtsratsmitglied wird.

Drei Schlagzeilen spiegelten am 9. Juli, am Tage nach der Mannesmann-Hauptversammlung, die Bandbreite der Betrachtungsweisen zum „Fall Dieter“ wider: „Dieter im Kreuzfeuer der Aktionäre“ titelte die „Welt“ und zitierte im Untertitel Dieter mit: „Dreckschleuder in vollem Gange“. Die F.A.Z. ließ Dieter im Titel selbst zu Wort kommen: „Ich war kein einfacher Chef, aber berechenbar und fair“. Der leise Vorbehalt stand im Untertitel: „Mannesmann-Aktionäre entlasten Werner mit Einschränkungen“. Die „Börsen-Zeitung“ ließ im Titel Fakten sprechen: „Nur 0,8 Prozent gegen Dieters Wahl in den AR“. Aber auch hier wurde das Faktum „Teilentlastung“ im Untertitel „gewürdigt“.

Der „Spiegel“ freute sich über das gelunge Timing

Nach der Hauptversammlung lichtete der „Spiegel“ (1. Juli) die Hauptfiguren des Geschehens, Werner H. Dieter und den weiterhin Vorsitzender des Aufsichtsrats bleibenden Christians, ab. Trotz etlicher Zitate aus der Hauptversammlung, beigesteuert von Anneliese Hieke, der Vertreterin der Kleinaktionäre, schien dem „Spiegel“ nun der Stoff ausgegangen zu sein. Das Magazin legte keine neuen Vorwürfe nach, freute sich aber über das gelungene Timing der eigenen Geschichte: „Dann platzte die Hydac-Bombe und damit der schöne Plan“ der Berufung in den Aufsichtsratsvorsitz. Für die „Süddeutsche Zeitung“ (12. Juli) nahm Werner Jaspert die Aktionen des Aufsichtsratsvorsitzenden Christians auf der Hauptversammlung unter die Lupe: „Der 72jährige Aufsichtsratsvorsitzende Christians tadelte unwirsch die Angriffe auf den 64jährigen Dieter ...als übelste Verleumdung und brachte es sogar fertig, die Geschäfte ... als Geniestreich darzustellen". Jaspert sah Auswirkungen über Mannesmann hinaus: Der ‚Fall Dieter' hat somit Chancen, zu einem neuen Fall Depotstimmrecht zu werden". Jasperts Schlußsatz klang resignierend: „Einmal mehr bleibt ein Stück Glaubwürdigkeit unserer ‚großen Bosse' auf der Strecke."

Kann wohl sein, daß nun für ein paar Wochen Ruhe herrscht. Dann wird der Revisionsbericht für neue Schlagzeilen sorgen. Vor den Augen der Leser läuft ein geradezu klassisches Lehrstück darüber ab, was Topmanager über die Mechanismen von Medienwirkung und öffentlicher Meinung wissen sollten. Damit könnten sie sich selbst, den Unternehmen, ihren Aufsichtsräten, und den Aktionären viel Verdruß ersparen. -ck

(MK 29/94, 18. 7. 1994)

Nachtrag: Die Mühlen der deutschen Justiz mahlen langsam. Es sollte nicht Wochen, sondern Monate dauern, ehe die nächste Schlagzeilen-Serie zum „Fall Dieter" die Ruhe nach dem Sturm auf der Hauptversammlung beendete. Am 14. September 1994 berichtete die „Welt" unter dem Titel „Staatsanwaltschaft durchsucht Mannesmann-Räume": „Im Zuge des Ermittlungsverfahrens gegen den ehemaligen Vorstandsvorsitzenden der Mannesmann AG, Werner H. Dieter, haben gestern Polizei und Staatsanwaltschaft die Geschäftsräume in der Düsseldorfer Konzernzentrale und bei Tochterfirmen durchsucht. Auch Dieters neues Düsseldorfer Büro als Mannesmann-Aufsichtsrat sowie seine Privatwohnung in Lohr am Main waren Gegenstand der Aktion." „Welt"-Korrespondent Wintermann sah auch zu diesem Zeitpunkt noch den Silberstreif am Horizont der Dieter-Story. Er beendete seinen Beitrag mit dem Satz: „Falls die Gutachter zu dem Ergebnis gelangen sollten, daß – wie Dieter immer wieder versichert hatte – ‚alles nur böswillige Veleumdungen' sind, soll er von Deutschbankier F. Wilhelm Christians unverzüglich den Vorsitz im Mannesmann-Aufsichtsrat übernehmen."

Acht Tage nach dem Besuch der Staatsanwälte feierte Dieter seinen 65. Geburtstag. Respekt vor seinen Leistungen als Konzernlenker bestimmte den Tenor der Personalnotizen in den großen Wirtschaftszeitungen. „Mögliches Fehlverhalten und Unregelmäßigkeit" („Börsen-Zeitung vom 21. September 1994) aber warfen düstere Schatten auf die Elogen. In der F.A.Z. vom selben Tage kam der von der Hauptversammlung nur teilentlastete Werner H. Dieter mit einem Zitat selbst zu Wort: „Ich kann nicht zulassen, daß man in der Presse anonym Leute demontiert, die 34 Jahre tadellose Aufbauarbeit für die Wirtschaft geleistet haben."

Genau drei Monate später stellten die Richter der für Handelssachen zuständigen 11. Kammer des Landgerichts Düsseldorf fest, daß Dieters Teilentlastung unzulässig war. Und es zeichnete sich ab, daß sowohl die Staatsanwaltschaft als auch die vom Aufsichtsrat beauftragte C & L Treuarbeit noch geraume Zeit brauchen würden, ehe Klarheit über die Doppelrolle von Dieter als Vorstandsvorsitzender und Mannesmann-Zulieferer gewonnen werden kann, ob sich der Anfangsverdacht der Untreue bestätigt oder eindeutig wiederlegt wird. Solange konnte Mannesmann nicht warten. Aufsichtsratsvorsitzender Christians, so der „Spiegel", sprach mit dem leitenden Oberstaatsanwalt. Vor dem Aufsichtsrat habe er über das Ergebnis seiner Recherchen und Beratungen berichtet: „Es sei damit zu rechnen, daß gegen den einstigen Vorstandsvorsitzenden Anklage wegen Untreue erhoben werde." Das ist das endgültige „Aus" für Dieter. Am 24. Februar 1995 warf er das Handtuch und verließ den Aufsichtsrat. Der „Spiegel" kartete nach: „Wie ungeniert Dieter seine private Vermögensbildung betrieb, belegt die neueste Hydac-Preisliste. Sie kam offenbar unter dem Druck der öffentlichen Diskussion der staatsanwaltschaftlichen Ermittlungen zustande. Die Preise für fast alle Produkte wurden kräftig gesenkt – teilweise um bis zu 65 Prozent."

Bleibt festzuhalten, daß es wohl doch um entschieden mehr ging als um den Mißbrauch von Medienmacht durch einen Erpresser. Nur wer nicht erpreßbar ist, hat Erpresser nicht zu fürchten – nicht einmal dann, wenn Medien sich mit ihnen gemein machen. -ck

Unternehmen

Trouble für den Troubleshooter

Karl-Josef Neukirchen und der Undank des Schlagzeilen-Gewerbes

Der alte und der (nicht mehr ganz) neue Vorstandsvorsitzende der Metallgesellschaft in Frankfurt am Main haben eines gemeinsam: Sie sorgen für Schlagzeilen und für die Polarisierung der Journalisten-Meinungen über ihre Leistungen. Der Gefeuerte, Heinz Schimmelbusch, verstand es meisterhaft, sich ins rechte Medien-Licht zu rücken. Manche seiner schreibenden Bewunderer glauben noch heute an das Genie des Konzern-Baumeisters. Der Geheuerte, Karl-Josef Neukirchen, hat seit dem Beginn seiner steilen Troubleshooter-Karriere vor ungefähr sieben Jahren ein eher distanziertes Verhältnis zu den Medien, die den zwangsläufig rigorosen Sanierer gern als rüden Jobkiller porträtieren und lieber mit der erschreckend hohen Zahl der Entlassenen jonglieren als mit der viermal so großen Zahl der erhaltenen Arbeitsplätze.

Vielleicht liegt das auch daran, daß Neukirchen nicht zurückschreckt vor dem Konflikt zwischen Sanierer-Job und auflagensteigernden Stories. Als ihn die Redakteure Rudolf Wallraff und Armin Mahler im „Spiegel"-Gespräch für die Ausgabe vom 28. Juni 1993 fragten: „Gefällt Ihnen die Arbeit als Jobkiller?" antwortete er, „oberstes Ziel" sei „immer die Rückkehr in die Gewinnzone und damit die Sicherung von Arbeitsplätzen. Deshalb gefällt mir der Abbau eines Arbeitsplatzes ebensowenig wie ihre Vokabel Jobkiller." Mit der nächsten Frage boxten ihn die beiden „Spiegel"-Redakteure noch härter in die Jobkiller-Ecke: „Sie pflegen aber Ihr Image als knallharter Sanierer. Wo Sie auftauchen, verbreiten Sie Angst und Schrekken. Gehört das zum Handwerkszeug eines Krisenmanagers?" Neukirchen konterte ungerührt: „Nicht ich, sondern Sie, die Medien, pflegen dieses Image." Womit der Konflikt auf den Punkt gebracht ist.

Als Heilsbringer euphorisch begrüßt

Troubleshooter leben mit hohem Risiko. Als Heilsbringer werden sie euphorisch begrüßt, von den Medien als Retter hochstilisiert, von maroden Unternehmen fürstlich honoriert. Es werden im angeschlagenen Unternehmen und (durch die Medien) in der Öffentlichkeit Erwartungshorizonte aufgebaut, die mit den bitteren Ursachen der Bestellung und Bestallung des troublegewohnten Managers rational einfach nicht in Einklang zu bringen sind. Nicht selten ist die Enttäuschung – bei Anteilseignern und Banken, ganz sicher aber bei den Arbeitnehmern – vorprogrammiert. Das ist das Berufsrisiko der modernen Wirtschafts-Condottieri.

Der Ruf nach dem radikalen Retter aus bedrohlichen Schieflagen kommt naturgemäß am ehesten von den Bankenvertretern im Aufsichtsrat. Es muß ein Mann ihres Vertrauens her. Das F.A.Z.-Magazin hat Karl-Josef Neukirchen „Feuerwehrmann der Deutschen Bank" genannt und sehr anschaulich geschildert, wie derlei Berufungen laufen: „Hilmar Kopper, Aufsichtsratsvorsitzender von KHD, trägt ihm in prekärer Lage den Vorsitz bei KHD an; Herbert Zapp, Koppers Vorstandskollege von der Deutschen Bank, fragt ihn ob er zu Hoesch wechseln will (wovon Kopper dem KHD-Chef übrigens dringend abrät); Ronaldo Schmitz, auch er Vorstandsmitglied der Deutschen Bank, fragt ihn, ob er den Karren der Metallgesellschaft aus tiefem Morast ziehen will." Das Salär für den Sanierer ist angesichts der Summen, die bei Klöckner Humboldt Deutz, bei FAG oder bei der Metallgesellschaft auf dem Spiel standen bzw. immer noch stehen, sekundär. Der Troubleshooter weiß das: „Nicht an den Kosten für seine Arbeit möchte er gemessen werden, sondern daran, was er für das ihm anvertraute Unternehmen bringt. Einer wie er, der die richtigen Leute im richtigen Moment ansprechen kann, ist das beste Investment für ein Unternehmen – mag er kosten, was er will", schrieb Heide Neukirchen dazu am 2. Oktober in der „Welt am Sonntag", die wie „Bild" mit dem Thema Abfindungen hausintern vertraut ist.

Wer will es dem Troubleshooter verdenken, daß er die Situation, die ja nicht er verschuldet hat, nutzt? So entstehen Traum-Konditionen. Geht der Traum zu Ende, gibt es möglicherweise ein böses Erwachen – zumal, wenn der weite Mantel der Diskretion von neidischen Insidern gelüftet oder von investigativen Journalisten beiseite gezerrt wird. Genau das ist exakt zu dem Zeitpunkt passiert, zu dem Neukirchen bei der Metallgesellschaft endlich Land sieht – auch wenn die „Zitterpartie“ (F.A.Z., 21. November 1994) noch nicht zu Ende ist.

„Neukirchen saniert sich selbst“

Noch bevor das „manager magazin“ mit der Oktober-Ausgabe 1994 an den Kiosken war und seine Breitseite gegen den MG-Chef mit der Schlagzeile „Kampf um Fort Knox“ bei den Lesern eingeschlagen sein konnte, fragte „Bild“ am 26. September mit vierspaltiger Schlagzeile: „Elf Millionen Mark für ein Jahr Arbeit?“ und lieferte die Antwort gleich mit: „Neukirchen saniert sich selbst“. Die Geschichte ist bekannt. Es geht um Neukirchens vertragsgerechte Abfindung bei Hoesch und um seine Forderungen nach Entschädigung für vertraglich zugesicherte Leistungen wie Wohnhaus und Dienstwagen mit Chauffeur. Bevor „Bild“ aus dem abfindungserfahrenen Hause Springer seinem Millionen-Publikum die „mm“-Geschichte in Bild-untypischer Breite und Ausführlichkeit zum neiderregenden Verzehr servierte, stand einleitend die fett gedruckte Frage „Ist Kajo Neukrichen (52), Chef der Frankfurter Metallgesellschaft, zu gierig?“ Peter Christ, scheidender Chefredakteur des „manager magazin“ nahm die Antwort vorweg: „Maßlose Manager haben das Recht verwirkt, maßvolle Tarifabschlüsse und Opferbereitschaft von Untergebenen zu verlangen.“ Mit dem Manager-Milieu vertraut, formulierte Heide Neukirchen in der „Welt am Sonntag“ ihr Urteil entschieden umsichtiger: „Wer trotz eines sehr hohen Einkommens um jede ihm vertraglich zustehende Mark kämpft, hat es zwangsläufig schwer, seiner Mannschaft Verzicht zu verkaufen. Über diesen Sachverhalt, so scheint es, geht der Mann etwas leichtfertig hinweg.“ Der Grundton des kenntnisreichen „WamS“-Beitrages „Nadelstiche gegen einen Kämpfer mit harten Bandagen“ war freilich eher auf respektvolle Anerkennung bei vorsichtiger Kritik gestimmt. Im Oktober-Heft des „manager magazin“ klang das Urteil ungleich härter: „Doch was der ‚kreative Killer‘ (‚Die Woche’) bei seinem kurzen Gastspiel als Hoesch-Lenker für sich herausgeholt hat, wie er sich selbst saniert hat, ist ein Lehrstück für den moralischen Verfall im deutschen Topmanagement.“

Zeitgleich mit der auslösenden Indiskretion im „manager magazin“ ergossen sich im F.A.Z.-Magazin unter dem Titel „Keine Angst vor dem Retter“ sieben Seiten Wohlwollen über Kajo Neukirchens keineswegs unverwundbare Manager-Seele. Das las sich so: „Wenn die Zeiten schlecht sind und Götter mit Giganten kämpfen, sind Göttersöhne vonnöten. Doch sie müssen sterblich, menschlich, verwundbar sein. Auch der neue Chef der Frankfurter Metallgesellschaft ist ein Sterblicher, will sagen, ein ganz normaler Mensch, groß gewachsen, mit tiefer, manchmal brummiger Stimme und rheinischem Tonfall. Ein verwundbarer?" Mit all den harten Vorwürfen der letzten Jahre konfrontiert, kann Neukirchen hier sagen: „Leider gerät in Vergessenheit, daß ich es nicht war, der die Unternehmen an die Wand gefahren hat. Die Schuldigen sind längst über alle Berge." Differenzierte Betrachtung zu Themen wie diesen hat Seltenheitswert in der von Leitmedien wie „Spiegel" und „manager magazin" vorgeprägten deutschen Medienlandschaft. Das Image des harten Sanierers entsteht schließlich nicht über Nacht, sondern über Jahre – mit Hilfe jener Kontinuität, die durch den Blick ins Archiv geschaffen und gewahrt wird.

Als Karl-Josef Neukirchen nach seinem Einstieg als Vorstand bei Klöckner-Humboldt-Deutz (KHD) am 23. November 1987 zum ersten Mal ausführlich vom „Spiegel" zur Kenntnis genommen wurde, war nur vom „starken Mann" die Rede, der „in seinen Betrieben gründlich aufräumen" will. Den schwarzen Peter hatte in dieser Story allein Bodo Liebe, der scheidende Vorstandsvorsitzende von KHD. In ihrer Personalie vom 11. Mai 1987 hatte die F.A.Z. den „zupackenden Typ und harten Arbeiter" herausgestellt, „der hohe Ziele setzt und sie auch konsequent verfolgt, von seinen Mitarbeitern also ebenfalls vollen Einsatz erwartet." Ein Jahr später befand die „Welt": „Störungen duldet er nicht. Ungeduldig ist er und konsequent." Ein Blatt, daß damals noch „Industriemagazin" hieß, sprach zu diesem Zeitpunkt schon von dem Versuch, KHD „mit der Brechstange auf Wachstumskurs zu bringen", während das „Handelsblatt" Neukirchen am 9. September 1988 mit dem Satz zitierte: „Wer sich einer Herausforderung nicht stellt, nicht fasziniert ist von der Möglichkeit, etwas bewegen zu können, ist in der Industrie als Manager falsch." Im August 1988 befaßte sich das „manager magazin" mit dem Mann an der KHD-Spitze. Zuerst wurde dem Sanierer Lob gespendet, dann kam es knüppeldick: „Sein an Menschenverachtung grenzender Führungsstil droht jedoch Leistungsträger zu verprellen und den langfristigen Erfolg in Köln zu gefährden." Im Fließtext wurde Klaus Hoffmann, in Kölner Geschichten seit vielen Jahren erfahren, noch deutlicher: „Seine vom Start weg praktizierte Härte im persönlichen Umgang mit Mitarbeitern, die er auch nach Abschluß der ersten Sanierungsetappe nicht abgelegt hat, seine Unduldsamkeit abweichenden Auffassungen gegenüber sowie sein fataler Hang, von ihm selbst geschaffene Zuständigkeiten zu unterlaufen und sich willkürlich ins operative Geschäft einzumischen, drohen jedoch weitere Sanierungsfortschritte zu hemmen".

„Ruf als hart zupackender Manager"

1989 empfing Kajo Neukirchen die höheren Weihen der internationalen Wirtschaftspublizistik. Das „Wall Street Journal" meinte am 7. September: „KHD Chief's Tough Measures Bear Fruit" und der ziemlich große Untertitel erklärte: „Neukirchen Maneuvers Sharp Turnaround in Tight Corner". Im „Unternehmergespräch" der F.A.Z. vom 30. April 1990 mit dem optischen Titel, „Nach zweieinhalb Jahren Knochenarbeit wieder seetüchtig", beschrieb Hans Jürgensen den Job des KHD-Chefs so: „Neukirchen hat bei KHD gründlich aufgeräumt. Außer dem Vorsitzenden mußten noch drei Vorstandsmitglieder sofort den Hut nehmen. Auch unterhalb der Vorstandsebene rollten in der Führung manche Köpfe. Neukirchen blieb seinem Ruf als hart zupackender Manager nichts schuldig". Der „Ruf" war nun schon gängige Meinung – auch wenn es im selben Artikel hieß: „Die menschlichen Aspekte seiner Maßnahmen haben ihn nicht kaltgelassen." Im Dezember 1990 begann das „manager magazin" seine Neukirchen-Personalie mit dem Satz: „Nicht wenigen gilt Karl-Josef (‚Kajo') Neukirchen (48) als eiskalter, erfolgsbesessener Machtmensch." Seine eindrucksvollen Leistungen als Sanierer aber wurden im selben Atemzuge anerkannt: „hat es in beeindruckend kurzer Zeit geschafft, den bei seinem Amtsantritt todkranken Konzern wieder auf die Beine zu bringen." Aber es bleibt auch die Bemerkung haften: „Mit seinem fordernden, oft ruppigen Führungsstil erzeuge der KHD-Chef ein Klima der Angst."

Im April 1991 stand Karl-Josef Neukirchen erneut im Mittelpunkt der Spekulationen, Hoffnungen und Erwartungen. Er wurde als Nachfolger des ermordeten Detlev Rohwedder zum Vorstandsvorsitzenden der Hoesch AG berufen. Sanierung ist hier nicht das Thema, wohl aber zukunftsorientierte Neustrukturierung. Die „Welt" mutmaßte am 6. April 1991: „. . . dürfte auf die Dortmunder Führungselite nämlich wie ein Schock wirken. Neukirchen gilt zwar als harter, erfolgreicher Sanierer und als ungeduldiger Einzelkämpfer. Beides sind Eigenschaften, die bei den auf Teamarbeit eingeschworenen Managern des von Rohwedder längst sanierten Hoesch-Konzerns nicht gerade gefragt sind." Im August trat Neukirchen sein neues Amt an. Im Oktober wurde klar, daß Krupp-Vorstand Gerhard Cromme einen großen Überraschungscoup gelandet und die Mehrheit bei Hoesch erworben hatte. Damit hatte weder Neukirchen ernsthaft gerechnet noch Deutsche Bank-Vorstand Zapp. Neukirchen hielt am eigenen Entwicklungskonzept „Strategie 2000" fest, machte aber zugleich deutlich, daß er im Fusionsfall gehen werde. Der von den Medien gesponnene rote Faden im Lebenslauf des Kajo Neukirchen ist durchgängig geworden. Im Juni 1992 wußte die „Wirtschaftswoche": „Im Grunde seines Herzens ärgert sich Kajo Neukirchen über die Chance, die ihm Hilmar Kopper offeriert hat. Der als knallharter Sanierer von KHD bekannte derzeitige Hoesch-Chef soll für die Deutsche Bank als Ausputzer fungieren." Die F.A.Z. beschloß ihren kurzen Text über Neukirchens Abschied bei Hoesch mit dem Satz: „Neukirchen, der sich einen Ruf als entscheidungsfreudiger und erfolgreicher Sanierer erworben hat, scheidet bei Hoesch mit der in diesem Fall üblichen Abfindung aus."

Neue Aufgaben ließen nicht lange auf sich warten. Neukirchen wurde Aufsichtsratsvorsitzender der gerade in Vergleich gegangenen Klöckner Werke

AG. In der F.A.Z. vom 15. Dezember 1992 kommentierte er: „Es gehe ihm mittlerweile wie einem Schauspieler, der einmal die Rolle des Kommissars übernommen habe und fortan immer nur Kommissar spielen dürfe." Zwei Wochen später übernahm er die gleiche Rolle des Aufsichtsratsvorsitzenden in einem anderen „Krimi", beim Wälzlagerhersteller FAG Kugelfischer in Schweinfurt. Neukirchen operierte auf vertrautem Terrain. 1985 bis 1987 war er Vorstandsvorsitzender beim Schweinfurter Konkurrenten SKF. Bei der fälligen Neustrukturierung spielte der Sanierer Neukirchen eine Schlüsselrolle. Bald danach, am 30. Januar 1993, hieß es in der F.A.Z. dreispaltig: „Bei Kugelfischer sollen 13 000 Arbeitsplätze wegfallen". Am 26. März 1993 gab es in der F.A.Z. eine kleine Berichtigung. Überschrift: „Die Stunde der Gnadenlosen". Am 18. Dezember 1993 meldeten die Medien die bisher größte Herausforderung, der sich Neukirchen stellte. Er wurde Vorstandsvorsitzender der schwer angeschlagenen Metallgesellschaft – selbstverständlich begleitet vom Ruf des harten Sanierers. Die „Wirtschaftswoche" titelte: „Soldat Kajo". Die Flut der Schlagzeilen wuchs – bis hin zum „Kreativen Killer" in der „Woche". Sibylle Krause-Burger versuchte, dem Mann an der MG-Spitze gerecht zu werden: „Kajo Neukirchen ist reichlich gesegnet mit Gottesgaben für seinen ungewöhlichen Job: Der Sanierer der Nation verfügt über Wucht und ein ausgeglichenes Naturell. In seiner Beharrlichkeit läßt er sich von des Gedankens Blässe nicht ankränkeln. Ein Fels von einem Mann. So einer kann durchschlagen. Er ruht in sich. Aber er muß doch immer wieder über sich selbst hinaus. Noch gibt es für ihn kein Verweilen. Denn das ist jetzt sein Gesetz. einmal Sanierer, immer Sanierer." Kein Porträt zuvor hatte ihn besser beschrieben. Es endete: „Will er auch geliebt sein? ‚Ich weiß nicht genau, was das ist', sagt Kajo Neukirchen, ‚aber wer will das nicht?'"

Er wird geachtet. Je besser die Journalisten verstehen, was er tut, um so höher ist die Achtung. Die seriöse Presse begleitet ihn mit zunehmendem Respekt. Und dann kam im „manager magazin", in „Bild" und anderen Blättern diese Geschichte vom gierigen Manager, der bei Hoesch um weitere Millionen feilscht. Trouble ist sein Schicksal. Aber er hat gelernt, damit zu leben. Nur mit den Medien geschickter umzugehen, will ihm noch nicht so recht gelingen – es sei denn, er trifft auf eine kluge Frau wie Sibylle Krause-Burger. Alfred Lambeck

(MK 51/94, 19. 12. 1994)

III.

Umwelt / Wissenschaft / Medizin / Ernährung

MK-Hintergrund

Medien und Wissenschaft

Hindernisse für einen fruchtbaren Dialog

Wissenschaft und Journalismus – zwei Welten, die nichts gemeinsam haben? Die vielen Klagen über zu wenige Wissenschaftsseiten in den Zeitungen, über schlechte Plazierungen von Fachsendungen, über die kaum vorhandene journalistische Fachausbildung – sie lassen es vermuten. Der Berliner Kommunikationswissenschaftler Stephan Ruß-Mohl berichtet in seinem Buch „Wissenschaftsjournalismus“: Als beim „stern“ vor Jahren das Medizin-Ressort eingerichtet wurde, ernannte Henri Nannen den Abteilungschef: „Das macht der Dahl, der hat sowieso alle Krankheiten“, soll er gesagt haben. Dem neuen Ressortchef indes wurde wiederum nachgesagt, er habe zwar damals schon Ischias gehabt, aber noch nicht gewußt, wie man das schreibt.

Wäre dem auch heute noch so – es wäre ein unbefriedigender Zustand. Denn Wissenschaft geht alle an. Egal, ob es um Medikamente gegen Krebs oder Aids, um ökologisch vertretbare Produktionsverfahren oder um die Risiken der Atomkraft geht – auch hier sind wir alle unmittelbar betroffen, glauben wir, mitreden zu müssen. Umfragen bestätigen, daß wissenschaftliche Aspekte von der Bevölkerung als überaus wichtig eingestuft – gleichzeitig aber kaum verstanden werden.

Daß die Massenmedien der Nachfrage nach Informationen zu Forschungsfragen quantitativ inzwischen stärker entgegenkommen, läßt sich empirisch nachweisen. So haben heute zumindest die öffentlich-rechtlichen Anstalten einzelne Sendungen im Programm – zu selten, an oft ungünstigen Tagen – aber immerhin. Und im Printbereich? Hier ist der Strauß so bunt, daß man sich angesichts der Fülle eigentlich erfreuen möchte.

Kritik

Doch wie wird die Qualität der Wissenschaftsberichterstattung insgesamt eingeschätzt? Was sagen Betroffene und Interessierte zu solchen Berichten, die vorwiegend außerhalb dieser fachlichen Nischen anzutreffen sind – also mehr im breitenwirksameren Umfeld, wo politische oder unterhalterische Elemente zu verhältnismäßig hohen Einschaltquoten bzw. Verkaufsauflagen sorgen?

Es ist festzustellen, daß – speziell mit den Massenmedien (also Fernsehen, Illustrierten und sogenannten Nachrichtenmagazinen) – nahezu niemand zufrieden ist. Vertreter der Wirtschaft klagen, viele Beiträge über Pharma-, Energie- oder Chemieunternehmen seien aufgrund ideologischer Vorurteile gegen die Unternehmen gerichtet. So schrieb der Präsident des Deutschen Industrie- und Handelstages (DIHT), Hans-Peter Stihl, Meinung gehe oft vor Sachlichkeit, Tendenzjournalismus sei keineswegs die Ausnahme. Viele Journalisten verfügten nicht über die notwendigen Sachkenntnisse und seien weder willens noch kompetent, Meldungen zu recherchieren und fachlich zu bewerten. Es sei notwendig, den Sachverstand der Fachredaktionen häufiger auch in die anderen Ressorts einfließen zu lassen.

Vertreter der Wissenschaft mißtrauen Vereinfachungen und Popularisierung. Die Grenzen der Erkenntnis, die Vor- und Nachteile von Forschungsmethoden sowie wichtige Zusammenhänge würden zu selten berücksichtigt, statt dessen neigten viele Medien dazu, wissenschaftliche Ergebnisse im Sinne des Zeitgeistes zu pauschalieren. Nicht selten sprechen Professoren den Journalisten auch einfach die fachliche Kompetenz und damit fast ein Recht zur Veröffentlichung ab. Das Spektrum der Kritik mehr oder weniger organisierter Gruppierungen ist breit, und auch die große Masse ist für das Gebotene nicht so recht zu begeistern: Wissenschaftssendungen erzielen keine traumhaften Einschaltquoten (weshalb sich die Privatsender stark zurückhalten) und nur ein Bruchteil aller Abonnenten liest überhaupt die Wissenschaftsseiten der Tageszeitungen.

Die meisten Kritikpunkte werden von den Journalisten freilich zumeist mit dem Argument zurückgewiesen, sie entsprängen allein den jeweiligen Interessen der Kritiker. Daher muß man als unabhängiger Beobachter versuchen, die Berichterstattung an den Ansprüchen zu messen, die sich die Journalisten in den Massenmedien selbst gesetzt haben bzw. die ihnen im Fernsehen vom Gesetzgeber vorgegeben sind. Sie fordern zum Beispiel: Wichtige Sachverhalte dürfen nicht bewußt unterschlagen werden; bei Konfliktthemen sind beide Seiten zu hören; Verleumdungen sind zu unterlassen; das Gesagte muß verständlich sein und muß eingeordnet werden können; persönliche Bewertungen sind kenntlich zu machen; die Quellen sind offenzulegen; unnötige Emotionalisierungen sind zu vermeiden.

Mißt man aber die Berichte vieler Massenmedien über Wissenschaftsthemen an solchen Kriterien – untersucht man also einmal Zeitschriften und Illustrierte von „Spiegel" bis „stern", von „Goldenem Blatt" bis „Bild der Frau" oder sieht man sich Reportagen und Politmagazine wie „Monitor" oder „Report", zur besten Sendezeit an – dann wird der oben aufgeführte Ärger doch verständlich. Zwei Beispiele, bei denen sehr häufig speziell gegen den Anspruch ausgewogener Information verstoßen wird, sollen einmal herausgegriffen werden.

Beispiel Gentechnologie

Zukunftstechnologien, die neben enormen Möglichkeiten auch Gefahren bergen, bekommen in vielen deutschen Medien keine faire Chance. Sie werden in spektakulären Sensationsgeschichten simplifiziert und pauschal verteufelt. Eindringliche Warnungen und Aufklärungsversuche aus Wissenschaft und Wirtschaft werden oft von voreingenommenen Journalisten leichtfertig als „Lobbyismus“ abgetan. Wichtige Argumente kommen so beim Laien nicht an. Das Resultat ist bekannt: Der Druck der öffentlichen Meinung führt dazu, daß zukunftsweisende Industriezweige wie etwa die Gentechnologie im Ausland kräftig weiterentwickelt und genutzt, bei uns jedoch lange vernachlässigt wurden. Der Wissenschaftsjournalist Rainer Flöhl schrieb vor kurzem: Die Gegner der Gentechnik „haben es geschafft, eine verheißungsvolle Entwicklung zu diskreditieren und zu blockieren. Sie kämpfen gegen ‚Turboкühe‘ und ‚Superschweine‘, gegen ein ‚Auschwitz der Biologie‘ . . . Solche Horrorszenarien kommen offensichtlich den vagen Ängsten vieler Bürger entgegen“.

Beispiel Tierversuche

Auch beim Thema Tierversuche neigen Journalisten zu Einseitigkeiten und Emotionalisierungen. Die Argumente der Versuchsgegner, im Bild leicht zu dramatisieren, übertreffen bei weitem den Effekt, den die Wissenschaftler der Forschungseinrichtungen bei der Darlegung ihrer Argumente erzielen.

Nicht selten greifen Journalisten – ihrer eigenen Betroffenheit folgend – sogar zu unsauberen Mitteln. So stützte das Fernsehmagazin „Panorama“ des Norddeutschen Rundfunks seine Berichterstattung bewußt auf Filmmaterial, das radikale Versuchsgegner zur Verfügung gestellt hatten. Vor Gericht wurde im nachhinein festgestellt: Zahlreiche Szenen waren inszeniert gewesen, die Tiere speziell für die Erstellung der sogenannten „Dokumentation“ angeschafft worden. Verschiedene Aussagen, in denen brutale Tierhändler illegale Methoden der Versuchstierbeschaffung schilderten, waren von Versuchsgegnern „eingekauft“ worden. Ein Tierhändler sagte sogar aus, ihm seien 20 000 Mark für das Erschlagen eines Hundes vor laufender Kamera angeboten worden. Das Gericht kam in der Urteilsbegründung zu der Überzeugung, die Berichte seien zu dem Zweck gefertigt worden, „Stimmung zu machen“.

Die beiden angeführten Themenfelder betreffen den Forschungsbereich und in diesem Umfeld dürfte – vor allem durch allzu starke Politisierung – auch der Schwerpunkt der Kritik in der Medienberichterstattung zu finden sein. Sei es die Chemie, die Kernkraft oder das Klima – viele Journalisten haben aufsehenerregende Antworten zur Hand, noch bevor sich die Wissenschaftler über die richtigen Fragen im klaren sind.

Und was sind die Konsequenzen unkundiger oder gar böswilliger Berichte? Die Verunsicherung in wichtigen Sachfragen der Zeit wurde durch die Massenmedien in aller Regel nicht etwa gemindert, sondern eher durch Sensationsberichte und Panikmache verstärkt. Oft werden, zum Beispiel in der Medizin, unberechtigte Hoffnungen auf Heilung geweckt, weil man eigentlich nichts anderes praktizierte, als unseriösen Wunderheilern aufzusitzen. Lebenshilfe blieb weitgehend aus oder beschränkte sich auf journalistisch leicht verkäufliche „Tips“, Dogmen und Ideologien.

Natürlich: Es gibt hervorragenden Wissenschaftsjournalismus. Er wird vor allem auf den Wissenschaftsseiten einiger überregionaler Tageszeitungen und in einigen Fachmagazinen und -sendungen betrieben. Und mit Verweis auf die seriösen Vorbilder ist auch von den Journalisten mit besonderer Breitenwirkung immer wieder zu hören, die Pressefreiheit dürfe nicht angetastet werden.

Viele Bürger sehen das offenbar völlig anders. Noch nie hat es einen derartigen Vertrauensschwund in die Glaubwürdigkeit der Medien gegeben wie heute (dies betrifft nicht nur Gesundheitsthemen). Immer wieder belegen Studien, daß nicht einmal mehr die Hälfte der Bundesbürger an Faktentreue, Objektivität und Vollständigkeit der tagesaktuellen Medien Fernsehen, Hörfunk und Zeitungen glaubt. Als völlig zutreffend stufen nur zehn Prozent der Medienkonsumenten die Berichterstattung über das Arzneimittelwesen ein. Nur ein Drittel billigt ihr eine weitgehende Glaubwürdigkeit zu.

Ursachen

Den Kern des publizistischen Elends unserer Tage glaubt jeder Bürger zu kennen, nur: fast jeder sieht ihn woanders.

1. Die einen meinen, die gewaltige und immer weiter ansteigende Nachrichtenfülle sei das Grundübel der Medien. Durch sie würden die Medien gezwungen, völlig willkürlich auszuwählen. In der Tat sind die Zahlen beeindruckend, beängstigend. Alleine der Basisdienst der Deutschen Presse-Agentur dpa verbreitet täglich über 1200 Meldungen. Daraus haben die Fernseh- und Hörfunkredaktionen eine Handvoll Meldungen auszuwählen. Wenn man dann noch hinzunimmt, daß das Fernsehen diese Nachrichten nur dann an den Mann bringen kann, wenn auch geeignetes Bildmaterial vorliegt, wird die Misere besonders deutlich.

2. Eine zweite Gruppe sieht das Problem in einem Mangel an wirklich qualifizierten Journalisten. Der Wissenschaftsjournalismus leidet immer noch unter einem Ausbildungsdilemma. Nur wenige Hochschulen (z.B. Mainz, Stuttgart) befassen sich in entsprechenden Studiengängen auch mit solchen Fragen. Der Bochumer Kommunikationswissenschaftler Heinz-Dietrich Fischer beschrieb die Situation im Medizinjournalismus als „unsystematisch und zufallsgesteuert“. Natürlich: Einige Fachzeitschriften schaffen es glänzend, sich trotzdem zurechtzufinden. Bei den allumfassend berichtenden Tageszeitungen sieht es da schon schlimmer aus, bei vielen Nachrichtenagenturen ist es eine Katastrophe. Das ist um so schlimmer, als die Agenturmeldungen in den Tageszeitungen und den elektronischen Medien unkritisch und fast immer ohne nachzurecherchieren übernommen werden. Fehlende fachliche und journalistische Qualifikation in den Agenturen hinterläßt sofort eine Spur falscher Information in Millionenauflage. So berichtete die inzwischen eingestellte „Neue Ärztliche“ einmal über eine

amüsante Kettenreaktion: Die Absicht, Eltern von Drillingen für eine Studie zu gewinnen, endete schließlich mit einem Spendenaufruf für Neugeborenen-Intensivstationen.

3. Der Informationstransfer aus der Wissenschaft in die Redaktionen scheint nicht optimal zu funktionieren. Noch immer ist es für die meisten angesehenen Forscher offenbar wichtiger, ihre Erkenntnisse in den eigenen Fachkreisen zu publizieren, anstatt sich auch an ein breiteres Publikum zu wenden. Diejenigen, die den Schritt zu den Massenmedien vollziehen, sind dagegen oft schillernde Randfiguren, die in den hochkarätigen Fachkreisen nicht oder kaum bekannt sind. Und auch die Pressearbeit der Veranstalter von Fachtagungen weist Lücken auf. So war ein Dermatologischer Weltkongreß vor einigen Jahren in Berlin zwar lange Zeit vorbereitet worden – an die notwendige Pressearbeit hatte man bis es zu spät war – überhaupt nicht gedacht.

4. Selten genannt, aber sicherlich auch wichtig sind die redaktionellen Zwänge. Bei aktuellen Ereignissen, zum Beispiel der Ernennung von Nobelpreisträgern, gilt es, in kürzester Zeit komplizierte Theorien aufzuarbeiten und für ein breites Publikum zu erläutern. Nur wenige hochkarätige Insider sind dazu wirklich in der Lage. Oder die leidige Platzfrage. Da glaubt der Wissenschaftsredakteur eine hochinteressante Studie vorstellen zu müssen und beantragt dafür 250 Zeilen. Aufgrund politischer oder gesellschaftlicher Tagesereignisse, aufgrund einer unbedingt noch mitzunehmenden Anzeige oder nur, weil sein Ressortleiter sich nicht für die Thematik interessiert, bekommt er statt dessen 50 Zeilen zugestanden – und kann darin nicht einmal das Wichtigste erläutern. Auch der Mangel an brauchbarem Material, beim Fernsehen beispielsweise an attraktiven Bildern, wäre hier anzuführen. Ohne die Möglichkeit einer attraktiven visuellen Aufbereitung ist das Thema fürs Fernsehen meist gestorben, unabhängig von seiner inhaltlichen Bedeutung.

5. Wiederum andere sagen, in den Massenmedien werde immer weniger, teilweise überhaupt nicht mehr, recherchiert. Das ginge dann nach folgendem Schema: Man meint, einer Geschichte auf der Spur zu sein, telefoniert, führt Gespräche, reist kreuz und quer und bekommt wieder das zu hören, was man eigentlich gar nicht hören möchte, denn es paßt ja eigentlich gar nicht in das eigene Meinungsschema und somit auch nicht in den Duktus der geplanten Story. „Durch zuviel Recherchieren macht man sich die beste Geschichte kaputt“ – früher war das ein Journalistenulk, heute ist dies ein gängiger Vorwurf.

6. Als sechste Ursache wird das gewandelte Selbstverständnis der Journalisten angeführt. Vor allem den jüngeren Journalisten ist als journalistisches Idealbild der „engagierte Journalist“ gezeichnet worden. Der „engagierte Journalist“, das ist eigentlich ein Schimpfwort, denn er ist doch wohl solch einer, der sich einer Sache verschrieben hat und diese, gegebenenfalls auch

gegen die Regeln seines journalistischen Metiers, publizistisch durchboxen will. Aber: Engagieren kann sich ein Journalist doch wohl nur für eines: für einen informativen, fairen Journalismus.

7. Und schließlich gibt es den Druck des Marktes. Immer mehr Medien, die unter zunehmendem finanziellen Druck stehen, müssen sich den gleichbleibenden Kuchen an Lesern bzw. Zuschauern teilen. Da glauben einige Verlage und verantwortliche Redakteure, sie müßten sich immer etwas Besonderes ausdenken und dies möglichst öffentlichkeitswirksam und schnell präsentieren. Daß die Qualität dabei leicht leiden kann, liegt auf der Hand.

Konsequenzen

Es lassen sich also grob zwei Gruppen von Ursachen unterscheiden. Die eine handelt von solchen Fällen, wo böswillige Absicht, Manipulationsversuche oder Kampagnenjournalismus eine Rolle spielen. Die zweite betrifft eher äußere Zwänge und mangelnde fachliche Qualifikation bzw. ungenügenden Wissenstransfer.

Zum ersten Aspekt – also dem ethischen Kern des Medien-Dilemmas – schrieb einmal der Publizist Hermann Boventer in einem Leserbrief an die F.A.Z.: „Es gibt geschriebene und ungeschriebene Handwerksregeln, die täglich in hervorragender Weise praktiziert werden. Aber es gibt auch Schreiber, die machen, was eben gewünscht wird. Wie ein Krebsgeschwür frißt sich ‚ihre Masche' in den Journalismus hinein und korrumpiert ihn. Wenn der Zynismus der journalistischen Machtentfaltung nicht zurückgenommen wird, ist die Pressefreiheit in Gefahr."

Das Resultat: Viele rufen inzwischen nach einer kritischen Instanz – einem Medienkontrollrat oder wie immer ein solches Gremium genannt wird. Und die Frage stellt sich: Müssen neue Gesetze her, um die Medien im Zaum zu halten, um sie dafür bezahlen zu lassen, was sie an Schaden anrichten? Wäre vielleicht eine ordentliche Zensur die Lösung?

Versuche, derartige Korrektiv-Institutionen zu schaffen, gab es immer. Je nach politischem Temperament wurden Gremien oder Kommissionen gegründet, die den Medien auf die Finger schauen sollten. Viel haben sie nicht bewirken können, denn sie stehen in einem unauflöslichen Dilemma: Letztlich ist in den Verfassungen der westlichen Demokratien die Medienfreiheit festgeschrieben, und jeder Eingriff eines Kontrollgremiums muß zunächst einmal als Eingriff in ein Grundgesetz gesehen werden. Und eine Vielzahl von Medienurteilen in der letzten Zeit deutet darauf hin, daß die Gerichte bereit sind, fast jede Behauptung der Journalisten als Meinungsäußerung und damit als unangreifbar einzustufen.

Neue Gesetze, sozusagen ein Mediengesetz mit eingebautem Maulkorb, brauchen wir nicht. Eine Antwort ist für die Medien in einer freien, marktwirtschaftlich organisierten Gesellschaftsordnung vielmehr klar: Die Medien müssen sich gegenseitig kontrollieren. Sie müssen sich selbst gegenseitig auf die Finger sehen und notfalls auch darauf klopfen. Auch das ist ein Teil der Wettbewerbsfunktion, der die Medien neben betriebswirtschaftlichen Aspekten unterliegen.

Und auch für den zweiten Komplex, wo also äußere Zwänge, mangelhaftes Fachwissen oder ein unzureichender Informationstransfer greifen, gibt es Vorschläge zur Abhilfe.

So müssen sicherlich die Öffentlichkeitsarbeiter in Unternehmen, Universitäten oder sonstigen Forschungseinrichtungen noch effektiver reagieren. Da in einer Umfrage 67 Prozent der Chefredakteure und Programmdirektoren die „mangelhafte journalistische Aufbereitung" als größtes Problem bei ihrer Berichterstattung angaben, gilt es, die Bedingungen des Medienmarktes, der Redaktionsarbeit und die Anforderungen der Journalisten genauer kennenzulernen.

Zwänge der Medien kennenlernen

Forscher und PR-Leute müssen mehr darüber erfahren, nach welchen Kriterien Journalisten auswählen, sie müssen mehr darüber erfahren, wie man einen komplizierten Sachverhalt so aufbereitet, daß er für ein breites Laien-Publikum verständlich wird, und sie müssen dabei in Kauf nehmen, daß Verzicht auf Details und Präzision oft die Münze ist, mit der sie unter Umständen auch einmal zahlen müssen.

Auch müßte der immer wieder angeführten Forderung nach einer besseren Ausbildung der Journalisten noch stärker nachgegangen werden. Zwar haben die Journalistenschulen ihre Angebote in den vergangenen Jahren erheblich verbessert, und auch an den Publizistik-Studiengängen von Universitäten wie Hohenheim, Mainz, München oder Berlin gibt es inzwischen durchaus Kursangebote zum Wissenschaftsjournalismus. Doch herrscht bei der praktischen Ausbildung, also in den Volontariaten der Medien selbst, die ja immer noch die Mehrzahl der angehenden Journalisten durchlaufen, noch erheblicher Mangel.

Und sicherlich müssen auch die – zumeist politisch vorgeprägten und entsprechend orientierten – Verantwortlichen in den Chefetagen der Medien umdenken. Sie müssen akzeptieren lernen, wie stark wissenschaftliche Erkenntnisse unser Leben beeinflussen: Ein Putsch in Südamerika, eine Naturkatastrophe in Afrika, das x-te Statement eines Hinterbänklers bewegen zwar auch bei uns die Gemüter – doch wir bleiben dabei Zuschauer. Anders bei vielen Problemen, die ohne wissenschaftliche Grundkenntnisse nicht verständlich sind. Ob die Ansteckungsgefahr durch Blutkonserven wirklich so hoch ist, wie das Mittel gegen den Herzinfarkt wirken kann, ob gentechnische Forschung wirklich nur Monster erzeugt oder ob das Atomkraftwerk in der Nähe wirklich die Leukämiegefahr erhöht – da geht es um eigene Interessen, persönliche Sorgen, die eigene Lebenssphäre. Und hier erwarten die Bürger von den Medien – ihren wichtigsten Informationsquellen – verständliche Antworten, auch wenn sie nicht immer eindeutig ausfallen können. gka

(MK 47/93, 22. 11. 1993)

Umweltjournalismus

„Kein schmeichelhaftes Bild“

Studie analysiert Umweltmagazine im Fernsehen

Obwohl sich die Rahmenbedingungen für Umweltredaktionen im Fernsehen erheblich verbessert haben, schöpfen die Redaktionen ihre neuen Möglichkeiten nur unzureichend aus: Kooperation mit anderen Redaktionen findet praktisch nicht statt, Grafiken und technische Finessen, die dem Zuschauer das Verstehen erleichtern könnten, werden so gut wie nie eingesetzt. Das ist ein Ergebnis einer Untersuchung der Ökologiemagazine im Fernsehen, die Klaus Brodbeck (Universität Eichstätt) im Newsletter „Wissenschaft in den Medien“ (10/1993) vorstellte.

Die Auswertung von 20 Sendungen – „Globus“ (ARD), „Umwelt“ (ZDF), „In Sachen Natur“ (3. ARD-Programme), „Fünf vor Zwölf“ (Sat 1) – ergab auch inhaltlich „kein sonderlich schmeichelhaftes Bild“. Je näher ein Ereignis beim Zuschauer spiele, je negativer die Schlagzeilen seien, je höher die vermutete Betroffenheit der Fernsehfamilie sei, desto größer sei die Chance, Thema einer Ökosendung zu werden. Spitzenreiter der Negativauswahl sei Sat 1, während „die noch heilste Welt“ im ZDF zu sehen sei. Positive Beispiele für Umwelthandeln lassen sich nach Ansicht der Redaktionen als Thema offenbar getrost vernachlässigen.

Sonderlich aktuell arbeiten die Redaktionen nach Brodbecks Erkenntnis nicht, mit Ausnahme des ZDF, bei dem 53 Prozent der Beiträge einen aktuellen Bezug haben. Bei „Globus“ lasse nur jeder dritte, bei Sat 1 gar nur jeder fünfte Beitrag einen aktuellen Bezug erahnen. Die Beiträge bestünden aus mehr oder weniger aktuellen Schnittbildern, die sich in aller Regel zu gefälligen Bilderteppichen zusammenfügen, kritisiert der Autor. Beim ZDF sei der Anteil solcher aktuellen Schnittbilder mit 75 Prozent am geringsten, bei Sat 1 mit mehr als 91 Prozent am höchsten. Den Rest füllten die Redakteure mit Archivmaterial, Köpfen und – zu einem verschwindend geringen Anteil – mit Schriftinserts.

Spitzenreiter der Themen-Hitliste sei mit einem Anteil von 15 Prozent der Straßenverkehr mit allem, was sich auch nur im entferntesten damit in Verbindung bringen lasse. Auf Platz zwei folge das Thema Müll vor Artenschutz und Gesundheitsthemen. Trotz der zahlreichen Berichte rund um den Umweltgipfel in Rio (fünf Prozent) bringe es das Thema Regenwald selbst nur auf weitere vier Prozent der Beiträge. „Unser eigener sterbender Wald wird dagegen nicht einmal in drei Prozent aller Berichte thematisiert, obwohl genau dieses Thema vor Jahren der Umweltdiskussion zum Durchbruch verholfen hat." Im Angebot der Öko-Magazine ließen sich dabei sogenannte Themenkarrieren nachweisen, „eine ebenso altbekannte wie zu Recht kritisierte Mangelerscheinung im täglichen Einheitsmenü, das uns die Massenmedien vorsetzen". An einer „vernetzten Darstellung" globaler Umweltprobleme herrsche gravierender Mangel.

Der Autor Brodbeck hält fest: „Kopfsalat und HNO-Fernsehen, Bilderteppiche und zugequatschte Schwenks, Horrorszenarien und einfallslose Gestaltung – das alles entsteht nicht nur im hektisch-oberflächlichen Geschäft der Nachrichtenredaktionen, sondern ist auch Bestandteil im Repertoire der Öko-Spezialisten. Und es hapert nicht nur bei der Umsetzung von Themen, auch bei deren Auswahl kann man den Umweltredaktionen nicht gerade überschäumende Phantasie vorwerfen." gka

(MK 24/93, 16. 6. 1993)

Erneuerbare Energiequellen

Idylle statt Klimakatastrophe

Franz Alt konstruiert in der ARD ökologische Luftschlösser

Nach den Prognosen der Klimaforscher gehen wir einer neuen Warmzeit entgegen, wenn der Kohlendioxid-Ausstoß nicht drastisch reduziert wird. So durfte man gespannt sein, welche Vorschläge Franz Alt in der ARD-Sendung „Fluchtweg aus dem Treibhaus" (14. Januar) gegen diese drohende Gefahr anzubieten hatte.

Zunächst wurde der Zuschauer nach bewährtem Muster mit reißerischen Sequenzen der kommenden „Klimakatastrophe" geschockt. Mittels neuartiger Techniken digitaler Bildmanipulation versanken norddeutsche Küstenstädte im Meer, verschwand das Brandenburger Tor hinter Heuschreckenschwärmen und entgleisten Intercitys durch Erdrutsche. Doch Moderator Alt beruhigte: „Wir zeigen Ihnen, daß und wie die Energiewende möglich ist."

Harmonie durch Ökozuschlag

Wer bisher geglaubt hatte, das sei eine der schwierigsten Aufgaben, denen sich die Industriegesellschaft gegenübersieht, erlebte eine Überraschung.

Dieter Teufel vom Umwelt und Prognose Institut Heidelberg zauberte Grafiken eines Energieszenarios aus dem Computer, wonach sich der Energieverbrauch in Deutschland bis 2005 ohne Schwierigkeiten um 30 Prozent und bis 2030 gar um 70 Prozent zurückschrauben läßt. Der verbleibende Rest wird weitgehend durch erneuerbare Energiequellen gedeckt. Selbstverständlich wird auch der Ausstieg aus der Atomenergie vollzogen.

Erreicht wird dieses Mirakel durch einen Ökozuschlag, der die Energiepreise bis 2005 auf die vierfache Höhe treibt – ein Liter Benzin würde dann 5,70 Mark kosten. Das muß aber niemandem wehtun, denn am Jahresende wird das gesamte eingenommene Geld als Ökobonus gleichmäßig verteilt, pro Kopf wieder ans Volk ausgeschüttet. Wer wenig Energie verbraucht, wird belohnt, wer über dem Durchschnitt liegt, wird zur Kasse gebeten. Daß eine derartige drastische Energieverteuerung in vielen Bereichen zu empfindlichen Einschränkungen nötigt, und die massive Umverteilung von Geld zu schwersten Interessenkonflikten führen muß, wurde nicht einmal angedeutet. In den fiktiven Berichten aus der Zukunft herrschte eitel Harmonie.

Neben dieser Schwäche, die volkswirtschaftlichen und gesellschaftlichen Fragen auszuklammern, enthielt die Sendung aber auch, was die technische Machbarkeit der skizzierten Energiewende angeht, eine ganze Reihe von fragwürdigen bis absurden Aussagen. „Solarzellen sind für jeden erschwinglich geworden", meldete die Reporterin aus dem Jahre 2005. Man horcht auf, kostet doch in unseren Breiten Solarstrom heute noch etwa zwei Mark pro Kilowattstunde (kWh). In einer sehr gründlichen Studie kommen Bayernwerk AG und Siemens AG zu dem Ergebnis: „Mit einem enormen wissenschaftlichen und finanziellen Einsatz ... besteht die Aussicht, daß in den nächsten beiden Jahrzehnten die Stromgestehungskosten etwa halbiert werden könnten." Ob Stromkosten von einer Mark/kWh schon für jeden erschwinglich sind, mag noch dahingestellt bleiben, vollends irreal waren aber die Angaben über die Menge des produzierten Solarstroms im Jahr 2005. „Acht Prozent des Stroms wird aus Solarzellen erzeugt." Dazu müßten, selbst wenn der Stromverbrauch stark zurückgegangen ist, Solarzellen mit einer Gesamtleistung von rund 30 Gigawatt (Milliarden Watt) installiert werden. Bis 2005 eine derartige Menge von Solarzellen herzustellen, ist aber ein Ding der Unmöglichkeit. Das wäre das Fünfhundertfache der gegenwärtigen Weltproduktion von 60 Megawatt (Millionen Watt). Bayernwerk und Siemens hatten 1989 angekündigt, in den neunziger Jahren in Wackersdorf die größte Solarzellenfabrik der Welt zu errichten. Sie sollte einen Ausstoß von 30 Megawatt pro Jahr haben (inzwischen sind die Pläne wieder auf Eis gelegt). Ab 1995 müßten 100 derartige Fabriken voll produzieren, um den Richtwert des Szenarios zu erreichen.

Unsinniges wurde auch zur Nutzung der Windenergie gesagt: „In den letzten Jahren wurden die Windrotoren technisch so verbessert, daß selbst schwache Luftbewegungen für ihren Betrieb ausreichen", hieß es in einem

„Bericht aus der Zukunft". Physikalisch ist das ein Unding; denn das grundlegende Gesetz der Windkraftnutzung besagt, daß die gewinnbare Leistung proportional zur dritten Potenz der Windgeschwindigkeit ist. Bei halber Windgeschwindigkeit geht die Leistung demnach schon auf ein Achtel zurück. Aus schwachen Luftbewegungen läßt sich also nie und nimmer nutzbringende Energie gewinnen. Aus diesem Grund kommen für die Windkraft auch nur Standorte mit ausreichend hohen Windgeschwindigkeiten in Frage. Das sind in Deutschland die Küsten und die Höhen der Mittelgebirge.

Laut Szenario ließen sich trotzdem im Jahr 2030 mit 70000 Windrädern 15 Prozent des deutschen Strombedarfs decken. Rein technisch ist das möglich. Dazu müßten aber alle Standorte so dicht wie möglich mit Windrädern bestückt werden, die elektrischen Netze könnten 15 Prozent schwankendem Windstrom auch gerade noch verkraften. Trotzdem sind solche Zahlen weit von allen realistischen Vorstellungen entfernt. Nach einem ehrgeizigen Aktionsplan der European Wind Energy Association wird angestrebt, in der Europäischen Gemeinschaft bis zum Jahr 2030 mit 100000 Megawatt Windkraft etwa 170 Milliarden kWh Strom zu erzeugen, etwa zehn Prozent des Verbrauchs von 1990. Dazu müßten zum Beispiel 200000 Windräder mit je 500 Kilowatt Leistung errichtet werden. Die meisten stünden aber an den Küsten Großbritanniens, Spaniens und Hollands. Deutschland hätte einen Anteil von fünf Prozent, also etwa 10000 Windrotoren. Auch das zu erreichen, wird nicht einfach sein. Bis jetzt wurden einige hundert Windräder errichtet, doch schon gibt es vielerorts Widerstand gegen den weiteren Ausbau.

Alts Lieblingsthema: Biomasse

Die besondere Vorliebe von Franz Alt gilt der Energieerzeugung aus Biomasse. Mit schnellwachsenden Schilfgräsern, sogenannten C4-Pflanzen, lassen sich seiner Einschätzung nach nahezu alle Energieprobleme lösen. So machten denn auch wogende Schilfgrasfelder, in denen sich Liebespaare zum Picknick niederließen, die zukünftige Ökoidylle perfekt. Diesem Thema hat er bereits ein Buch gewidmet: „Schilfgras statt Atom" (Piper-Verlag). Nicht unbescheiden formuliert er darin: „Das C4-Gras-Konzept ist die Basis einer ethisch fundierten Realpolitik." Zwischen diesem Anspruch, den Schlüssel zur Rettung der Welt zu präsentieren, und der Fachkenntnis des Autors besteht allerdings ein krasses Mißverhältnis. Grundlegende energiewirtschaftliche Tatsachen sind ihm nicht geläufig. So vermengt er elektrische Energie und Wärmeenergie und kommt folglich zu völlig falschen Schlüssen. „Ich weiß, daß auch in der Vorstandsetage des Atomstromproduzenten Bayernwerk mit 6,2 Pfennig für eine Kilowattstunde (Strom) aus Biomasse gerechnet wird" (Seite 157). Schön wäre es. Tatsächlich hat aber das Bayernwerk im Einklang mit anderen Untersuchungen ermittelt, daß die Erzeugungskosten von Biomasse einem Ölpreis von 60

Pfennig pro Liter entsprechen, das sind sechs Pfennig pro Kilowattstunde Energieinhalt. Veröffentlicht sind diese Ergebnisse übrigens in einer jedermann zugänglichen Studie.

Im Gespräch mit der „tageszeitung" hatte Franz Alt gesagt, er habe „die Nase voll von Ausgewogenheit". Für ihn bedeutet das offenbar, sich seine vorgefaßte Meinung bestätigen zu lassen. Entsprechend matt verlief das Gespräch mit den Studiogästen. Als auf seinen rhetorischen Einwand, ob denn die Atomenergie nicht zur Klimastabilisierung gebraucht werde, der Bundestagsabgeordnete Hermann Scheer (SPD), Vorsitzender der Vereinigung Eurosolar, antwortete: „Wenn man alle Kosten berücksichtigt, ist die Atomenergie teurer als die billige Sonnenenergie, und zwar eindeutig", gab er sich damit zufrieden. Dabei bewegt man sich gerade bei einem Kostenvergleich zwischen den einzelnen Energiequellen auf sehr unsicherem Boden. Olav Hohmeyer vom Institut für Systemtechnik und Innovationsforschung der Fraunhofer-Gesellschaft in Karlsruhe hat versucht, die Folgen von Atomunfällen in die Kosten von Atomstrom einzurechnen. Er gibt eine Bandbreite von 3,48 bis 21 Pfennig/kWh an. Alfred Voss vom Institut für Energiewirtschaft und Rationelle Energieanwendung der Universität Stuttgart kommt zu wesentlich geringeren Werten.

Die schärfste Kritik an dem vorgestellten Energieszenario, die sich Alt in seiner Sendung gefallen ließ, war schon die Bemerkung von Joachim Nitsch von der Deutschen Forschungsanstalt für Luft- und Raumfahrt, es sei „sehr ehrgeizig". So konnte Franz Alt zum guten Schluß verkünden, er blicke nun optimistischer in die Zukunft. Angesichts einer solchen Sendung ist aber eher Pessimus angesagt. Wie soll vernünftig über Energiepolitik diskutiert werden, wenn das öffentlich-rechtliche Fernsehen sein Publikum derart schlecht informiert? HDS

(MK 5/93, 2. 1. 1993)

Greenpeace

Grüne PR-Profis steuern die Medien

Wissenschaftliche Studie blamiert unkritische Journalisten

In einer spektakulären Aktion besetzte die Umweltorganisation Greenpeace am 19. April das Kernkraftwerk Mülheim-Kärlich. Sogenannte „Aktivisten" bestiegen den Kühlturm und entrollten ein Transparent mit der Aufschrift „Stillegen statt anschalten". Der Zeitpunkt war klug gewählt, denn im Bonner Wirtschaftsministerium trafen an diesem Tag Vertreter von Parteien, Umweltverbänden und Wirtschaft zur ersten Sitzung der Arbeitsgruppe „Energiekonsens“ zusammen – die Kernenergie war also auch bundespolitisch an diesem Tag ein Thema.

Daß zahlreiche Journalisten am Kraftwerkszaun anwesend waren, verwundert nicht. Denn die Kampagnenplaner von Greenpeace achten immer sorgfältig darauf, daß bei ihren Aktionen genügend Kameras vor Ort sind. Und so turnten die Kletterer der Umweltgruppe bereits am späten Nachmittag über die Bildschirme. Beim ARD-Magazin „Punkt 5“ beispielsweise begann ein Bericht mit deftiger Kritik: „Kann eigentlich jeder, der es ein bißchen clever anstellt, an den Reaktor heran?“ Schuld waren damit von Beginn an nicht mehr diejenigen, die unbefugt und gewaltsam auf das Gelände vorgedrungen waren, sondern diejenigen, die sich nicht aggressiv genug verteidigten.

Kameras bereits um fünf Uhr aufgebaut

Dann lieferte die ARD-Autorin Sabine Glaubrecht den Zuschauern „das Protoll einer spektakulären Aktion“. Die Kameras – bereits um kurz vor fünf Uhr morgens aufgebaut – fingen spannende Bilder ein, die Sprecherin schilderte mit viel Sympathie das waghalsige Vorgehen. Zwei Greenpeace-Mitglieder konnten ihren Standpunkt zu Mülheim-Kärlich vortragen, ihre aus Österreich angereisten Kletterer wurden unter dem Gejohle der anderen Teilnehmer wie Helden gefeiert. Was der Beitrag nicht einhielt, war die Ankündigung des Moderators. Denn die Frage, „Wie berechtigt ist eigentlich der Protest gegen die Wiederinbetriebnahme des Kernkraftwerks?“, wurde im Beitrag nicht in einem einzigen Satz angesprochen. Daten zur Sicherheit der Anlage, über die Grundlagen der Energieversorgung oder gar die Stellungnahmen von Betreibern, Aufsichtsinstitutionen oder Fachleuten hatte Sabine Glaubrecht nicht recherchiert. Auch die Strafbarkeit des Vorgehens der Umweltschützer wurde nicht angesprochen.

In den meisten Zeitungen waren die Berichte am nächsten Morgen ähnlich oberflächlich. Neben einem großen Foto der Kletteraktion wurden lediglich die Anliegen der Besetzer vorgetragen. Das Fazit für die Umweltschützer: Wieder einmal hatten sie es geschafft, nahezu alle Medien für sich zu mobilisieren. Die Öffentlichkeitsarbeit war professionell geplant und durchgeführt worden, das Ziel erreicht. Und die Journalisten? Sie hatten sich – ohne auch nur den Ansatz einer eigenen Recherche einzubringen – Thema, Vorgehen und Beurteilung vorgeben lassen.

Daß solche Erfolge der PR-Arbeit von Greenpeace inzwischen schon als Normalfall gelten können, wurde jetzt wissenschaftlich bestätigt. Eine Untersuchung, die Torsten Rossmann unter dem Titel „Das Beispiel Greenpeace. Öffentlichkeitsarbeit und ihr Einfluß auf die Medien“ in der Zeitschrift „Media Perspektiven“ (2/93) veröffentlichte, ging der Frage nach, „wie unabhängig oder abhängig der Umweltjournalismus von Öffentlichkeitsarbeit ist“. Das Fazit: „Als Musterbeispiel an Effizienz und Einflußnahme von Öffentlichkeitsarbeit ist Greenpeace in der Lage, Themen und Inhalte der Berichterstattung über sich bzw. über ausgewählte Umweltprobleme weitgehend zu kontrollieren." Und: „Von einer kritischen Distanz der Medien zu Greenpeace kann keine Rede sein."

Um feststellen zu können, welche Funktion die Öffentlichkeitsarbeit für die Informationsleistung der Medien einnimmt, wurde der Medien-Input der Greenpeace-Pressestelle über einen Zeitraum von zwei Monaten (Mai und Juni 1991) quantitativ analysiert. Dabei wurden nicht nur Pressemitteilungen registriert, sondern die Mitarbeiter erstellten kurze Tagesprotokolle über ihre Arbeit. Erfaßt wurden auf diese Weise 660 Informationsvorgänge wie Pressemitteilungen, Telefongespräche, Briefe oder persönliche Kontakte. Erstaunlich: 84 Prozent der Kontakte waren auf Anfragen der Redaktionen zustande gekommen. Die Redakteure hatten also ein konkretes Problem und wählten Greenpeace als kompetente Informationsquelle. Es wurde deutlich, daß die Pressestelle überwiegend genutzt wurde, „um die Informationsdefizite der recherchierenden Journalisten bei der komplexen Umweltschutzproblematik zu beheben."

Agenturen als zentrale Verbreitungsschiene

Neben dem Medien-Input ist auch der Output in über 250 verschiedenen Printmedien in den Monaten Mai und Juni erfaßt worden, um die als Folge der Öffentlichkeitsarbeit geleistete Berichterstattung auswerten zu können. Registriert wurden 1574 Artikel, in denen Greenpeace genannt wurde, wovon 672 aber auf andere Quellen, z.B. Greenpeace in anderen Ländern, zurückgingen. Immerhin 902 Beiträge in nur zwei Monaten wurden auf die Arbeit der Hamburger Pressestelle zurückgeführt, wobei die überwiegende Mehrheit in regionalen und lokalen Tageszeitungen zu finden war. Die Hälfte aller Artikel basierte auf Beiträgen der Nachrichtenagenturen, womit die große Bedeutung der Agenturen bei der Verbreitung deutlich wird. Sie sind der Hauptkanal des Nachrichtenflusses. Rossmann: „Offensichtlich tendieren die meisten Redaktionen dazu, die Agenturmeldungen über Greenpeace ins Blatt zu nehmen, ohne sie redaktionell sonderlich intensiv zu bearbeiten. Was sich im Sinne eines kritischen und unabhängigen Journalismus in den Redaktionen negativ ausnimmt, ist für Greenpeace freilich ausgesprochen positiv."

Bei den journalistischen Darstellungsformen dominierten zu über 90 Prozent die „objektiv-darstellenden" Genres wie Nachricht, Meldung und Bericht, was belegt, daß Greenpeace eine hohe Akzeptanz bei den Journalisten hat. Darüber hinaus erhöht es die Glaubwürdigkeit der Organisation in der Öffentlichkeit. Besondere Kennzeichen der Berichterstattung sind Tagesaktualität und Ereignisorientierung. Fast die Hälfte aller Artikel befaßte sich mit den „für Greenpeace charakteristischen Aktionen". Dabei fehlte es in der Regel an Hintergrundinformationen. Berichte über die Organisation selbst sind selten, und trotz einiger kritischer Beiträge über ein mangelndes Demokratiedefizit stellten die Wissenschaftler fest, „daß das durchweg positive Image der Organisation unter den Journalisten ... im großen und ganzen unbeschadet geblieben ist.“ 84 Prozent aller Artikel gingen auf Anlässe oder Ereignisse zurück, die von Greenpeace selbst vorgegeben worden sind, also auf medienwirksam inszenierte Aktionen und Pressemitteilungen. Bei 19 Pressemitteilungen ergab sich beispielsweise eine Veröffentlichungsquote von eins zu 30, da 566 Berichte hierauf zurückzuführen waren. Insgesamt war festzuhalten: „Greenpeace bestimmt damit maßgeblich die Themen und Inhalte der Berichterstattung über sich und seine Arbeit.“

Wie unkritisch die Journalisten mit den Veröffentlichungen der Organisation umgehen, beweisen weitere Ergebnisse. In mehr als der Hälfte aller Fälle wurde ausschließlich der Inhalt der Presseerklärung wiedergegeben. Hier haben allenfalls redaktionelle Veränderungen wie Kürzungen oder stilistische Korrekturen, nicht aber journalistische Recherchen oder weitergehende Bearbeitungen stattgefunden. Völlige Überarbeitungen waren die Ausnahme. Rossmann: „Ob der Inhalt wenigstens auf seine Richtigkeit überprüft und ‚gegengecheckt‘ wurde, muß in diesem Zusammenhang offen bleiben.“ Insgesamt gelang es Greenpeace damit, seine Vorgaben nahezu unverändert unterzubringen.

Damit kann wissenschaftlich belegt werden, daß Greenpeace nicht nur über einen bedeutenden Einfluß auf die Umweltberichterstattung in der Bundesrepublik Deutschland verfügt. Man ist sogar in der Lage, die Berichterstattung über sich und über ausgewählte Umweltprobleme vorzugeben und selbst den Zeitpunkt einer Veröffentlichung zu bestimmen. Die in der Öffentlichkeit so selbstbewußt auftretenden Journalisten werden zu bloßen Weiterverbreitern degradiert. Wie gefährlich dies für den auf Medieninformationen angewiesenen Bürger ist, liegt auf der Hand. Denn die Kontrolle über die Themen liegt keineswegs mehr bei unabhängigen, freien und an den Bedürfnissen des Publikums orientierten Journalisten, sondern ist ein zentral gesteuertes Instrument einer zentralistisch geführten Interessenorganisation. gka

(MK 19/93, 3. 5. 1993)

Tierversuche

Auch ohne Vorurteile kontrovers und ernüchternd

ZDF-Sendungen über Tiere in der Forschung setzen auf Fakten

Ein immer wiederkehrendes Reizthema in Deutschland stellen die Tierversuche dar. Die in Bonn anstehende Novellierung des Tierschutzgesetzes und der umstrittene Vorschlag, den Respekt vor dem nicht-menschlichen Geschöpf als Staatsziel in der Verfassung zu verankern, haben dem Thema jetzt neuen Auftrieb verliehen. Mit viel Aufmerksamkeit reagierten auch die Medien: Allen voran beschäftigte sich das ZDF in der Sendung „Achtung! Lebende Tiere!“ vom 15. September und im Rahmen einer Expertendiskussion am 9. September ausführlich mit Fragen des Tierschutzes und der Experimente am Tier. Dabei zeigte sich, daß der Mainzer Sender überwiegend sachlich und informativ mit der Kontroverse umging. Dagegen arbeiteten die „Hessenschau“ (Hessen 3, 26. August), die über Tierversuche bei der Hoechst AG berichtete, und der „Spiegel“ (20. September) mit bekannten Negativ-Images. Die Sendung „Tiere in Todesangst“ in der Reihe „ARD-exklusiv“ (24. September) ließ wiederum Informationen zu kurz kommen und setzte auf die Vermittlung einer düsteren Atmosphäre.

Hemmungsloses Quälen und Töten?

Mithin der bedeutendste Pluspunkt der beiden ZDF-Beiträge war das Bemühen, Tierversuche nicht durchweg als hemmungsloses Quälen und Töten von wehrlosen Kreaturen darzustellen. So nannte zum Beispiel Manfred Karremann in einem Filmbeitrag für „Achtung! Lebende Tiere“ sowohl Beispiele von wenig belastenden als auch von Schmerzen verursachenden Arzneimitteltests, die jedoch oft unter Betäubung stattfinden. Dabei wurde durchaus – anhand eines gezeigten Katzenversuchs – eingeräumt, daß Tiere nach einem toxikologischen Test mit einer „Überdosis Narkosemittel getötet werden“. Allerdings nannte Karremann hierfür auch die Gründe: „Würde man die Katze leben lassen, hätte sie schlimme Schmerzen und wäre für den Rest ihres Lebens schwer krank.“

HR-Reporter Conrad Pütter ließ dagegen in der „Hessenschau“ jegliche Erklärung vermissen. Lapidar kommentierte er, daß 90 Prozent der Tests bei Hoechst unter Narkose liefen, aber „klar“ sei, daß sie „für die Betroffenen tödlich enden“. Der „Spiegel“ befand, daß in den herkömmlichen Experimenten „oft gruselige Foltermethoden“ angewendet würden. Als Beweis wurden ausschließlich schreckliche Tierversuchsbeispiele aufgelistet: „Forscher der Münchner Uni tauchten neugeborene Kaninchen in Eiswasser“ und „nähten ihnen jeweils ein Nasenloch zu“, ein Professor „zersägte 78 gesunden Hunden die Vorderbeine“. Auch in der ZDF-Diskussionssendung mit dem Titel „Mehr Rechte für Tiere – Brauchen wir einen verstärkten Tierschutz?“ wurden in Filmeinspielungen ernüchternde Beispiele aufgeführt. Jedoch dienten diese offenbar der Gesprächsprovokation. In den hitzigen Wortwechseln zwischen den Leitern verschiedener Tierschutzeinrichtungen, einem Sprecher des Bundesverbandes der Pharmazeutischen Industrie sowie Politikern zeigte sich schließlich, daß die fragwürdigsten Tests selten der Arzneimittelforschung zuzurechnen sind. Im Kreuzfeuer der Kritik standen vielmehr Methoden bei der Erprobung bestimmter Kosmetika und die Grundlagenforschung. Letztere erhielt in allen Berichten schlechte Noten, ohne daß ihr Wert für die Medizin genannt wurde. Hier bildete „ARD-exklusiv“ eine Ausnahme. Im Interview erklärte der Berliner Universitätsprofessor Hans-Jürgen Quabbe dazu: „Wäre vor den Arbeiten, die zur Entdeckung und Entwicklung des Insulins geführt haben, ein Tierversuchs-Stopp eingetreten, würden heute jährlich Zehntausende von jungen Menschen (an Diabetes mellitus – d. Red.) sterben, weil sie kein Insulin hätten. Diese Forschung wäre ohne Tierversuche nicht möglich gewesen – Transplantationen, Herzschrittmacher – all diese Dinge basieren auf Tierversuchen.“

Zustände „wie in einer Legebatterie“

Ein wichtiger Bestandteil der Reportagen von ARD und ZDF waren die augenscheinlich untragbaren Zustände bei der Aufzucht und Haltung von Versuchstieren. Manfred Karremann zeigte heimlich gedrehte Bilder aus einem Zuchtbetrieb eines amerikanischen Anbieters, von dem auch renommierte deutsche Firmen ihre Tiere beziehen. Darin sehe es aus „wie in einer Legebatterie für Hühner“. Die Kaninchen würden zudem häufig durch die Gitterböden treten. „Die Folgen: ausgekugelte Gelenke, gebrochene oder gar ausgerissene Beine.“ Nicht für die Öffentlichkeit bestimmte Bilder von blutenden Tieren zeigten auch Petra-Monika Jander, Jacquie Hughes und Robert Khodadad von „ARD-exklusiv“ – in dem Fall von Rhesus-Affen. Die Aufnahmen zeigten völlig panische Affen in einem britischen Zuchtunternehmen. Dazu der Kommentar: „Die Aufzucht dauert lange, und die Produkte lassen sich nur schwer verkaufen ... Was innerhalb von zehn Tagen nicht verkauft werden kann, wird getötet.“ Spätestens hier mochte sich der Zuschauer fragen, wie Pharmabetriebe oder Universitäten noch aussagekräftige Tests durchführen können, wenn ihre Versuchsobjeke körperlich und seelisch im Vorfeld enorm gequält wurden. Wenn es sich um kritikwürdige Ausnahmen handelte, so kam dies bei den Filmen nicht deutlich heraus. Zumindest wies Franz Gruber von der Zürcher Stiftung „Fonds für versuchstierfreie Forschung“ im ZDF nach Karremanns Bericht darauf hin, daß das Gezeigte „mit seriöser Forschung nichts zu tun“ habe: „Mit solchen Tieren können keine guten Versuchsergebnisse gewonnen werden.“

Das ZDF bemühte sich zudem, das sattsam bekannte Feindbild von der gewissenlosen Wissenschaft in seinen Beiträgen außen vor zu lassen. In der Diskussionsrunde unter der Leitung von Gisela Marx, die stets Zurückhaltung wahrte, wurden zwar auch Vorwürfe gegen die Pharmaindustrie und die Bundesregierung laut – vor allem seitens des Vize-Präsidenten des Deutschen Tierschutzbundes, Wolfgang Apel. Jedoch reagierte die Moderatorin auf Anspielungen und Unterstellungen prompt mit deren Umwandlung in eine offene Sachfrage an die anderen Gäste. Das Ergebnis war dann häufig eine Relativierung von Behauptungen. So stellte Franz Gruber, der auch hier eingeladen war, etwa heraus, daß die Pharmaindustrie durchaus an Alternativen zu Tierversuchen arbeite und ihn auch um Rat frage: „Ich stelle fest, daß die Kooperationsbereitschaft hervorragend ist, daß aber zum Teil die Ergebnisse . . . viel zu wenig bekannt werden. Es beschränkt sich relativ oft auf bestimmte Abschlußberichte. Es wird einer größeren Öffentlichkeit . . . nicht kundgetan, was da im Verborgenen alles erarbeitet worden ist.“ Manfred Karremann lobte in einem seiner Berichte sogar das Bemühen der Behringwerke in Marburg, die Zahl ihrer Tierversuche zurückzuschrauben: „Solches Engagement eines Wissenschaftlers verdient Anerkennung. Denn jedes Tier, das im Versuch nicht mehr sterben muß, ist wichtig.“

Die „Hessenschau“ suggerierte hingegen, daß der Rückgang der Tierversuche bei Hoechst – eine „gute Nachricht“ – für deren Forscher eine schlechte Nachricht sei: „Schuld daran sind die deutlich verbesserten Methoden in der Zellvermehrung, in der Erstellung von Computersimulationen und speziellen biochemischen Methoden.“ Der „Spiegel“ unterstellte der Pharmaindustrie „politische Drohgebärden“, weil sie eine Verschärfung des Tierschutzgesetzes („schärfere Fesseln“) befürchten und vor negativen Folgen für die Forschung warnen. Das Blatt bemerkte weiter: „Wären die Wissenschaftler gezwungen“, Tieren nicht mehr Schmerz zuzufügen, als der Mensch ertragen kann, „könnten sie besonders grausame Experimente nicht mehr durchführen“. Das in den Formulierungen sich widerspiegelnde Bild eines in seinem düsteren Treiben ungebändigten Selbstzweck-Forschers flankierte der „Spiegel“ mit entsprechenden Statements von „Tierfreunden“ beziehungsweise Tierversuchsgegnern, die „dem blutigen Treiben in den Labors“ ein Ende setzen wollen. „ARD-exklusiv“ blieb in seiner Wortwahl zwar betont sachlich. Jedoch legte die Dauerberieselung mit einer Unheil erahnenden Hintergrundmusik ebenfalls die Assoziation nahe, daß Forscher und Versuchstierzüchter wohl mit einem ‚Frankenstein-Instinkt‘ ausgestattet sind. Es stellt sich daher die Frage, ob die drei Journalisten ihrem recherchierten Material nicht genug vertrauten, oder ob sie mit der Musik bewußt manipulieren wollten.

Nur in den beiden ZDF-Beiträgen ausführlich erwähnt wurden die verschiedenen Alternativ-Modelle zum klassischen Tierversuch. Als ein markantes Beispiel führte die Sendung „Achtung! Lebende Tiere!“ den sogenannten Pyrogentest an Kaninchen auf, für den jedes Jahr „zigtausend“ Tiere benutzt würden. Dieser Versuch, bei dem Arzneimittel nach möglicherweise fiebererregenden (pyrogenen) Substanzen zu überprüfen sind, werde von den Behringwerken „momentan umgestellt“ auf einen „tierfreien Test“, den sogenannten „Limulustest“. Dabei erfuhr der Zuschauer auch, daß die Pharmaindustrie und ihre Forscher durchaus an Alternativen interessiert sind, weil sie Versuche wie etwa den Pyrogentest „als überholt betrachten“. Doch sind noch immer Vorschriften in Kraft, die bestimmte Tierversuche im Zuge der Arzneimittelentwicklung vorschreiben. Hier zeigte sich, daß das unter anderem vom „Spiegel" kolportierte Bild vom unverständigen und sadistischen Tierexperimentator unhaltbar ist. Außerdem ist die Einteilung in Tierfreunde einerseits und tierfeindliche Wissenschaft andererseits bei der Lösung des Problems wenig hilfreich, wie Franz Gruber in der ZDF-Diskussion bemerkte: „Es nutzt nichts, zum Beispiel mit dem Industrietoxikologen zu streiten wegen des LD-50 Tests. Ich kann ihn nicht gegen diesen Toxikologen abschaffen, ich muß ihn mit dem Toxikologen abschaffen."

Das Problem der Tierversuche einer vollständigen Bestandsaufnahme zu unterziehen, gelang selbst dem ZDF nicht. So wurde zum Beispiel die Frage der Schmerzwahrnehmung bei Tieren kaum beachtet. Dies war aber angesichts der Vielschichtigkeit des Themas auch nicht zu erwarten. Dafür gelang dem Sender etwas, was ARD und „Spiegel" offenbar schwerfällt: ohne Vorurteile kontrovers und dennoch ernüchternd ein heißes Eisen anzupacken.

dkg

Jagdverbände

Skandal im Jagdrevier

„Tagesthemen"-Film über Sachbeschädigung an Jagd-Hochsitzen

Über eine ganz besondere Art der „Hetzjagd" berichteten die ARD-„Tagesthemen" am 3. Mai: Nicht Tiere und auch nicht – wie so oft in letzter Zeit – Politiker waren die Opfer dieser Jagd, sondern vielmehr Jagd-Hochsitze: Vor laufender ARD-Kamera zersägten vermummte Tierschützer in einer Nacht-und-Nebel-Aktion irgendwo im deutschen Wald einen Jäger-Hochsitz und sprühten einen anderen mit Buttersäure ein. So bekämpften sie die „sogenannten Plattformen der Machos", erläuterte der Autor des „Tagesthemen"-Beitrags, Thomas Leif, den Jargon der Hochsitz-Säger.

Thema von Leifs „Tagesthemen"-Beitrag waren die zunehmenden Schäden, die von militanten Tierschützern an Hochsitzen angerichtet werden. Um die Spannungen zwischen Jägern und militanten Tierschützern zu dokumentieren, holte sich der ARD-Journalist die vermummten Hochsitz-Attentäter vor die Kamera und stellte dem ein Statement von Thomas Kusche, dem Referenten für Öffentlichkeitsarbeit beim Landesjagdverband Nordrhein-Westfalen, entgegen. So weit, so gut.

Strafantrag wegen Beihilfe zur Sachbeschädigung

Leif zeigte aber auch die erwähnten Bilder von der Beschädigung zweier Hochsitze. Damit dokumentierte das Fernsehteam des ARD-Landesstudios Mainz von Anfang bis Ende die Straftat „Sachbeschädigung" (Paragraph 303 StGB), ohne dieses Verbrechen entweder generell zu vereiteln oder das fremde Eigentum gegen die Angreifer zu schützen. Der Besitzer des Hochsitzes hat gegen das ARD-Fernsehteam deswegen auch zwischenzeitlich Strafantrag wegen Beihilfe zur Sachbeschädigung gestellt. Der Antrag ist nicht ganz ohne Aussicht auf Erfolg. Zwar macht sich niemand allein schon strafbar, wenn er eine Sachbeschädigung nicht unterbindet, aber nach der Auffassung des Bundesgerichtshofes liegt eine strafbare psychische Beihilfe allein durch das Bestärken eines schon vorhandenen Tatentschlusses vor (Vgl. BGH VRS 59, 189 und BGH StrVert 82, 517). Kritisch befragt wurden die Hochsitz-Säger vor der ARD-Kamera nicht. Die Zuschauer bekamen lediglich das kurze Statement eines der vermummten Tierschützer zu hören: „Durch die Jagd, wie sie heute ausgeübt wird, werden ganze Tierarten vernichtet. Die Jägerschaft betrachtet das Raubwild als natürliche Feinde, dezimiert sie. So kommt es zu Überpopulationen von anderen Tierarten und die werden dann wiederum massenweise abgeknallt. Das paßt nicht mehr in unsere Zeit."

In unsere Zeit scheint es jedoch zu passen, daß Meinungsgegner zur Gewalt greifen, um ihr Anliegen durchzusetzen. Gehört es demnach auch zu unserer Zeit, eine Straftat einfach abzufilmen und sie so zu banalisieren? Diese Frage stellt sich seit der „Tagesthemen"-Sendung vom 3. Mai der Referent für Öffentlichkeitsarbeit beim Landesjagdverband Nordrhein-Westfalen, Thomas Kusche, der in dem betreffenden Beitrag kurz zu Wort kam, um sich über diese Form des Protestes zu äußern. „Dr. Leif hatte mich zunächst um Material zu den zunehmenden Zerstörungen von Hochsitzen gebeten. Er wollte sich um ein Gespräch mit autonomen Tierschützern bemühen und hat in diesem Zusammenhang ein Statement von mir in Mainz aufgenommen." Als Thomas Kusche dann später in den „Tagesthemen" die Bilder sah, glaubte er zunächst nicht an die Authentizität des Filmmaterials. „Als ehemaliger Leiter einer Tageszeitung konnte ich mir nicht vorstellen, daß sich Journalisten zu Handlangern von Straftätern machen würden." Doch sofort nach der Sendung meldete sich der Besitzer des Hochsitzes und erstattete Anzeige gegen Unbekannt. Acht Tage später wurden weitere Ausschnitte des Materials in der WDR-Sendung „1000 Hertz" gezeigt. Der Landesjagdverband Nordrhein-Westfalen hat in der Zwischenzeit eine Programmbeschwerde beim WDR eingelegt.

Auf Anfragen der „Medien-Kritik" sagte der Autor des ARD-Beitrags, Thomas Leif, daß in seinem Text die dargestellte Aktion als „illegal" eingestuft und damit die Strafbarkeit klar hervorgehoben worden sei. „Aufgrund der vorgegebenen knappen Sendezeit ging es darum, jeweils die zugespitzten Argumente von Jägern und Jagdgegnern prägnant darzustellen, um so einen Meinungsmarkt herzustellen und dem Zuschauer – zusammen mit der Moderation und Abmoderation – eine kritische Bewertung des in der Öffentlichkeit stark diskutierten Themas zu ermöglichen." In seinem „Tagesthemen"-Bericht beschrieb Thomas Leif die vermummten Tierschützer jedoch auch als „Tierschützer, die im Gegensatz zu der weitverbreiteten

Meinung nicht zu der Gruppe der linksradikalen Autonomen, sondern zum bürgerlichen Lager gehören". Ebenso sprach der Redakteur des ARD-Landesstudios Mainz davon, daß die „Organisatoren, die die Tierschützer unterstützen, sich dagegen wehren, ins terroristische Umfeld abgedrängt zu werden". Hierbei erwähnte er weder die Namen dieser Organisationen noch befragte er ihre Vertreter zur kriminellen Vorgehensweise der vermummten Tierschützer.

„Argumente für die öffentlich geführte Diskussion"

Ohne dem Autor Sympathien für die autonomen Tierschützer zu unterstellen: Es hätte dem Beitrag nicht schlecht zu Gesicht gestanden, wenn der Referent des Landesjagdverbandes Nordrhein Westfalen einmal nach Sinn und Zweck der Jägerei befragt worden wäre. Statt dessen kommentierte Thomas Leif Bilder von aufgebrochenen toten Hirschen im Fackelschein, umringt von ins Jagdhorn stoßenden Jägern, mit der Aussage, daß für die radikalen Tierschützer die Jäger „gedankenlose Killer seien, die mit Vergnügen töten würden und die mit der Jagdtradition Macht demonstrieren würden." Die Jäger, die verantwortlich mit Tier und Umwelt umgehen, würden hingegen „für die Tierschützer nicht existieren". Auf Nachfrage der „Medien-Kritik" erklärte der ARD-Journalist, daß es ihm nicht darum gegangen sei, „die eine oder andere Form des Tierschutzengagements besonders hervorzuheben, sondern allein darum, Argumente für die öffentlich geführte Diskussion zu präsentieren". „Tagesthemen"-Moderator Ulrich Wickert versuchte den Beitrag in seiner Abmoderation mit einer doppeldeutigen Auslegung des Begriffs „Jagdschein" abzumildern: „Haben nun die Jäger oder die Gegner der Jagd den Jagdschein? . . . Denn wenn jemand den Jagdschein hat, dann heißt das für einen Jäger, daß der Betreffende mit der Flinte in den Wald ziehen darf. Für einen Juristen bedeutet der Jagdschein, daß der Betreffende nach Paragraph 51 Strafgesetzbuch unzurechnungsfähig ist und ihm deshalb bei einer Straftat mildernde Umstände zugebilligt werden." Doch da war Wickert nicht ganz auf der Höhe der Zeit. Der von ihm zitierte sogenannte „Jagdschein" war zwar im alten Strafgesetzbuch der Paragraph 51, im heute geltenden Strafgesetzbuch ist es jedoch Paragraph 20. Übrigens, beim Umsägen des Hochsitzes wurde auch ein junger Baum abgebrochen. Ob das so im Sinne der selbsternannten Naturschützer war? Oder sind das die Opfer, die man, gemäß revolutionärer Lehren, für das Erreichen des eigenen Ziels billigend in Kauf nehmen muß?

JG

Jagdverbände

Dokumentation oder Inszenierung einer Straftat?

Jäger legen NRW-Landesregierung Programmbeschwerde vor

Es geschah vor genau einem Jahr, daß ein Reporterteam des Südwestfunks im Wald von Ober-Olm bei Mainz das militante Vorgehen von Jagdgegnern „dokumentieren" wollte. Vor laufender Kamera zersägten vermumm te Tierschützer einen Jäger-Hochsitz und besprühten einen anderen mit Buttersäure. Dabei waren sie bei ihrer Aktion zunächst am Boden, dann beim Hinaufklettern sowie auf dem Hochsitz detailliert zu sehen und zu hören. Gesendet wurde der Beitrag am 3. Mai 1993 in den „Tagesthemen" (MK 22/93). Es folgte eine weitere Ausstrahlung des Beitrags wenige Tage später, am 11. Mai, in der West 3-Sendung „1000 Hertz", wobei die Originalbilder diesmal in anderer Form geschnitten waren.

Programmbeschwerden bei WDR und SWF

Inzwischen haben sich beide Berichte des SWF-Autors Thomas Leif zu einem Medienpolitikum entwickelt. Denn der Präsident des Jagdverbandes Nordrhein-Westfalen, Constantin Freiherr Heereman, legte am 17. Mai 1993 beim Westdeutschen Rundfunk, ebenso wie Dr. Mathias Prinz, Anwalt des Deutschen Jagdschutzverbands, am 28. Mai beim Südwestfunk, Programmbeschwerde gegen die Verletzung der jeweiligen Programmgrundsätze ein.

Anwalt Prinz bekam zügig Antwort. Ende September wies der Fernsehausschuß des Südwestfunks nicht nur die Beschwerde des Deutschen Jagdschutzverbandes zurück, sondern teilte dem Anwalt zugleich mit, daß „die Entscheidung über die Beschwerde auch im Namen des Rundfunkrates ergehe und endgültig sei". Auch WDR-Intendant Friedrich Nowottny, der gemäß WDR-Gesetz zunächst über eine Programmbeschwerde entscheidet, verneinte in seiner Antwort an den Präsidenten des Landesjagdverbands Nordrhein-Westfalen Anfang Juni 1993 die Verletzung von Programmgrundsätzen. Er begründete das damit, daß „die Darstellung – auch rechtswidriger – Erscheinungen in der Gesellschaft" zu den „üblichen journalistischen Aufgaben der Information und Dokumentation gehöre", wobei dies „manchmal geradezu journalistische Pflicht" sei. Zum anderen liege die Programmverantwortung für den auf West 3 gezeigten Beitrag nicht beim WDR, weil er von einem Team des SWF produziert und vom WDR nur ausgestrahlt worden sei.

Constantin Freiherr Heereman wandte sich daraufhin Mitte Juli 1993 mit seiner Beschwerde an den Rundfunkrat des WDR. In seinem Schreiben stellte er dar, daß der neugefaßte Beitrag eigens für die Sendung „1000 Hertz“ hergestellt und ausschließlich in dieser West 3-Produktion zu sehen gewesen sei: „Da die Redaktion von ‚1000 Hertz‘ den Einspielfilm in voller Kenntnis seiner strafbaren Produktionsumstände gesendet hat, kann diese Programmverantwortung nicht auf andere Sendeanstalten abgewälzt werden... Wird bei einer solchen Prüfung nachlässig gehandelt, oder liegt durch die Ausstrahlung eines Films mit negativen Prüfungsergebnissen sogar ein Verstoß gegen die Programmgrundsätze vor (was im vorliegenden Fall unzweifelhaft so ist), dann hat der WDR auch die Programmverantwortung gemäß WDR-Gesetz zu tragen.“ Er bat daher den Rundfunkrat festzustellen, daß die Sendung „1000 Hertz“ wegen Mißachtung der Vorschriften allgemeiner Gesetze gegen die Programmgrundsätze des WDR verstoßen habe.

Doch auch der Rundfunkrat des WDR wies in einem Schreiben am 22. Februar dieses Jahres „auf mehrheitliche Empfehlung des Programmausschusses“ die Vorwürfe – und damit die Programmbeschwerde – als „unbegründet“ zurück. Dabei gestand er nun jedoch zu, daß die Programmverantwortung doch beim WDR liege. Der Vorsitzende des Rundfunkrates, Reinhard Grätz, verwies jedoch darauf, „daß es sich hier um einen immer wiederkehrenden Konflikt“ handele, „der täglich in den Redaktionen bewältigt werden muß“. So sei es stets eine Gratwanderung, wann ein Fernsehteam eine Straftat nur dokumentiere und wann es selbst in die Aktion verwickelt werde. Ein Gutachten, das der Jagdverband zwischenzeitlich in Auftrag gegeben hatte, geht davon aus, daß im vorliegenden Fall nur ein Team mit mehreren Kameraleuten in der Lage gewesen wäre, eine reine Dokumentation der Vorgänge ohne Absprache mit den vermummten Tätern herzustellen.

Des weiteren habe, so der Vorsitzende des WDR-Rundfunkrates, das Justitiariat des WDR auch die verschiedenen Möglichkeiten strafrechtlicher Mittäterschaft geprüft und sei schließlich zum Ergebnis gekommen, daß im Falle des „1000 Hertz“-Beitrages „weder eine Mittäterschaft noch eine Anstiftung zur Tat noch eine psychische Beihilfe oder geistige Unterstützung der Tat“ vorliege. Redaktionelles Ziel sei es vielmehr gewesen, die Sachbeschädigung zu dokumentieren und eine kritische Diskussion in der Öffentlichkeit zu initiieren. Außerdem habe sich, nach Ansicht des Justitiariats, das Reporterteam des SWF auch rechtlich korrekt verhalten: „Verpflichtet zum Eingreifen, um Straftaten zu verhindern, sind nur Personen mit einer Garantenstellung. Dies ist bei dem Kamerateam nicht gegeben.“ Auch ohne Garantenstellung kann sich jedoch eine Person gemäß Strafgesetzbuch auch dann strafbar machen, wenn sie beispielsweise ein geplantes Verbrechen nicht anzeigt (§ 138 StGB). So sind denn auch die strafrechtlichen Ermittlungen gegen das Fernsehteam des SWF bei der Mainzer Staatsanwaltschaft noch nicht abgeschlossen.

„Doppeltes in dubio pro reo“

Aus einer Notiz über die WDR-Rundfunkratsitzung am 26. Januar, die der Landesjagdverband der Presse vorlegte, geht hervor, daß im Gremium nicht klar war, wie im Falle der Bestätigung der Programmbeschwerde weiter zu verfahren sei. So mußte ein Mitglied erst darüber aufgeklärt werden, „gegen wen man im Falle eines Verstoßes gegen die Programmgrundsätze disziplinarisch vorgehen solle“. Ein anderer Wortbeitrag ermahnte, doch erst eine gerichtliche Entscheidung abzuwarten, „da der Rundfunkrat sonst selbst die Frage nach einem vorliegenden Gesetzesverstoß entscheiden müsse“, wofür ihm „keine gerichtlichen Mittel und Recherchemöglichkeiten zur Verfügung“ stünden. Daher habe seiner Auffassung nach ein „doppeltes in dubio pro reo“ zu gelten.

Der Präsident des Jagdverbandes Nordrhein-Westfalen hat sich inzwischen mit seiner Beschwerde an die nächsthöhere Instanz, die Landesregierung von Nordrhein-Westfalen, gewandt. Sie hat nun aufgrund ihrer Rechtsaufsicht über den WDR darüber zu entscheiden, ob ein Verstoß gegen das WDR-Gesetz vorliegt. Denn nach Ansicht des Landesjagdverbandes Nordrhein-Westfalen zeigt sich an diesem Beispiel, wie willkürlich das öffentlich-rechtliche Rundfunkbeschwerde-System mit Programmbeschwerden umgeht. Pressesprecher Thomas Kusche sagte der „Medien-Kritik“, es gehe nicht nur um die Zerstörung der Hochsitze: „Dafür gibt es die strafrechtliche Verfolgung. Uns geht es um die medienpolitische Verantwortung, um die Glaubwürdigkeit des öffentlich-rechtlichen Rundfunksystems.“ Falls auch die Landesregierung von Nordrhein-Westfalen die Programmbeschwerde für unbegründet hält, will der Verband als nächsten Schritt das zuständige Verwaltungsgericht in Münster anrufen. JG

(MK 19/94, 9. 5. 1994)

Atomenergie

Kleiner GAU

Verwirrende Berichte über ein Kernschmelz-Experiment

„Wir stellen einen solchen Unfall (Kernschmelze) zum ersten Mal komplett nach, damit wir nichts übersehen, was dabei passieren könnte, denn wir wollen herausfinden, ob die Folgen einer Kernschmelze bisher richtig berechnet wurden." Mit diesen Worten erklärte Alain Tattegrain, der Leiter des Projektes, die experimentell herbeigeführte Kernschmelze im kleinen Forschungsreaktor „Phebus" im südfranzösischen Kernforschungszentrum Cadarache.

Das Besondere: Das Experiment wurde vor den Augen der Weltpresse durchgeführt. Ein vielleicht nicht sehr glücklicher Umstand, denn viele Journalisten berichteten überwiegend aufgeregt und waren mit dem wissenschaftlichen Ereignis überfordert. Kein Rauch, kein Alarm, keine Verletzten, nur trockene Referate der Verantwortlichen und Zahlenkolonnen der digitalen Meßwerterfassung bot man den Reportern im eigens eingerichteten Pressezentrum von Cadarache. Die „Frankfurter Rundschau" (3. Dezember) charakterisierte die Atmosphäre im Pressezentrum so: „Das Schmelzen der Uranstäbe bei rund 2800 Grad kann allerdings nicht auf den Videoschirmen beobachtet werden. Statt dessen künden nackte Zahlen zu Dampfdurchsatz und Temperaturen vom atomaren Inferno."

„Notabschaltung" bei „Associated Press"

Den folgenschwersten Fehler bei der Berichterstattung beging die Nachrichtenagentur „Associated Press" (AP), die aus unbekannten Gründen aus der Beendigung des Experimentes eine Notabschaltung konstruierte. Das war der Strohhalm, an dem sich die sensationshungrigen Medien festbissen. Da es sich bei dem verhältnismäßig harmlosen Experiment um die Simulation der Vorgänge handelte, die 1979 im Kernreaktor „Three Mile Island" fast zur Katastrophe führten, lag der strapazierte Begriff „GAU" sozusagen in der Luft. Aus der vermeintlichen Notabschaltung und dem daraus implizierten Anklang einer Katastrophe strickten die Medien bereitwillig Geschichten.

Die „taz" meldete am 4. Dezember: „Mini-GAU war zu riskant/Kontrolle war Illusion – Atomversuch vorzeitig abgebrochen." Wer ein wenig davon begriffen hat, was in Cadarache getestet wurde, dem sprang der Unsinn dieser Schlagzeile entgegen: die Kernschmelze ist in ihrem Wesen unkontrollierbar. Das ist es eben, was eine Kernschmelze ausmacht und genau das sollte untersucht werden; der Abbruch der Kernschmelze ist inherenter Teil des Experimentes, der Abbruch ist die einzige Kontrollmöglichkeit, die man bei ca. 2800 Grad, dem Schmelzpunkt des Uranoxids, technisch besitzt. Die „taz" machte somit eine Selbstverständlichkeit zur Schlagzeile.

Aufgeregte Darstellung

„Bild“ (3. Dezember) lehrte ihren Lesern mit der Schlagzeile „Atom-GAU bei 2840 Grad“ das Fürchten. Weiter hieß es dort: „Gestern mittag – um 12.04 Uhr – erzeugten europäische Forscher in Cadarache zum erstenmal einen künstlichen Super-GAU. Einen größten anzunehmenden Unfall im Kernreaktor.“ Es gab keinen größten anzunehmenden Unfall, viel weniger einen super-größten anzunehmenden Unfall. Es wurde lediglich eine kleine Menge Uranoxid nach der Unterbrechung des Kühlwasserkreislaufes durch die Wärme der darin ablaufenden Kernreaktion bis nahe an den Schmelzpunkt erhitzt und wieder abgekühlt – das war es.

Der von der Agentur AP fälschlich verbreitete Alarm fand in „Bild“ seinen Widerhall: „Das Uran beginnt zu schmelzen. Doch dann der Alarm. Das Experiment wird abgebrochen. Ein Teil des Reaktors droht, den ersten Schutzmantel zu durchbrechen“. „Bild“ vermittelte keine Information, sondern setzte alles daran, den Leser durch falsche Darstellung aufzuregen.

Die „taz“ (3. Dezember) schreckte in ihrer Berichterstattung nicht einmal davor zurück, Personen aus den eigenen Reihen harsch zu maßregeln, wenn deren Verlautbarung nicht kompromißlos alles verurteilt, das irgendwie mit Kernenergie zu tun hat. So wurde der Atomkritiker Lothar Hahn scharf attackiert: „Die sicherheitstechnische Problematik wurde allerdings auch von atomkritischen Wissenschaftlern wie dem Physiker Lothar Hahn vom Darmstädter Öko-Institut im Vorfeld des Experiments heruntergespielt“, so Gerd Rosenkranz. Herunterspielen – heißt das nicht soviel wie, „es in Wirklichkeit besser wissen, es aber nicht kundzutun“? So werden die Kritiker der eigenen Reihen zu Lügnern gestempelt.

Auch die Zuschauer in der Nachrichtensendung „RTL Aktuell“ (2. Dezember) fühlten sich beim Beginn der Nachrichten zunächst verunsichert. Es hieß: „Als 1986 im Kernkraftwerk Tschernobyl der GAU, der größte anzunehmende Unfall, Wirklichkeit wurde, war die Welt entsetzt. Die Schäden sind noch heute unübersehbar. Heute spielte sich im südfranzösischen Atomforschungszentrum etwas Vergleichbares ab.“ In den „Tagesthemen“ am selben Tag stellte Sabine Christiansen ihr eigenes Vorstellungsvermögen in den Vordergrund: „Sich vorzustellen, wie das (Experiment in Cadarache) funktionieren soll, ist allein schon schwierig und läßt Unbehagen aufkommen.“ Ein guter Journalist deckt Fakten und Hintergründe auf und versucht nicht, eigene Emotionen in den Zuhörer oder Leser zu projizieren.

Planmäßig verlaufen

Markus Klingenstein vermittelte in der „Süddeutschen Zeitung“ zum Experiment in Cadarache eine ausgewogene Berichterstattung: „GAU-Experiment planmäßig verlaufen“, weiter hieß es: „Das seit einigen Monaten immer wieder verschobene GAU-Experiment des französischen Kernforschungszentrums CEM in Cadarache ist am Donnerstag, soweit die Fachleute es bisher beurteilen können, wie geplant verlaufen." Klingenstein ließ sich – ebenso wie die F.A.Z. – von der AP-Meldung nicht zu einer Falschmeldung hinreißen: „Um 15 Uhr hatte sich eine genügend große Menge des geschmolzenen Brennstoffes angesammelt, und das Experiment wurde beendet." Keine Sensation, aber die Realität.

Die „Welt" vom 3. Dezember beschrieb die Ereignisse wenig emotionsgeladen unter der Schlagzeile „Künstlicher GAU in Frankreich erfolgreich". Und weiter wurde der Direktor des Institutes in Cadarach, Phillipe Vesseron, zitiert: „Dies ist das erste Mal, daß eine kontrollierte Kernschmelze vorgenommen und die gesamte Kette eines Unfalls untersucht wird." Und in der „Frankfurter Rundschau" (3. Dezember) kommentierte Karl-Heinz Karisch den Vorgang in Cadarache unter der Überschrift „Bei 2800 Grad gab es Applaus und ein Glas Champagner". Er räumte mit dem etablierten Negativbild einer verruchten Atomlobby auf: „Die Atommanager haben sich längst das Ziel gesetzt, eben diesen unkontrolliert ablaufenden Endpunkt, die Schmelze des Reaktorkerns in ihre Sicherheitsüberlegungen einzubeziehen." LS

(MK 52/93, 27. 12. 1993)

Atomschmuggel

„Einige russische Bären aufbinden lassen"

ARD-Film über „Rotes Quecksilber" wird Manipulation vorgeworfen

Britische Reporter genießen im allgemeinen einen sehr guten Ruf. Der investigative Journalismus ist ihre Spezialität, die hierzulande Nachahmer findet. Wenn renommierte Journalisten einen Beitrag abliefern, der sowohl in der ARD als auch bei der BBC gezeigt wird, sollte man davon ausgehen können, eine gut recherchierte Story – angefertigt nach den Grundsätzen sauberer journalistischer Arbeit – zu sehen. Eine Ausnahme von dieser Regel scheint der Beitrag des englischen Journalisten Gwynne Roberts über die sogenannte „Terrorbombe" zu sein, den der Westdeutsche Rundfunk in der ARD-Reihe „Exclusiv" am 15. April zeigte.

In diesem Film wurde behauptet – was auch die „Medien-Kritik" (17/94) für glaubhaft hielt –, russische Militärwissenschaftler hätten einen Stoff – das sogenannte „Rote Quecksilber" – entwickelt, mit dessen Hilfe es möglich sei, Atomwaffen im Kleinstformat herzustellen. Dieses Material, eine chemische Verbindung, die durch Explosion eine mehrhundertfach stärkere Energie als herkömmliche Sprengmittel erzeugen soll, stelle in der Hand krimineller oder terroristischer Gruppierungen eine tödliche Gefahr dar.

Der Grund für diese Gefahr liege, so der Beitrag, in der leichtgemachten Herstellung kleiner Atomwaffen. Bezeugt wurde dieser Sachverhalt in Gesprächen mit renommierten Wissenschaftlern. Dr. Frank Barnaby, langjähriger Leiter des Stockholmer Instituts für Friedensforschung, war einer von ihnen. Er bestätigte, daß „Red Mercury" eine neue Generation von Atomwaffen ermögliche. Zitiert wurde auch Dr. Annette Schaper, Atomforscherin bei der Hessischen Stiftung für Friedens- und Konfliktforschung. Im Interview mit Roberts sagte sie den Satz: „Nach dem, was Sie mir erzählt haben, besteht eine theoretische Möglichkeit, daß es einen ganz neuartigen Sprengstoff gibt, der viel höhere Energiedichten erzeugt als alle bisher bekannten Sprengstoffe und der wahrscheinlich dann diese Quecksilberverbindung mitbeinhaltet." Dem Zuschauer stellte sich dieser Satz als wissenschaftliche Bestätigung der im Film aufgestellten Behauptungen dar.

„Trotz besseren Wissens falsche Gerüchte in die Welt gesetzt"

Daß dies falsch war, beweist ein offener Brief von Annette Schaper an Roberts, der auch der „Medien-Kritik" vorliegt. Annette Schaper wirft dem Journalisten darin vor, ihre Aussage sinnentstellend wiedergegeben zu haben, um seine Thesen zu belegen: „Vor einigen Wochen gab ich Ihnen ein Interview zum Thema ‚Red Mercury'. Dabei habe ich Ihnen 1 1/2 Stunden vor laufender Kamera sehr detailliert meine Skepsis zu den Gerüchten über die Bedeutung von Red Mercury für Kernwaffen erklärt. Im Laufe des Interviews erläuterten Sie mir nach und nach Ihre bisher gesammelten Informationen und Ihre Spekulationen. Um sicherzugehen, daß ich Sie richtig verstanden habe, habe ich im Laufe der 1,5 Stunden auch Behauptungen von Ihnen wiederholt, so auch die, daß es sich bei Red Mercury um eine Substanz handele, mit der ein besonders hochbrisanter Sprengstoff hergestellt werden könne . . . Im Anschluß daran habe ich ausführlich erläutert, warum ich, auch wenn dies stimmen sollte, trotzdem sehr skeptisch bin, was die Bedeutung für die Nichtweiterverbreitung betrifft . . . Nach Beendigung des Interviews haben Sie mir versprochen, mich in meinem Sinn zu zitieren. Der Sinn meiner Ausführungen war Skepsis gegenüber der Bedeutung von Red Mercury."

Annette Schaper schreibt zu dem Teil ihres Interviews, der dann im Fernsehen ausgestrahlt wurde: „Umso fassungsloser war ich, als das einzige Zitat, was Sie aus den 90 Minuten Interview herausgeschnitten hatten, der oben erwähnte Halbsatz war, der genau den gegenteiligen Eindruck hervorruft, nämlich den, daß ich mit Ihren Spekulationen übereinstimmen würde." Im Gespräch mit der „Medien-Kritik" bestätigte Frau Schaper ihre Vorwürfe gegen Roberts, der sie nach ihrer Ansicht bewußt getäuscht hat. Roberts Reportage beurteilt Annette Schaper entsprechend: „Unter dem Deckmantel des aufklärerischen Anspruchs haben Sie mit Ihrem Film trotz besseren Wissens falsche Gerüchte in die Welt gesetzt, nur um eine billige Sensationslust zu befriedigen. Sie haben die Besorgnis über den zunehmenden

Schmuggel nuklearer Materialien und die ungewisse Zukunft der GUS in schamloser Weise ausgenutzt. Sie hätten sich eingestehen müssen, daß Sie mit Ihrer über zweijährigen Suche nach einer russischen Wunderwaffe zwar viele Spesen verbraucht haben und Gegnern eines nuklearen Teststopps eine Freude gemacht haben, aber leider einem Phantom nachgejagt sind und sich einige russische Bären über Red Mercury haben aufbinden lassen."

Lieferanten leben davon, daß der Stoff in den Medien präsent ist

Auch das Deutsche Atomforum reagierte auf die „ARD-Exclusiv"-Sendung und sah sich veranlaßt, auf wissenschaftlich falsche Behauptungen hinzuweisen. Michael Brinkert, PR-Referent des Deutschen Atomforums, wies darauf hin, daß die Echtheit des Roten Quecksilbers lediglich durch zwei im Film angeführte Dokumente belegt worden sei. Zum einen sei dies ein Zertifikat, in dem eine Quecksilberverbindung mit einer – naturwissenschaftlich belegbar – falschen spezifischen Dichte beschrieben worden sei, zum anderen ein aus dem Präsidialamt von Boris Jelzin stammendes Exportdokument in kyrillischer Schrift, das Existenz und Export von Red Mercury belegen sollte. Dieses im Film gezeigte Dokument beschreibe aber nur vollkommen harmlose Erze. Weiterer Hinweis für das Deutsche Atomforum, daß der von der ARD gezeigte Beitrag reine Spekulation sei, war die verschwommene Bezeichnung des Bombentyps, der durch die Verwendung von Red Mercury gebaut werden könne. Dies reichte von der Plutonium- über die Neutronen- bis zur Fusionsbombe.

Dem Deutschen Atomforum ist der sogenannte Wunderstoff Red Mercury seit Jahrzehnten bekannt. Dabei handelt es sich um das ungefährliche Lithium-6, welches das bei der Kernfusion notwendige Tritium liefert. Der Name Red Mercury stammt vom rötlichen Schimmer dieser Substanz, der nicht nur vom Deutschen Atomforum jegliche „Wundereigenschaften" abgesprochen werden. Der Fachzeitschrift „Nucleonics Week" zufolge sind auch die amerikanischen Atomforscher der Critical Technologies Division des Los Alamos Laboratory davon überzeugt, daß Red Mercury nicht für Atomwaffen verwendet werden kann. Die eigentliche Bedeutung von Red Mercury liegt, so Michael Brinkert vom Deutschen Atomforum, in seiner Medienwirksamkeit: „Auf dem Schwarzmarkt werden als Red Mercury harmlose Quecksilberverbindungen zu exorbitanten Preisen angeboten. Die Lieferanten leben davon, daß Red Mercury Wunderdinge nachgesagt werden und in den Medien präsent ist. Bisher klappt das immer wieder gut! Der Sachverhalt ist für viele Journalisten offensichtlich schwer zu trennen. Mythen und Wunder sind wohl spannender als die Realität."

Aus Bonner Regierungskreisen war zu erfahren, daß als Red Mercury angebotenes, illegal eingeführtes Nuklearmaterial in Deutschland bislang zweimal aufgegriffen wurde und sich nach Analyse als verunreinigtes Quecksilber herausgestellt hat, das nur eine natürliche Giftigkeit aufwies.

Regierungsexperten gehen ebenfalls davon aus, daß es sich bei Red Mercury um Lithium-Deuterit handeln könnte, das wegen der Amalgan-Anreicherung rötliche Quecksilberspuren aufweise. Diese Verbindung sei leicht zu beschaffen und werde bei der Herstellung von Wasserstoffbomben eingesetzt, die nur technologisch fortgeschrittenen Kernwaffenstaaten möglich sei. Für die Proliferation durch Schwellenländer oder für den Nuklearterrorismus sei sie bedeutungslos. Für die Herstellung der sogenannte „Rucksack-Bombe“ sei sie ungeeignet.

Was aber hat den WDR bewogen, den Red-Mercury-Beitrag in der ARD zu zeigen? Peter Winterberg, verantwortlicher Redakteur beim WDR für diesen Beitrag, weist die Kritik von Annette Schaper zurück: „Wir haben Frau Dr. Schaper im Rahmen unseres Interviews darauf aufmerksam gemacht, daß von den aufgenommenen 90 Minuten lediglich einige kurze Sequenzen gezeigt würden. Dies war bei anderen Interviews nicht anders. Wir sind der Meinung, daß wir Frau Schapers Beitrag weder modifiziert noch in irgend einer anderen Weise verfälscht haben.“ Gegenüber der „Medien-Kritik“ drückte Annette Schaper derweil ihr Mißtrauen aus, das sie bereits während des Interviews hatte. Roberts und Winterberg, der bei dem Interview dabei war, zeigten nach ihrer Ansicht bemerkenswert wenig technisches Verständnis in Anbetracht dessen, daß sie schon zwei Jahre recherchierten. Die Unterlagen der russischen Wissenschaftler habe sie nicht zu sehen bekommen und könne sie daher auch nicht beurteilen. Winterberg sieht die Reaktion von Annette Schaper hingegen auch ein wenig als Eingeständnis, sich nicht rechtzeitig mit einem brisanten Thema beschäftigt zu haben. Für ihn ist die Ausstrahlung des auch wissenschaftlich umstrittenen Beitrags kein Problem: „Wir hätten diesen Film niemals gezeigt, wenn wir die vorgelegten Fakten nicht von renommierten Wissenschaftlern wie Dr. Barnaby oder Frank Taylor hätten bestätigen lassen. Durch die Aussage dieser anerkannten Fachleute gewinnt der Film seine eigene Überzeugungskraft.“ Auch Gwynne Roberts reagierte auf den offenen Brief der Atomwissenschaftlerin, die als Expertin auf dem Gebiet der Atomwaffensperrverträge gilt. Sadie Wykeham von der Filmgesellschaft Roberts und Wykeham schreibt in einem Brief, daß Roberts der Ansicht sei, die Haltung der Expertin in fairer Form wiedergegeben zu haben. Wykeham drückte Erstaunen über die Kritik von Frau Schapers aus: „Ich bin sehr erstaunt über Ihre Kommentare über die Herstellung unseres Films. Alle Wissenschaftler, die an der Herstellung unseres Films beteiligt waren, waren mit der Art und Weise, in der ihre Interviews benutzt wurden, einverstanden.“

Trotz aller Seriositätsbeteuerungen bleibt festzuhalten, daß Drahtzieher der russischen Atommafia es offenbar immer wieder schaffen, Journalisten mit Informationen über Wunderwaffen zu ködern. Im Juli 1993 stellte das Deutsche Atomforum Strafanzeige gegen Journalisten des in Auflösung stehenden Senders VOX, die das angebliche Wundermittel Red Mercury präsentierten. Die Substanz, die damals vorgestellt wurde, war eine harmlose Quecksilberverbindung, die zur Herstellung von Bomben nicht taugt. Angesichts der hohen Preise, die auf dem illegalen Waffenmarkt für Red Mercury erzielt werden können – Insider sprechen von bis zu 400 000 US-Dollar für ein Kilogramm – erscheint es nur verständlich, daß clevere Waffenhändler Journalisten als PR-Agenten benutzen möchten. Die Sendung von Gwynne Roberts, die auch auf Channel 4 im britischen und im schwedischen Fernsehen gezeigt wurde, wiederholte der WDR am 3. Mai in seinem dritten Programm. Aus Platzgründen, so WDR-Redakteur Winterberg, mußten einige Sequenzen geschnitten werden. Darunter fiel auch das Interview mit Annette Schaper. jmo

(MK 19/94, 9. 5. 1994)

Atomschmuggel

Verwirrung um den „Spitzenmann"

Vermeintlicher V-Mann narrte „Kontraste" und „Tagesthemen" (ARD)

Die Berichte über den internationalen Schmuggel von atomwaffenfähigem Material haben sich in den vergangenen drei Wochen geradezu überschlagen. Fast täglich meldeten die Zeitungen und die Fernsehnachrichten, es gebe neue Fälle von Atomschmuggel oder neue Erkenntnisse über die Herkunft der von der Polizei beschlagnahmten Materialien und die Hintermänner des Schmuggels. Dem spektakulären Fund von rund 300 Gramm waffenfähigem Plutonium am Münchner Flughafen folgte die Meldung, die Polizei in Bremen habe einige Tage zuvor ebenfalls einen Atomschmuggler festgenommen, der zwei Gramm Plutonium bei sich hatte. Während sich der erste Vorfall als so gravierend erwies, wie unisono von den Medien berichtet, entpuppte sich die Geschichte vom vermeintlichen Atomschmuggel in Bremen als Konstrukt eines Journalisten.

„Von Experten wird er als eine Spitzenkraft bezeichnet"

Dieser Journalist trat am 15. August zuerst in dem ARD-Magazin „Kontraste" (SFB) und anschließend in den „Tagesthemen" als Vertrauensmann der Polizei auf. Er berichtete, daß er, genau wie die Fahnder in Bayern, ein Scheingeschäft in die Wege geleitet habe, bei dem es um größere Mengen Plutonium 239 gehen sollte. „Von Experten wird er als eine Spitzenkraft bezeichnet, weil er wie nur wenige die Strukturen der Atommafia kennt", stellte „Kontraste"-Moderator Jürgen Engert seinen für die Zuschauer im Bild nicht erkennbaren Gesprächspartner mit dem Decknamen „Peter" vor. Der sagte, es gebe eine internationale Nuklearmafia, die sich vornehmlich in Deutschland aufhalte und aus ehemaligen Stasi-Mitarbeitern, NVA-Offizieren und KoKo-Mitarbeitern rekrutiere. Er beklagte sich darüber, daß die Polizei bei ihrer Fahndung nach Nuklearschmugglern von den Staatsanwaltschaften häufig zuwenig unterstützt werde. So sei zum Beispiel in Bremen ein Scheinankauf verhindert worden, bei dem es um 70 Gramm Plutonium 239 ging. Die dortige Staatsanwaltschaft habe ihn veranlaßt, den Kontakt zu dem Verkäufer abzubrechen, bevor es zu dem Geschäft kam. Da der von ihm avisierte Atomhändler nun mit wohl nur zwei Gramm Plutonium von der Polizei gefaßt worden sei, vagabundierten in Norddeutschland wahrscheinlich noch 68 Gramm waffenfähiges Plutonium umher. In den „Tagesthemen" wurde Vertrauensmann „Peter" noch einmal mit diesen Angaben und mit einer noch bedrohlicher anmutenden Größenangabe zitiert. Es gebe Gerüchte, so die „Tagesthemen", daß 120 Kilogramm Plutonium auf dem Weg von Rußland in den Westen seien.

Nach dem schon beunruhigenden Plutoniumfund in München schien die Bremer Festnahme angesichts dieser Informationen auf einen ähnlich schweren Fall hinzudeuten – bis die zuständige Bremer Staatsanwaltschaft am nächsten Tag (16. August) an die Öffentlichkeit ging und ihre Version der Vorgänge vorstellte. Danach hatte es sich nicht um die abrupt beendete Arbeit eines von der Polizei betreuten V-Mannes gehandelt, sondern um die Aktion eines Journalisten, der Aufmerksamkeit erregen wollte. Der vermeintliche V-Mann habe das Geschäft auf eigene Faust angeleitet und die Justiz lediglich informiert, daß ein solches Nukleargeschäft in Bremen vonstatten gehen sollte. Bei dem dann festgenommenen, angeblichen Plutoniumhändler fand die Polizei nicht zwei Gramm, sondern nur 0,05 Milligramm Plutonium 239. Wie die anderen Fernsehnachrichten auch, berichteten die „Tagesthemen" an diesem Abend, daß die Staatsanwaltschaft die Angaben des ARD-Kronzeugen vom Vorabend widerlegen konnte. „Es blieb nicht viel Brisantes übrig von dem zunächst so brisant anmutenden vierten Plutoniumfund innerhalb kürzester Zeit", hieß es im Bericht von Andreas Neumann und Dirk Blumenthal. „Was bei der Pressekonferenz der Bremer Staatsanwaltschaft heute präsentiert wurde: eine Kapsel aus Metall und Keramik, Inhalt: waffenfähiges Plutonium, aber bei weitem nicht soviel, wie gestern von einem angeblichen V-Mann der Polizei behauptet wurde." Auch die angebliche Restmenge von 68 Gramm Plutonium befinde sich, so die Staatsanwaltschaft, nicht in Deutschland. Von Leuten wie dem Journalisten, der sich als V-Mann ausgeben ließ, werde der Plutoniumhandel nur noch angeheizt, zitierten die ARD-Journalisten die Staatsanwaltschaft, sagten aber mit Blick auf den 300-Gramm-Plutonium-Fund in München, daß die Furcht vor der internationalen Atommafia trotzdem begründet sei.

Über weitere Einzelheiten der Bremer Plutonium-Geschichte berichteten danach „Panorama" (NDR, 18. August), die „Süddeutsche Zeitung" (20. August), der „Spiegel" (22. August) und das „Spiegel TV Magazin" (21. August) – und transportierten dabei weitere Widersprüchlichkeiten. Übereinstimmend berichteten sie, daß der als Plutoniumhändler beschuldigte

Kurier Michael Popow angebe, der vom ARD-Fernsehen zunächst als V-Mann vorgestellte Journalist habe das Geschäft selbst ins Rollen gebracht, um eine Geschichte zu haben, mit der viel Geld zu verdienen sei. Im „Spiegel TV Magazin“ auf RTL (21. August) und Vox (22. August) sagte Popow, die Initiative zu dieser Transaktion sei von dem Journalisten Thomas Reinecke ausgegangen. Der „Spiegel“ schrieb zu der Festnahme in Bremen, der „angebliche Nukleardealer“ Popow habe eine „winzige Gabe Plutoniumspuren offeriert. Eingefädelt hatte das Geschäft ein Journalist, der ehemalige ‚Focus‘-Mitarbeiter Thomas Reinecke, der einen Knüller witterte und die Polizei ins Spiel brachte. Doch Popow kam wieder frei. Das Testmaterial war dürftig, und Popow, so stellte sich heraus, werkelte früher auch für die Behörden – als V-Mann.“ Die „Süddeutsche Zeitung“ hatte zwei Tage vor dem Erscheinen des „Spiegel“ schon festgehalten, daß die Hamburger Polizei den Journalisten Reinecke nicht als V-Mann führe. Er sei zwar immer mit Informationen gekommen, „gelte aber nur als ‚Zeuge‘, der auch das jüngste Plutonium-Angebot gemeldet habe.“ Und daß der festgenommene und wieder freigelassene Plutonium-Kurier Popow ein V-Mann des Bundeskriminalamtes sei, wurde ebenfalls in der „Süddeutschen Zeitung“ dementiert. Er sei lediglich 1992 eineinhalb Monate für das BKA tätig gewesen, zitierte die „Süddeutsche“ die in Wiesbaden angesiedelte Polizeibehörde.

Gegen Reinecke hat die Bremer Staatsanwaltschaft inzwischen ein Verfahren wegen des Verstoßes gegen das Kriegswaffenkontrollgesetz eingeleitet. „Wieso aber ein Vertreter des Hamburger Landeskriminalamtes der ‚Kontraste‘-Redaktion den Journalisten R. als ‚Spitzenmann‘ empfohlen hat, wie Jürgen Engert vom SFB versichert, konnte nicht geklärt werden“, schrieb Cornelia Bolesch in der SZ. Der Redaktion von ARD-aktuell, die für „Tagesschau“ und „Tagesthemen“ zuständig ist, hatte sich der Journalist am Abend des 15. August im Studio des NDR selbst als V-Mann vorgestellt. „Nach damaligem Stand der Recherchen hatten wir keinen Grund zum Zweifel“, so ARD-Chefredakteur Helmut Reitze gegenüber der „Medien-Kritik“. Als sich einen Tag später ein neuer Informationsstand ergeben habe, habe man diesen wiedergegeben. Dabei habe es sich um „Bestätigungen und Relativierungen“ der Angaben des Journalisten gehandelt, der sich nun auch nicht mehr als V-Mann, sondern als Journalist und Informant der Polizei ausgegeben habe. MH

(MK 35/94, 29. 8. 1994)

Energie

Ostsee unter Strom

„Report“ (ARD/BR) verbreitete Märchen über das „Baltic Cable“

Die Stromversorgung in Europa basiert auf einem gigantischen Verbundsystem, das es ermöglicht, elektrische Energie zwischen den Ländern auszutauschen. Dadurch soll sichergestellt werden, daß, wenn in einer Region größere Kraftwerkskapazitäten ausfallen, Reserven aus weiter entfernten Regionen zugeschaltet werden können und so eine lückenlose Versorgung ermöglicht wird. In der letzten Zeit arbeiten die Energieversorger verstärkt daran, dieses Verbundsystem auch für einen permanenten Stromaustausch zu nutzen. So wäre es vorteilhaft, den Strom aus skandinavischen Wasserkraftwerken in das europäische Netz einzuspeisen. Diese Form der Energiegewinnung ist umweltfreundlich und ließe sich weiter ausbauen – Strom als skandinavischer Exportschlager. Hierin könnte eine Möglichkeit liegen, die Energieversorgung bei einem Scheitern der Atompolitik zumindest teilweise ohne den Neubau fossiler Kraftwerke sicherzustellen. Das erste große deutsch-schwedische Projekt, das in diese Richtung zielt, nahm das Magazin „Report“ aus München (ARD/BR) am 28. November zum Anlaß, die Zuschauer zu verunsichern: die Ostsee stehe unter Hochspannung und kurz vor der ökologischen Katastrophe, weil die Stromindustrie ohne Genehmigung herumexperimentiere, so der Tenor des entsprechenden Berichts von „Report“.

Es ging um das „Baltic Cable“, bei dem es zwar einige Ungereimtheiten und Wissenslücken gibt, das aber trotz allem eine Zukunftsperspektive darstellt. Das Unterwasserkabel liegt zwischen Lübeck und Arrie in Schweden und ist als einpoliger Leiter ausgeführt. Der Stromkreis wird durch zwei kilometergroße Elektroden in der Ostsee geschlossen; Ostseewasser dient als Rückleiter, Salzwasser wird dabei in Hydroxid und unterchlorige Säure zersetzt. Dieser Prozeß ist ein Hauptpunkt der Kritik. Den Autoren des „Report“-Beitrags, Udo Rappenberg und Klaus Buchheim, erscheint das Projekt in bezug auf die Meeresökologie als Experiment mit unsicherem Ausgang. Der Betreiber des Kabels, die Preussen-Elektra, so der Vorwurf von „Report“, habe nicht die beste Technologie, nämlich ein zweipoliges Kabel, eingesetzt, um die Kosten gering zu halten. Dieser Einwand ist sicherlich nicht von der Hand zu weisen, verliert aber seine Dramatik, wenn man weiß, daß ein dem „Baltic Cable“ absolut vergleichbares Kabel seit 1989 zwischen Schweden und Finnland in Betrieb ist, das „Fenno-Skan“-Kabel. Mit dem „Baltic Cable“ begibt sich die Preussen Elektra also nicht auf unsicheres Neuland, wie „Report“ behauptete.

Die ökologische Bewertung des einpoligen Kabels und der damit verbundenen chemischen Zersetzung des Ostseewassers wurde von Udo Rappenberg und Klaus Buchheim schlampig recherchiert. Helmut Weik, Energiebeirat der Hansestadt Lübeck, äußerte in dem „Report“-Beitrag zunächst Bedenken in der Nähe der See-Elektrode zu baden, da ätzendes Hydroxid freigesetzt werde. Der Pressesprecher der Preussen-Elektra, Peter-Carl Ruhland, wies hingegen in dem Interview, das er „Report“ gab, darauf hin, daß „nach einer Reihe von Gutachten kein unakzeptabler Effekt auf Flora und Fauna zu erwarten sei“. Auf die Bitte von „Report“, diese Gutachten einsehen zu dürfen, weigerte sich Preussen Elektra angeblich mit dem Hinweis, es handele sich um Betriebsgeheimnisse. Damit war der Betreiber des Kabels für Rappenberg und Buchheim entlarvt; dem Zuschauer wurde suggeriert, das Kabel sei voller Gefahr für das Ökosystem Ostsee. Hier hätte „Report“ bei den bekannten Stellen nachfragen können, die die Gutachten gemacht haben: dem Institut für Ostseeforschung in Rostock und dem Umweltministerium des Landes Mecklenburg-Vorpommern. Dem Kabel wurde von diesen Stellen die Unbedenklichkeit bescheinigt; es gibt keine Belege dafür, daß das „Baltic Cable“ als einzelnes Projekt die Ostsee direkt gefährdet. Das erfuhren die „Report“-Zuschauer aber nicht. Auch Umweltschutzorganisationen sehen eine Gefahr für die Ostsee erst dann, wenn in Zukunft mehr und mehr solcher einpoligen Kabel verlegt würden. Diese notwendige Differenzierung hätte dem Beitrag von „Report“ natürlich den Knalleffekt genommen.

Angeblich „krumme Sachen“ aufgedeckt

Der Beitrag versuchte sich auch an einem zweiten Element, das bei Berichten über echte oder vermeintliche Ökoskandale nicht fehlen darf: Hinweise auf Fehler bei der Genehmigung eines Projekts. Die „Report“-Autoren suchten beim „Baltic Cable“ also „krumme Sachen“ aufzudecken. In diesem Sinne stellten Rappenberg und Bucheim dar, die Genehmigungsverfahren des „Baltic Cable“ seien unvollständig. Sie hätten es besser wissen müssen, glaubt man dem Vorstandsvorsitzenden der Preussen Elektra, Hans-Dieter Harig. Seiner Darstellung zufolge haben die Reporter von seinem Unternehmen alle Informationen zum Genehmigungsverfahren und die Adressen der genehmigenden Behörden bekommen. Im Gegensatz zu den Vorwürfen in „Report“ sind nämlich die Umweltverträglichkeitsprüfung und das Planfeststellungs- oder Raumordnungsverfahren für das „Baltic Cable“ nicht notwendig. Auch auf schwedischer Seite sollte es, „Report“ zufolge, bei der Genehmigung des Kabels nicht mit rechten Dingen zugegangen sein. Der Zuschauer gewann durch die Zusammenstellung von Interviewausschnitten ohne Hintergrundinformation den Eindruck, Hans Olander von der schwedischen Genehmigungsbehörde NUTEC sei völlig inkompetent. „Wir sind davon ausgegangen, daß das Kabel keine ernstzunehmenden Umweltauswirkungen hat“, ließ „Report“ ihn sagen und fragte: „Sie sind von vornherein davon ausgegangen, daß das Kabel ungefährlich sei und haben es dann genehmigt?“ Antwort von Hans Olander: „Ja.“ Der Zuschauer erfuhr auch hier nicht, daß die NUTEC auf fünf Jahre

Erfahrung mit dem „Fenno-Skan"-Projekt, einem dem „Baltic Cable" analogen Kabel zwischen Schweden und Finnland, zurückblicken kann und deshalb keineswegs inkompetent ist. Ferner muß beachtet werden, daß bei der Genehmigung des Projektes zwischen dem eigentlichen Kabel und den küstennahen Elektroden unterschieden wird. Die Kritik richtet sich gegen diese Elektroden, die Antwort Hans Olanders bezog sich auf das Seekabel, gegen das niemand ernste Bedenken hat. Angesichts dieser Umstände drängt sich der Eindruck auf, daß Rappenberg und Buchheim die Darstellung verzerrten, um dem ganzen den Anstrich des Sensationellen zu geben. Sie behaupteten weiterhin, es sei gegen genehmigungsrechtliche Bestimmungen verstoßen worden, weil das Projekt nicht der Helsinki-Kommission zum Schutz der Ostsee gemeldet worden sei. Deutschland hat zwar die Helsinki-Abkommen unterschrieben; das geschah allerdings auf der Ebene des Bundes, und die Projekte der Länder sind deshalb von dem Abkommen nicht betroffen. Daher brauchte das „Baltic Cable" auch nicht, wie „Report" behauptete, bei der Kommission angemeldet werden. Der Preussen-Elektra kann nun nicht vorgeworfen werden, daß sie sich nicht freiwillig der ökologischen Bewertung des Helsinki-Komitees zum Schutze der Ostsee stellt.

Der Zweck des Kabels, so Preussen Elektra, ist es, „Strom aus den Wasserkraftwerken Skandinaviens nach Norddeutschland zu transportieren". Dies ist eine ökologisch sinnvolle Bestrebung. Für Udo Rappenberg und Klaus Buchheim bestand jedoch der dringende Verdacht, daß Schweden den Deutschen Strom aus zwölf Atomkraftwerken liefert. In diesem Zusammenhang wurde ein aus dem Kontext gerissener Satz eines Interviews mit Ellerth Ericsson vom schwedischen Energieversorger Vattenfall AB vorgeführt: „Die Elektronen sind ja gleich, von Wasserkraft und Kernkraft. Das kann man nicht unterscheiden, was man aus der Leitung kriegt." Die Aussagekraft dieses Satzes war gleich Null, die Suggestivwirkung auf den Zuschauer jedoch war enorm. Und auch hier muß „Report" Recherche ohne Tiefgang vorgeworfen werden, diesmal allerdings zum eigenen Nachteil. Ein Blick auf das „Fenno-Skan"-Kabel, das seit 1989 mit gleicher Technik wie das „Baltic Cable" arbeitet, hätte sich für „Report" gelohnt. Es liegt in der Tat zwischen zwei Kernkraftwerken, dem AKW Forsmark in Schweden und dem AKW Olkiluoto in Finnland. Die erste Stromübertragung bestand darin, eine monatelange Betriebsstörung im finnischen Kraftwerk durch Atomstrom aus dem schwedischen AKW Forsmark zu kompensieren. Das zeigt, wie wenig sich die Autoren des „Report"-Beitrages mit der Thematik beschäftigt haben; denn dieser Umstand wäre doch ein „gefundenes Fressen" für sie gewesen. Dieser Betrieb in der Testphase darf allerdings nicht darüber hinwegtäuschen, daß der eigentliche Zweck des Kabels darin besteht, Strom aus Wasserkraft, der im Norden Schwedens erzeugt wird, über Finnland kostengünstig nach Schweden zu bringen. Was einmal durch das „Baltic Cable" geleitet wird, weiß heute niemand. Bekannt sind

Aussagen der Betreiber zu bestehenden Planungen. Hat man daran Zweifel, muß man sie belegen und darf sie nicht, wie Rappenberg und Buchheim, durch suggestive Kniffe in mustergültige Desinformation verwandeln. LS

(MK 2/95, 9. 1. 1995)

Gentechnik

Horrorvisionen über Lebensmittel aus dem Genlabor

ZDF-Reportage „Zündstoff" lieferte mehr Fiktionen als Fakten

Die Gentechnik ist Bestandteil des Alltags geworden. Medikamente und Impfstoffe werden mit ihr bereits hergestellt. Man nutzt sie zum Nachweis von Krankheitserregern, erste Therapien werden erprobt. Der medizinische Einsatz der Gentechnik wird von der Öffentlichkeit toleriert, sogar weitgehend akzeptiert. Kommt die Rede aber auf Lebensmittel, die mit Hilfe gentechnisch veränderter Mikroorganismen produziert werden, oder auf transgene Tier- und Pflanzenarten, wird der Begriff „Gentechnik" zum Reizwort.

„Verbraucher wird zum Versuchskaninchen"

„Milch von der Turbo-Kuh, Geschmacksverstärker aus der Retorte, Ketchup von künstlichen Tomaten – Verbraucherverbände und Gentechnik-Gegner lassen in ihren Kampagnen derzeit keine Schreckensvision vom Lebensmittel aus dem Genlabor aus", schrieb Christa Friedl vor eineinhalb Jahren in den „VDI-Nachrichten". Die ZDF-Sendung „Zündstoff" am 10. November zeigte, daß sich seither nicht viel geändert hat: In der Reportage „Genfrisch auf den Tisch" malte Marion Neuschaefer Horrorvisionen von gesundheitsbedrohenden Tomaten, Kartoffeln und Enzymen aus. Diesen Herbst komme in den USA die Antimatsch-Tomate auf den Markt. In zwei bis drei Jahren sei damit in Deutschland zu rechnen, in zehn Jahren gebe es alle Lebensmittel in gentechnisch veränderter Form. Dank der EG seien gentechnisch veränderte Enzyme und mit deren Hilfe produzierte Lebensmittel bald in unseren Regalen. „Ob wir diese Enzyme gesundheitlich vertragen, das kann uns keiner sagen", warnte „Zündstoff". Professor Hans Günter Gassen von der Universität Darmstadt und Dr. Beatrix Tappeser vom Öko-Institut Freiburg rieten im Film vom Verzehr gentechnisch hergestellter Lebensmittel ab. Sie befürchten den Gentransfer vom Lebensmittel auf Magen-Darm-Bakterien, Allergien auf artfremdes Eiweiß und Resistenzen gegen Bakterien, da in einigen gentechnisch veränderten Pflanzen Antibiotika synthetisiert und zwangsläufig mitverzehrt werden. „Welche Auswirkungen dies auf Mensch und Tier hat, werden wir erst erfahren, wenn wir es am eigenen Leibe getestet haben. Der Verbraucher wird zum Versuchskaninchen", lautete das „Zündstoff"-Fazit.

Befürworter der Gentechnologie kamen in der Reportage, mit Ausnahme von Dr. Arndt G. Heyer, Projektleiter des ersten deutschen Freilandversuchs mit transgenen Kartoffeln, nicht zu Wort. Es fehlten Stellungnahmen der Deutschen Gesellschaft für Ernährung, der Bundesforschungsanstalt für Ernährung, des Max-Planck-Instituts für Züchtungsforschung und der Initiative „Pro Gentechnik". Die Lebensmittel-Industrie habe kein Statement abgeben wollen, so der Vorwurf von „Zündstoff". Anfragen richtete man aber nur an Unilever und Nestlé, die, wie „Zündstoff" zeigte, Patente auf Gentechnik-Verfahren zur Lebensmittelherstellung besitzen. Was die Reportage auch nicht lieferte, waren Angaben über gesundheitliche Auswirkungen gentechnisch erzeugter Lebensmittel in Ländern, in denen die Technik im Einsatz ist. So ist Käse, der mit gentechnisch gewonnenem Chymosin, einem Enzym, das die Gerinnung der Milch bewirkt, hergestellt, laut „Zündstoff" in England, Italien, der Schweiz und den USA im Handel. Doch was in der AOK-Zeitschrift „Bleib gesund" (5/93) nachzulesen war, machte „Zündstoff" nicht klar: „Bislang ist noch kein Mensch durch gentechnische Manipulationen zu Schaden gekommen, weder in Deutschland noch anderswo in der Welt."

Und Professor Dr. Niels Fiil von der dänischen Firma Novo Nordisk meinte vor einem Jahr, am 10. November 1992, im ZDF-Magazin „Studio 1": „Man hat die Gentechnik bereits in abertausenden von Labors an Universitäten, Forschungsinstituten und in der Industrie erprobt, und es gibt keinerlei Berichte über Zwischenfälle dieser Technik." Professor Dr. Hermann Bujard vom Zentrum für Molekulare Biologie, Heidelberg, bedauerte ebenfalls in „Studio 1": „Über Jahre hinweg wurde die Öffentlichkeit verunsichert mit unsachlichen Berichten, übrigens aller Medien, über ein wichtiges und zukunftsträchtiges Forschungsgebiet, und Politiker reagieren nervös, starren auf Umfragen und produzieren in der Folge Gesetze, normalerweise kurz vor dem Wahltermin."

Solche Stimmen kamen in „Zündstoff" nicht zu Wort. Auch das Ergebnis einer TÜV Rheinland-Studie wurde unterschlagen, die in der Zeitschrift „Chemie-Ingenieur Technik" (64/92, Nr. 9) beschrieben wurde: „Gentechnisch veränderte Organismen sind bei friedlicher Nutzung nicht gefährlicher als natürliche. Zu diesem Ergebnis kommt der Leiter des Referats ‚Biologische Sicherheit' beim TÜV Rheinland, Dipl.-Ing. Ewald Langenohl, in seinem Gutachten zu ‚Risikoforschung und Sicherheit in der Gentechnik'. Auftraggeber der Studie ist die vom österreichischen Parlament eingesetzte Enquetekommission ‚Technikfolgenabschätzung am Beispiel der Gentechnik'." Hätte „Zündstoff" nicht in Zukunftsvisionen geschwelgt, sondern recherchiert, wäre ein anderes Bild der Gentechnik entstanden, denn, so ist es in den „Gentechnik-Leitlinien" (VCI, 1990) nachzulesen: „Bevor gentechnisch veränderte Mikroorganismen oder Pflanzen gezielt freigesetzt werden, sind zusätzliche Untersuchungen notwendig, um die Einflüsse auf das Ökosystem abschätzen zu können. Vor einer Freisetzung, die von den Behörden genehmigt werden muß, werden Mikroorganismen und Pflanzen in Klimakammern, in geschlossenen Gewächshäusern und simulierten Ökosystemen intensiv untersucht. So lassen sich unerwünschte Eigenschaften gegenüber Mensch, Tier und Umwelt in diesem Stadium bereits erkennen und ausschalten."

Informationsdefizit der Bevölkerung

Wie Christiane Toussaint von der Arbeitsgemeinschaft der Verbraucher Bonn auf der Jahrespressekonferenz der Deutschen Gesellschaft für Ernährung 1992 betonte, besteht in der Bevölkerung ein Informationsdefizit über den Einsatz und die Wirkungsweise der Gentechnologie. Die Folge davon seien Ängste und Vorurteile. In „Chemie-Ingenieur Technik" hieß es: „Konkrete Gefahren für Mensch und Umwelt lassen sich nur durch eine gewissenhafte Risikovorsorge praktisch ausschließen. Hinzu kommt noch, daß neue Erkenntnisse in der Sicherheitsforschung jederzeit zu schnellem Handeln zwingen können. TÜV Rheinland-Gutachter Langenohl leitet daraus die Forderung ab, die konkreten Sicherheitsvorschriften müßten in einem technischen Regelwerk wie der (in Deutschland geltenden) TA Luft zusammengefaßt werden. Denn nur so könne in Zukunft flexibel auf neu auftauchende Gefahrenmomente reagiert werden." In der Zeitschrift „Chemie heute" (Ausgabe 1990) erklärte Dr. Dieter Acker, Leiter der Abteilung Biotechnologie der BASF AG: „Eine Minimierung der Risiken für Menschen und Umwelt ist möglich, weil man die potentiellen Gefahren kennt und Sicherheitsmaßnahmen zu ihrer Vermeidung erarbeitet hat. Basis ist also eine wissenschaftlich und technisch fundierte Risikoabschätzung. Marie Curie hat einmal gesagt: ,Nichts im Leben muß gefürchtet werden. Es gilt nur, es zu verstehen.'" Aufgabe der Medien wäre es, hier intensive Aufklärung zu leisten. „Zündstoff" leistete sich leider das Gegenteil. RS

(MK 47/93, 22. 11. 1993)

Gentechnik

Gelungene Suggestion: „Der Gen-Fraß“

Zur Anatomie einer „Spiegel“-Titelgeschichte

Zeitlich lag der „Spiegel“ (12. April) richtig. Seine Titelgeschichte mit der Unterzeile „Biotechniker bauen die Nahrung um“ korrespondierte mit einer Bonner Anhörung über die Reform des Gentechnikgesetzes mit dem Ziel, übertriebene bürokratische Einschränkungen abzubauen und damit der ins Hintertreffen geratenen deutschen Hightech-Industrie auf dem internationalen Markt eine Chance zu geben. Aktuell war die Story mit der Hauptschlagzeile „Der Gen-Fraß“ auch deshalb, weil das Bundesgesundheitsamt am 15. April erstmals die Freisetzung von genmanipulierten Zuckerrüben und Kartoffeln auf Testfeldern in Bayern und Niedersachsen genehmigte und erklärte, von den Freilandversuchen gehe keine Gefahr für Menschen und Umwelt aus. In den USA, Japan, Frankreich werde dies schon lange praktiziert, um die Pflanzen gegen Schädlinge widerstandsfähiger und ertragreicher zu machen.

Militante Anti-Bewegung

Ähnlich der Anti-Kernkraft-Bewegung hat sich in der Bundesrepublik – im Gegensatz zu anderen Industriestaaten – eine weitverzweigte grün-rote Widerstandsbewegung organisiert, die mit mehr oder weniger militanten Demonstrationen und juristischen Mitteln gegen die Gentechnologie vorgeht. Vom hessischen Umweltminister Joschka Fischer über den „Bund für Umwelt und Naturschutz Deutschland“ (BUND) und Greenpeace bis hin zum „Gen-ethischen Netzwerk“ und diversen Öko-Instituten wird massiv gegen diese weltweit akzeptierte Hightech-Industrie agitiert, wobei das Fernsehen gerne als Resonanzboden fungiert. Beispielsweise am 15. April, als es im Bild zeigte, worüber die „Frankfurter Rundschau“ (16. April) berichtete: „Bereits seit dem 1. April kampieren Demonstranten in Zelten auf dem abgelegenen Acker. Seit einigen Tagen werden sie von einer Pfadfindergruppe . . . unterstützt . . . Die Gegner der Freilandversuche wollen auch dann auf dem Gelände bleiben, wenn die Kleinwanzlebener Saatzucht-AG (KWS) in Einbeck mit dem Auspflanzen ihrer genmanipulierten Zuckerrüben beginnt.“

Es wäre falsch, dem „Spiegel“ vorzuwerfen, er habe die gegensätzlichen Standpunkte in seiner Titelgeschichte nicht herausgearbeitet. Auf einem anderen Blatt steht die Frage, in welcher journalistischen Manier das Magazin zu Werke gegangen ist. Geht man dieser Frage nach, dann ist Hans Magnus Enzensberger (Einzelheiten I, Frankfurt 1962) zuzustimmen: „Keine Publikation hat es in der Technik der Suggestion . . . weiter gebracht als ‚Der Spiegel‘.“ Herausragendes Stilmittel der suggestiven Durchkomponierung der Titelgeschichte ist die sprachliche „Soße". Die namentlich nicht genannten Autoren (als verantwortlicher Redakteur zeichnet Klaus-Peter Kerbusk) würzten sie mit suggestiven Ausdrücken auf eine Weise, die dem sachunkundigen Leser keine andere Wahl läßt, als die „Speise" für ungenießbar zu halten.

Die Einstimmung begann mit dem Titelblatt, das den „Gen-Fraß" illustrierte: industriell „gestanzte", denaturierte Nahrung, die giftig und dem potentiellen Konsumenten wie aufgezwungen wirkte. Die Geschichte begann im Blatt mit der Schlagzeile „Frankenfood im Tiefkühlfach", wobei „Frankenfood" für „Monsterkost" steht. Vom „Durchpeitschen" des „Novel Food"-Gesetzes durch die EG-Kommission war die Rede. „Heilsversprechungen" wurden den Gentechnikern unterstellt, wenn sie hoffen, die Nahrungsmittelversorgung der Dritten Welt verbessern zu können. Und sie wurden lächerlich gemacht, wenn gesagt wurde, zumindest die Früchte sollen – durch Antimatschgene – „ewiger Verderbnis" entrissen werden. Dieser Stil wurde konsequent durchgehalten. Da „rüstet die Industrie bereits zur universellen Geschmacksverirrung auf". Grünes Licht gebe es für die große „Gensause", und „wie im Taumel" haben Molekularbiologen und Biochemiker den Boden für „bizarre Spezereien" bereitet. „Freßkonzerne nutzten eine Gesetzeslücke immer dreister aus." Auch Länder im fernen Osten beteiligten sich intensiv an den gentechnischen „Schöpfungskapriolen". Forciert werde der „Eßwahn". Die Gen-Food-Welle werde sich kaum noch aufhalten lassen: „Zu mächtig sind die Industrieinteressen, zu gewaltig die ökonomischen Vorteile, zu gerissen die Taktiken der Regierenden, dem Bürger die Genpampe stillschweigend aufzutischen." Edel klang dagegen der Protest der Industriegegner, denn er gelte einem „allgegenwärtigen Feind", ihnen stelle sich die Gentechnik als „Synonym für menschliche Hybris" dar. Genorganismen könnten neue unheilbare Krankheiten hervorrufen – eine „Horrorvision" für Mediziner. Der Novel-Food-Entwurf der EG sei ein „gefährlicher Schnellschuß", in Brüssel werde eine „Katastrophe" vorbereitet.

Unkenntnis instrumentalisiert

Die Suggestion, es geschehe Unheilvolles, wurde durch die Dramaturgie der Sachdarstellung gefördert. Die dem Laien nicht geläufige Tatsache, daß alle Nahrungsmittelherstellung und aller Nahrungsmittelkonsum aus chemischen Prozessen besteht, bei denen Mikroorganismen eine wichtige Rolle spielen, wurde ebenso ausgenutzt wie die unzureichende Kenntnis darüber, wie normale Gärungsprozesse ablaufen, welche Rolle zum Beispiel Milchsäure- und Buttersäurebakterien, Sauerteig, Hefe, Backpulver usw. spielen. Herkömmliche Methoden mit Mini-„Naturgeschöpfen" und Wirkungen der „Kunstgeschöpfe" wurden ständig miteinander verquickt. In welcher Weise Banales in suggestiver Weise zu Bedrohlichem verformt wurde, dafür lieferte die Einleitung der Titelgeschichte ein instruktives Beispiel. Der Text begann beinahe krimigerecht: „In Braunschweig gibt es ein Haus, in dem über 10 000 Arten von Lebewesen eingesperrt sind. Kein Scharren, Brummen oder Krähen dringt aus dem Gebäude, kein Futter wird angeliefert, kein Boden bekackt." Nur 70 Quadratmeter Grundfläche messe „das Gehege" der „Deutschen Sammlung von Mikroorganismen und Zellkulturen" (DSM). Das „weißgeklinkerte Gebäude Mascheroder Weg 1b" sei die „Arche Noah der deutschen Biotechnologie". Es klang unheilschwanger: „Schleimpilze werden hier in Schubladen gehortet, krakenförmige Viren und propellerartige Bakterien – keine größer als 1,4 tausendstel Millimeter . . . Besonders empfindliche Mikroben werden in todesähnlichen Schlaf versetzt: Sie baden bei minus 196 Grad in Flüssigstickstoff." Die DSM „bunkere" auch die „gezüchteten Hochleistungsstämme der Lebensmittelindustrie: Salami-Röter, Superbazillen für Mixed Pickles, ‚Thermobakterien' zur Erzeugung von ‚bulgarischem Joghurt', die Käsepilze Penizillium camemberti und roqueforti oder das Laktobazillus sp. 20182 für ‚Fleischmarinaden'."

Nach diesen suggestiv aufgebauschten Banalitäten folgte der Clou. Seit einigen Jahren gebe es dort „auch Einzeller der dritten Art – patentierte Genmutanten, die auf ‚vertraulicher Basis' sicherheitsverwahrt werden. Mittlerweile sind es 700." Und was verbirgt sich da auf „vertraulicher Basis" – eine Formulierung, die Verschwörung suggerierte? „Kunstgeschöpfe" zur Herstellung von „immer knusprigem" Brot und schnell vergärendem Sauerkraut, gentechnisch umgebaute Stämme zur Produktion von Vitaminen, Bakterien, die Farbstoffe oder menschliche Wachstumshormone ausbrüten können. Nur Banalitäten? Dagegen steht das „ceterum censeo", das wie ein roter Faden die Titelgeschichte durchzog: Die „neuartige Nahrung" sei „kaum erforscht", „weitgehend" ohne Prüfverfahren zugelassen. Es bestehe die Gefahr, daß mit der Nahrungsmittelaufnahme neue „unheilbare Krankheiten" entstehen könnten.

Schwerwiegende Vorwürfe nicht hinterfragt

Bezeichnend für die Arbeitsweise des „Spiegel": Diese schwerwiegenden Vorwürfe wurden nicht hinterfragt. Nicht berichtet wurde beispielsweise über eine Antwort der US-Gesundheitsbehörde Food and Drug Administration (FDA) vom 11. Oktober 1991 an die Foundation on Economic Trends. In einer Petition (Jeremy Rifkin) war behauptet worden, daß mit der Gentechnik spezielle Risiken verbunden seien. In dem Antwortschreiben der FDA hieß es: „Im Gegensatz zu Ihrer Behauptung ‚zunehmender Hinweise auf Gefahren gentechnischer Herstellungspraktiken' haben diese Produkte solche Hinweise überhaupt nicht ergeben." Die FDA erkenne in keinem der in der Petition aufgeführten Punkte das Vorhandensein „spezieller Risiken abweichend von denen anderer Produktionsverfahren". Im Gegenteil, die Behörde sei der Ansicht, daß „viele gentechnische Produkte erhebliche Vorteile mit sich bringen". Schließlich hieß es in dem Schreiben der amerikanischen Gesundheitsbehörde, es gebe jetzt umfassende klinische Erfahrungen mit gentechnischen Produkten. Zum Beispiel erhielten drei bis fünf Millionen Diabetiker täglich Injektionen mit Humaninsulin, welches aus gentechnisch veränderten Mikroorganismen gewonnen wurde – ein Produkt, welches die FDA erstmals 1982 zuließ. Und weiter: „Mehrere Millionen Menschen mit potentiellem Kontakt mit Hepatitis B Viren wurden mit einem gentechnisch hergestellten Impfstoff geschützt; erste Zulassung durch die FDA 1986. Uns sind keine systematisch wiederkehrenden Probleme bekannt geworden, die mit der Herstellungsmethode dieser in die Patienten injizierten Produkte in Beziehung stehen."

In ihrem Buch „Gene, Zellen, Moleküle" (J. Schweitzer Verlag, Frankfurt am Main / München 1987) nahm die Diplom-Biologin Barbara Ritzert zu der Frage Stellung, ob durch die Übertragung genetischen Materials ein „Super-Krankheitserreger" enstehen könne, gegen den Arzneimittel unwirksam seien und der eine neue Seuche hervorrufen könne. Sie erläuterte: Um aus einem harmlos-nützlichen Bakterium einen Krankheitserreger zu machen, müßten drei Voraussetzungen erfüllt sein: Erstens müßte es die Fähigkeit zur Produktion von einem oder mehreren Giftstoffen erlangen. Zweitens müßten besondere Eigenschaften übertragen werden, die es dem Mikroorganismus überhaupt ermöglichten, in einen anderen Organismus einzudringen, sich in ihm festzusetzen und sich zu vermehren. Drittens müßte es von einem Wirt auf einen anderen übertragbar, also ansteckend, sein. Ritzert weiter: Jede dieser Fähigkeiten würde eine Vielzahl von Genen erfordern, die ihrerseits durch andere Gene gesteuert und reguliert werden müßten. Darüber hinaus müßten diese Eigenschaften auch mit den anderen individuellen Eigenarten des Mikroorganismus verträglich sein. Die Wahrscheinlichkeit, daß durch gentechnische Experimente quasi per Zufall alle diese Eigenschaften gleichzeitig übertragen würden, sei „tatsächlich vernachlässigbar gering". Und Professor Dr. Klaus Dieter Jany von der Bundesforschungsanstalt für Ernährung („Ernährungs-Umschau", Band 89, 12/92) meint: „A priori sind gentechnisch hergestellte Lebensmittel beziehungsweise ihre Inhaltsstoffe nicht unsicherer . . . als konventionelle." Wie immer man zu solchen Aussagen stehen mag: Allein schon aus Fairneß gegenüber dem Leser hätten sie nicht unerwähnt bleiben dürfen. sp

(MK 18/93, 3. 5. 1993)

Gentechnologie

„Goldgräberstimmung unter den Genforschern"

ARD-Film „Herren der Schöpfung" verbreitet Vorurteile

Als Dokumentation wurde er angekündigt: der ARD-Film „Herren der Schöpfung – Ansprüche und Anmaßungen deutscher Genforscher". Doch was die beiden Autoren, Egmont R. Koch und Irene Meichsner, am 25. März als Ergebnis einer monatelangen Recherche präsentierten, kann man kaum als nüchterne Zusammenstellung von Fakten bezeichnen. Viel mehr erging sich der Beitrag, der die Gefahren der Gentechnologie benennen wollte, in gezielter Manipulation. Hierzu wurden Sachverhalte, die zum Abwägen der Risiken unumgänglich sind, verschwiegen, unbewiesene Behauptungen aufgestellt und plumpe Feindbilder präsentiert.

Visuell und akustisch wurde der Zuschauer gleich zu Beginn der Sendung darauf eingestimmt, daß von der Gentechnologie offensichtlich Fürchterliches zu erwarten sei: Flimmernde Schwarz-weiß-Bilder in Zeitlupe, die ein Forschungslabor zeigten, wurden von einer düster wirkenden Musik untermalt. Der fortgesetzte Rückgriff auf diese Darstellungsmittel ging häufig mit rhetorisch gestellten Fragen einher: „Sind sich die neuen Herren der Schöpfung der Verantwortung bewußt, die sie mit ihren Experimenten übernehmen? Denken sie darüber nach, ob sie tun dürfen, was sie tun können?" Auf diese Weise deuteten Koch und Meichsner ihrem Publikum Gefahr im Verzug an, ohne Fakten auf den Tisch zu legen. Die ernsthafte Auslotung vorhandener Risikopotentiale geriet somit ins Hintertreffen. So fand Koch in seinen Kommentaren zwar die Zeit, die berechtigte Frage aufzuwerfen, was denn passiere, wenn sich die „maßgeschneiderte Unempfindlichkeit" gentechnisch veränderter Feldpflanzen in der Umwelt „unkontrolliert verbreitet". Jedoch wußte er mit keinem Wort die „verheerenden ökologischen Langzeitfolgen" bei der Freisetzung von Pflanzen konkret zu benennen – geschweige denn sie zu erklären. Statt dessen wies er auf einen vor einigen Jahren fehlgeschlagenen Versuch des Kölner Max-Planck-Instituts hin, in dessen Folge sich erwünschte Farbveränderungen bei gentechnisch manipulierten Petunien auch auf unveränderte Petunien übertragen hatten. Dabei vergaß er zu erwähnen, daß derartige Experimente seit der Einführung des Gentechnik-Gesetzes von 1990 erst gar keine Genehmigung erhalten, wenn Übertragungsrisiken nicht vorgebeugt werden kann.

„Schielen nach dem Geld"

Diese und andere Sicherheitsmaßnahmen sollen mit der geplanten Neufassung des Gentechnik-Gesetzes auch nicht verwässert werden. Selbst die

„Initiative Pro Gentechnik“, deren Vertreter aus Forschung und Wirtschaft für neue Rahmenrichtlinien plädieren, hat dies gemäß ihrem Forderungskatalog nicht im Sinn. Gleichwohl stellte Koch pauschal fest: „Wenn sich dieses merkwürdige Interessenskartell durchsetzt, werden in Zukunft weder Freisetzungsversuche mit genmanipulierten Pflanzen noch Experimente mit transgenen Tieren überwacht.“

Daß es den Autoren nicht um eine sachliche Auseinandersetzung mit dem kontroversen Thema Gentechnik ging, offenbarte sich aber nicht allein durch das beharrliche Verschweigen von Fakten. Denn darüber hinaus legten sie den Genforschern Ansichten und Denkweisen in den Mund, die der Film nicht belegen konnte. Beispielsweise dachte Koch laut darüber nach, ob Peter Starlinger, Professor für Genetik an der Universität Köln, ein „Aufwiegler“ sei, der einem „Forschungsnotstand“ das Wort redet, „nur weil die Öffentlichkeit kritisch ist“. Derlei Unterstellungen fanden ihren Höhepunkt in der Behauptung, daß angesichts der Patentierbarkeit von Pflanzen und Tieren mit verändertem genetischen Code eine „Goldgräberstimmung unter den Genforschern“ herrsche. Aber weder Starlinger noch Professor Ernst-Ludwig Winnacker – laut Koch „wohl der umtriebigste deutsche Genforscher“ – konnte vor der Kamera die Mentalität von gierigen Goldschürfern nachgewiesen werden. Hier wäre eine sachliche Gegenüberstellung des Für und Wider von Gen-Patenten angebrachter gewesen, als den Wissenschaftlern pauschal den Ruf anzudichten, sie hätten „ihre Unschuld verloren“. Die Problematik wurde schließlich auf die spekulative Frage verkürzt: „Geht es in Wirklichkeit also gar nicht vorrangig um Aids, Krebs und den Welthunger“, denen die Wissenschaftler mit patentierten Gen-Fragmenten zu Leibe rücken wollen? Das „Schielen nach dem Geld“, das bei den Genforschern angeblich vorherrscht, hat laut Koch und Meichsner einen zentralen Grund. Als Verderber der Wissenschaft machten sie die an der Gentechnik interessierten Industrieunternehmen aus: „Wissenschaftler, die doch immer Wert darauf legen, unabhängige Forschung zu betreiben, lassen sich vor den Karren der Industrie spannen. Die hat natürlich ein starkes Interesse daran, möglichst unkontrolliert zu arbeiten.“ Abgesehen davon, daß Koch die Grundlagenforschung nicht von der praktischen Anwendung der Gentechnologie zu unterscheiden wußte, lieferte er für seine Anschuldigung keinerlei Beweise. Viel mehr offenbarte er hier nur ein hohes Maß an blinder Technik- und Industriefeindlichkeit.

Daß persönliche Vorurteile der Autoren die Basis des Films bildeten, zeigte sich zudem daran, wie sie die Forschungstätigkeit verschiedener Gen-Zentren in Deutschland beurteilten. So sei das Berliner Gentechnik-Institut „nicht frei von Widersprüchen“, da sich auch hier „Forschungen . . . irgendwann rentieren“ müßten. Zu dem im Bau befindlichen Münchener Gen-Zentrum fiel Koch die ironisch formulierte Frage ein: „Wer wird den Nutzen haben? Der Steuerzahler . . . oder die Firma Hoechst, die jährlich rund eine Million zum Etat zuschießt?“ Augenscheinlich ist für Koch das

Verdienen von Geld eine schmutzige Sache, sobald es Rentabilität verspricht – besonders für die Industrie. Dieser Sachverhalt muß aus Kochs Sicht sogar „Interessenskonflikte“ bei den Genforschern auslösen. Diese äußerten in den gezeigten Interviews aber keine grundsätzlichen Bedenken und verwiesen auf den Nutzen der Gentechnologie bei der Produktion neuer Arzneimittel. In die anscheinend ideologisch geprägten Denkmuster der Autoren paßte diese Ansicht nicht hinein. Als industriellen Nutzen nannten sie nur „mehr Chemie“ und „höhere Umsätze“. dkg

(MK 14/93, 5. 4. 1993)

Gentechnologie

Zynismus ersetzte Recherche

ZDF-Beitrag über Freilandversuche zeichnete Zerrbilder nach

Gute Noten für die Gentechnologie sind von der deutschen Fernseh- und Presselandschaft kaum zu erwarten. In keinem anderen Land der Welt ist das Medienecho auf diese Zukunftstechnologie so schlecht wie hierzulande. Meist werden in Berichten und Reportagen nur die möglichen Risiken durch die Veränderung der Erbsubstanz betont, wobei in der Regel noch ein gehöriger Schuß Übertreibung hinzukommt.

Wie eine derart verdrehte Berichterstattung konkret aussieht, konnten am 8. März die Zuschauer des ZDF in der Sendereihe „Kontext“ feststellen. Thema des Beitrags „Die Killergeneration“ waren die Freilandversuche mit Pflanzen, deren Widerstandsfähigkeit gegen Schädlinge durch Veränderungen des genetischen Codes enorm verbessert werden kann. Der Film von Mathias Welp versuchte jedoch nicht, die in Wissenschaftskreisen durchaus kontrovers diskutierte Problematik von allen Seiten zu beleuchten, sondern zeichnete fast ausschließlich bekannte Zerrbilder nach.

Eine „Killergeneration“ transgener Pflanzen befürchtet

Zum Einstieg präsentierte Welp ein idyllisches Protestlager von Gentechnikgegnern vor dem Versuchsacker des Kleinwanzlebener Saatzuchtvereins (KWS) in Einbeck. KWS testet dort schädlings- und virusresistentes Saatgut für Zuckerrüben. Eingeflechtet zwischen Durchhalteliedern der Demonstranten und deren Diskussion mit einem KWS-Mitarbeiter verbreitete Welp Katastrophenstimmung: „Wird nicht das Gleichgewicht von Leben gefährdet?“. „Im Erbgut manipulierte Organismen: Einmal in die Umwelt entlassen, sind sie nicht mehr rückholbar. Wie das Fremdgen auf Nachbarpflanzen wirkt, weiß mit Sicherheit niemand.“

Daß selbst nach der Novellierung des Gentechnikgesetzes im Dezember 1993 Freilandversuche nach wissenschaftlicher Prüfung nur genehmigt werden, wenn eine nachhaltige Störung für Flora und Fauna ausgeschlossen ist, scheint ihm offenbar unbekannt zu sein. Auch wies Welp nicht darauf hin, daß die Freisetzungsexperimente nicht zuletzt dem Zweck dienen, das mikrobiologische Wechselspiel von Zuckerrüben und Ackerboden zu erforschen. Denn nur wenn die veränderte Erbmasse keine ökologischen Risiken hervorruft, können genmanipulierte Rüben, Maispflanzen oder Kartoffeln auf Akzeptanz bei den Landwirten und schließlich beim Verbraucher hoffen. Davon, daß in Einbeck „die Killergeneration" von transgenen Pflanzenarten herangezüchtet wird, die durch anarchischen Wildwuchs am Ende „globale Gleichgewichtsstörungen der Natur" nach sich ziehen, kann also nicht die Rede sein.

Forum für Aktionen der Gegner

Daß Welps Sympathien voll und ganz auf der Seite der Gegner solcher Tests liegen, zeigte er auch dadurch, daß er deren Aktionen auf dem Versuchsacker unkommentiert ließ. Da sprangen beispielsweise mehrere Demonstranten über den Zaun des Geländes, sei es um den Acker zu besetzen oder die Saat zu vernichten. Mehrere KWS-Mitarbeiter innerhalb der Umzäunung mußten sie wieder auf die andere Seite hieven. Als Zuschauer mochte man sich fragen, ob dieser Zwischenfall von den Protestlern nicht absichtlich für die laufende Kamera inszeniert worden war. An Befürwortern der Freilandversuche ließ Welp hingegen kaum ein gutes Haar; so etwa an Professor Heinz Saedler vom Kölner Max-Planck-Institut für Züchtungsforschung, der sich in einem Interview für weitere Experimente aussprach. Weil ein erster Versuch des Instituts mit transgenen Petunien fehlschlug – ein erwünschter Farbwechsel der Blüten blieb nicht stabil –, bestehe „Forschungsbedarf". Welp kommentierte hierzu: „In jedem Fall Anlaß für neue Experimente und damit neue Risiken. So liegt die Rechtfertigung." Welche Art von Risiken von den gewünschten lachsfarbenen Petunien ausgehen soll, beließ er dabei im Dunkeln.

An anderer Stelle skizzierte der Beitrag die Einstellungen von Landwirten zu Saatgut mit veränderten genetischen Eigenschaften. Mit polemischer Stimme gestand Welp ihnen zu, sich „mit allem verfügbaren Wissen gegen Ernteeinbußen (zu) wehren", doch „kritische Landwirte trauen dem Segen nicht". Damit unterstellte er den Befürwortern transgener Pflanzen pauschal Blauäugigkeit bei der Risikoabschätzung.

Das „Leid der Welt als Tatsache" hinzuziehen

Geradzu absurd wurde der Bericht, als Welp den Agrarwissenschaftler Professor Sigmar Groeneveld im Interview danach fragte, was für ihn das „ausschlaggebende ethische Argument" sei, „die Gentechnik abzulehnen". Groenevelds Antwort: „Der kategorische Versuch, das Kranke auszuschalten, also dasjenige, wovon wir am ehesten lernen können, wo wir am ehesten aufhören, kategorische Fehler zu machen." Ein Fehler der Wissenschaft sei es, „daß man dem Wahn erliegt, man könne das Gesunde absolut installieren". Nötig sei es, „das Leid der Welt als menschheitsgeschichtliche Tatsache hinzuzuziehen".

Abgesehen davon, daß Frage und Antwort auf die medizinischen Aspekte und nicht auf die landwirtschaftlichen Aspekte der Gentechnik abzielten, waren die Ausführungen Groenevelds überaus zynisch und an Menschenverachtung grenzend. Welp hakte nicht nach, was diese Worte etwa für diejenigen bedeuten, die an Alzheimer leiden oder an der Parkinsonschen Krankheit, die sich unter anderem in der Starre der gesamten Körpermuskulatur niederschlägt. Die Hoffnung dieser Patienten auf gentherapeutische Maßnahmen, die das Leiden beenden, ist ihm offensichtlich nicht der Rede wert.

Erfolge in der EU unterschlagen

Zu aller Absurdität und Einseitigkeit gesellte sich in dem Beitrag mehr als einmal große Unwissenheit. So bedauerte Welp, daß „Deutschland ... schon de facto das Sicherheits- und Abwägungsniveau seiner EG-Nachbarn" habe. Im Stimmfall und in der unterlegten schwermütigen Musik deutlich zu erkennen war sein Bedauern darüber, daß etwa bei den Freilandversuchen in Belgien „kein Zaun, keine Mahnwachen" zu beobachten seien. Daß dort wie auch in den anderen Mitgliedsstaaten der Europäischen Union (EU, früher EG) die Öffentlichkeit und die Medien mehrheitlich ein anderes, nämlich relativ positives Verhältnis zur Gentechnologie haben, erwähnte er nicht. Darüber hinaus weiß Welp offensichtlich nicht, daß bisherige Freilandversuche in den EU-Staaten – insgesamt sind es 224 – erfolgreich verlaufen sind. In keinem Fall wurde, trotz der zum großen Teil niedrigeren Sicherheitsauflagen bei den europäischen Nachbarn, ein „Gen-GAU" auf einem Versuchsacker ausgelöst. Gefahr im Verzug, die Welp mit seinem fragwürdigen Beitrag den Zuschauern suggerierte, ist also nicht gegeben.
dkg

(MK 13/94, 28. 3. 1994)

Der „größte Medizin-GAU seit Contergan"

Voreilige Medien-Hysterie um HIV-verseuchte Blutprodukte

Eine Liste mit 373 Verdachtsfällen einer HIV-Infektion, die durch verunreinigte Blutprodukte aufgetreten sind, sorgte vom 7. bis 11. Oktober für erheblichen Wirbel in den Medien. Denn immerhin sollten nach dem 1. Oktober 1985, also seit der Einführung des Aids-Tests, derartige Fälle nicht mehr auftreten. Bundesgesundheitsminister Horst Seehofer versetzte den zuständigen Abteilungsleiter im Bundesgesundheitsamt (BGA), Manfred Steinbach, umgehend in den Ruhestand; der Präsident des BGA, Dieter Großklaus, trat zurück. Es waren somit genügend Gründe für Presse und Fernsehen gegeben, sich intensiv mit dem Thema zu befassen. Nur: In den meisten Fällen stand keine sachlich-objektive Berichterstattung im Vordergrund. Vielmehr führten Unkenntnis über grundlegende Zusammenhänge, voreilige Schlüsse und alte Vorurteile zu einer Medien-Hysterie, die in der Öffentlichkeit Verunsicherung auslöste.

Begriffsverwirrungen

Auffällig bei nahezu allen Beiträgen war die offensichtliche Unkenntnis über den Unterschied von Blutkonserven einerseits (also etwa von Vollblut oder Konzentraten aus roten Blutkörperchen), und Blutplasma sowie Plasmaprodukten andererseits, in denen man im Gegensatz zu den Blutkonserven eventuell vorhandenes HIV inaktivieren kann. Ob nun eine oder beide Gruppen von Blutprodukten bei den aufgelisteten Verdachtsfällen gemeint waren, blieb in der Berichterstattung unklar. Vornehmlich von verseuchten Blutkonserven war in der F.A.Z., im „Spiegel" und bei RTL die Rede. Einen alternierenden Sprachgebrauch pflegten unter anderem die „Welt", die „tageszeitung", ARD und ZDF. Daß „in dem Skandal . . . unterschieden werden" muß zwischen „Blutplasmapräparaten und Blutkonserven", vermerkte hingegen „Bild" am 8. Oktober. Im Fernsehen erwähnt wurde diese Aufschlüsselung, die für die Bewertung der Aids-Gefahr wichtig ist, nur in der Sat 1-Sendung „Talk im Turm" vom 10. Oktober.

Verdachtsliste entpuppt sich als „Phantom"

Die Erklärung, daß erst 1984 HIV dem Krankheitsbild Aids zugeordnet werden konnte, und vor 1985 kein Test zum Nachweis des Immunschwächesyndroms zur Verfügung stand, suchte man in den meisten Medien ebenfalls vergeblich. Dieser Sachverhalt ist jedoch wichtig, um die Fälle von verunreinigten Blutprodukten vor 1985 von denen zu unterscheiden, die nach Einführung des Aids-Tests in geringem Umfang aufgetreten sind. Dessen ungeachtet walzte zum Beispiel die ARD-Sendung „Im Brennpunkt" vom 8. Oktober den aktuellen „Skandal" künstlich aus, indem sie auf Vorfälle Bezug nahm, bei denen Menschen vor 1985 mit HIV infiziert wurden. Warum „endgültige Sicherheitsvorschriften zum Schutz von Blutern . . . erst im Oktober '85" kamen, und die „obersten deutschen Gesundheitsbeamten" bis dahin nicht „ihrer Pflicht zum Schutz der Bürger" nachkamen, beließen Egmont R. Koch, Irene Meichsner und Herbert Stelz in ihrer Reportage im dunkeln. Zu Unrecht monierte auch die „tageszeitung" vom 7. Oktober, es sei vor 1985 „nichts unternommen" worden, „um die Blutprodukte zu inaktivieren". Dieser Vorwurf war ebenfalls haltlos. Denn erst Mitte der 80er Jahre wurde erkannt, daß ein bestimmtes Verfahren zur Inaktivierung von Hepatitis-Viren auch bei der Bekämpfung der Immunschwächekrankheit Aids dienlich ist.

Das BGA habe 373 Verdachtsfälle auf Ansteckung mit HIV „verschwiegen" beziehungsweise „verheimlicht", meldeten am 7. Oktober die Nachrichten von ARD bis ZDF, von Sat 1 bis RTL, am Tag darauf unter anderem flankiert von der „Bild"- und der „Süddeutschen Zeitung". Daß die Liste jedoch „Insidern immer schon bekannt" war, wie der Präsident der Berliner Ärztekammer, Ellis Huber, am 11. Oktober im Interview mit der „Frankfurter Rundschau" – wie auch einige BGA-Beamte – betonte, fand in den wenigsten Medien Beachtung. Daß den Gründen Seehofers für die Zwangspensionierung Steinbachs damit der Boden entzogen war, merkte lediglich die F.A.Z. am 9. Oktober an: „Es mag andere Informationslükken zwischen Bundesgesundheitsamt und Ministerium geben, die den Minister . . . in Rage gebracht haben. Begründet aber wurde die Strafaktion mit der Verdachtsliste", die sich als „Phantom" entpuppt habe, weil sie „mit aktuellen Gefährdungen in jüngerer Zeit nichts zu tun hat". Mit dieser Aussage griff die F.A.Z. einen weiteren wichtigen Punkt auf. Denn von den 373 aufgelisteten Fällen, so wurde nach der eilig anberaumten Anhörung des Ministers vor dem Gesundheitsausschuß des Bundestages vom 8. Oktober bekannt, fallen wohl nur ganz wenige in die Zeit nach der Einführung des Aids-Tests. Die „Welt" hatte am selben Tag noch – obwohl sie die zeitliche Eingrenzung (vor/nach 1985) erwähnte – auf Sensationsschlagzeilen gesetzt: „Deutscher Aids-Skandal weitet sich aus", „mindestens 1500 Bluter infiziert", wobei – wie später im Text zu lesen war – auch die mehrheitlichen Fälle der Bluterkrankheit mitgezählt worden waren, bei denen die Infizierung mit HIV vor Oktober 1985 aufgetreten ist.

Wirres Zahlenkarusell

Doch auch nach den Erklärungen Seehofers herrschte keine Gewißheit über das nunmehr zahlenmäßig geschrumpfte Ausmaß des sogenannten Skandals: In „Talk im Turm" auf Sat 1 erläuterte Reinhard Kurth, Präsident des Paul-Ehrlich-Instituts, daß 16 Fälle auf der Liste in die Zeit nach 1985 fallen würden. Daß es zwölf Personen gebe, von denen fünf mit Sicherheit erst ab Mitte der 80er Jahre angesteckt worden seien, berichteten die „Süddeutsche Zeitung" und „Bild" am 9. Oktober, das Magazin „Focus“ am 11. Oktober. Die „tageszeitung“ (9. Oktober) nannte wiederum insgesamt „zwölf infizierte Konserven nach Oktober 1985“. Am selben Tag schrieb die F.A.Z.: Bei „sieben Fällen aus dem Jahr 1985“ lasse sich nach Seehofers Angaben nicht mehr der Monat der Infektion bestimmen. Die anderen fünf Fälle seien „möglicherweise“ nach 1985 eingetreten.

Im Kontext des wirren Zahlenkarussells blieb selbstverständlich die Frage, ob das Aids-Risiko gewachsen sei, nicht aus. „Bild“-Kommentator Paul C. Martin bemerkte hierzu am 8. Oktober: „Natürlich wissen wir, daß es Lebensrisiken gibt . . . Doch die Bürokraten haben uns verschwiegen, daß jetzt auch Aids ein ‚normales Lebensrisiko‘ geworden ist – wie der Autounfall.“ Der „Spiegel“ (11. Oktober) schrieb: „Noch immer gibt es keinen sicheren Schutz vor HIV-Infektionen durch Blutkonserven.“ Die „Gefahr wurde und wird verschwiegen, mindestens unzulässig verkleinert“. Angesichts der relativierten Zahlenverhältnisse haben sich diese Urteile jedoch als zu voreilig erwiesen. Dennoch bleibt natürlich ein Restrisiko von eins zu einer Million bei Blutkonserven bestehen, worauf – neben Reinhard Kurth in der Sendung „Talk im Turm“ – auch Michael Emmrich in der „Frankfurter Rundschau“ (11. Oktober) hinwies: „Die Zahl der unwissentlich infizierten Patienten ist offenbar wesentlich geringer als zuerst befürchtet.“ Für „Hysterie“ gebe es „keinen Anlaß“. Gleichwohl nährte Emmrich diese Hysterie selbst, indem er einige Zeilen später schrieb, die Vorfälle seien der „mittlerweile größte Medizin-GAU seit Contergan“.

Gewinnsucht eines „großen Schweigekartells“

Einen breiten Raum in der Berichterstattung nahm die Suche nach den für die skandalträchtigen Vorfälle verantwortlichen Akteure ein. Ein beachtliches Informationschaos zwischen BGA und Gesundheitsministerium war zwar anhand der Beiträge nicht von der Hand zu weisen. Jedoch litten die Vorwürfe gegen die Pharmaindustrie deutlich an Beweismängeln. Umso heftiger wurde polemisiert. „Im Brennpunkt“ (ARD) etwa wurde die Pharmaindustrie als Teil eines „großen Schweigekartells“ apostrophiert, das „keine Unruhe“ verbreiten wolle, um „die Geschäfte nicht zu stören“. Der „Spiegel“ unterstellte unter anderem der Firma Immuno, in ihrem Zentrum am Hamburger Hauptbahnhof Fixer als Blutspender anzunehmen, wogegen sich Jürgen Schuster, ein Sprecher des Unternehmens, in „Talk im Turm“ verwahrte: Der vom „Spiegel“ benannte Zeuge sei „nicht drogenabhängig“ und habe Immuno versucht „zu erpressen“. Als die Firma Anzeige erstattete, sei er dann „zu den Medien gegangen“. Das Plasmazentrum habe man zudem deshalb am Bahnhof eingerichtet, weil der „in erster Linie ein Verkehrsknotenpunkt ist“ und nicht ein Ort, an dem „sich Drogenabhängige . . . rumtreiben“.

Zwischen pauschalen Anschuldigungen, die letztlich immer im Vorwurf der blinden Gewinnsucht der Pharmaunternehmen gipfelten, war der „Spiegel“ zwar auch darum bemüht, Hintergrundinformationen zum Thema zu liefern. Jedoch auch dort versagte zuweilen das Können der Magazinmacher. So wurde den Lesern eine Grafik über „Methoden zur Sicherung von Blutprodukten" präsentiert, aus der zu entnehmen war, daß die Marburger Behringwerke ihre Plasmapräparate angeblich trocken erhitzen, um HIV abzutöten. Immuno dagegen benutze als einzige deutsche Firma „flüssige Hitze", was soviel heißt, daß die Plasmapräparate unter Zugabe stabilisierender Stoffe in wässriger Lösung zehn Stunden lang erhitzt werden. Daß Behring in Wirklichkeit die zweite Methode anwendet, sie sogar erfunden hat und sie als sehr sicher gilt, fiel bei der Recherche zu dem „Spiegel"-Artikel der vergangenen Woche augenscheinlich unter den Tisch.

Im Rückblick auf die reale Dimension des Skandals einerseits und die Medienberichterstattung andererseits fällt ein gemeinsamer Nenner auf: Zahlreiche Journalisten haben sich einer ungerechtfertigten, weil voreiligen Hysterie hingegeben, ohne vorher die Faktenlage abzuklopfen. Doch es gab Ausnahmen wie etwa der von Erich Böhme nüchtern moderierte „Talk im Turm" (Sat 1) oder die n-tv-Sendung „Taubenstraße" vom 8. Oktober, in der Fachleute sich zu telefonischen Anfragen von Zuschauern äußerten. Überdies bemerkenswert ist das Fazit der „tageszeitung" vom 9. Oktober. Manfred Kriener beklagte darin ebenfalls die „Hysterie der Medien". Das BGA habe „das Ausmaß der Aids-Epidemie unter Blutern und Transfusionsempfängern . . . bisher korrekt wiedergegeben". Nun sei aber Aufklärung über die Sicherheitsmaßnahmen vor 1985 nötig. Dies „wäre man den mehr als 2000 Opfern auch schuldig, die sich bisher über Blut und Blutprodukte mit dem Virus angesteckt haben". dkg

(MK 42/93, 18. 10. 1993)

Aids

„Und schon wieder kein Skandal"

Medien-Hysterie um infizierte Blutprodukte läßt deutlich nach

Hat der größte Aids-Skandal Deutschlands nun eigentlich stattgefunden oder nicht? Vor drei Wochen hätten die meisten Medien diese Frage mit Ja beantwortet, als 373 Verdachtsfälle einer HIV-Infektion durch Blutprodukte bekannt wurden. Doch die von manchen Journalisten mitzuverantwortende Verunsicherung der Öffentlichkeit hätte durch eingehendere Recherche verhindert werden können: Denn die genannten Fälle waren Insidern des Gesundheitswesens weitgehend bekannt und lagen fast ausschließlich vor dem Jahr 1985, also bevor der Aids-Test in der Bundesrepublik eingeführt wurde. Am 19. Oktober bahnte sich dann ein neuer „Skandal" an, der sich inzwischen auch als Fehlalarm erwiesen hat: Die hessische Firma Biotest hat zwar eine durch HI-Viren verdorbene Charge des Gerinnungsfaktorpräparats PPSB in Umlauf gebracht. Jedoch stammte die Produktionsserie von 1984, war nur bis 1986 auf dem Markt, aber erst 1990 anhand von Rückstellungsmustern HIV-positiv getestet worden. Diesmal reagierte die Mehrzahl der Medien – mit Ausnahme der ARD – allerdings gelassener.

„Das ist ein großes schwarzes Loch"

Betrachteten die ARD-„Tagesthemen" schon am 19. Oktober den neuen Fall als „Horror-Meldung", die „Tausende von Infektionen" erwarten lasse, hielten sich andere Sender und auch die Presse mit Kommentaren sogar noch am darauffolgenden Tag zurück. Sie wiesen unisono darauf hin, daß der Vorgang dem Bundesgesundheitsamt (BGA) bekannt und von der betreffenden Charge heute keine Infektion mehr zu erwarten sei. Die „Frankfurter Rundschau" meldete gar am 21. Oktober, daß die Firma Biotest nach eingehender Aktenstudie „„mit hoher und großer Wahrscheinlichkeit"" davon ausgehe, daß sich „niemand infiziert habe". Um Aufklärung bemühte sich auch n-tv in der Sendung „Villa Bonn" vom 20. Oktober. Darin befragte Manfred Schnell den Präsidenten der Ärztekammer Nordrhein, Jörg Hoppe, nach der Brisanz des neuen Verdachtsfalles. Der wies darauf hin, daß ein Restrisiko nie auszuschließen sei. Gleichwohl würden in der jetzigen Diskussion die wirklich „dicken Brocken", also etwa die Ansteckungsgefahr durch Geschlechtsverkehr ohne Kondom, aus den Augen verloren. Sollte sich aber herausstellen, daß es Informationspannen zwischen Pharmaunternehmen, Ärzten, BGA und Gesundheitsministerium gibt, sei das „Schlamperei".

Manfred Schnell selbst überzeugte in dem Interview dadurch, daß er gezielte und sachkundige Fragen zum Thema stellte. Auf diese Weise zeigte er sich seinem Interviewpartner gewachsen. Dagegen standen die Moderatoren des ARD-„Morgenmagazins", Jutta Münch am 20. Oktober und Jürgen Drensek einen Tag später, ihren jeweiligen Gesprächspartnern, dem SPD-Gesundheitsexperten Horst Schmidbauer beziehungsweise dem Pharmakritiker Ulrich Moebius, recht hilflos gegenüber. So schien Frau Münch nicht so ganz die von Schmidbauer skizzierten und kommentierten Kausalzusammenhänge im „Aids-Skandal" zu verstehen. Immer wieder fragte sie ihn mit fassungsloser Miene: „Wie kann sowas überhaupt passieren?" Am Ende des Interviews wußte sie lediglich anzumerken: „Das ist ein großes schwarzes Loch, was sich da aufgetan hat. Wer weiß, was da noch rauskommt." Jürgen Drensek kam seinerseits nicht gegen den wortgewaltigen Moebius an, auf dessen Anschuldigungen gezielte Rückfragen notwendig gewesen wären. So behauptete Moebius etwa, „man" lasse „wissentlich, willentlich infektiöses Material in den Markt". Bei dem HIV-Skandal handele es sich im Grunde um „ein geplantes und organisiertes Staatsverbrechen. Wir haben also eine Regierungskriminalität West".

„Panikmache“ um „Informations-Windeier“

Daß der jüngste Fall ein Skandal darstelle, der „noch lange nicht ausgestanden“ sei, behauptete die ARD-„Tagesschau“ am 21. Oktober. In diesem Tenor bewegte sich am selben Tag auch die Berichterstattung der „Hessenschau“ (HR). In den Printmedien regten sich indes erhebliche Zweifel an der Substanz des angeblichen Skandals. Der „Spiegel“ schrieb am 25. Oktober: „Für die Vermutung der ARD-Tagesthemen – ‚Mehrere tausend Menschen sind in den Tod gespritzt worden‘ – gibt es keinen Beleg.“ Bundesgesundheitsminister Horst Seehofer „gab ... wahrscheinlich Fehlalarm“. Die „Zeit“ (22. Oktober) bemerkte hierzu: Wenn die Charge von Biotest nicht, wie zunächst vermutet, aus dem Jahr 1990 sei, habe „Minister Seehofer ein Problem. Er müßte sich fragen lassen, ob seine Art der blitzschnellen Glasnost-Politik ... mehr Verunsicherung als Aufklärung schafft.“ Deutliche Worte fand auch Fritz Ullrich Fack in der F.A.Z. vom 21. Oktober: „Kampagnen werden um Informations-Windeier geführt, die sich bei näherer Nachprüfung in historische Luft auflösen. Wie lange soll diese Panikmache noch weitergehen?“ Und das Nachrichtenmagazin „Focus“ (25. Oktober) brachte die Diskussion um das verseuchte PPSB in einem Satz auf den Punkt: „Und schon wieder kein Skandal.“ Die Kommentare lassen jedoch eine wichtige Frage unbeantwortet im Raum stehen: Hat sich Gesundheitsminister Seehofer möglicherweise zu einem voreiligen Schritt in die Öffentlichkeit entschlossen, weil er unter dem Druck der Medien stand? Immerhin blies ihm schon wegen des angeblichen Skandals um 373 ‚verschwiegene‘ Aids-Verdachtsfälle der Wind aus manchen Redaktionen ins Gesicht. Eine andere Lesart des Beziehungsgeflechts zwischen den Medien und Seehofer deutete Peter Ziller in der „Frankfurter Rundschau“ vom 21. Oktober an: Seehofer feile „an seinem Image“, wolle also den jüngst gewonnenen Rückhalt in Presse und Fernsehen nicht verspielen. Er gebe sich in seinem Handeln „forsch“, um „die Frage nach der Verantwortung seines Hauses“ zu übergehen – offenbar mit Erfolg. Denn bei „den Medien kommt Seehofers Selbstmedikation an. Die Kommentatoren attestieren dem Minister Mut, Kompromißlosigkeit, Offenheit und Entschlossenheit.“

Die Berichterstattung über HIV-infizierte Blutprodukte zieht indes immer weitere Kreise. So recherchierte zum Beispiel Egmont R. Koch für das ARD-Magazin „Monitor“ vom 21. Oktober, daß das Deutsche Rote Kreuz (DRK) in Hagen „mindestens 50 verseuchte Blutkonserven“ vor 1985 in Umlauf gebracht habe. Die betroffenen Empfänger seien später nicht informiert worden. Koch konnte aber nur einen konkreten Fall benennen, den das DRK auch bestätigte. „Die Übertragung wäre zu vermeiden gewesen“, erklärte Koch. Denn bereits vor 1985 habe es einen „Ersatztest“ auf Aids gegeben. Gemeint war damit der Hepatitis-Anti-Core-Test. Dieser erfaßt aber nur die HIV-positiven Blutspender, die gleichzeitig Hepatitis haben – was bei 20 Prozent der Fälle nicht zutrifft. Diese Sicherheitslücke überging Koch. Deutlich wies er hingegen auf das eigentlich Skandalöse in der jüngsten Aids-Debatte hin: Über die nachträglich entdeckten HIV-Verseuchungen von Blutprodukten sind in der Tat zahllose Betroffene nicht informiert worden. An wieviele Menschen sie das Virus inzwischen unwissentlich weitergegeben haben, ist unbekannt. dkg

(MK 44/93, 1. 11. 1993)

„Blutskandale"

Geschlampt, gepoolt und nicht überprüft

Bilanz der Berichterstattung über infizierte Blutprodukte

Mit der Berichterstattung über Themen, bei denen wissenschaftliches und medizinisches Grundwissen und nicht zuletzt Unvoreingenommenheit gefragt sind, kommen die Medien hierzulande scheinbar nicht zurecht. Wenn es beispielsweise um Tierversuche oder die Möglichkeiten der Gentechnik geht, wittern Fernsehen und Presse in erster Linie ein skandalträchtiges Verhalten von Forschung und Industrie. Eine Gesamtdarstellung aller relevanten Fakten steht hingegen oft nur im Hintergrund.

Nicht anders verhielt es sich in den vergangenen drei Monaten, in denen angeblich mit dem HI-Virus verseuchte Blutprodukte unterschiedlicher Herkunft im Mittelpunkt der Aufmerksamkeit standen. Sofort wurde ein *„Aidsskandal"* verkündet. Doch davon konnte eigentlich erst ab Ende Oktober die Rede sein, als unter anderem der Firma UB Plasma kriminelle Arbeitsmethoden nachgewiesen wurden.

Fehlalarm durch mangelnde Recherche

Abgesehen von der Entdeckung HIV-verseuchter Blutprodukte bei UB Plasma und bei von ihr belieferten Unternehmen, konnten keine weiteren Verunreinigungen von Blutkonserven oder Plasmapräparaten festgestellt werden, die sich nach dem 1. Oktober 1985 ereignet haben. Gleichwohl wurden die Medien lange Zeit nicht müde, Aids-Fälle aus der Zeit vor diesem Datum als Beleg für einen *„Blutskandal"* heranzuziehen – ungeachtet der Tatsache, daß erst ab 1985 der Aids-Test zur Verfügung stand. Die Vernachlässigung dieser zeitlichen Trennlinie führte zu den Falschmeldungen über eine Liste mit 373 angeblich aktuellen HIV-Infektionsfällen. Es stellte sich aber heraus, daß maximal 16 der Meldungen – hervorgerufen durch verdorbene Blutkonserven – nach 1985 aufgetreten sind, was bei dieser Art von Blutprodukten ein leidiges, weil noch nicht vollständig einzudämmendes Restrisiko darstellt.

Ebenso als Fehlalarm erwiesen sich die Berichte über eine verdorbene Charge des Gerinnungsfaktorpräparates PPSB der Firma Biotest. Die Charge war nämlich 1984 in Umlauf gebracht worden. „Tausende von Infektionen“, die Ulrich Wickert in den „Tagesthemen“ (ARD) vom 19. Oktober vermutete, waren bei näherer Überprüfung nicht auszumachen.

Aber nicht allein den Zeitpunkt der Einführung des Aids-Tests übersahen viele Journalisten bei ihren Recherchen. Auch die Unterschiede in der HIV-Sicherheit von Blutprodukten wurden nicht erkannt. Dabei wurde zuweilen von Blutkonserven gesprochen, wenn eigentlich Blutplasma und Plasmaprodukte gemeint waren. Daß Blutkonserven nicht durch spezielle Inaktivierungsverfahren von HI-Viren befreit werden können, ohne die Konserven dabei nutzlos zu machen, berichteten die wenigsten Medien (zum Beispiel „Bild“ und die Sat 1-Sendung „Talk im Turm“). Solche und andere elementare Fakten hätte man jedoch ohne großen Aufwand etwa vom BGA, dem Deutschen Roten Kreuz oder von Pharmaunternehmen telefonisch erfragen können.

Die hysterische Berichterstattung der Medien blieb nicht ohne Folgen: Patienten verschoben Operationstermine, Bluttransfusionen wurden verweigert, verängstigte Bürger blockierten in Scharen die Telefonzentralen von Krankenhäusern, Pharmaunternehmen und Blutbanken. So verhielt es sich auch nach einer unter anderem von der „Hamburger Morgenpost“, der „Saarbrücker Zeitung“ und der „Pforzheimer Zeitung“ am 4. November verbreiteten Meldung: Das Hamburger Gesundheitsamt, so die „Morgenpost“, habe „die Passiv-Impfung gegen Hepatitis A . . . faktisch eingestellt. Man wolle jegliches Risiko einer Infektion mit HIV-Viren vermeiden.“ Daß die Sicherheit der bei der Passiv-Impfung verwendeten Immunglobuline durch das Herstellungsverfahren nachweisbar gewährleistet ist, hätte man sehr schnell durch eine Anfrage beim Bundesamt für Sera und Impfstoffe, also dem Paul-Ehrlich-Institut in Langen, herausfinden können. Dort informierte sich am selben Tag auch noch das Hamburger Gesundheitsamt und stellte die Angelegenheit richtig.

Doch zu diesem Zeitpunkt war die Meldung schon zum Selbstläufer geworden. So erging sich zum Beispiel noch am 10. November die „Bild“-Zeitung in schlimmster Panikmache: „Aids durch Super-Impfung?“ titelte sie und berichtete von den Ängsten eines Flugbegleiters vor Gammaglobulin: „Mindestens zehnmal habe ich mir das Zeug spritzen lassen“, wurde der Mann zitiert. Dabei wurde der Eindruck suggeriert, es handele sich um eine gefährliche aber stimulierende Droge: „Viele Frankfurter fahren auf die Power-Spritze . . . ab.“

Keine journalistische Fairneß

Nicht selten kaschierten Journalisten ihre mangelnde Sachkenntnis über Aids mit um so lauteren Pauschalvorwürfen gegen Plasmaprodukte herstellende Unternehmen und das BGA. Diese Vorhaltungen stellten sich jedoch größtenteils als unzutreffend heraus: Das BGA hatte weder die Liste mit den 373 Aids-Fällen verschwiegen, noch konnte etwa der „Spiegel“ (18. Oktober) seine Behauptung stichhaltig belegen, daß „etliche Blutplasmasammler“ ihre Zentren „systematisch in Bahnhofsnähe“ ansiedeln und dort „die Adern von Junkies anzapfen“. Das von dem Nachrichtenmagazin hierzu genannte Beispiel der Firma Immuno erscheint zwar plausibel, rechtfertigt aber keine Verallgemeinerung. Überdies erklärte Immuno-Chef Johann Eibl – unwidersprochen – in einem „Spiegel“-Interview (6. November), daß die von dem Blatt als Zeugen benannten zwei Fixer „erwiesenermaßen gelogen haben“, und gegen sie die Aussagen zweier Ärztinnen von der betroffenen Immuno-Sammelstelle in Hamburg stehen würden.

Mit einer Gegendarstellung reagierten die Marburger Behringwerke auf Behauptungen, die im ARD-Magazin „Report“ am 1. November aufgestellt worden waren. In einem Beitrag hatte es geheißen, daß die Firma den Fall einer HIV-Infektion, angeblich hervorgerufen durch ein PPSB-Präparat von Behring, „vertuscht“ und das BGA durch „Lügen“ getäuscht habe. Dadurch sei „das Leben hunderttausender Patienten gefährdet“ worden. In der Gegendarstellung in der „Report“-Sendung vom 29. November legte das Unternehmen schlüssig dar, daß der von dem Magazin aufgegriffene Fall einer Patientin in Mutlangen keine Rückschlüsse auf die Behauptungen zuläßt. Dem Zuschauer vorenthalten wurde in dem Kontext, daß die Behringwerke am 1. November die Ausstrahlung des Beitrags durch eine einstweilige Verfügung gegen die verantwortlichen Sender (SWF, HR) verhindern wollte. Die Anordnung konnte aber dem Südwestfunk nur per Fax übermittelt werden. Denn in Baden-Württemberg wurde Allerheiligen gefeiert. Dadurch konnte das Schreiben nicht auf dem Postweg zugestellt werden. Gleichwohl war dem Sender der Inhalt bekannt. Der Appell der Behringwerke an die journalistische Fairneß, den formal-juristischen Vorteil nicht auszunutzen, wurde schlicht überhört.

Fairneß seitens der schreibenden und sendenden Zunft mahnten allerdings auch einige wenige Journalisten bei ihren Kollegen an. Am 28. Oktober veröffentlichten die freien Journalisten Justin Westhoff, Rosemarie Stein, Barbara Ritzert, Winfried Göpfert, Manfred Kriener – häufig für die „tageszeitung“ tätig –, Hermann Müller – unter anderem Korrespondent für die „Ärzte-Zeitung“ – sowie die für die „Zeit“ schreibenden Journalisten Kuno Kruse und Hans Harald Bräutigam eine kritische Stellungnahme zur Berichterstattung über Blutprodukte und Aids. Die monierten Beiträge, die vor der Aufdeckung des Skandals bei UB Plasma veröffentlicht wurden, bezeichneten sie als „Medien-GAU“. Es „wurde permanent gegen den Ehrenkodex des Deutschen Presserates verstoßen, der ungerechtfertigte Panikmache untersagt“. Sie räumten dabei ein, daß manche Kollegen in ihrer Arbeit nicht immer frei seien. Die acht Journalisten nahmen sich selbst dabei nicht aus: Es sei auch für sie zuweilen schwer, ihre „publizistischen

Auftraggeber“ davon zu überzeugen, „daß es mit dem Nachbeten von Vorurteilen nicht getan und daß es mit dem journalistischen Selbstverständnis nicht zu vereinbaren ist, Bürger und Patienten in tiefste Ängste zu stürzen“. Diese hätten ein „Recht auf sorgfältige Information“.

Die sich in den Nachrichten über den „Aids-Skandal“ widerspiegelnde Voreingenommenheit führten die acht Kritiker außerdem darauf zurück, daß die Medien von Politikern „instrumentalisiert“ und von „selbsternannten ‚Pharma-Kritikern‘“ unterstützt werden würden. Sie beanstandeten, daß sich die Journalisten häufig auf Aussagen des Mediziners Ulrich Moebius beriefen, der „90 weitere Geheimfälle kennen will, ohne sie vorzulegen“. Hierbei hätte auch erwähnt werden können, daß Moebius zum Beispiel behauptet hat, es gebe in bezug auf Aids einen korrupten „Amigo-Komplex“ zwischen BGA und Pharmaindustrie (ZDF-Morgenmagazin, 14. Oktober) und ein regelrechtes „organisiertes Staatsverbrechen“, sogar eine „Regierungskriminalität West“ (ARD-Morgenmagazin, 21. Oktober). Derlei Behauptungen konnte Moebius aber bis heute nicht mit Fakten belegen. Daher ist es unverständlich, daß dieser ‚Pharma-Kritiker‘ nach wie vor von den Medien als Quelle herangezogen wird.

Ungerechtfertigte Verunsicherung der Bevölkerung

Unter dem Strich ist die Berichterstattung über HIV-infizierte Blutprodukte mangelhaft gewesen (Nicht anders sieht es aus mit den Beiträgen über angeblich durch Hepatitis C verseuchte Plasmapräparate, siehe „Medien-Kritik“ 51/93). Vorwürfe wie etwa, daß bei dem Umgang mit Blut und daraus hergestellten Medikamenten geschlampt, gepoolt und zuwenig überprüft worden sei, erwiesen sich als überwiegend haltlos. Verschiedentlich wurde allerdings seitens der Medien geschlampt: Elementare, wissenschaftlich nachweisbare Fakten blieben bei der Recherche unberücksichtigt, Beweise für einen Skandal standen in der Regel auf wackeligen Beinen. Zudem läßt sich eine Art „Informationspool“ in den Beiträgen mancher Blätter und Sender erkennen: Getrennt zu behandelnde Informationen über die unterschiedlichen Blutprodukte sowie über deren HIV-Sicherheit wurden unzulässigerweise zusammengeschüttet, zuweilen mit Vorurteilen vermengt und dann als Tatsachen dargestellt. Nicht zuletzt wurden Quellen und Zeugenaussagen, die den Verdacht auf einen Skandal nährten, nicht ausreichend nach ihrer Glaubwürdigkeit überprüft. Diese drei Mängel beherrschten kontinuierlich die Berichterstattung über infizierte Blutprodukte. Zwar führte die beständige Suche nach einem neuen „Blutskandal“ und der durch die Medien ausgelöste öffentliche Druck auf die Spur von UB Plasma. Aber die auf breiter Front in der Bevölkerung ausgelöste Verunsicherung läßt sich damit nicht rechtfertigen. dkg

(MK 52/93, 27. 12. 1993)

Hepatitis C

Zweifelhafte Angaben, fehlende Nachweise

Berichten über neuen „Blutskandal" mangelt es an Fakten

„Der Aids-Skandal war nur die Spitze eines Eisbergs", verkündete Ulrich Kienzle in der Sendung „Frontal" (ZDF) vom 7. Dezember. „Blutpanscher" seien erneut am Werk gewesen. Nur diesmal seien nicht mit HIV infizierte Blutprodukte in Umlauf gelangt, sondern „tödliches Hepatitis-Blut verkauft" worden. Die Redaktion des Magazins glaubte sich offenbar einem völlig neuen Skandal auf der Spur. Doch dem von Kienzle anmoderierten Bericht von Udo Frank und Beate Thorn gelang es nicht, aufgeworfene Behauptungen schlüssig nachzuweisen und somit dem angekündigten Skandal eine solide Basis zu verschaffen. Mängel bei der Faktendarstellung boten zudem zwei Berichte in der „Frankfurter Rundschau" vom 9. Dezember und in der „Zeit" vom 10. Dezember, die sich ebenfalls mit der Ansteckungsgefahr von Hepatitis C (HCV) durch Blutprodukte auseinandersetzten.

Falsche Meßlatte angelegt

Als ersten Beleg für einen Hepatitis-Skandal führte der „Frontal"-Beitrag die fragwürdigen Testmethoden des nunmehr geschlossenen Unternehmens UB Plasma an. Dort sei HCV-infiziertes Blutplasma „gepoolt" oder „gar nicht auf Hepatitis C getestet" worden. Um das Gefährdungspotential für Empfänger des Plasmas zu verdeutlichen, wiesen Frank und Thorn allerdings auf die Ansteckungsgefahr bei Bluttransfusionen hin, die bei eins zu 5000 bis eins zu 15 000 liegt.

Daß hierbei Äpfel mit Birnen verglichen wurden, fiel den beiden Journalisten offenbar nicht auf. Denn UB Plasma lieferte kein Vollblut oder Blutbestandteile, die für Transfusionen verwendet werden, sondern Blutplasma. Wie hoch das Risiko derzeit ist, sich durch Präparate von UB Plasma mit HCV angesteckt zu haben, blieb somit unklar. Diese Ungewißheit dürfte bei nicht wenigen Zuschauern Angst ausgelöst haben. Sie wäre möglicherweise einzudämmen gewesen, wenn man auf die Inkubationszeit (20 bis 60 Tage), die danach den Beginn der Krankheit signalisierenden Symptome und auf die geringe Wahrscheinlichkeit hingewiesen hätte, daß seit der Schließung der Firma Ende Oktober dieses Jahres noch irgendwo Lieferungen von UB Plasma benutzt werden.

„Blutfirmen" handelten nach „reinem Geschäftsinteresse"

Schlamperei als scheinbar kennzeichnendes Merkmal der Arbeit mit Blutprodukten konstatierte „Frontal" aber nicht nur bei UB Plasma. Laut Meinung von „Experten“ – die ungenannt blieben – würden allein in deutschen Labors „7,2 Millionen Blutuntersuchungen“ fehlerhaft verlaufen. Ob mit der Zahl ausschließlich Tests auf Hepatitis C gemeint sind, auf welche Testmethoden sie sich bezieht und ob sie auf Schätzungen oder statistisch nachgewiesenen Fällen beruht, wurde nicht erläutert. Konkret auf den Nachweis von HCV im Blut bezog sich hingegen der Vorwurf, daß „seit Anfang 1990 . . . ein wirksamer Test zur Verfügung“ stehe, um das Virus bei Blutspendern zu erkennen. „Mit diesem Test hätte man tausende bis heute vor der tödlichen Infektion bewahren können, zum simplen Preis von acht Mark pro Analyse. Deshalb schrieb das Bundesgesundheitsamt den Sicherheitstest für alle Blutfirmen verbindlich vor.“ Doch „16 renommierte Blutfirmen“ hätten dagegen, so Beate Thorn, „aus reinem Geschäftsinteresse“ Einspruch eingelegt.

Daß die meisten Hersteller mit sicheren Inaktivierungsverfahren arbeiten, wobei die zehnstündige Erhitzung der Plasmapräparate in wässriger Lösung als optimal gilt, wurde nicht erwähnt. Ungenannt blieb auch, daß somit selbst nicht auf HCV getestetes Ausgangsmaterial keine Gefahr darstellt und daß der von „Frontal“ angesprochene Test aus dem Jahr 1990 ungenau war und erst 1992 durch ein exakteres Verfahren ersetzt wurde. Die „Frankfurter Rundschau“ und die „Zeit“ erwähnten hingegen einige dieser Aspekte.

Pauschale Urteile

Allerdings wies der „Rundschau“-Artikel von Michael Emmrich markante Schwachstellen auf. So wurden etwa pauschale Urteile, mit denen die ZDF-Redakteurin Beate Thorn die Pharmaindustrie an den Pranger stellte, ohne zu hinterfragen, als Erklärungen für den angeblichen „Hepatitis-Skandal“ herangezogen: Der Verkauf ungetesteter Blut- beziehungsweise Plasmavorräte sollte offenbar durch den Einspruch gegen das BGA sichergestellt werden. Dabei hätten „die Gesundheitspolitiker“ wissen müssen, „wenn bei Aids geschlampt wird, gilt dies zwangsläufig auch für HCV“.

Emmrich wie auch Alexander S. Kekulé in der „Zeit“ erwähnten überdies nicht, daß die 16 von „Frontal“ aufgelisteten Firmen – die „Frankfurter Rundschau“ sprach gar von 17 Unternehmen – handfeste Gründe für ihr Veto hatten. Da nämlich das Testverfahren von 1990 zu einem ungefähr 40prozentig falsch-positivem Ergebnis hätte führen können, wären im Jahr 1992 beachtliche Mengen an Plasma ungerechtfertigt für unbrauchbar erklärt worden. (Das BGA verschob schließlich nach einem Rechtsstreit die Einführung des Tests von April auf November 1992, wogegen die Firma Immuno klagte und in zweiter Instanz verlor.)

Trotz Inaktivierung „zahlreiche Bluterkranke“ infiziert

Die „Zeit“ leistete sich darüber hinaus mit ihrem Artikel eine stattliche Falschmeldung. Behauptet wurde, daß sich durch das von der Firma Behring hergestellte Faktor-VIII-Präparat Haemate HS „trotz angeblich ausreichender Inaktivierung zahlreiche Bluterkranke mit HCV infiziert" hätten. Gleich darauf hieß es weiter, daß es selbst „bei einem als sicher geltenden Medikament (Gammaglobulinen)... bereits zur Übertragung von Hepatitis-C-Viren" gekommen sei, weil ein Schritt der Inaktivierung „vom Hersteller einfach weggelassen worden" sei.

Die Wirklichkeit sieht jedoch anders aus: Bei wissenschaftlichen Untersuchungen mit Bluterkranken, die jahrelang nur Haemate HS erhalten haben, konnte kein einziger Fall einer HCV-Infektion festgestellt werden. Im Fachblatt „The Lancet" wurde gleichwohl am 1. August 1992 von einem Fall berichtet, bei dem durch das Medikament HCV aufgetreten sein soll – was wiederum von Fachärzten in Leserbriefen an „The Lancet" bezweifelt wurde.

Ebenso falsch wie die von Kekulé suggerierten Fälle einer HCV-Verseuchung ist der allem Anschein nach an die Adresse der Behringwerke gerichtete Vorwurf, daß bei der Inaktivierung von Gammaglobulinen ein Schritt weggelassen wurde. Die Firma erklärte auf Anfrage der „Medien-Kritik", daß sie zu keiner Zeit irgendeinen Teil ihres Inaktivierungsverfahrens weggelassen habe. Zu wünschen wäre, daß man dasselbe über die Art der journalistischen Faktenrecherche zu wissenschaftlichen beziehungsweise medizinischen Fragestellungen behaupten könnte. dkg

(MK 51/93, 20. 12. 1993)

HIV-Test

„Aids-Skandal noch lange nicht zu Ende"

Berichte über die Behringwerke verwischen wichtige Fakten

Ende Oktober schien sich erneut ein Aids-Skandal anzubahnen, so zumindest sahen es einige Journalisten in Presse und Fernsehen: Der Amtliche Blutspendedienst der Stadt München hatte die Marburger Behringwerke über das Versagen eines von ihnen entwickelten Aids-Tests – Markenname: „Enzygnost" – informiert. Spenderblut, das durch diesen Test im Juni noch als „HIV-negativ" bewertet worden war, erwies sich bei einer im September durchgeführten Untersuchung doch als HIV-positiv; das Blut war also mit Aids infiziert. Behring informierte daraufhin vorschriftsgemäß das zuständige Bundesamt für Sera und Impfstoffe (Paul-Ehrlich-Institut) in Langen, das sofort reagierte und die Zulassung für „Enzygnost" seitdem ruhen läßt. Doch im Vergleich zu der groß angelegten Berichterstattung vieler Medien über HIV-verseuchte Blutprodukte vom vergangenen Jahr, war das journalistische Echo diesmal begrenzt – aber nicht minder von Vorurteilen und mangelndem Faktenwissen durchsetzt.

„Glaubwürdigkeit erschüttert“

In der Presse wurde die Thematik weitgehend nüchtern und korrekt wiedergegeben. Etwas aus dem Rahmen fiel allerdings am 26. Oktober die „Welt“, die zu dem aktuellen Fall meldete, „ein neuer Aids-Skandal erschüttert die Glaubwürdigkeit von Aids-Tests“. Dieser sensationsheischenden Behauptung folgte die Falschmeldung, die Zulassung für das Produkt sei von der Bundesbehörde „entzogen“ worden. Daß der Entzug der Zulassung eine endgültige, das Ruhen derselben aber nur eine vorläufige Maßnahme bedeutet, war der „Welt“ offenbar ebensowenig bekannt, wie die Tatsache, daß das Versagen eines Aids-Tests nicht von vornherein einen Skandal bedeutet. Denn kein Test kann derzeit eine HIV-Infektion erkennen, wenn sich noch keine HIV-Antikörper gebildet haben. Da alle Aids-Tests auf der Erkennung der Antikörper beruhen, die jedoch erst mehrere Wochen oder gar Monate nach der Infektion auftauchen, vermag ein Test auch keine hundertprozentige Sicherheit vor dem HI-Virus zu versprechen. Ob auf diese Weise auch die Verunreinigung der Münchner Blutspende erklärt werden kann, bleibt abzuwarten. In einer Stellungnahme, die der „Medien-Kritik“ vorliegt, teilten die Behringwerke mit, daß auch andere Tests bei der Spende versagt haben.

„Wahrscheinlich wußte Behring, daß ihr Test nichts taugt“

Fernsehzuschauer, die „Hessen Live“ (RTL) am 25. Oktober einschalteten, wurden in einem weitaus stärkeren Maße mit Falschmeldungen und tendenziöser Berichterstattung konfrontiert. Karin Eppler, die die Regionalsendung bei RTL moderierte, unterstellte dem Tochterunternehmen der Hoechst AG Heimlichtuerei, wobei sie tatkräftig von dem Pharmakritiker Ulrich Moebius unterstützt wurde: „Skandal die zweite“, bewertete Frau Eppler den Fall. „Er wäre fast unbemerkt geblieben, aber darauf haben die Behringwerke in Marburg wohl umsonst gehofft. Seit zehn Tagen läuft nun schon eine Rückrufaktion, ohne daß groß jemand darüber berichtet hätte.“ Bar jeder Kenntnis von den begrenzten Möglichkeiten von Aids-Tests, den unheilvollen HI-Virus in den ersten Wochen nach einer Infektion aufzuspüren, hieß es in dem sich anschließenden Bericht: „Keiner weiß, wie viele Blutkonserven unentdeckt verseucht sind, wie viele Menschen infiziert wurden, weil der Test einfach versagt hat... Wahrscheinlich wußte Behring längst, daß ihr Test nichts taugt.“ Auch Dr. Moebius ließ an dem Marburger Unternehmen kein gutes Haar: Es sei „zumindest ... gesichert, daß die Firma ein paar Tage lang von der Sache wußte, aber nicht reagiert hat“. Behring „wollte den Skandal unter der Decke halten“. Einen Beweis für diese Anschuldigung hatte Moebius nicht zu bieten. Hätte er den Zeitraum zwischen der Meldung des Münchner Blutspendedienstes (12. Oktober) und der Benachrichtigung des Paul-Ehrlich-Instituts (14. Oktober) zurückverfolgt, hätte ihm auffallen müssen, daß in weniger als 48 Stunden gehandelt worden war.

Abgerundet wurde der Beitrag in „Hessen Live“ von einem weit an den Fakten vorbeigesteuerten Kommentar der Moderatorin. Sie erklärte, daß dies alles „gar nicht ermutigend“ sei, „schon gar nicht für diejenigen, die gerade im Krankenhaus liegen oder vielleicht in der nächsten Zeit rein müssen. Da glaubt man, man geht krank rein und kommt gesund wieder raus, und stattdessen besteht offensichtlich zunehmend die Gefahr, daß man gar nicht mehr lebend herauskommt“. Die Basisinformation, daß obwohl das Versagen eines Tests nie ausgeschlossen werden kann, das Restrisiko einer HIV-Ansteckung durch Blutkonserven bei eins zu einer Million liegt und damit denkbar gering ist, unterschlug sie dabei. Frau Eppler leistete durch ihren Kommentar also nur der Verunsicherung der Bevölkerung Vorschub.

HR-Bericht mit zwei Gesichtern

Die „Hessenschau“ (HR) präsentierte den aktuellen Fall am 24. Oktober in einem Bericht von Herbert Stelz schon professioneller, auch wenn gleich zu Anfang wieder einem „Aids-Skandal“, der „noch lange nicht zu Ende“ sei, das Wort geredet wurde. Stelz erklärte in seinem Beitrag, beim Blutspendedienst in München sei eine infizierte Spende vom HIV-Test der Behringwerke nicht erkannt worden, aber „diese Gefahr besteht generell bei frisch infizierten Spendern . . . Wahrscheinlich wurde in München so ein Patient infiziert“. Von einem Skandal konnte also nicht die Rede sein, wie auch ein Statement von Reinhard Kurth, dem Präsidenten des Paul-Ehrlich-Instituts, bewies. Kuhrt sprach in Zusammenhang mit dem Fall des infizierten Spenderblutes aus München von einem „begründeten Verdacht“. Das bedeute, daß „erst einmal das Ruhen der Zulassung für diesen Test angeordnet“ werde. „Sollten danach neue Informationen kommen, die beweisen, daß wir zu rigide gehandelt hätten, dann müssen wir unsere Entscheidung revidieren.“

Faktenarmer „stern“-Bericht

Stelz bemühte sich auch um eine Stellungnahme der Behringwerke, doch diese wurde ihm verweigert. Dies schien den Journalisten offenbar verärgert zu haben. Denn unvermutet kippte die anfangs noch neutral gehaltene Berichterstattung um. Stelz erklärte mit ironischem Unterton etwa, daß er „gerne gefragt“ hätte, „warum die Weltfirma einen offenkundig unsicheren Test nicht freiwillig aus dem Markt nimmt“. Als wollte sich Stelz für die Abfuhr revanchieren, stellte er überdies die Behauptung auf, Blutprodukte der Firma seien „verantwortlich für Hunderte von in den 80er Jahren tödlich infizierten Bluterkranken und für eine noch unbekannt hohe Anzahl von Infizierungen normaler Krankenhauspatienten“. Worauf Stelz seine Aussage gründete, blieb den Zuschauern der „Hessenschau“ verborgen. Wer jedoch den „stern“ vom 20. Oktober gelesen hatte, konnte sich eine Erklärung zusammenreimen. Dort hatte der Journalist einige Fälle aufgelistet, bei denen sich Krankenhauspatienten durch das Blutgerinnungsmittel PPSB der Firma Behring mit Aids angesteckt haben sollen.

Die Fälle, die er aufzählte, wiesen jedoch als Zeitraum der Ansteckung die Jahre 1983 bis 1984 auf. Damit waren aber seine Beispiele, sofern sie als Beweis für Fahrlässigkeiten bei Behring gedacht waren, nicht stichhaltig. Denn erst 1985 gelang es der Firma, ein sicheres Verfahren zur Inaktivierung von HIV in Blutplasma und Plasmaprodukten – die nicht mit Blutkonserven verwechselt werden dürfen – zu entwickeln. Zwar leugnete Stelz im „stern" nicht, daß die Firmen Biotest und Behring 1985 über ein Inaktivierungsverfahren verfügten, jedoch hätten diese „schon Jahre zuvor auch Präparate am Markt" plaziert, „in denen das Virus unschädlich gemacht worden" sei. Auch hier verschwieg Stelz Wesentliches: So setzte Behring zwar seit 1981 ein Pasteurisierungsverfahren ein, daß aber der Inaktivierung von Hepatitis-B-Viren diente. Daß Aids auf einen Virus zurückzuführen war, fand die Forschung erst Mitte der 80er Jahre heraus. Erst danach konnte man experimentell nach Möglichkeiten suchen, das HI-Virus zu inaktivieren.

Wieso Stelz angesichts der vorhandenen Fakten der Marburger Firma noch immer die angebliche Verantwortung für Hunderte von tödlich Infizierten vorwirft, ist nicht nachvollziehbar. Allerdings ist es keine Seltenheit, daß Stelz mit Halbwissen und in tendenziöser Manier in den Medien auftritt. So stellte er etwa in der „Zeit" vom 7. Januar 1994 die Firma Degussa, den bundesweit größten Hersteller von Amalgam, wegen angeblicher Giftigkeit ihres Produktes an den Pranger. In der Sendung „Report" (SWF) vom 7. März 1994 attackierte er den TÜV in Hannover, der – so der Tenor in Stelz' Beitrag – die Sicherheit der Bevölkerung bei der Genehmigung von Atomkraftwerken nicht als oberste Priorität betrachte. (Siehe zu beiden Fällen „Medien-Kritik" Nr. 13, 28.3.1994). Seine Anschuldigungen erwiesen sich jedoch bei genauer Betrachtung der Fakten als gegenstandslos. dkg

(MK 45/94, 7. 11. 1994)

Rinderwahnsinn

Der fast übersehene Skandal

Nur allmählich befassen sich die Medien mit der BSE-Gefahr

Seit 1985 grassiert in England die Rinderseuche BSE (Bovine Spongiforme Enzephalopathie). Über 120 000 Rinder wurden bisher notgeschlachtet. Der Krankheitserreger ist nach wie vor nicht identifiziert, ein potentielles Ansteckungsrisiko für den Menschen – im schlimmsten Fall durch den Verzehr von Rindfleisch – kann immer noch nicht eindeutig ausgeschlossen werden. Das Bundesgesundheitsamt (BGA) forderte daher im Dezember 1993 zum Schutz des Verbrauchers strengere Sicherheitsmaßnahmen; bisher vergeblich. Die Berichterstattung in den meisten Medien ist trotz dieser brisanten Fakten ungewöhnlich zurückhaltend. In Boulevard-Blättern und medizinischer Laienpresse, ja sogar im „stern" fand der „Rindfleisch-Skandal" bisher nicht statt.

Bei Schafen tritt bereits seit 200 Jahren die mit BSE verwandte Krankheit „Scrapie" auf. Als bei der Herstellung von Tierkörpermehl aus Schlachtabfällen im Jahre 1980 aus Kostengründen auf ein Niedrigtemperaturverfahren umgestellt wurde, nahm die Krankheit ihren Lauf: „Scrapie" wurde per Futtermittel mit einer Inkubationszeit von fünf Jahren vom Schaf auf das Rind übertragen. 1985 kam es in der englischen Grafschaft Kent zu den ersten BSE-Fällen. Gehirne infizierter Rinder verwandeln sich in eine schwammförmige Masse. Die Tiere leiden unter Gleichgewichtsstörungen, sie stolpern und verhalten sich unberechenbar. Ob es sich bei dem Erreger von BSE um ein unkonventionelles Virus handelt oder um ein tückisches Eiweißteilchen mit Namen „Prion", wird unter Wissenschaftlern kontrovers diskutiert.

Viele Briten strichen nach Ausbruch der „mad cow disease" Rindfleisch vom Speiseplan, Schulkantinen verbannten das „beef". Die britische Regierung reagierte im Juli 1988 mit einem Fütterungsverbot für Tierkörpermehl an Rinder und stellte auf das alte, teurere Verfahren um. Im Februar 1989 erschien in Großbritannien der sogenannte „Southwood-Report". Er hielt die Übertragung von BSE auf Menschen für unwahrscheinlich. Im Februar 1990 folgte der „Tyrell-Report", der den damaligen Wissensstand so zusammenfaßte: „Nach heutiger Erkenntnislage wird BSE für die menschliche Gesundheit keine Folgen haben. Sollten unsere Abschätzungen aber falsch sein, wären die Folgen äußerst ernsthaft."

Die Bundesrepublik und Frankreich verhängten im Juni 1990 ein Einfuhrverbot für englisches Rindfleisch. Dieser Importstopp hatte jedoch per EG-Entscheidung nur wenige Tage Gültigkeit. Bereits am 7. Juni 1990 kam es in Brüssel zu folgendem Kompromiß: Rindfleisch darf aus Großbritannien auch aus Herden eingeführt werden, in denen BSE aufgetreten ist, wenn Knochen und sichtbares Nerven- und Lymphgewebe entfernt werden. Fleisch mit Knochen muß nachweislich von Rindern stammen, in denen in den letzten zwei Jahren kein BSE festgestellt wurde. Lebende Rinder dürfen exportiert werden, wenn sie jünger als sechs Monate sind und nicht von BSE-kranken oder -verdächtigen Tieren abstammen. Im Ausland müssen diese Kälber dann vor Ablauf ihres sechsten Lebensmonats geschlachtet werden. „Aber genau hier liegt das Risiko: Denn niemand kann die Erregerfreiheit der Tiere bescheinigen, weil es eben keine Nachweismethoden gibt", kritisierte „Die Neue Ärztliche" am 2. August 1990 den EG-Beschluß. Bis heute hat sich an diesen Export-Bestimmungen nichts geändert.

Die deutsche Presse nahm jahrelang kaum Notiz von BSE. „Die Welt" (14. Januar 1992) erklärte das so: „Die Rinderseuche hatte für europaweite Schlagzeilen, teilweise für an Panik grenzende Reaktionen gesorgt. Doch als Wissenschaftler die potentielle Gefahr der ‚Seuche' stark relativiert hatten, war es wieder still geworden um BSE." Und Dr. Hermann Feldmeier von der Freien Universität Berlin bedauerte in diesem Zusammenhang im „Deutschen Allgemeinen Sonntagsblatt" (17. April 1992) die „Kurzlebigkeit öffentlichen Interesses an mißliebigen Sachverhalten".

Erst im Januar 1993 war BSE wieder ein paar Schlagzeilen wert: „BSE-Gefahr noch nicht gebannt", meldete die „taz" (29. Januar 1993). „Importiertes Kalbfleisch aus England verseucht? ZDF: Briten und Holländer umgehen Einfuhrsperre", schrieb die „Frankfurter Neue Presse" am selben Tag. Grund für die Aufregung war ein Report des ZDF-Magazins „WISO". „Rund 250 Tonnen verdächtiges Kalbfleisch aus Großbritannien gelangen nach Informationen des ZDF-Magazins ‚WISO' jeden Monat über die Niederlande nach Deutschland. Es bestehe die Gefahr, daß die Tiere an der Gehirnerkrankung BSE erkrankt seien, die Ende der 80er Jahre in Großbritannien grassierte. Nach Angaben von ‚WISO'-Redaktionsleiter Opoczynski exportiert Großbritannien jährlich 140 000 Kälber in die Niederlande. Nach der Schlachtung im Alter von sechs Monaten werde das Fleisch mit dortigen Beständen vermischt und als holländisches Produkt vermarktet. Von den rund 1000 Tonnen Kalbfleisch, die Deutschland monatlich von den Niederlanden beziehe, stamme etwa ein Viertel ursprünglich aus Großbritannien. Für Händler und Kunden sei die Herkunft nicht überprüfbar", so die „Frankfurter Neue Presse". Und weiter: „Allerdings gingen die Erreger auf dem Herd bei starker Hitze ein." Gerade dieser Artikel macht deutlich, wie wenig Information Redakteure zu BSE besitzen. BSE grassierte nicht Ende der 80er Jahre, sondern grassiert noch stets, das Ex- und Import-Verhalten der Niederländer ist per EG-Beschluß vom 7. Juni 1990 völlig legal, der Erreger ist nicht durch übliches Kochen oder Braten abzutöten, sondern im Gegenteil ungeheuer hitzestabil.

„Dieselbe Krankheit in verschiedenen Spezies"

Im Frühjahr 1993 erkrankten zwei britische Landwirte am Creutzfeld-Jakob-Syndrom (CJS), dessen Merkmale denen des Rinderwahnsinns ähneln: Verlust der Kontrolle über den Körper, Gedächtnisverlust, Sprachbeeinträchtigung. Die Krankheit endet stets mit dem Tod. Die Gehirne der Verstorbenen sind schwammartig aufgeweicht. „Es ist dieselbe Krankheit in verschiedenen Spezies", erklärte Professor Heino Diringer, Virologe am Robert-Koch-Institut des Bundesgesundheitsamtes, rund ein Jahr später in der „Zeit" (28. Januar 1994). Im Frühjahr 1993 reagierten die „Welt" (13. März): „Rätselhafter Tod eines Bauern. Ist er das erste Opfer des Rinderwahnsinns?" und die „taz": „Zum ersten Mal ist ein englischer Bauer, der Kontakt mit infizierten Rindern hatte, an einer verwandten Hirnkrankheit gestorben." Die „taz" weiter: „Die britische Regierung weist eine Verbindung zwischen beiden Krankheiten jedoch zurück. Ihr medizinischer Experte Kenneth Calman sagte: ‚Es gibt keinen wissenschaftlichen Beweis. Jeder kann nach wie vor bedenkenlos Rindfleisch essen.'"

Wieder wurde es still um BSE. Am 23. August 1993 griff „Focus" das Thema auf und hielt von nun an immer wieder Aufsehenerregendes bereit: „In England ist es verboten, die Milch von BSE-verdächtigen Rindern als Trinkmilch zu verkaufen. Das Auslandsgeschäft dagegen floriert. Die Rindfleischexporte nach Deutschland stiegen von 5474 Dezitonnen (1991) auf das Dreifache – 14 273 Dezitonnen 1992. Noch werden Kälber aus England fast ohne Einschränkung nach Deutschland exportiert." Ab dem 29. September 1993 nahm sich die F.A.Z. des Themas an: „Rinderwahnsinn doch für Menschen infektiös?" Am 24. November 1993 kritisierte die F.A.Z. das Bundesgesundheitsministerium: „Eine Übertragung der Seuche auf den Menschen können die Virologen und Veterinäre des Bundesgesundheitsamtes nicht ganz ausschließen. Trotz dieses Risikos wurde 1990 ein völliger Importstopp für britisches Rindfleisch nach nur drei Tagen wieder aufgehoben. Gemäß einer Entscheidung der Europäischen Gemeinschaft (wogegen das Bundesgesundheitsministerium sich offenbar nicht durchsetzen konnte oder wollte) darf seither Rindfleisch von noch gesunden Tieren verseuchter Herden eingeführt werden." Und weiter: „In Großbritannien sorgt seit dem Sommer ein BSE-Bericht aus dem Bundesgesundheitsamt für Aufregung, weil dieser ein Importverbot von Rindfleisch aus verseuchten Herden fordert. Hierzulande ist dieser Bericht nicht offiziell bekannt. Anscheinend hält das Bundesgesundheitsministerium ihn zurück."

BGA-Symposium sorgte für Medienecho

Erst als der Presse bekannt wurde, daß das Bundesgesundheitsamt am 2. Dezember 1993 ein internationales BSE-Symposium veranstalten wollte, überschlugen sich die Meldungen. „Focus" (29. November) druckte ein Interview mit Prof. Dr. Richard Lacey von der Universität Leeds, der in Fachkreisen als provokanter Außenseiter gilt. Lacey: „Eine Infektion kann bereits erfolgen, wenn man Fleisch erkrankter Rinder oder Schafe ißt. CJD wird das größte medizinische Problem des nächsten Jahrhunderts. Vermutlich wird es noch bedeutender als Aids. Ich würde jedem raten, auf den Verzehr von Rindfleisch völlig zu verzichten."

Am Tag des BGA-Symposiums erfuhren sogar die Zuschauer der ARD-„Tagesschau" Wissenswertes über BSE. „Frankfurter Rundschau" (4. Dezember) und „Süddeutsche Zeitung" (23. Dezember) berichteten ausführlich über das Symposium. Am 7. Dezember gab das BGA eine Pressemeldung heraus: „Nach Ansicht des Bundesgesundheitsamtes muß vorsorglich generell und ohne Ausnahme abgeraten werden, lebende Tiere sowie aus ihnen gewonnene Produkte, z.B. Fleisch und Tierkörpermehl, bei denen die

Inaktivierung des Erregers von BSE nicht garantiert werden kann, aus Ländern mit endemischer BSE einzuführen. Es müßte nach Ansicht des Bundesgesundheitsamtes insbesondere sichergestellt werden, daß potentiell belastetes Tierkörpermehl nach Deutschland nicht eingeführt wird." „Die Woche" (9. Dezember) stellte Laceys Befürchtungen und die BGA-Ansicht gegenüber und verunsicherte – wie „Focus" – die Leser. Relativ spät, am 28. Januar 1994, dafür aber mit einem sorgfältig recherchierten, ganzseitigen Artikel reagierte die „Zeit".

Am 31. Januar 1994 berichtete „Focus" über den vermeintlich ersten Fall, bei dem sich ein Mensch durch den Verzehr von Rindfleisch mit CJS infiziert hat. „Focus" deckte auch auf, daß in Deutschland bereits eine Kuh an BSE verendete: „Erst vorletzte Woche gab das Kieler Landwirtschaftsministerium bekannt, ein aus Schottland importiertes Rind sei bereits 1992 an BSE verendet." Am 7. Februar wartete „Focus" mit einem langen, allerdings nicht fehlerfreien, Hintergrundbericht auf. Wie „Focus" fragte nun auch „Bild der Wissenschaft" (2/94): „Wurde die Rinderseuche bisher verharmlost?" Dem Wissenschaftsmagazin lag die bis dahin unveröffentlichte BSE-Expertise des BGA vor. Es zog das Fazit: „Das BGA befürchtet, daß entbeintes Muskelfleisch aus britischen Schlachthöfen BSE-verseucht ist." Der „Spiegel" berichtete erst am 21. Februar über BSE: „Erfolglos wie die Erregerfahndung der Forscher gestaltete sich auch Seehofers Versuch, den Import von Rindfleisch aus Großbritannien zu verbieten. So bleibt es bei dem 1990 in der EG ausgekungelten Kuhhandel, nach dem sogar Rindfleisch aus verseuchten Beständen eingeführt werden darf, sofern es von besonders BSE-infektiösen Bestandteilen wie Knochen, Lymphgewebe und Nervensträngen gesäubert ist – purer Nonsens, weil technisch nur unvollkommen möglich."

Auch das Fernsehen befaßte sich ab Februar ausführlicher mit BSE. Am 13. Februar meldete sich „Spiegel TV" mit einer angstschürenden Reportage, die mit den Worten endete: „In Deutschland findet schon seit Jahren ein gigantischer Feldversuch statt – mit Menschen, mit Rindern und Erregern." Das Sat 1-„Newsmagazin" befaßte sich am 3. März ausführlich mit dem Thema und behandelte die Frage, wie groß die Gefahr einer BSE-Übertragung auf den Menschen tatsächlich ist. Am 4. März ging es in einer Ausgabe der Reihe „ARD-exclusiv" um die Rinderseuche. Norbert Dohn und Helmut Rehmsen informierten in ihrer Reportage umfassend, spickten ihren Bericht jedoch mit einer ganzen Reihe von Spekulationen. So blieb die Behauptung eines Öko-Bauern, BSE werde von der Kuh auf das Kalb übertragen, ohne Kommentar von wissenschaftlicher Seite im Raum stehen. Und auch auf ein Interview mit dem wissenschaftlichen Außenseiter Richard Lacey verzichteten die Autoren von „ARD-exclusiv" nicht. Ein Kreisveterinär aus Norddeutschland sagte schließlich, daß BSE-verdächtiges deutsches Rindfleisch in den Handel gekommen sei. Belege hierfür lieferte er nicht. Was die ARD-Sendung durch ein Interview mit Bundesgesundheitsminister Horst Seehofer jedoch sehr anschaulich machte, ist die Tatsache, daß dringende Maßnahmen zum Schutz der Verbraucher ausstehen. Das inzwischen ausgesprochene Verbot, Rinderhirn und Rindermark für die Herstellung von Babykost zu verwenden, erscheint tatsächlich, um es mit den Worten der ARD-Autoren Dohn und Rehmsen zu sagen, „nicht als Vorsorgemaßnahme, sondern als längst überfällige Nachsorgemaßnahme.“ RS

(MK 11/94, 14. 3. 1994)

Rinderwahnsinn

BSE-Risiko durch Medikamente und Kosmetika

Geringes Medienecho auf Vorschriften des Bundesgesundheitsamtes

Die potentielle Gefahr, daß sich Menschen durch Lebensmittel mit dem Erreger der Bovinen Spongiformen Enzephalopathie (BSE) infizieren, wird derzeit in den Medien heftig diskutiert. Sowohl „Worst-case-Propheten“, wie Prof. Dr. Richard Lacey von der Universität Leeds („stern“, 14. April), als auch Verharmloser wie der britische Botschafter in Bonn, Nigel Bromfield („Welt“, 11. Mai), werden zur BSE-Gefahr durch Rindfleisch, Innereien und Wurst befragt. Das vermutlich größere Gesundheitsrisiko, das von Arzneimitteln und Kosmetika, die aus Rindergewebe hergestellt werden, ausgeht, ist jedoch nur selten Gegenstand der Berichterstattung. Darüber, ob und welche Gefahr von Insulin, Heparin, Frischzellen, Lippenstiften oder Hautcremes ausgeht, ist der Durchschnittsbürger, der nicht auf Fachliteratur zurückgreifen kann, falsch oder nur oberflächlich informiert.

Relativ prompte Reaktion der F.A.Z.

Am 26. Februar veröffentlichte das Bundesgesundheitsamt genaue Sicherheitsvorschriften für die Herstellung von Arzneimitteln und Kosmetika aus Geweben von Rindern, Schafen oder Ziegen zur Vermeidung des Risikos einer Übertragung von BSE beziehungsweise der mit BSE nahe verwandten Traberkrankheit (Scrapie) auf den Menschen. Relativ schnell, am 9. März, informierte die F.A.Z. ihre Leser über die Bekanntmachung des BGA: „Die jetzt erlassenen Vorschriften gelten für die Herstellung von Arzneimitteln, die entweder aus Gesamtextrakten tierischer Gewebe bestehen (Organpräparate) oder isolierte Einzelstoffe enthalten, etwa das gerinnungshemmende Heparin. Da es bisher keinen Test gibt, mit dem festzustellen wäre, ob ein Tier mit BSE infiziert ist, hängt die Sicherheit solcher Arzneimittel entscheidend von der Auswahl der Tiere nach Herkunftsland und Haltung ab. So dürfen Rinder aus dem Hochrisikoland Großbritannien, wo wöchentlich Hunderte von Tieren wegen der gefürchteten Gehirnerkrankung geschlachtet werden müssen, überhaupt nicht verwendet werden, ebensowenig Tiere, die in anderen Ländern in Herden gelebt haben, in denen irgendwann einmal BSE aufgetreten ist. Das Infektionsrisiko hängt aber auch von der Menge des Ausgangsgewebes und der Tagesdosis des fertigen Präparates ab."

Wie wenig Widerhall die BGA-Sicherheitsvorschriften jedoch insgesamt in den Medien fanden, verdeutlichte eine Notiz in der „Münchener Medizinischen Wochenschrift" (15. April"), die sich als Fachzeitschrift für niedergelassene Ärzte auf die Meldung der F.A.Z. bezog. Unter der Überschrift „BGA: Erste Schutzmaßnahmen vor BSE" war zu lesen: „Das Bundesgesundheitsamt hat nun genaue Sicherheitsvorschriften für die Herstellung von Arzneimitteln und Kosmetika von Rindern, Schafen und Ziegen erstellt, wie die ‚Frankfurter Allgemeine Zeitung' meldet." Die überwiegende Mehrzahl der Zeitungsartikel beschäftigte sich derweil mit dem „Lebensmittelskandel BSE", ohne Medikamente oder Kosmetika zu erwähnen; darunter „Zeit" (8. April), „taz" (16. April), „Welt am Sonntag" (17. April), „Welt" (3. Mai) und „Bild" (11. Mai). Auch der „stern", der am 14. April in seiner Titelgeschichte ausführlich über BSE berichtete, wies nicht auf die möglichen Risiken durch aus Rindergewebe hergestellte Medikamente und Kosmetika hin. In nur einem Satz erwähnte die „Frankfurter Rundschau" am 2. März: „Menschen dürfen in keiner Form, sei es in Nahrung, Kosmetika oder Heilmitteln mit Produkten von Rindern in Kontakt kommen, die BSE haben oder haben könnten." Am 5. März hieß es: „Für Arzneimittel, deren Ausgangsstoffe vom Rind stammen, sollen künftig strengere Anforderungen gelten."

Schlechte Recherche im „Rheinischen Merkur"

Eine Falschmeldung kam vom „Rheinischen Merkur" (11. März). Redakteur Eckart Klaus Roloff machte ungewollt deutlich, daß er die BGA-Bekanntmachung vom 26. Februar noch nicht kannte, als er seinen Artikel schrieb. Er zitierte die längst überholte Aussage des Vorsitzenden des Bundestagsausschusses für Gesundheit, Dieter Thomae, vom 22. November 1993: „Da zu den möglicherweise bedenklichen Arzneimitteln so wichtige Medikamente wie Heparin und Insulin gehören, sind verbindliche Sicherheitsstandards dringend notwendig, um eine ähnliche Katastrophe wie im Blutspendewesen rechtzeitig abzuwenden". Roloff kommentierte: „Nichts geschah." Doch in der Zwischenzeit war sehr wohl etwas geschehen, nämlich die Bekanntgabe der BGA-Sicherheitsmaßnahmen. Und außerdem geht ausgerechnet von den beiden genannten Präparaten Heparin und Insulin kein beziehungsweise ein nur geringes BSE-Risiko aus. So war in einer Mitteilung der Arzneimittelkommission der Deutschen Apotheker in der „Deutschen Apotheker Zeitung" (21. April) zu lesen: „In den Medien wird die BSE-Sicherheit von Heparinen und Insulinen häufig in Frage gestellt.

Das Risiko ist aber gerade bei diesen Arzneimitteln sehr klein oder gar nicht vorhanden." In Deutschland sei nur noch Heparin aus Schweinedarmmukosa im Handel, und es bestehe „zur Zeit keine Infektionsgefahr durch Heparine". Die Kommission weiter: „Rinderinsuline werden nur noch von drei Herstellern in Verkehr gebracht. Ihre Marktbedeutung ist gering (2 bis 3 Prozent). Ein Hersteller wird sein Rinderinsulin aus dem Handel nehmen, einer gibt an, das Insulin von Kälbern unter sechs Monaten zu gewinnen und chromatographisch zu reinigen, was zur Abreicherung von BSE-Erregern führt. Bei Rinderinsulinen besteht ein sehr geringes Risiko."

„Spiegel": undifferenzierte Pauschalschelte

Immerhin in 16 Zeilen eines fünf Seiten langen BSE-Artikels beschäftigte sich der „Spiegel" (2. Mai) mit Arzneien und Kosmetika aus Rind, Schaf und Ziege: „Allein in den Produkten der Pharmaindustrie stecken Kuheingeweide zuhauf: gerinnungshemmendes Heparin, wundschließende Fibrinkleber, dazu dubiose Organpräparate aus Knorpeln oder Stierhoden. Fötales Kälberserum ist der zentrale Grundstoff der Gentechnik. Viele Pillen sind in Kapseln aus Rinderkollagen eingeschlossen. Auch die Kosmetikhersteller komponieren ihre Salben und Lotionen mit Zutaten aus dem Kuhbauch. Lippenstifte werden aus Tiertalg hergestellt. In Hautcremes, sagt BGA-Experte Jürgen Beckmann ‚ist von Gelatine bis Gehirn fast alles enthalten'." So notwendig es ist, die Verbraucher auf die Gefahr aus dem Bereich der Pharmazeutika hinzuweisen, so falsch ist es jedoch, undifferenziert alle Präparate aus Rind, Schaf und Ziege über einen Kamm zu scheren. So warnte der „Spiegel" wie zuvor „F.A.Z." und „Rheinischer Merkur" fälschlicherweise vor dem „gerinnungshemmenden Heparin". Ferner fehlten Hinweise, daß fötales Gewebe und Fortpflanzungsorgane sowie Knochen zu den am wenigsten infektiös geltenden Teilen gerechnet werden; Gehirn, Rückenmark und Augen hingegen die meisten BSE-Erreger enthalten. Es fehlte auch der Hinweis, daß Injektionen in das Zentralnervensystem das größte Infektionsrisiko bergen, gefolgt von Injektionen in Arterien oder Venen, anderen parenteralen Anwendungsarten und dem Auftragen auf offene Wunden.

„Focus": gute Sachinformation mit kleinen Fehlern

Das Magazin „Focus", den anderen Printmedien in Sachen BSE immer einen Schritt voraus, brachte immerhin am 9. Mai – zweieinhalb Monate nach der BGA-Bekanntmachung – einen Artikel mit dem Titel: „Erreger in Kosmetika?" „Um die Gefahr zu verringern, sich mit BSE anzustecken, hat das BGA erst kürzlich Richtlinien für die Sicherheit von kosmetischen Mitteln erlassen", so „Focus". „Die Hersteller sollen keine Rohstoffe von Tieren verwenden, die aus England eingeführt wurden. Tierisches Ausgangsmaterial sollte 20 Minuten lang auf 133 Grad erhitzt werden. ‚Nur wenige

Hersteller', so die Arzneimittelkommission der Deutschen Apotheker, ,verwenden bereits jetzt Tiere aus kontrollierten Beständen'. Auswahl und Herkunftskontrolle der Tiere sei aufwendig und nicht in kurzer Zeit zu garantieren. Die benötigten Körperbestandteile würden aus Schlachthöfen bezogen, wobei sich nicht mehr feststellen ließe, aus welchen Herden das verwendete Material stamme." „Focus" weiter: „Wirksame Einfuhrkontrollen fehlen, und so könnte der Erreger des Rinderwahnsinns über Abfallprodukte aus Schlachthöfen auch in Cremetöpfe, Lippenstifte und Seifentuben gelangt sein. Diese Befürchtung bestätigt inzwischen auch das BGA. Eine ganze Palette von Kosmetika und Pflegemitteln enthält tierische Rohstoffe, insbesondere von Rindern und Schafen." Als gefährlich stufte das Magazin Frischzellkuren ein, da diese direkt unter die Haut gespritzt werden. Aber auch vor Cremes, die Rindertalg enthalten sowie vor Seifen-, Dusch- oder Schaumbädern und Lippenstiften mit Wollfett (Lanolin) warnte „Focus", ebenso vor Collagen und Elastin, welche aus Häuten, Sehnen und Knochen extrahiert werden. Falsch war jedoch die pauschale Aussage in „Focus", die Experten seien sich einig, „daß die Gefahr, sich durch äußerliches Auftragen zu infizieren, weitaus geringer ist, als wenn der Erreger mit der Nahrung aufgenommen wird." Hier hätte das Magazin differenzieren müssen. Lediglich das Auftragen von BSE-verseuchten Salben oder Cremes auf völlig intakte Haut kann als sicherer als die orale Aufnahme von BSE-belasteten Medikamenten oder Lebensmitteln angesehen werden. Salben und Cremes werden aber bevorzugt auf rauhe oder gerötete Hautstellen mit feinen Rissen aufgetragen. Das Aufbringen des BSE-Erregers auf defekte Hautstellen oder Schleimhäute wird jedoch laut BGA als gefährlicher eingestuft als das Schlucken des Erregers („Deutsche Apotheker Zeitung", 10. März). Eine mögliche Erklärung: In Magen- und Darm werden Eiweißbestandteile des BSE-Erregers durch „proteolytischen Abbau" zerstört. Sicher sind sich die Wissenschaftler diesbezüglich jedoch nicht. Der Magen spiele für die Ansteckung mit BSE vermutlich keine Rolle, so Prof. Detlev Riesner von der Universität Düsseldorf in einem Interview mit „Focus" am 9. Mai: „Man nimmt vielmehr an, daß er (der BSE Erreger) durch Nervenverletzungen in der Mundhöhle ins Gehirn wandert. Das ist aber auch nicht bewiesen."

Nach so viel Widersprüchlichem und so wenig konkreter Information zum Thema „BSE-Gefahr durch Arzneimittel und Kosmetika" bleibt der Leser wieder einmal verunsichert zurück. Verantwortlich dafür sind sicherlich die Medien, die sich nur selten um eine gute, wissenschaftlich fundierte und hinreichend abgesicherte Recherche bemühen. Aber auch die Wissenschaftler, die ihre Forschungsergebnisse zu BSE auf Kongressen und in Fachzeitschriften publizieren, machen einen Fehler, wenn sie es versäumen, mit den Massenmedien einen fruchtbaren Dialog zu führen. Sie öffnen damit Außenseitern Tür und Tor, ihre Meinung auflagenfördernd zu verbreiten. RS

(MK 21/94, 24. 5. 1994)

Rinderwahnsinn

Spekulationen über die „BSE-Mafia"

„stern" und „stern TV": Tätern auf der Spur

Ob es sich um Landwirte, Viehhändler, Schlachter oder Küchenchefs handelt, alle scheinen sich ohne Rücksicht auf eine mögliche gesundheitliche Gefährdung des Verbrauchers am illegalen Handel mit englischen – und damit potentiell BSE-infizierten – Rindern zu bereichern. Dieser Eindruck entsteht, wenn man die jüngsten Berichte, insbesondere in „stern-TV" und „stern", zum Thema Bovine Spongiforme Enzephalopathie (BSE) verfolgt. Ob es sich bei der nun aufgedeckten Einfuhr britischer Rinder um Einzelfälle handelt, oder ob die Medien möglicherweise nur die Spitze des Eisbergs fanden, ermittelt derzeit die Staatsanwaltschaft. Was Günther Jauch am 16. November in „stern-TV" anhand von Filmen, die mit versteckter Kamera aufgenommen wurden, den Zuschauern präsentierte, war am folgenden Tag im „stern" zu lesen: „Der illegale Handel mit englischem Vieh floriert. Holländische Händler boten dem ‚stern' dutzendweise Kühe an." Reporter von „stern" und „stern-TV" gingen dem Hinweis nach, daß auf einem Viehmarkt im niederländischen Leeuwarden Kühe aus England verkauft würden. Das jedoch ist bereits seit 1989 wegen des in Großbritannien grassierenden Rinderwahnsinns verboten. In der Tat erhielt das „stern"-Team in Leeuwarden nach längeren Verhandlungen die Telefonnummer eines Händlers, der trächtige Jungkühe aus England liefern wollte.

„Die Tiere sind konkurrenzlos billig"

Reporter Georg Wedemeyer berichtete im „stern" über das Telefonat mit dem Händler: „Der Mann am anderen Ende der Leitung sagt: ‚Ist kein Problem. Erst letzte Woche habe ich 100 englische Färsen in die Nähe von Rostock geliefert.' Die Tiere sind, weil illegal, konkurrenzlos billig. Auch uns will er sie vor die Haustür liefern." Wedemeyer weiter: „Auf dem Markt sind auch die Wege der Schmuggler zu erfahren. Der erste geht über Nordirland. Das gehört zum Vereinigten Königreich, also keine Kontrollen. Von dort werden die Kühe über die grüne Grenze nach Irland gefahren, im Schnitt jeden Monat über 4000 Stück, wie die englische ‚Times' schon im April meldete. Mit neu eingeknipsten Ohrmarken kommen die ‚irischen Rinder' schließlich in Holland an." Der zweite Weg sei der legale Import von englischen Kälbern nach Holland. Diese müssen zwar per EG-Beschluß vor Ablauf ihres 6. Lebensmonats geschlachtet werden, „aber das macht nicht jeder", erklärten Markthändler dem „stern".

„Zu lax kontrolliert"

Auch „Focus" berichtete am 21. November über den illegalen Import englischer Rinder über Drittländer: „In Mecklenburg-Vorpommern, wo kürzlich Rinder britischen Ursprungs festgestellt wurden, läuft bereits das Ermittlungsverfahren gegen einen Tatverdächtigen. Um die Spur der Viehtransporteure nach Deutschland zurückverfolgen zu können, sollen die Staatsanwaltschaften in Niedersachsen und Schleswig-Holstein eingeschaltet werden." Doch nicht nur unter den Viehhändlern, auch unter den Schlachtereien scheint es in Sachen BSE schwarze Schafe zu geben: „Schon Ende August meldeten mehrere Tierärzte, im Schlachthof des schleswig-holsteinischen Bad Bramstedt wurde zu lax kontrolliert, teilweise gingen kranke Tiere zusammen mit gesunden übers Schlachtband. Nach Aussage der Tierärztin Dr. Margit Herbst, einer anerkannten BSE-Expertin, waren darunter ‚auch welche mit dringendem Verdacht auf Rinderwahnsinn'", so der „stern". Das Kieler Landwirtschaftsministerium habe den BSE-Verdacht zurückgewiesen, die Kieler Staatsanwaltschaft ermittele jedoch noch. Auch Küchenchefs würden ‚BSE-Fleisch' kaufen, schrieb „Focus" (12.September). Aufgrund eines von „Focus" fingierten Angebots von billigstem „Rindfleisch aus britischen BSE-Beständen" orderten ein Essener Party-Service sowie je ein Restaurant aus Leipzig und Erfurt das illegale Fleisch. Sowohl der Party-Service als auch das Leipziger Restaurant gaben auf Befragen an, nur deutsches beziehungsweise argentinisches Rindfleisch zu servieren. Auch wenn die Gastronomen ohne das fingierte „Focus"-Angebot mit großer Wahrscheinlichkeit nie englisches Rindfleisch geordert hätten, so gibt das Ergebnis der Testaktion doch zu denken. „Bundesgesundheitsminister Horst Seehofer nennt das Risiko, ‚BSE-Fleisch' vorgesetzt zu bekommen, ein ‚nicht zu verantwortendes Experiment am Menschen'. Doch schnell – dies zeigte die ‚Focus'-Aktion – verwandeln sich Verbraucher in Versuchskaninchen", so „Focus". Den Verdacht, daß vielleicht auch englische Landwirte aus Profitgier mit der Gesundheit des Verbrauchers spielen, äußerte die „taz" (7. November) in einem Interview mit dem britischen BSE-Forscher Harash Narang. Die Spekulation des „taz"-Redakteurs Ralf Sotschek: Fleisch von britischen Rindern darf nur exportiert werden, wenn die Herden, aus denen das Fleisch stammt, sechs Jahre BSE-frei waren. Tritt kurz vor Ablauf dieser Frist ein neuer BSE-Fall auf, so verlängert sich der Wartezeitraum erneut auf sechs Jahre. Um sich jedoch vor weiteren finanziellen Einbußen zu schützen, bringt der betroffene Landwirt seine „BSE-Kuh" auf einen noch länger vom Export ausgeschlossenen „BSE-Hof" und nimmt von dort eine scheinbar gesunde Kuh mit in seinen Stall. Auch wenn es sich hier um einen unbewiesenen Verdacht der „taz" handelt, so zeigt doch auch dieses Beispiel deutlich, wie löchrig die von der EU ergriffenen Schutzmaßnahmen sind. Ob Landwirt, Händler, Schlachter oder Gastronom – die vier Stationen, die Rindfleisch durchläuft, bevor es zum Verbraucher gelangt – alle stellen für den Verbraucher ein unkontrollierbares Risiko dar, mit „BSE-Fleisch" beliefert zu werden. Selbst wenn die Medien nicht beweisen können, daß tatsächlich mit BSE infiziertes Rindfleisch auf den Teller des Verbrauchers gelangt, haben sie doch deutlich gemacht, daß dies durchaus möglich ist. Solange die Übertragbarkeit des BSE-Erregers auf den Menschen nicht mit Sicherheit ausgeschlossen werden kann, ist es die Pflicht der Medien, auf diese Gefahr hinzuweisen. Ob „stern“, „stern-TV“, „Focus“ und „taz“ die geeignetste Form der Berichterstattung wählten, kann sicherlich kontrovers diskutiert werden. Fest steht jedoch, daß die Maßnahmen der EU nicht ausreichen. RS

(MK 49/94, 5. 12. 1994)

Alternative Krebstherapie

Ein gefährlicher „Herr der Killerzellen“

Medien verhelfen falschem Professor zu Popularität

Alternative Krebstherapien gibt es viele. Die derzeit wohl populärste Methode ist jedoch die „Killerzellen-Therapie“ des Münchner Arztes Dr. Nikolaus W. Klehr, dem es immer wieder gelingt, die Medien vor seinen Karren zu spannen. Selbst „austherapierten“ Krebspatienten verspricht der ursprünglich als Kassenarzt für Hautkrankheiten praktizierende Mediziner in Presse, Funk und Fernsehen „Erfolgsraten“ von über 90 Prozent. Daß es bisher keinerlei Beweise für die Wirksamkeit von Klehrs Killerzellen gibt, wird – mit wenigen Ausnahmen – von den Medien verschwiegen.

Dazu Professor D.K. Hossfeld von der onkologischen Abteilung des Universitäts-Krankenhauses Hamburg-Eppendorf in der Münchener Medizinischen Wochenschrift (MMW) vom 30. Juli: „Gemessen an den zahllosen Berichten in der Boulevard-Presse, an Rundfunk-Interviews und an Fernsehauftritten, ist Dr. Klehr ein Star. Die Medien und nicht seine dokumentierten Erfolge haben bewirkt, daß eine beträchtliche Anzahl von Patienten mit bösartigen Erkrankungen seinen Namen kennt. Kaum ein Tag vergeht, an dem hauptberuflich tätige Onkologen nicht auf ihn angesprochen werden. Unzählbare Stunden wurden aufgewendet, um Patienten über die Haltlosigkeit der von Dr. Klehr propagierten und von ihm praktizierten Methode zu informieren.“ Auch die Arbeitsgruppe „Biologische Krebsabwehr“ Nürnberg kritisierte den Rummel um die „Killerzellen-Therapie“ (MMW, 30. Juli). Sie meinte, es sei „erstaunlich, daß sogar öffentlich-rechtliche Medien wie der Norddeutsche Rundfunk“ („Up‘n Swutsch“, 3. Hörfunkprogramm, 10. Februar) ungeprüfte Aussagen verbreiteten.

„Der Mann kriegt eines Tages den Medizin-Nobelpreis“

Ein Blick in die Laienpresse der letzten drei Jahre bestätigt das Bild. Allein die Zeitschrift „Goldene Gesundheit“ widmete den „Killerzellen“ in dieser Zeit achtmal einen mehrseitigen Artikel. „Das Geheimnis der Killerzellen und wie sie den Krebs besiegen“ (8/91), „Killerzellen geben den Verzweifelten echte Chancen" (9/91), lauteten einige der Schlagzeilen. Im Heft 9/92 startete „Goldene Gesundheit" schließlich eine Telefonaktion mit Klehr. Die „Freizeit Revue" (48/92) bezeichnete ihn als „Herrn der Killerzellen". Die „Aktuelle" (53/92 und 5/93) berichtete, Klehr habe schon 3000 Krebspatienten geheilt, und auch die „Bunte" (38/92) pries Klehrs „neue Waffe gegen den Krebs". In der August-Ausgabe von „Bio spezial" (4/93) behauptete Klehr: „Meine Therapie ist wissenschaftlich gestützt, und sie ist wissenschaftlich nachweisbar." Seine Vorzeige-Patientin, die Schauspielerin Liane Hielscher, in „Bio spezial": „Der Mann kriegt eines Tages den Medizin-Nobelpreis für seine revolutionäre Entdeckung."

Das Fernsehen verhalf Klehr schließlich zu breiter Popularität. Am 16. Oktober 1992 trat er in „Schreinemakers live" bei Sat 1 auf. Die RTL-Sendung „Explosiv" berichtete am 22. Januar 1993 über die „Killerzellen". Am 3. August 1993 saß Klehr schließlich bei RTL auf dem „heißen Stuhl". Obwohl in dieser Sendung auch erklärte Gegner Klehrs zu Wort kamen, unterließ RTL es jedoch geflissentlich, Stellung gegen Klehrs Krebstherapie zu beziehen und ließ Millionen von Zuschauern somit in dem Glauben, daß an den „Killerzellen" doch etwas dran sein könne.

Durchweg kritische Berichte über Klehr und seine Methode finden sich in den Medien selten. Die „Rhein-Neckar-Zeitung" vom 26. März brachte immerhin eine Stellungnahme der Deutschen Krebsgesellschaft, in der vor Klehr gewarnt wurde. Nur der „Spiegel" (12. April) wußte offenbar mehr als andere Medien: „Die Universitäts-Frauenklinik Würzburg hat im vorigen Monat Verlaufsbeobachtungen von neun Tumorpatientinnen vorgelegt, die sich in Dr. Klehrs Behandlung begeben hatten. Acht der neun Krebskranken sind sechs Wochen bis zwölf Monate nach Beginn der Killerzellen-Therapie verstorben; bei der neunten Kranken schreitet der Tumor fort. Daß die teure Therapie das Schicksal nicht wendet, überrascht nach den Laboruntersuchungen der Uni-Klinik in Heidelberg nicht: In einer verschlossenen Ampulle mit Killerzellen fand sich bei gründlicher Analyse nicht die geringste Spur von den versprochenen krebsfeindlichen Zytokinen." „Klehr ist ein Scharlatan", zitierte der „Spiegel" das Urteil von Professor Michael Wannenmacher, Präsident der Deutschen Krebsgesellschaft. Klehr dürfe sich per Gerichtsbeschluß nicht einmal mehr Professor nennen, schrieb das Magazin: „Der schöne Titel war ihm von der peruanischen Universität San Agustin in Arequipa verliehen worden."

Zur wissenschaftlichen Überprüfbarkeit von Klehrs Therapie schrieb der „Spiegel": „Die wissenschaftliche Prüfung macht der ‚Herr der Killerzellen' seinen Kollegen extrem schwer. Einzelheiten seiner Therapieverfahren publiziert er nicht." Ähnlich äußerte sich auch Dr. G. Kaiser von der Arbeitsgruppe „Biologische Krebsabwehr" in der MMW (30. Juli): „Obwohl Herr Dr. Klehr ausdrücklich und bereitwillig zugesagt hatte, Befunde und Verlaufsdokumentationen einer Vielzahl von ihm behandelter Patienten der Arbeitsgruppe zur Einsicht zur Verfügung zu stellen, haben wir die Unterlagen bis heute nicht erhalten. Die von ihm angekündigte Publikation über seine Behandlungsergebnisse in einer onkologischen Fachzeitschrift liegt nach Kenntnis der Arbeitsgruppe bisher nicht vor." Eine Verbesserung der Überlebenszeit durch die Behandlung mit Killerzellen sei nicht belegt, so Kaiser. Es sei auch kein ausreichend dokumentierter, nachprüfbarer Krankheitsrückgang bekannt.

„Bei dem geht sehr viel Geld ein"

Daß Klehr mit seinem Medienfeldzug nicht das Wohl der Patienten sondern des eigenen Geldbeutels im Auge hat, wird schnell deutlich: Die in Glasampullen abgefüllten Killerzellen werden auf dem Postweg per Nachnahme an die Patienten verschickt. Dazu der „Spiegel": „,Halten Sie', mahnt das Merkblatt des Instituts, ‚den Gesamtbetrag von 2300 bis 3000 Mark rechtzeitig bereit'. Wie viele ‚Zyklen' erforderlich sind, jeweils zum Preis von durchschnittlich 2800 Mark, läßt der Heiler offen. Bei einer zweijährigen Immuntherapie á la Klehr sind rund 24 000 Mark fällig." Professor Hans Ehrhart, Präsident der Bayerischen Krebsgesellschaft, im „Spiegel": „Bei dem geht sehr viel Geld ein. Nächstes Jahr hat er ausgesorgt. Dann kann er nach Südamerika verschwinden." Um diesem unerwünschten Image der Geschäftemacherei entgegenzuwirken, ließ Klehr in der aktuellen Ausgabe von „Bio spezial" (4/93) verkünden, daß er krebskranke Kinder aus Tschernobyl kostenlos mit Killerzellen behandele. Zum Beweis seiner Humanität ließ er sich mit einem Dutzend der Kinder ablichten. Zu denken gab dabei die Unterzeile des Bildes: „Als sie nach 14 Tagen wieder nach Moskau zurückflogen, waren alle traurig." Heilungen, für die er selbst die Kosten trägt, gelingen dem „Herrn der Killerzellen" anscheinend in Rekordzeit; alle anderen dauern – wen wunderts noch – etwas länger. RS

(MK 37/93, 13 . 9. 1993)

Krebsvorsorge

Mammographie-Studie falsch ausgelegt

Bundesforschungsministerium widerspricht „Monitor" (WDR/ARD)

Das Bundesforschungsministerium hat einem Bericht des Fernsehmagazins „Monitor" (ARD/WDR) vom 2. Juni widersprochen, demzufolge jede zweite in Deutschland vorgenommene Mammographie-Röntgenuntersuchung zur Früherkennung von Brustkrebs falsch und die Diagnosestellung bei Brustkrebs in Deutschland schlechter als international üblich sei. Diese Behauptung lasse sich mit der von „Monitor" zitierten Deutschen Mammographie-Studie nicht belegen, teilte das Bundesforschungsministerium daraufhin mit, das die Untersuchung gemeinsam mit den Krankenkassen finanziert und mit insgesamt sechs Millionen Mark unterstützt hat.

In der „Monitor"-Sendung vom 2. Juni hatte Magazinchef Klaus Bednarz gewarnt: „Was nur die wenigsten Frauen wissen: Ein Großteil der bei der Mammographie erstellten Diagnosen ist falsch. Der Grund: veraltete Geräte und unzureichend ausgebildete Ärzte." Die Belege für die Behauptung von Bednarz sollte ein Bericht von Brigitte Venator und Volker Happe bringen, der sich hauptsächlich auf Zitate aus der Mammographie-Studie und Stellungnahmen zu der Untersuchung stützte. Sie habe ergeben, so „Monitor", daß 50 Prozent der in deutschen Praxen eingesetzten Röntgengeräte den erforderlichen Ansprüchen nicht genügten, mithin für die Früherkennung von Brustkrebs „völlig unbrauchbar" seien. Ein Vertreter des Bundesverbandes der Innungskrankenkassen unterstützte diese Aussage in einem Interview. Zudem, sagten die Reporter, seien rund 50 Prozent der Brustkrebs-Diagnosen „katastrophal falsch" gewesen. Dazu sagte Professor Edmund Lengfelder von der Universität München, daß die an der Studie beteiligten Mediziner wohl alle dazugelernt hätten.

Das Bundesforschungsministerium warnte dagegen vor übertriebenen Ängsten. Die Angabe, daß jede zweite Brustkrebs-Diagnose falsch sei, bezeichnete ein Ministeriumssprecher gegenüber der Deutschen Presse-Agentur als „groben Unfug". Für die Brustkrebs-Diagnose könne auf die Mammographie-Untersuchung nicht verzichtet werden, alle Geräte entsprächen den gültigen Bestimmungen. Die Qualitätsstandards aber seien verbesserungsfähig. Zudem wies das Ministerium darauf hin, daß mit der Studie allein die Qualität der Röntgenuntersuchungen überprüft worden sei. Zur Krebs-Früherkennung zähle aber auch der Tastbefund, so daß Ärzte bei einer Brustkrebs-Diagnose beide Untersuchungsarten anwandten. Werde das berücksichtigt, entspreche die diagnostische Treffsicherheit deutscher Ärzte dem internationalen Standard. Gegenüber der Deutschen Presse-Agentur sagte der an der Studie beteiligte Professor Dieter von Fournier von der Universitätsfrauenklinik Heidelberg: „Die Rate der Fehldiagnosen ist gar nicht untersucht worden". Sowohl Professor von Fournier als auch das Forschungsministerium berichteten von Anfragen besorgter Frauen. In Deutschland erkranken jährlich etwa 41 000 Frauen an Brustkrebs. Mit rund drei Millionen Mammographien pro Jahr soll dessen Früherkennung erreicht werden. In der von „Monitor" zitierten Deutschen Mammographie-Studie wurde untersucht, unter welchen Bedingungen die Mammographie in das bestehende Programm der Krebs-Früherkennung aufgenommen werden kann. Die Ergebnisse der Studie sollen in diesem Jahr mit einem internationalen Expertenkreis beraten werden, „um die Aufnahme der Mammographie in den Katalog der Früherkennungsmaßnahmen vorzubereiten", teilte das Bundesforschungsministerium mit. MH

(MK 24/94, 13. 6. 1994)

Wehe, wenn jemand der Sache auf den Grund geht

Fernseh-Farce: „Monitor" (ARD/WDR) über Leukämie in Geilenkirchen

Das Mainzer Kinderkrebsregister hat vor einigen Jahren festgestellt, daß die Leukämierate bei Kindern in der Kleinstadt Geilenkirchen im nordrhein-westfälischen Landkreis Heinsberg signifikant höher liegt als statistisch zu erwarten ist. Solch ein brisanter Hinweis ruft für gewöhnlich Medien auf den Plan, die bei der sensationsträchtigen „Entlarvung" der auslösenden Ursache des statistischen Phänomens nicht eben zimperlich sind. Solcherart verfuhr auch das ARD-Magazin „Monitor" (WDR), das am 26. Januar, angeblich gestützt auf die Leukämiestatistik aus Mainz, verkündete, die in Geilenkirchen stationierten Awacs-Flugzeuge der Nato seien dort für die erhöhte Leukämierate bei Kindern verantwortlich.

Wer regelmäßig mit Statistiken umgeht und um die Unmöglichkeit weiß, allein auf der Basis statistischer Auffälligkeiten Ursachen zu ermitteln, durfte der Skandalankündigung von vornherein mit Skepsis begegnen. Und wer die Recherchemethoden von „Monitor" in diesem Fall einer kritischen Prüfung unterzog, fand den Verdacht bestätigt, daß die als bewiesen dargestellte These, die Awacs-Maschinen in Geilenkirchen verursachten Krebs bei Kindern, durch mutwillige Informationsverzerrung zustande kommt, die alles in allem nur als Fälschung bezeichnet werden kann. Jörg Michaelis, Leiter des Mainzer Krebsregisters, kennt diese Art der Berichterstattung und weiß, wie er im Gespräch mit der „Medien Kritik" sagte, wie leicht die betroffenen Menschen zu manipulieren sind: „Die Leute fühlen sich oft durch irgend etwas belästigt, industrielle Anlagen, Abgase usw. Wenn Erkrankungen in statistisch auffälliger Häufung bekannt werden, dann macht man eben diese Anlagen einfach dafür verantwortlich. Wissenschaftliche Nachweise gibt es dafür nur in den wenigsten Fällen."

Diese Kenntnis mußte natürlich auch die Redaktion von „Monitor" haben. Trotzdem erging sich Magazinchef Klaus Bednarz bei seiner Einleitung zu dem Beitrag von Jo Angerer, Volker Happe und Philip Siegel in Panikmache: „Von der Grenzstadt Geilenkirchen aus starten in dichter Folge die Awacs-Aufklärungsflugzeuge, die den Luftraum über Bosnien überwachen. Ein Flugzeug mit hochmoderner Elektronik und völlig veralteten Triebwerken, die, wie ‚Monitor'-Recherchen jetzt ergaben, die Bevölkerung nicht nur terrorisieren, sondern auch die Gesundheit ernsthaft bedrohen." Die Menschen, so „Monitor", seien einem Schadstoffausstoß ausgesetzt, der weit über dem von normalen Triebwerken liege. Die völlig unbelegte Hypothese, daß diese Flugzeuge für die Leukämie auslösend seien, versuchten die Autoren durch Aussagen der betroffenen Anwohner glaubhaft zu machen. Sie stellten ihnen die Frage: „Haben Sie darüber nachgedacht, ob es eine gemeinsame Ursache für die Erkrankung der Kinder geben könnte, und an welche Ursachen haben Sie gedacht?“ Die Antwort lautete: „Nahe liegt die Belastung durch die Awacs-Flugzeuge, da wir sonst keine Chemiewerke oder Industrie haben.“

Expertenschreiben einseitig zitiert

Das erste „Fundament“ des Beitrages von Jo Angerer, Volker Happe und Philip Siegel war ein Brief des Leiters des Mainzer Krebsregisters, Jörg Michaelis, an den Kreismedizinaldirektor des Gesundheitsamtes Heinsberg. Darin steht der Satz: „Die Erkrankungsrate für die akuten Leukämien in Geilenkirchen ist auffällig erhöht.“ Dieser Satz erschien in großen Lettern auf dem Bildschirm. Er beschreibt eine statistische Tatsache. Über die Ursachen wird in dem Brief von Professor Michaelis absolut nichts ausgesagt. Weiter heißt es in dem Schreiben, und das hat „Monitor“ verschwiegen: „Diese Erhöhung wird durch die Tatsache relativiert, daß Übach-Palenberg, die Nachbargemeinde von Geilenkirchen, eine statistisch auffällig erniedrigte Erkrankungsrate aufweist.“ Beide Orte liegen in der Einflugschneise für die Awacs-Flugzeuge – eine Tatsache, die die „Monitor“-Recherche ad absurdum führt. Noch wichtiger ist folgender, ebenfalls von „Monitor“ unterschlagener Satz des Schreibens: „Leider konnte bisher trotz intensiver internationaler Forschungsarbeit noch kein Grund für das Clusterphänomen (d.h. die Häufung von Leukämie) gefunden werden. Forschungsergebnisse, die einen Zusammenhang zum Flugbetrieb oder zu Flughäfen nahelegen, sind uns nicht bekannt.“ Der Brief war wohlgemerkt ein wesentlicher Teil der Argumentationskette des „Monitor“-Beitrags. In seiner Gesamtaussage hätte er den Reportern des WDR-Magazins den Wind aus den Segeln genommen. Einseitig und mit nur einem aus den Zusammenhang gerissenen Satz zitiert, diente er ihnen als „Beweis“, dessen Haltlosigkeit den Zuschauern, die nur den einen Satz präsentiert bekamen, nicht bewußt werden konnte.

In diesem Zusammenhang ist es auch aufschlußreich zu wissen, daß einer der Autoren des Beitrages, Volker Happe, den Leiter des Krebsregisters Mainz, Jörg Michaelis, im Rahmen der Recherche zum Thema der Leukämie in Geilenkirchen befragte. Dazu meinte Jörg Michaelis, wie er der „Medien Kritik“ sagte: „1.) Es gibt keine konkreten Anhaltspunkte für mögliche Ursachen des Auftretens der Leukämie in Geilenkirchen. 2.) Epidemiologische Studien zu der Rolle von Flugzeugabgasen gibt es meines Wissens nicht. 3.) Ferner gibt es die englische Kinlen-Theorie, nach der in regionalen Randlagen bestimmte Erkrankungsmuster auffallend sein können, die auch die Leukämie umfassen. Diese Theorie kann auch auf Geilenkirchen an der niederländischen Grenze angewendet werden.“

Solche Aussagen paßten wohl nicht in die geplante „Monitor“-Sendung und wurden schlichtweg unterschlagen. Man muß den Eindruck gewinnen, die Autoren gingen mit dem Ziel an die Arbeit, einen glasklaren Zusammenhang zwischen den Awacs-Flugzeugen und der erhöhten Rate an Leukämie zu konstruieren. Jörg Michaelis wurde in der Sendung nicht einmal namentlich erwähnt, obwohl er die Daten über die Häufigkeit von Krebserkrankungen in Deutschland am intensivsten untersucht. Statt dessen kam Eberhard Greiser von der Universität Bremen zu Wort. Aus dem Zusammenhang gerissen stellte er fest: „Wenn das Mainzer Kinderkrebsregister dort eine Häufung festgestellt hat, dann ist das sehr ernstzunehmen, weil die Kollegen dort das nicht leichtfertig sagen.“ Dieser Satz enthält keinerlei Substanz. Über die Tatsache der auffälligen Häufung von Leukämie besteht kein Zweifel. Konkret gefragt, welche Ursachen zugrunde liegen, hätte Eberhard Greiser dasselbe antworten müssen wie Jörg Michaelis, dessen Aussage unpassend war und einfach weggelassen wurde. Eberhard Greiser wurde sozusagen am Schneidetisch überrumpelt.

US-Studie weder geheim noch brisant

Es lohnt, die angebliche „Recherche“ von „Monitor“ weiter zu beleuchten. Das zweite „Fundament“ der Argumentationskette war eine angeblich geheime Studie, die von der US-Air Force angefertigt wurde. Ihr sei zu entnehmen, so die Aussage von „Monitor“, daß die Awacs-Triebwerke die Kleinstadt Geilenkirchen in einen permanenten Rauch krebsauslösender chemischer Verbindungen hüllten: „Die Triebwerke sind völlig veraltet. Die Menschen sind einem Schadstoffausstoß ausgesetzt, der weit über dem von normalen Flugzeugtriebwerken liegt. Das belegt eine interne, bisher unveröffentlichte Studie der US-Luftwaffe. Verglichen mit modernen Triebwerken werden dreimal so viele giftige Substanzen ausgestoßen. Die Abgase enthalten in erheblichen Mengen Benzol – eine Substanz, die Leukämie auslösen kann.“ Nach dieser Aussage wurden sechs weitere chemische Verbindungen mit dramatisch eingefärbter Stimme aufgezählt, die in den Abgasen auftreten und krebsauslösend sind.

Die zitierte Arbeit wurde von der US-Air Force etwa 1985 beim Battelle Memorial Institute in Columbus (Ohio) in Auftrag gegeben. Der Autor M.R. Kuhlman gab auf Anfrage der „Medien Kritik“ an, daß die angeblich geheime Studie „Characterization of Chemicals on Engine Exhaust Particles“ aus dem Jahr 1988 jedem zugänglich ist. Sinn der Arbeit war es, Lücken bei der Datenbank zur Zusammensetzung von Flugzeugabgasen zu schließen. „Monitor“ hat diese Studie mutwillig mißinterpretiert. Sensationelle Meldungen brauchen solche unverantwortlichen Methoden. Die Behauptung, daß Awacs-Triebwerke mehr krebsauslösende Verbindungen ausstoßen als andere Triebwerke, wurde in der Tat nachgewiesen – jedoch nur im Leerlauf der Triebwerke. Es heißt: „Der Gehalt von solchen Verbindungen aus Maschinen, die mit 75 Prozent der Maximalleistung laufen, ist so gering, daß es keinen Grund gibt, Studien dieser Art in Zukunft weiter durchzuführen.“ Dies trifft auf jeden Fall für die startenden Awacs zu. Im Landeanflug ist die Triebwerksleistung gedrosselt, jedoch höher als die Leerlaufleistung.

Quantitative Aussagen zur Schadstoffbelastung am Boden gibt es nicht. Und weiter heißt es in der Studie: „Die krebsauslösenden aromatischen Kohlenwasserstoffe zerfallen unter allen untersuchten Bedingungen, die Zerfallsrate wird durch Tageslicht beschleunigt." Die einzigen polyzyklischen Kohlenwasserstoffe, die in höheren Konzentrationen gefunden wurden, etwa Phenanthren, sind in der Studie als nicht krebsauslösend eingestuft.

„Monitor" behauptete, basierend auf der Studie, daß Benzol in erheblichen Mengen im Abgas der Triebwerke vorkomme. Der Bremer Epidemiologe Eberhard Greiser wurde zu dem Thema Benzol und Leukämie befragt. Selbstverständlich antwortete er: „Wir wissen, daß Benzol zum Krebsrisiko beitragen kann." „Monitor" schloß den Kreis in sensationsheischender Weise mit der suggestiven Frage: „Das Benzol aus den Awacs-Triebwerken – die Ursache für den Kinderkrebs?" Die Studie der US-Air Force geht überhaupt nicht auf diesen kausalen Zusammenhang ein. Die „Monitor"-Macher zogen ohne überzeugende Belege ihre Schlußfolgerungen – Katastrophen und Skandale verkaufen sich eben gut. Jörg Michaelis kritisierte nach der Sendung gegenüber der „Medien Kritik", „daß keinerlei quantitative Aussage gemacht und nicht betrachtet wurde, ob die Schadstoffe der Abgase in relevanten Konzentrationen auftreten". Die immer wiederkehrende Floskel, bestimmte Stoffe würden durch Awacs-Triebwerke „in erheblichem Maße" freigesetzt, ist in den Studien, die „Monitor" als Quelle nannte, nirgends belegt. Verglichen mit den Benzolbelastungen an vielbefahrenen Straßen, erscheint der Ausstoß aus den Awacs-Triebwerken eher gering. Die Luft in unseren Innenstädten ist mit zehn bis 15 Mikrogramm des Kohlenwasserstoffs Benzol pro Kubikmeter Luft befrachtet. Vergleichbare Konzentrationen an Kohlenwasserstoffen wurden in unverdünntem Abgas kurz hinter der Brennkammer von Triebwerken gefunden. Bis diese in Bodennähe ankommen, sind die Abgase um ein Vielfaches verdünnt. Ferner drängt sich die Frage auf, wie gefährlich dann das Leben rund um Großflughäfen wie Frankfurt ist. Dort starten und landen die Maschinen im Minutentakt, während in Geilenkirchen im Schnitt eine Awacs pro Stunde abhebt. In der Umgebung von Großflughäfen gibt es jedoch keine Hinweise auf eine erhöhte Krebsrate.

„Monitor" sollte in Zukunft von hochgradig wissenschaftlichen Arbeiten nur dann Gebrauch machen, wenn die Autoren den Hintergrund haben zu verstehen, worum es geht und bereit sind, sie nicht für hanebüchene Krebsszenarien zu mißbrauchen. Sie sollten dem Zuschauer vermitteln, welche Schlußfolgerungen aus wissenschaftlichen Erkenntnissen gezogen werden müssen, anstatt mutwillig aus dem Zusammenhang gerissene Bemerkungen einzusetzen, um schon vorher geplanten Skandalmeldungen den Anstrich von Realität zu geben. Sich hinter vorgetäuschter Kompetenz zu verbergen, ist beklagenswert und beschädigt das eigene Renommee, was irgendwann auch die Redaktion selbst erkennen sollte. Wehe, wenn jemand der Sache auf den Grund geht. LS

(MK 8/95, 20. 2. 1995)

Krebs und Vitamin K

Verunsichernde Berichterstattung von verunsicherten Medien

Spätestens nach der ARD-Sendung „Report" vom 14. Dezember 1992 wußte es eine breite Öffentlichkeit: Die vorsorgliche Injektion von Vitamin K zur Vermeidung lebensbedrohender Hirnblutungen bei Neugeborenen erhöht das Krebsrisiko von Kindern um das Doppelte. Diese Ansicht dürfte sich bis heute in großen Teilen der Bevölkerung hartnäckig gehalten haben, da es die Medien bislang weitgehend versäumt haben, über die wissenschaftlichen Erkenntnisse zu dieser Frage vollständig zu berichten. Der Kausalzusammenhang zwischen der intramuskulären Vitamin K-Prophylaxe und Krebs im Kindesalter ist nämlich keineswegs zweifelsfrei erwiesen.

Mit ihren Berichten rund um dieses brisante Thema tun sich die Medien schwer. Einige, wie „Report" und das „Öko-Testmagazin" verunsichern die Bevölkerung. Andere wirken angesichts sich widersprechender wissenschaftlicher Publikationen selbst verunsichert. Wie groß ist das Krebs-Risiko durch die Vitamin K-Spritze wirklich? Die Vitamin K-Speicher sind bei Neugeborenen ausgesprochen klein. Ursachen hierfür sind die schlechte Plazentagängigkeit des Vitamins sowie der niedrige Vitamin K-Gehalt der Muttermilch. Vor Einführung der Vitamin K-Prophylaxe in Deutschland kam es pro Geburtsjahrgang zu etwa 30 Vitamin K-Mangel bedingten Hirnblutungen in den ersten Lebenswochen. In den 60er Jahren begann man, Vitamin K an Neugeborene zu verabreichen. 1986 wurde auf Empfehlung der Deutschen Gesellschaft für Kinderheilkunde die Vitamin K-Spritze für Neugeborene eingeführt.

Golding-Studie: Krebsrisiko um den Faktor 1,97 höher

Doch schon 1990 veröffentlichte Frau Dr. Jean Golding vom Königlichen Kinderhospital in Bristol im „British Journal of Cancer" (Band 62) eine Studie, die auf einen Zusammenhang zwischen Vitamin K-Spritzen und Krebs hinwies. Die These wurde von vielen Wissenschaftlern als Zufallsbefund abgetan. In einer zweiten Studie von Golding („British Medical Journal", Band 305, 1992) wurden bei 189 Kindern, die an Krebs erkrankt waren, und 558 Kontrollfällen Daten zur Vitamin K-Prophylaxe erhoben. Das aufsehenerregende Ergebnis: Nach Vitamin K-Injektion war das Krebsrisiko um den Faktor 1,97 höher als bei Kindern, die entweder keine oder eine Vitamin K-Prophylaxe in Tropfenform erhalten hatten. Ob der beschriebene Zusammenhang tatsächlich besteht, wurde unter Wissenschaftlern kontrovers diskutiert. Das Bundesgesundheitsamt (BGA) sah sich aus Sicherheitsgründen veranlaßt, vor der Vitamin K-Spritze zu warnen und empfahl am 12. Dezember 1992, diese durch drei orale Vitamin K-Gaben zu ersetzen.

Die ARD-Sendung „Report“ reagierte prompt und versetzte insbesondere junge Eltern in Panik. „In den Kreißsälen stünden, wie der Gynäkologiedozent Gerald Hoffmann aus Wiesbaden mitteilt, die Telefone nicht mehr still, weil Eltern nach „Report“ vom 14. Dezember 1992 wissen wollten, ob ihr Kind nun krebsgefährdet sei“, berichtete Hans Harald Bräutigam in der „Zeit“ vom 1. Januar 1993. Im Gegensatz zu „Report“ ging er die Problematik nach ausgiebiger Recherche an. Sein Fazit: „Das von Jean Golding aufgestellte Zahlenwerk ist zwar unzweifelhaft, nicht aber ihre Bewertung der Zahlen.“ Aufgrund der von Golding gewählten retrospektiven Datenerfassung seien statistische Verzerrungen nicht zu vermeiden. Diese entstünden beispielsweise dadurch, „daß sich die Erkrankten oder Angehörigen nicht mehr an Ereignisse aus der Krankheitsvorgeschichte erinnern, an Röntgenuntersuchungen etwa oder andere für die Krankheitsentstehung möglicherweise wichtige Ereignisse.“ Zur zuverlässigen Bewertung statistischer Daten gehöre auch der von Golding leider nicht berücksichtigte Grundsatz, daß die krankheitsfreie Kontrollgruppe und die erkrankten Kinder exakt im gleichen Zeitraum geboren sein müssen, so Bräutigam. Er betonte: „Bestünde dennoch ein fataler Zusammenhang zwischen Konakion-Prophylaxe und kindlichen Krebserkrankungen, vornehmlich der Leukämie, müßte er angesichts der weitverbreiteten Vitamin K-Injektion auch anderswo aufgefallen sein. Beispielsweise in den Vereinigten Staaten, wo ebenfalls seit 1961 routinemäßig intramuskuläre Vitamin K-Injektionen gegeben werden. Nach einer Mitteilung von Robert Miller vom National Cancer Institute in Bethesda sind Leukämieerkrankungen bei Kindern bis zu zehn Jahren in den USA indessen eher rückläufig.“

„Kein Anlaß zu ernster Besorgnis“

Auch die „Süddeutsche Zeitung“ (31. Dezember 1992) berichtete sachlich und zurückhaltend. „Jürgen Spranger von der Universitätskinderklinik Mainz sieht keinen Anlaß zu ernster Besorgnis. In einer Pressemitteilung der Akademie bemängelte er, daß die englischen Forscher gar nicht wußten, welche der untersuchten Kinder Vitamin K als Spritze erhalten hatten. Ihre Behauptungen gründeten daher auf Vermutungen.“ Das „Öko-Testmagazin“ (1/93) hingegen ignorierte derartige Einwände. Im Tenor von „Report“ wurden die Kritikpunkte der Golding-Studie verschwiegen, dafür der Konakion-Hersteller Hoffmann-La Roche angegriffen: „Einen Fehler will man bei Hoffmann-La Roche bisher nicht eingestehen. ‚Das ist Quatsch‘, so die spontane Reaktion des Produktmanagers Jürgen Steffens. ‚Wir können aus deutscher Sicht die Ergebnisse der englischen Studie nicht bestätigen.‘ Eigene Untersuchungen des Pharmakonzerns gibt es jedoch nicht.“

Die deutsche medizinische Fachpresse reagierte, wie leider so häufig, weit langsamer als die publikumswirksamen Medien. Erst am 22. Januar 1993 veröffentlichte die „Münchener Medizinische Wochenschrift" (MMW) ein Interview mit Privat-Dozent Dr. Rüdiger von Kries von der Universitätskinderklinik Düsseldorf. Auf die Frage „Können Sie das erhöhte Krebsrisiko Vitamin K-behandelter Neugeborener bestätigen?", antwortete er dort: „Nein. Eine Risikoerhöhung um den Faktor zwei ist ziemlich sicher auszuschließen. Wäre dies zutreffend, müßte die Krebsrate bei Kindern in den USA, wo seit 1961 alle Neugeborenen 1 mg Vitamin K intramuskulär erhalten, deutlich höher als in Westeuropa sein, wo bis zur Mitte der 80er Jahre nur wenige Neugeborene Vitamin K parenteral erhalten haben. Dies ist nicht der Fall." Kries betonte: „In den USA wurden auch in Kenntnis der britischen Daten die Empfehlungen zur Vitamin K-Prophylaxe nicht geändert." Die Deutsche Gesellschaft für Ernährung veröffentlichte erst im März 1993 einen Artikel mit dem Titel „Viel Wirbel um Vitamin K" in ihrer Zeitschrift „Ernährungs-Umschau". Dort kritisiert auch sie die Golding-Studie: „Eine mögliche Fehlerquelle sieht man in der gewählten Studienpopulation. Die Indikationsstellung zur Vitamin K-Prophylaxe in den zwei Geburtshäusern wurde meistens durch Besonderheiten der Geburt (z.B. Kaiserschnitt) und Perinatalperiode (z.B. Verlegung in die Kinderklinik) bestimmt." Weiter hieß es: „Zweifelhaft erscheint auch, daß die Vitamin K-Prophylaxe das Risiko für unterschiedliche Tumore erhöht." Es sei „schwer vorstellbar", daß ein Stoff „gleichermaßen das Risiko für embryonale, hämatologische wie ZNS-Tumoren erhöht."

Schwaches Medienecho auf Entwarnung

Im Sommer 1993 publizierten schwedische Wissenschaftler schließlich eine Untersuchung, die die Golding-Studie widerlegte. Presse und Fernsehen nahmen kaum Notiz davon. Immerhin meldete Michael Emmrich in der „Frankfurter Rundschau" vom 6. August: „Die übliche Vitamin K-Spritze für Neugeborene führt doch nicht zu einem erhöhten Krebsrisiko. Zu diesem Ergebnis kommt jetzt eine breitangelegte schwedische Studie. Das Stockholmer Forscherteam um Hans Ekelund berichtet nun im ‚British Medical Journal' von ihrer Studie, die Bedenken ausräumen soll. Die Wissenschaftler werteten Daten von 1,4 Millionen Babys aus. 1,1 Millionen Babys war Vitamin K verabreicht worden. Verglichen wurden Kinder ohne und mit Vitamin K sowie mit gespritzter oder eingeträufelter Substanz. Ein erhöhtes Risiko, später an Krebs zu erkranken, stellten die Forscher in keinem Fall fest." Daß Emmrich sich nicht sicher war, ob er dieser Studie Glauben schenken sollte, machte die Überschrift seines Berichts deutlich: „Angeblich kein erhöhtes Krebsrisiko durch Vitamin K." Sicherheitshalber verwies Emmrich auf das Bundesgesundheitsamt: „Eine Sprecherin des BGA sieht in der schwedischen Studie zwar eine gewisse Beruhigung für besorgte Eltern, aber keine Entwarnung. Denn von den bislang drei Vitamin K-Studien verneine bislang alleine Ekelund ein Risiko." Daß aber zwei der drei genannten Studien von Jean Golding stammen, erfuhr der FR-Leser nicht. Ähnlich verunsichert berichtete die F.A.Z. (11. August) über die schwedische Studie unter der Schlagzeile: „Verdacht auf Krebsförderung bei Injektion unbegründet?" Im Text hieß es: „Allerdings ist auch die vorliegende Untersuchung nicht gegen Kritik gefeit, wie die Forscher selbst einräumen. Dies liegt vor allem daran, daß man keine sogenannte Fall-Kontrollstudie vorgenommen hat."

Eine solche Fall-Kontrollstudie liegt seit September 1993 aus den Vereinigten Staaten vor. „The New England Journal of Medicine" publizierte am 23. September die Ergebnisse der Arbeitsgruppe um Dr. Mark A. Klebanoff vom National Institute of Child Health and Human Development, Bethesda/Maryland. 54 795 Kinder waren in die Studie einbezogen. Das Ergebnis der amerikanischen Wissenschaftler: „Wir fanden keine Beziehung zwischen Vitamin K-Exposition und einem erhöhten Krebsrisiko im Kindesalter. Es gibt keinen Grund, die routinemäßige intramuskuläre Vitamin K-Gabe an Neugeborene aufzugeben." Eine Reaktion der deutschen Medien auf diese Studie blieb bislang aus. RS

(MK 50/93, 13. 12. 1993)

Mißbildungen bei Kindern

„Schlampig mit Daten und Fakten umgegangen"

„Publizistische Schnellschüsse" verängstigten schwangere Frauen

Seit Wochen halten Presse, Funk und Fernsehen die Öffentlichkeit mit einem Skandal in Atem. Berichte über unerklärliche Mißbildungen bei Kindern, die gehäuft an der britischen und deutschen Nordseeküste beobachtet wurden, versetzen besonders Schwangere und junge Familien in Angst und Schrecken. Als mögliche Erklärung für die fehlenden Hände und Arme der Kinder kamen für viele Medien nur Umweltgifte in Frage. Daß dieser Schluß voreilig war, betonte Dr. Eberhard Passarge vom Institut für Humangenetik, Essen, in der „Ärzte Zeitung" (23. März): „Schwangere sollten sich nicht durch Berichte über eine angebliche Häufung von Fehlbildungen bei Kindern an der Nordseeküste beunruhigen lassen. Um solche Häufungen beurteilen zu können, müßten die Art der Defekte und die Herkunft der Patienten ermittelt werden."

Seinen Anfang nahm der Skandal in einem kleinen Küstenort auf der englischen Insel Isle of Wight. Dort waren dem Hausarzt Dr. Mark Denman-

Johnsen innerhalb von 15 Monaten insgesamt vier Fälle von Mißbildungen der linken Hand bei Neugeborenen aufgefallen. Er informierte die „Sunday Times“, die dann am 16. Januar „Das Geheimnis der verunstalteten Babys“ von Ryde aufdeckte und auch auf acht Kinder mit fehlenden Fingern, Händen und Unterarmen aus Ayrshire an der schottischen Westküste Englands hinwies. Am 23. Januar folgte in der „Sunday Times“ ein weiterer Artikel, der über das gehäufte Auftreten von fehlenden Händen bei Neugeborenen in den Seeorten Peterlee und Hartlepool im Nordwesten Englands berichtete. Wasserverschmutzungen durch Chemieabwässer oder Kloaken wurden als mutmaßliche Ursachen für die Mißbildungen in Peterlee und Hartlpool genannt, erhöhte radioaktive Strahlung aus der Wiederaufbereitungsanlage Sellafield für die Mißbildungen auf der Isle of Wight.

Am 13. Februar machte das Fernsehen die Thematik in Deutschland bekannt: Sowohl „ZAK“ (ARD) als auch „Spiegel-TV“ sendeten Berichte. Am 10. März brachte der „stern“ einen zwei Seiten langen Artikel mit der Schlagzeile „Irgendwas aus der Umwelt“. Über dieser Überschrift prangte das halbseitige Foto eines Babys, das seine eigene Unterarmprothese in der verbliebenen gesunden Hand hält. Nach einer Schilderung der Vorfälle in England folgte der Vergleich mit Deutschland: „Frau Enyd Michel, gebürtige Engländerin, war der plötzliche Anstieg einer anderen Mißbildung aufgefallen. Sie leitet in Stuttgart den ‚Kreis für Eltern von Kindern mit Speiseröhrenmißbildungen‘, Abkürzung KEKS. Sie entdeckte ein besonders großes Nest von KEKS-Kindern im niedersächsischen Jade nahe der Nordsee. Dort wurden in den vergangenen fünf Jahren fünf Säuglinge geboren, denen ein Stück der Speiseröhre fehlt.“

Pauschale Vorverurteilung der Industrie

Der „stern“ machte pauschal Umweltgifte für die Mißbildungen in England und Deutschland verantwortlich: „Gift in der Nordsee, das über Fisch in die Blutbahn der Schwangeren geriet? Pestizide? Industrieabgase? Ausscheidungen von Raffinerien? Irgendwelche Nahrungsmittel? ‚Das ist wie eine Stecknadel im Heuhaufen‘, sagt Denman-Johnsen, ‚auf jeden Fall aber kommt die Ursache von außen‘“. Speziell für die Mißbildungen in Jade suchte der „stern“ die Schuld bei der ortsansässigen Industrie: „Ist es ... die Bleihütte in Nordenham, das Kohlekraftwerk oder eine Chemiefabrik in Wilhelmshaven, das Atomkraftwerk in Esenshamm?“. Alkohol, Nikotin oder Medikamente, die möglicherweise während der Schwangerschaft eingenommen wurden, schließt der „stern“ als Ursache aus. Am 17. März griff „Monitor“ (ARD) das Thema auf und berichtete in ähnlichem Tenor wie der „stern“. Nach dreimonatiger Recherche habe man, so das Magazin, „auf Anhieb“ 20 Kinder mit einer fehlenden oder mißgebildeten Hand gefunden, die alle an der Nordseeküste oder an den in die Nordsee mündenden Flüssen leben; allein sieben davon in Wilhelmshaven. Damit liege die Zahl dieser seltenen Fehlbildungen bis zu 18mal höher als im

Bundesgebiet. Schuld daran seien Chemie- und Metallbetriebe sowie die großen Ölhäfen.

Statistisch nicht signifikant

Die „Zeit" schrieb unter der Schlagzeile „Geballter Schrecken" am 18. März weit sachlicher und wies darauf hin, daß die Mißbildungen im englischen Ayrshire statistisch nicht signifikant sind: „Am 24. Februar veröffentlichte das Ayrshire and Arran Health Board eine Untersuchung des von der ‚Sunday Times' entdeckten Clusters von Babys mit verstümmelten Gliedmaßen. Ergebnis: Zwischen 1986 und 1992 wurden 13 Fälle derartiger Mißbildungen in Ayrshire registriert, verglichen mit 124 Fällen in ganz Schottland. Das entspricht einer Rate von 3,9 Fällen pro 100 000 Lebendgeburten, verglichen mit 2,7 Fällen im Landesdurchschnitt. Der Unterschied resultiert aus fünf statt der üblichen ein bis zwei Vorkommen im Jahr 1988. Weder die Abweichung im Jahr 1989 noch die Erhöhung verglichen mit dem Landesdurchschnitt sind statistisch signifikant."

Der „Spiegel" (21. März) meldete schließlich unter der Überschrift „Fehlalarm an der Waterkant?" berechtigte Zweifel an den Berechnungen der „Monitor"-Mannschaft an: „Untersuchungen (in England) hatten in einem von sechs verschiedenen Gebieten ergeben, daß die Zahl der Mißbildungsfälle im Rahmen der üblichen Schwankungen liegt. Dasselbe könnte auch für die von ‚Monitor' präsentierten Mißbildungen in den Regionen an der Waterkant gelten. So ist der ‚Interessengemeinschaft Arm- und Handfehlbildungen', die 130 betroffene Familien vertritt, keine Häufung solcher Fälle in Küstennähe aufgefallen. Auch für einen – von ‚Monitor' behaupteten – bundesweiten Anstieg angeborener Behinderungen gibt es ‚keinerlei Anhaltspunkte', so Professor Eberhard Passarge vom Institut für Humangenetik an der Uni Essen."

Trotzdem griff der „stern" das Thema (24. März) erneut auf und druckte auf der Suche nach einigermaßen plausiblen Erklärungen für die Mißbildungen ein Interview mit dem Humangenetiker Professor Volker Steinbikker (Magdeburg). Steinbicker: „Die Contergan-Katastrophe fing genau so nebulös an." Auf die Frage nach den Ursachen mußte jedoch auch er zugeben: „Ich kann nur spekulieren. Regional gehäufte Mutationen an nur einem Gen, etwa für Entwicklungsstörungen der Arme, sind sehr unwahrscheinlich. Radioaktivität würde ebenfalls nicht nur die Gene für die Entwicklung der Gliedmaßen schädigen. Strahlung erhöht außerdem zunächst die Krebs- oder die Leukämierate, bevor sie durch vermehrte Mißbildungen auffällt. Jetzt muß man nach Umweltgiften wie etwa Cadmium oder anderen Schwermetallen fahnden."

Daß „harte Fakten fehlen", machte – ganz im Gegensatz zu „stern" und „Monitor" – „Die Woche" (24. März) in ihrem Artikel „Aberwitzige Spekulationen" deutlich: „Leukämie bei Kindern in der Elbmarsch, Kinder ohne Behinderungen schockieren die Öffentlichkeit. Die Suche nach den Ursachen verläuft stets gleich: Umweltschützer und Politiker streiten über die Rolle von atomarer Niedrigstrahlung, Güllegasen und Schwermetallen, Mediziner führen familiäre Belastungen ins Feld, und Boulevardzeitungen kolportieren aberwitzige Spekulationen ... Belegen läßt sich von all diesen Behauptungen wenig. Denn Toxikologen und Humangenetiker behaupten, daß harte Daten zu Umweltbelastungen und Krankheiten fehlen." In einem Interview mit dem Initiator des Fehlbildungsregisters, Professor Jürgen Spranger (Universität Mainz), machte „die Woche" deutlich, daß nicht immer unbedingt Umweltfaktoren, sondern auch ein simpler Vitaminmangel die Entstehung von Mißbildungen verursachen kann. „So ist in England herausgefunden worden, daß Folsäuremangel für offene Rücken verantwortlich sein kann. Seit man vor und in der Schwangerschaft Folsäure verabreicht, ist die Häufigkeit dieser Fehlbildungen deutlich zurückgegangen". Folsäure gilt auch in Deutschland nach wie vor als das Vitamin, bei dem am häufigsten eine unzureichende Bedarfsdeckung auftritt. Zu den besonders gefährdeten Risikogruppen gehören Schwangere, da während dieser Zeit der Folsäurebedarf auf das Doppelte ansteigt und über die Ernährung praktisch kaum mehr zu decken ist. Die Schuld an Mißbildungen trägt folglich nicht zwangsläufig „irgendetwas aus der Umwelt".

Eine international anerkannte Expertin für angeborene Defekte der Extremitäten ist Privatdozentin Dr. Ursula Froster von der Medizinischen Universitätsklinik Lübeck. Wie sie „den jüngsten Medienrummel" miterlebte, gab „Die Zeit" (25. März) sehr eindrucksvoll wieder. Über die „alarmierenden Presseberichte" in Deutschland befragt, antwortete Froster: „Die Berichte sind ganz offenkundig ohne die notwendige Sachkunde verfaßt, denn sie verstoßen gegen zwei Grundregeln der Epidemiologie: Erstens soll man mit solch kleinen Zahlen keine medizinische Statistik betreiben, insbesondere, wenn man die Fachliteratur und damit die Vergleichsbasis nicht kennt."

Den in Presse und Fernsehen veröffentlichten Daten und Bildern sollte man mißtrauen, betonte Froster. Auf die Frage „Warum" antwortete sie: „Wegen des bereits angedeuteten zweiten Verstoßes gegen Grundregeln, nämlich, daß man Kraut und Rüben oder Äpfel und Birnen nicht einfach zusammenzählen darf. Aus den veröffentlichten Bildern geht hervor, daß die Journalisten sehr verschiedene Formen der Fehlbildung wahllos addiert und in einen Topf geworfen haben, die medizinisch jedoch ganz anderen Ursprungs sind – und damit sicher auch verschiedene Ursachen haben. Wer ernsthaft nach unbekannten Schadensquellen sucht, der sollte nicht Auto-, Schiffs- und Flugzeugunglücke munter zusammenzählen, auch wenn sie der gemeinsame Oberbegriff ‚Verkehrsunfälle' verbindet." Die Medien mußten harsche Kritik von Froster einstecken: „Noch viel mehr als bei später in der Kindheit auftretenden Erkrankungen suchen die Eltern bei Geburtsdefekten die Schuld bei sich oder in Umweltfaktoren. Gerade deshalb mißbillige ich es auch, wenn in der Presse vordergründig Fürsorglichkeit für Behinderte ins Feld geführt, dabei aber schlampig mit Daten und Fakten umgegangen wird. Die Leidtragenden solch publizistischer Schnellschüsse sind verängstigte schwangere Frauen und Mütter von Kindern, die wahrlich genug andere Sorgen haben."

Die Frage, ob die chemische Industrie, insbesondere Cadmium, als potentieller Verursacher für die Mißbildungen angesehen werden müsse, verneinte die Expertin: „Chronische Cadmiumvergiftungen gehen mit schweren Schmerzen einher, wie man aus hochbelasteten Gebieten, wie etwa Japan, weiß. Von Extremitätenfehlbildungen wurde nichts bekannt." RS

(MK 15/94, 11. 4. 1994)

Medizin

Was ist dran am „Herzwunder" Coenzym Q10?

Medien preisen Pseudo-Vitamin als Streßkiller und Fitmacher

Vitamin- und Mineralstoffpräparate verkaufen sich gut. 671 Millionen Mark gaben die Bürger, so die Deutsche Gesellschaft für Ernährung (DGE), 1992 in den alten Ländern für selbstverordnete Pillen aus Apotheke und Drogerie aus. Gegenüber dem Vorjahresumsatz entspricht das einem Plus von zwölf Prozent. Nach Vitamin E, Magnesium, Selen und Ester C drängt nun ein Neuling ins Szenario vermeintlicher Fitmacher: das „Herzwunder" Coenzym Q10.

Seit knapp eineinhalb Jahren ist Coenzym Q10, kurz Q10 genannt, auf dem deutschen Markt erhältlich. Anzeigenkampagnen und „Herzwunder", ein Buch der amerikanischen Autoren Emile Bliznakov und Gerald Hunt, verliehen der neuen Wunder-Droge erste Popularität. Insbesondere Führungskräfte ab 40 sowie Senioren wurden heftig beworben. Und auch die medizinische Laienpresse versäumte es nicht, ihre Zielgruppe über den angeblichen Fitmacher zu unterrichten. Daß Q10 aber nicht hält, was die Werbung verspricht, störte wenig, und so wurde es unaufhaltsam als angeblich neues Vitamin zur „Streßkiller-Pille" hochgejubelt.

„Zeichen und Wunder"

Ein typisches Beispiel für unkritische Berichterstattung zum Thema Coenzym Q10 ist ein Beitrag der jüngsten Ausgabe von „Bio Spezial" (5/93). Unter dem Titel „Q10 – ein Energie-Enzym macht Karriere" war zu lesen: „Selbst in unserer nüchternen, naturwissenschaftlich geprägten Zeit geschehen noch Zeichen und Wunder. Wie im Leben, so gibt es auch in der

Medizin überraschende Wendungen. Eine solche vollzieht sich heute im Zusammenhang mit einer eigentümlichen Substanz, deren knappe Bezeichnung allein dem Laien schon Rätsel aufgibt: Es geht um das Q10. Der Leser wird dem Begriff wahrscheinlich schon begegnet sein, vielleicht auch erfahren haben, daß beispielsweise der Doppelnobelpreisträger Linus Pauling Q10 als ‚eine der wichtigsten Entdeckungen der Ernährungswissenschaft in den letzten Jahrzehnten' rühmt und daß man sie neuerdings vor allem als Garanten für eine stabile Herzgesundheit betrachtet." Q10 fördere Herz- und Kreislauf und mildere Funktionsdefizite im Zusammenhang mit Bluthochdruck und Angina pectoris. Andere therapeutische Einsatzfelder seien die Immunologie, da Q10 die Abwehrkräfte bei Infektionen stimuliere und höchstwahrscheinlich die Lebensverlängerung (Q10 als ‚Anti-aging-Faktor'), so das Magazin weiter. Chemisch gesehen handele es sich bei Q10 um ein neues Vitamin. Man habe sich zwar lange gescheut, die Substanz unter die Vitamine einzuordnen, doch diese Zurückhaltung sei überholt und in sich widersprüchlich, denn „die Ähnlichkeit von Q10 hinsichtlich seiner chemischen Eigenschaften und seiner Struktur mit den Vitaminen E und K ist unverkennbar. Q10 erfüllt wesentliche Kriterien für seine ‚Adelung' als Vitamin; es entfaltet seine Wirkungen bereits in sehr kleinen Quantitäten, und es ist unbedingt notwendig für die körperlichen Wachstums- und stofflichen Umsetzungsprozesse."

Etwas ausgewogener berichtete die „Neue Gesundheit" (5/93). Dort kamen sowohl Befürworter als auch Kritiker zu Wort. Es wurde sogar hinterfragt: „Was ist dran am Wunder-Vitamin Q10? Ein neuer Stern am Vitamin-Himmel oder Mode-Droge der 90er Jahre?" Doch das Schlußwort, in Form eines längeren Zitats des emeritierten Professors Dr. Fritz Zilliken aus Bonn, war ein deutliches Votum für eine Nahrungsergänzung mit Q10. Sogar Dosis-Empfehlungen gab er ab: „10-30 mg pro Tag, insbesondere ab 40 bis 45 Jahren". Dann nämlich, so der Professor, könne der Mensch oft nicht mehr genügend körpereigenes Q10 produzieren. „Bereits bei einem Q10-Mangel von 25 Prozent kann die Leistungsfähigkeit des gesamten Organismus beeinträchtigt werden", betonte Zilliken. Auch die Frauenzeitschrift „Freundin" (20/93) vom 15. September berichtete nur scheinbar kritisch. Einerseits wurde hinterfragt: „Q10 – der neue Muntermacher? Ein Vitamin-Präparat aus der Apotheke sorgt für Schlagzeilen." Andererseits wurde die Einnahme von Q10 empfohlen: „Mitunter können Menschen tatsächlich zuwenig Q10 in ihren Zellen haben .... In solchen Fällen ist die Einnahme von Q10 angebracht. Allerdings darf man nicht mit Erfolgen von heute auf morgen rechnen. Bis ein Q10-Mangel behoben ist, können drei Monate vergehen." Insbesondere ab dem 40. Lebensjahr sei die Einnahme des Mittels empfehlenswert, so die „Freundin".

„Einen Stoff zum Vitamin befördert"

Bezeichnenderweise erwähnten sowohl „Bio spezial" als auch „Neue Gesundheit" eine kritische Stellungnahme der Deutschen Gesellschaft für Ernährung (DGE) vom 5. Mai 1993 mit jeweils nur einem Satz. Beide Blätter vermieden es jedoch, den Inhalt der Erklärung wiederzugeben. Verständlich – denn der wissenschaftliche Leiter der DGE, Dr. Helmut Oberritter, dämpfte bereits im Mai die Q10-Euphorie: „Q10 soll Herz und Immunsystem stärken, Bluthochdruck senken, ja sogar lebensverlängernd wirken. Derartige Behauptungen sind voreilig und nach dem derzeitigen Stand der Wissenschaft nicht haltbar." Vor allem die Empfehlung, daß Coenzym Q10 als Nahrungsergänzung zusätzlich aufgenommen werden müsse und damit Vitamin-Charakter habe, wies Oberritter zurück: „Alles nur Werbesprüche ohne schlüssigen Beweis! Hier haben Marketingexperten einen Stoff zum Vitamin befördert." Der Ernährungswissenschaftler weiter: „Für Biochemiker ist die neue Modedroge ein alter Bekannter: Coenzym Q10, auch Ubichinon genannt, kommt in jeder menschlichen Zelle vor und fungiert dort als lebensnotwendige Substanz bei der Energiebereitstellung. Im Unterschied zu klassischen Vitaminen kann der Organismus das Pseudo-Vitamin jedoch selbst in ausreichender Menge produzieren. Daneben liefert die tägliche Nahrung 5-10 mg, da beinahe alle tierischen und pflanzlichen Lebensmittel Coenzym Q-Formen enthalten." Ein reiner Coenzym Q10-Mangel am Menschen sei bisher nie bewiesen worden, erklärte Oberritter.

Während die DGE insbesondere die Buch- und Anzeigenkampagnen verurteilte, kritisierte Professor Dr. W. Forth vom Walther-Straub-Institut für Pharmakologie und Toxikologie der Universität München in der „Münchener Medizinischen Wochenschrift" vom 24. September die Medien-Berichterstattung zum Coenzym Q10. Er schrieb in seinem Artikel mit dem Titel „Thema für das Sommerloch": „Fraglich ist, ob hierzulande überhaupt irgend jemand an einem Mangel jener eben ubiquitär vorkommenden Coenzyme leidet, die ja nun bekanntermaßen in vegetabiler Kost vorhanden sind. Man sieht, die Story ist ein alter Hut und bestenfalls dafür geeignet, im Sommerloch behandelt zu werden, da merken es auch besonders wenige." Doch ganz so leicht wie Forth es darstellte, kann die „Karriere-Story" des Vitamins, das keines ist, auch nicht abgetan werden. Immerhin war Q10 1992 die erfolgreichste Neueinführung im Nahrungsergänzungssortiment von Apotheken. Und eine „Vorteils-Großpackung" Qumin Q10 beispielsweise, die 180 Kapseln à 10 mg enthält, kostet fast 50 Mark.

RS

(MK 44/93, 1. 11. 1993)

Eine Skandal-Chronik

Unfalltests mit Leichen aus Medien-Sicht

„Bild“ diffamierte, „Spiegel“ und „Frontal“ informierten

„Professor Horror: Er machte Auto-Tests mit toten Kindern“, so lautete am 24. November die Schlagzeile auf der Titelseite der „Bild“-Zeitung. Daneben prangte eine Fotografie von Professor Dr. Dimitrios Kallieris von der Universität Heidelberg, die den Gerichtsmediziner als Frankenstein der Neuzeit ausweisen soll.

Im Text war dann zu lesen: „Eine ‚Bild‘-Enthüllung wühlt Deutschland auf: Seit über 20 Jahren hat ein Professor der Universität Heidelberg im Auftrag der Auto-Industrie Crash-Tests mit Leichen gemacht! Über 200 Leichen – darunter elf von Kindern im Alter von zwei bis 13 Jahren – wurden bei simulierten Unfällen verstümmelt und zerfetzt.“ Im folgenden beschrieb „Bild“ eine ihr angeblich vorliegende Studie der Universität Heidelberg aus dem Jahre 1986 und schilderte die entsetzlichen Verletzungen der Toten nach erfolgtem Crash-Test.

Nicht ganz so überspitzt, aber ähnlich entrüstet berichtete die F.A.Z. vom 24. bis 29. November in einer schier nicht enden wollenden Serie von Artikeln; an einigen Tagen erschienen sogar zwei Beiträge. Beispielsweise war am 24. November zu lesen: Schon lange versuchen Forscher mit Hilfe von Puppen („Dummys“) herauszufinden, was Autofahrern bei schweren Unfällen das Überleben sichern kann. Das Experimentieren wird jedoch ad absurdum geführt, wenn man, wie in der Heidelberger Gerichtsmedizin geschehen, anhand von Leichen ‚testet‘, ob der Puppentest realistisch ist oder nicht – nach der Devise: Teste den Test! Auch sechs tote Kinder wurden dazu verwendet, offenbar mit der Zustimmung der Eltern. Es wird, wie immer, nicht an Stimmen fehlen, die in diesen Versuchen, zumindest vom Ziel her, Fortschrittliches erkennen wollen.“

Am 25. November meldete die F.A.Z., der ADAC lehne die Verwendung von Kinderleichen für Unfalltests aus ethischen und moralischen Gründen ab und bezeichne diese als „unmenschlich“; der TÜV Bayern-Sachsen halte die Tests für „überflüssig“. Am 25. November beschäftigte sich zusätzlich das F.A.Z.-Feuilleton mit den Unfalltests. Dort schrieb Henning Ritter: „In der Fülle des Grauens, das die täglichen Nachrichten verzeichnen, wirkt die Meldung über die Crash-Tests mit Leichen, als sei ein neues Stadium der Fühllosigkeit erreicht.“ Am 26. November folgte schließlich die Meldung „Auch in Hannover ‚Crash-Tests‘ mit Toten“.

„Bild“-Enthüllung war ein alter Hut

Am 29. November, mit Erscheinen des „Spiegels“ (48/93), ging die Medien-Berichterstattung urplötzlich in eine andere Richtung. Der „Spiegel“ hatte gründlich recherchiert und machte unmißverständlich deutlich, daß Crash-Tests mit Leichen weder neu noch ungewöhnlich, sondern für die Sicherheit von Kindern und Erwachsenen unerläßlich sind. Bereits vor 28 Jahren habe es in den USA solche Tests gegeben, die den Beleg für den Nutzen des Sicherheitsgurts erbrachten („Spiegel" 44/1965). Vor 20 Jahren habe es in Deutschland einen ähnlichen „Skandal" gegeben wie heute, als die „Frankfurter Rundschau" am 24. März 1973 berichtete, in Heidelberg würden „Leichen auf einen Katapultschlitten gesetzt".

Der „Spiegel": „Eine Lawine der Empörung wurde losgetreten, die schon bald wieder abschmolz. Die Tests gingen weiter. Geheimgehalten wurden sie nicht. Die Forschungsergebnisse waren bei der Bundesanstalt für Straßenwesen (BAST) immer einsehbar. Jetzt meinte ‚Bild', den Skandal um ‚Horror Professor' Dimitrios Kallieris und seinen Chef Rainer Mattern enthüllt zu haben." Doch, so das Magazin weiter: „In höchsten Tönen lobpreist der Verkehrsunfallforscher Hans König vom gerichtsmedizinischen Institut der Uni Tübingen die Kollegen am Neckar: 'Viele Autofahrer verdanken ihr Leben jenen makaber wirkenden Crash-Versuchen'. So lieferte Kallieris schon vor neun Jahren wertvolle Hinweise, wie sich der Seitenaufprallschutz von Fahrzeugen verbessern ließe."

Warum Leichentests für die Dummy-Entwicklung und die Herstellung von Auto-Sicherheitssystemen unbedingt erforderlich sind, erläuterte der „Spiegel" so: „Die ISO-Vorschriften, nach denen Dummys genormt werden, basieren vorwiegend auf der Auswertung der Leichenversuche. Ob die Belastung, die die elektronischen Nervenstränge der Testpuppe beim Crash melden, lebensgefährlich oder tödlich ist, kann man nur wissen, wenn die Daten von 'echten' Insassen vorliegen. Fast völlig im dunkeln tappen die Dummy-Bauer in einem Punkt. Edgar Janssen, Leiter des niederländischen Dummy-Herstellers TNO: ‚Wir kennen die Grenzwerte von Kindern nicht.' Genaue Kriterien für die Herstellung von Kindersitzen könnten aber erst aufgestellt werden, wenn aus der Leichenforschung die Daten bekannt sind. ‚Dafür wären noch viele Tests nötig', meint Dummy-Experte Janssen."

Einen Tag später, am 30. November, sah nun auch die F.A.Z. die Leichentests in einem ganz anderen Licht. Unter der Überschrift „Forschungsarbeiten am menschlichen Körper sind nötig" war da zu lesen: „Die Diskussion über Leichenversuche in der biomechanischen Forschung ist unvermutet in Gang gekommen und wird geführt, als ob da etwas Illegales enthüllt worden sei."

Am 30. November griff auch das Fernsehen die Thematik auf. Die ZDF-Sendung „Frontal" zeigte erstmals Bilder von einem Leichentest in der Universität Heidelberg. Schnell wurde deutlich, daß die Schilderungen der „Bild"-Zeitung von zerfetzten Leichen maßlos übertrieben waren, daß die Tests vielmehr dem Insassenschutz im Auto dienten und, so „Frontal", „der eigentliche Horror sich nicht im Testlabor, sondern alltäglich auf den

Straßen ereignet". „Frontal" weiter: „Der ADAC gibt sich heuchlerisch. Er prangert Leichenversuche an. Obwohl er davon wußte, wirbt er aber gleichzeitig in seinem November-Heft mit den beliebten ADAC-Dummy-Tests."

Mord- und Bombendrohungen

Das Bild, das die „Bild"-Zeitung von den Heidelberger Wissenschaftlern, insbesondere von Professor Kallieris, erzeugte, läßt sich auch durch objektive Berichte in „Spiegel" und „Frontal" nur schwierig revidieren. „Eine aufgebrachte Öffentlichkeit überzieht inzwischen die Heidelberger Wissenschaftler mit Mord- und Bombendrohungen", resümiert „Frontal". Ein weiterer trauriger Beleg dafür, was die Medien durch tendenziöse Berichterstattung, die Veröffentlichung von Halbwahrheiten und mangelnde Recherche zu erreichen vermögen! Da hilft auch nur wenig, daß der „Stern" vom 2. Dezember die sachliche Überschrift „Mit Leichen gegen den Verkehrstod" wählte und den Unfallforscher Klaus Lang vom HUK-Verband der Kfz-Versicherer wie folgt zitierte: „Unter Fachleuten in Europa und den USA ist der Nutzen solcher Versuche unbestritten. Die hohen Sicherheitsstandards in der Automobilindustrie wären ohne diese Tests kaum möglich gewesen: Ob Kindersitze, Dreipunkt-Gurte, Airbag und die Kombination dieser Komponenten – nur am menschlichen Körper konnten die Wissenschaftler die Verletzungen etwa im Brustkorb- und Kopfbereich so genau orten, daß danach mit Hunderten von Einzelpersonen ‚geeichte' Testpuppen entwickelt werden konnten."

Und auch die „Zeit" (3. Dezember) mit ihrem sachlich abwägenden Artikel „Lebt Frankenstein?" erreicht die Gruppe der „Bild"-Leser sicherlich nicht. Immerhin konnten sich Kallieris und sein Chef Mattern in der RTL-Sendung „Stern TV" (24. November) und der SAT 1-Talk-Show „Talk im Turm" (5. Dezember) rechtfertigen und persönlich zur Medienberichterstattung Stellung beziehen.

„Der Skandal findet nur im Kopfe statt"

Mit einer Art philosophischer Skandal-Nachlese versuchten sich schließlich noch „Welt" und „taz". So schrieb die „Welt" am 3. Dezember in ihrem Artikel „Die moderne Beliebigkeit gilt auch im Umgang mit den Toten": „Die Empörung war heftig und einhellig, als kürzlich über wissenschaftliche Versuche mit Kinderleichen zur Erprobung der Crash-Sicherheit von Autos berichtet wurde. Die öffentliche Debatte darüber scheint wieder abgeflaut. Aber der Vorgang ist es wert, näher betrachtet und in größere Zusammenhänge gerückt zu werden." Das Fazit der „Welt": „Daß sich die Gemeinschaft gegen direkt oder indirekt immerhin auch der allgemeinen Wohlfahrt dienende Versuche mit Leichen auflehnt, ist nicht etwa ein Rückschritt in überholte Vorurteile. Es ist der Aufstand gegen die Herrschaft des Beliebigen. So sollte man ihn auch ernst nehmen."

In der „taz“ (4. Dezember) war zu lesen: „So gesehen findet dieser Skandal – wie die meisten – nur im Kopfe statt: in Phantasien, die erzeugt oder unterdrückt werden und in der willkürlichen oder unwillkürlichen Identifikation mit den Toten. Es ist somit das Problem einer mißlingenden Distanzierung.“ Und auch die „taz“ scheint die Unfalltests in einem „größeren Zusammenhang“ sehen zu wollen: „Daß Tests nur den Geschäftsinteressen diverser Industriezweige dienen könnten, erinnert daran, daß es so etwas schon einmal gegeben hat, als nämlich tote Juden zu Seife und Lampenschirmen verarbeitet wurden. Das ist eine wirklich grauenvolle Vorstellung. Und das ist der Unterschied.“ RS

(MK 52/93, 27. 12. 1993)

Geistheilung

Die Wunder kommen in der Prime-Time

Medien machen unseriöse „Heiler“ populär

Im November letzten Jahres fand in Basel der zehnte Weltkongreß für geistiges Heilen statt. Die „Ärzte Zeitung“ (17. November) berichtete von einem Besucherrekord: „Von Donnerstag bis Sonntag hetzten über 2000 Besucher vom Seminar zum Workshop, von der Demonstration zum Kurzvortrag. Namhafte Heiler, Wissenschaftler und Ärzte aus aller Welt waren aufgeboten, und 80 geistige Heiler aus dem deutschsprachigen Raum strichen auf umlagerten Podien und in stillen Ecken mit ihren Händen über schmerzende Rücken und Köpfe.“ Die zehnte Auflage des bedeutendsten Kongresses für Grenzfragen der Wissenschaft sei ein Erfolg gewesen. Man habe Mühe gehabt, Gigantismus zu vermeiden, erklärte Michel Marti, der Leiter des Kongreßdienstes, in der „Ärzte Zeitung“.

Eine Wunderheilung fand auf den „Basler Psi-Tagen“ zwar nicht statt, dennoch übertrug sich die von diesem Kongreß ausgehende Esoterik-Begeisterung auf die Medien. In diesem Monat scheint die Euphorie bei Fernsehen und Presse ihren Höhepunkt zu erreichen: Unblutige Operationen vor laufender Kamera, Heilung durch Handauflegen und per Gedankenkraft, ein afrikanischer Zauberer („Marabu“), der Knochen und Bandscheiben – ohne selbst Hand anzulegen – wieder herrichtet, ja sogar den „Mann mit den Röntgenaugen“ präsentieren ARD und RTL. Und das zur besten Sendezeit.

RTL strahlt derzeit wöchentlich (Dienstag, 20.15 Uhr) die Sendung „unerklärliche Geheimnisse“ aus, in der nicht nur Geister sondern auch Geistheiler ihr Unwesen treiben. Bei Sat 1 stellen Wunderheiler und Wünschelrutengänger in der Serie „Phantastische Phänomene“ ihr Können zur Schau.

Die ARD startete am 19. Januar (22 Uhr) eine sechsteilige Reihe mit dem Titel „Psi“. Gleich die erste Folge beschäftigte sich mit dem Thema „Geistheilen“. Während „Psi-Moderator“ Thomas Hegemann stets versuchte, die vorgestellten Geistheiler als Scharlatane zu entlarven, hinterließ seine Assistentin Penny Mc Lean, als „esoterische Fachfrau für Übersinnliches“, den Eindruck, daß es sich bei „echten“ Geistheilern um begnadete Menschen handele, die die Fähigkeit besitzen, psychosomatische und chronische Erkrankungen zu heilen.

Geistheiler haben Hochkonjunktur

Doch nicht nur im Fernsehen, auch in Esoterik- und Gesundheitsmagazinen haben Geistheiler derzeit Hochkonjunktur. So berichtete beispielsweise die Zeitschrift „Der Naturarzt“ (1/93) über die heilende Kraft „Reiki“, eine sogenannte „universelle Lebensenergie“, die angeblich durch „Handauflegen“ übertragen werden kann: „Da Reiki eine göttlich intelligente Kraft ist, bezieht sie alle Daseinsebenen mit ein. Wenn diese universelle energetische Kraft durch den Behandler fließt, findet Reiki den Weg zu den behandlungsbedürftigen Bereichen von selbst, weil eine multidimensionale Weisheit sie lenkt.“

Ähnlich berichtete die Zeitschrift „esotera“ in ihrer Januar-Ausgabe zum Thema Geistheilung. Dagny und Imre Kerner schrieben über die „Aura der heilenden Hände“: „Neueste Forschungen zeigen: Was Sensitive von jeher als Aura um jedes Lebewesen wahrgenommen haben, ist auch physikalisch nachweisbar. Es ist ein schwaches kohärentes Licht, das von jedem Organismus ausgeht. Heiler konnten im Test die Intensität dieses Biophotonen-Stromes willentlich verstärken.“ Als visuellen „Beweis“ für ihre Behauptungen lieferten die Autoren ein halbseitiges Foto von einem Computer-Monitor, der einen großen blauen Kreis mit rotem Rand zeigte. Die wissenschaftliche Realität sieht jedoch anders aus. Die Existenz einer „Aura“ konnte bisher nicht bewiesen werden: Sogenannte „Kirlianfotos“ zeigten weder die „Aura“ noch Krankheiten, betont Krista Federspiel in ihrem Buch „Die andere Medizin“ (Stiftung Warentest).

Kritische Stellungnahmen zur Geistheilung sind in den Medien bisher rar gesät. Immerhin betrachtete eine Publikumszeitschrift („Deine Gesundheit“, 1/93) das Thema einmal kritisch und fragte bereits auf der Titelseite: „Was ist dran an Wunderheilungen?“ Im Artikel hieß es: „Glaubt man den Medien, scheint das Streben zu Wunderheilern einer neuen Blüte entgegenzusehen. Und in der Tat, in manchen Fällen haben die Wunderheiler durchaus Erfolge. Ist also an der Wunderheilung doch etwas dran? Wir werden es nachfolgend gemeinsam untersuchen.“ „Deine Gesundheit“ kam zu dem Schluß, daß die angeblichen Heilungen durch eine Art „Placebo-Effekt“ zustandekommen. Die „derzeitige Blütezeit von professionellen Wunderheilern“ führte das Blatt auf die Unzufriedenheit der Patienten mit der Schulmedizin zurück.

„Esoterischer Zirkus“

Gero von Randow machte in der „Zeit“ (8. Januar) jedoch klar, daß die Fernseh-Berichterstattung über Geistheiler und Hellseher Schuld an deren wachsender Popularität sei: „Der esoterische Zirkus hat seine Lachnummern, bietet aber dennoch wenig Anlaß zur Freude. Der Fernsehspuk kommt nämlich als Wahrheit und Wissenschaft daher und könnte unheilvollen Ideologien die Tür öffnen. Wie aber soll der Laie lernen, sich nicht paranoid zu verhalten, wenn zur besten Sendezeit so ziemlich alles, was des Menschen verwirrbarer Geist ausdenken kann, für möglich oder gar für real verkauft wird.“

Und weiter: „Wer Aufsehenerregendes behauptet, dessen Daten und Schlußfolgerungen gehören in die Feuerprobe der wissenschaftlichen Kritik. In den USA haben sich auch prominente Forscher nicht gescheut, Rand- und Pseudowissenschaften nach Kräften abzuklopfen; bei uns wagt dies nur ein Fähnlein Aufrechter, in erster Linie ein kleiner Verein namens Gesellschaft zur wissenschaftlichen Untersuchung von Parawissenschaften.“ Von Randow fragte resigniert: „Dürfen wir noch hoffen, daß sich in den Sendeanstalten verantwortungsbewußte Redaktionen finden, die den Unsinn sorgfältig auseinanderpflücken, gleichfalls zur besten Sendezeit? Es reicht jedenfalls nicht, in gedankenloser Ausgewogenheit neben jeden Spinner einen Alibiforscher zu plazieren, der dann brav versucht, das Gesagte aus dem Handgelenk zu widerlegen. Schwindler haben immer einen Vorsprung, denn Flunkern ist allemal leichter als Entlarven.“

In diesem Sinne forderte der Anthropologe und Humangenetiker Georg Glowatzki in seinem Buch „Außenseitermethoden in der Medizin“ (Wissenschaftliche Buchgesellschaft) bereits 1986: „Gegen paramedizinische Heilslehren sollten die Klugen selbstsicherer auftreten, als es deren Verbreiter zu tun pflegen. Hier geht es um ein hohes Gut: den Schutz kranker Menschen, die selbst nicht zu erkennen vermögen, mit welch magischem Brimborium sie von Gauklern und Scharlatanen ausgebeutet werden. Zu gutem Kampf gegen das paramedizinische Geschäft mit der menschlichen Krankheit sind wir alle aufgerufen!“ Die Medien sollten hier mit gutem Beispiel vorangehen, und nicht um der Einschaltquote oder Auflagenhöhe willen für windige Geistheiler werben, die ohne Betäubung und Instrumente „erfolgreich“ operieren. RS

(MK 5/93, 2. 1. 1993)

Sensationsberichterstattung

„Killer-Bakterien“ als Medien-Spektakel

An der Panikmache beteiligt: „Bild“, „Welt“ und „Spiegel TV“ (RTL)

„Nach dem unheimlichen Angriff der Aidsviren, des Rinderwahnsinns und der Schweinepest, formieren sich nun die Killerbakterien zum finalen Schlag gegen die Menschheit. Wie Aliens, Wesen aus einer anderen Welt, fressen sie den Homo sapiens mit Haut und Fettgewebe in Windeseile auf. Die medizinische Gruselgeschichte begann, wie könnte es anders sein, im Mutterland der Gespenster, in England. Die Invasion der Killerbakterien hat den Kontinent schon erreicht.“ Was sich hier wie die Textstelle aus einem zweitrangigen Science-Fiction-Film liest, ist in Wahrheit die Einleitung eines „Spiegel TV“-Berichts vom 29. Mai bei RTL zum Thema „Killer-Bakterien“ – ein Paradebeispiel für die unnötige Panikmache einiger Medien in der letzten Mai-Woche.

Allen voran die „Bild“-Zeitung stilisierte toxinbildende Bakterien vom Typ Streptokokkus-A zu fleischfressenden „Killer-Bakterien“, die die Menschheit bedrohten: „Sie sind fast unsichtbar und fressen Menschen auf. Die Killer-Bakterien breiten sich aus. Sie sind schon in London und Schottland“, so „Bild“ am 25. Mai. Zwei Tage später meldete das Blatt: „Jetzt sind es zwölf Tote! Die Ärzte sprechen von Einzelfällen, warnen vor Panikmache! Was soll das? Die Ärzte selbst wissen nichts über die Dimensionen der Horror-Krankheit.“ In der „Welt“ vom 25. Mai war zu lesen: „Roseann Miller (41) aus dem schottischen Stirling, gerade nach einer Gebärmutteroperation aus dem Krankenhaus entlassen, war nachts mit stechenden Schmerzen aufgewacht. ‚Auf meinem Bauch breiteten sich große dunkle Flecken aus‘, erzählt die gelernte Krankenschwester. Ihr Hausarzt Angus Smith erkannte sofort: Es war Nekrotisierende Fasciitis – ein tödlicher Wundbrand, der sich in wenigen Stunden durch den Körper frißt.“ Wie „Bild“ verbreitete auch die „Welt“ die Falschmeldung, Ärzte und Wissenschaftler stünden vor einem Rätsel: „Mikrobiologen und Ärzte suchen noch fieberhaft nach der Ursache der schrecklichen Krankheit. Dr. Roy Fay vom Gesundheitsamt in Gloucestershire: ‚Es ist wie verhext: Harmlose Streptokokken-Bakterien produzieren plötzlich giftige Chemikalien, die wie Waschmittel blitzschnell Fett auflösen.“

„Panikmache ist nicht angebracht“

„Die Killer-Bakterien sind seit Jahren bekannt“, klärte derweil die F.A.Z. (26. Mai) ihre Leser auf. Experten der englischen Gesundheitsbehörden hätten festgestellt, so die F.A.Z., daß die Zahl der Fälle in den vergangenen Monaten nicht über die pro Jahr statistisch zu erwartende Zahl hinausgehe. Panikmache sei nicht angebracht, meinte auch Prof. Rainer Laufs vom Universitätsklinikum Hamburg-Eppendorf in der F.A.Z.: „Lokale Häufungen der Krankheit können auftreten, wenn klassische Hygiene-Maßnahmen im Krankenhaus nicht eingehalten werden." Korrekt und informativ berichteten auch die „Süddeutsche Zeitung" (26. und 27. Mai), die „Frankfurter Rundschau" (26. Mai), „Focus" (30. Mai) und der „Spiegel" (30. Mai). „Von einer plötzlichen Häufung oder gar Epidemie der Nekrotisierenden Fasciitis (so der Fachausdruck) in England oder anderswo kann keine Rede sein. In jeder größeren deutschen Uniklinik werden Jahr für Jahr zwischen drei und sechs Patienten behandelt, bei denen binnen Stunden Teile der Arme und Beine wegfaulen oder faustgroße Löcher im Gesicht oder im Unterleib klaffen. Die Fallzahlen der Infektionen steigen nicht an. Jährlich etwa 30 Todesfälle werden in Deutschland registriert", so der „Spiegel" (30. Mai). Die „Frankfurter Rundschau" (26. Mai) schrieb: „Die Wissenschaftler vermuten, daß Viren, die die Bakterien angreifen, der Grund für genetische Veränderungen (bei den Bakterien) sind. Experten zufolge besteht jedoch keine Gefahr einer Massenerkrankung durch die Killer-Bakterien." Der „stern" (23. Mai) berichtete auf sechs langen Seiten vorwiegend über die Opfer der „Killer-Bakterien" und garnierte deren Krankengeschichte mit schockierenden Fotos befallener Hautpartien. Gut eine Seite seines Artikels widmete jedoch auch „stern"-Autor Klaas Lempke der Sachinformation über Streptokokken und andere Bakterien.

Das, was in aller Regel den Medienkritikern vorbehalten ist, nämlich die Kritik an übertriebener Sensationsberichterstattung, übernahm im Fall der „Killer-Bakterien" ein Teil der Presse selbst. Insbesondere die „taz" und die „Süddeutsche Zeitung" übten Kritik an der Boulevard-Presse. „Die Streptokokken aus der englischen Grafschaft mutieren zum neuen Medienstar", schrieb die „taz" (27. Mai) in einer Überschrift. Im Text hieß es: „Was können sich Boulevard-Journalisten schöneres wünschen als diesen Stoff: ‚wildgewordene', womöglich mutierte Bakterien breiten sich in einer englischen Grafschaft aus, sie ‚fressen' sich in rasender Geschwindigkeit durch menschliches Gewebe, ihre Opfer sterben innerhalb kürzester Frist. Das Publikum schwankt zwischen Panik und Hysterie. Da lacht der Chefredakteur, und den Mann für die Headline schaudert's wohlig." Die „taz" weiter: „Medienwirksam ist auch die Todesarithmetik. Täglich scheint die Zahl der Opfer mit fast naturgesetzlicher Regelmäßigkeit zu wachsen. Es werden immer mehr, wird suggeriert, und irgendwann sind wir dran."

Am 27. Mai war in der „Süddeutschen" zu lesen: „Aufgabe der Medien ist es nicht, den Menschen unnötig Angst zu machen. Genau dies aber geschieht zur Zeit in Sachen ‚Killer-Bakterien'. Ängste entstehen besonders leicht, wo Unwissenheit herrscht." Und am 30. Mai resümierte das Blatt: „Eine ganze Woche lang ist Großbritannien in Atem gehalten worden von einer Krankheit, von der bis dahin nur die wenigsten je gehört hatten. Und es ist schon richtig, daß die Unruhe vor allem durch die Medien hervorgerufen wurde. ‚Killer-Bazillus' hat mein Gesicht aufgefressen – was für eine Schlagzeile. Kein Boulevard-Blatt konnte sich eine solche Aufmachung entgehen lassen.“ Selbst der „stern“, der mit seinem Bericht vom 23. Mai sehr in die Nähe des Boulevard-Journalismus geriet, kritisierte: „Die ‚Killer-Bakterien‘ waren überall in den Nachrichten, und Boulevard-Blätter sahen schon eine tödliche Seuche auf die Menschheit zukommen.“

Infektion unwahrscheinlicher als ein „Sechser im Lotto“

Nach diesem Medien-Spektakel fragen sich nun viele verunsichert: Wie groß ist denn nun die Wahrscheinlichkeit, mit den „Killer-Bakterien“ infiziert zu werden? Hierauf gab die „Süddeutsche Zeitung“, die sich in mehreren Artikeln um eine sachliche Aufklärung bemühte, am 30. Mai folgende Antwort: „,Die Wahrscheinlichkeit, durch eine Streptokokken-Infektion zu Tode zu kommen‘, sagt der Arzt Christopher Bartlett, der die britische Behörde für meldepflichtige Krankheiten leitet, ‚ist weit geringer als von einem Autobus überfahren zu werden.‘ Andere wählen den beliebten Vergleich, daß die Chance, einen Sechser im Lotto zu haben, größer ist als die Gefahr, von dieser schrecklichen Krankheit befallen zu werden. ‚Am Todes-Bazillus zu sterben‘, resümiert der Londoner ‚Observer‘ am Sonntag, ‚ist so wahrscheinlich wie vom Blitz getroffen zu werden‘.“

Wieso also kam es überhaupt zu den Horror-Schlagzeilen, waren doch die „Killer-Bakterien“ weder neu für die Mediziner noch traten sie ungewöhnlich häufig auf? Zu dieser Problematik nahm der Kommunikationswissenschaftler Walter Hömberg, Professor für Journalistik in Eichstätt und Vorsitzender der Deutschen Gesellschaft für Publizistik- und Kommunikationswissenschaft, in einem Interview mit der „Süddeutschen Zeitung“ (6. Juni) Stellung: „Solche Themen machen meist eine ganz spezielle Medienkarriere: Zunächst taucht die sensationelle Neuigkeit auf, meist werden die Beobachtungen von einem bestimmten Ort präsentiert. Dann kommt die Folgeberichterstattung in anderen Regionen. Es wird also versucht, das zu konkretisieren und den Nachrichtenwert ‚Nähe‘ hinzuzufügen. Die dritte Phase ist ein Abklingen, da werden häufig Experten befragt und dann kommt heraus: Nichts Neues, die Krankheit ist seit Jahren bekannt. Das ist so ein typischer Ablauf der Themenkarriere.“

Medien-Karriere nach den Regeln des Horror-Journalismus

Hömberg weiter: „Es ist richtig, daß die Boulevard-Presse bei solchen Themen sehr wenig zur Aufklärung beiträgt. Aber Gott sei Dank haben wir ein breites Spektrum von Presseorganen. Viele wirken korrigierend ein, berichten sehr sachlich, im Sinne des positiven Ratgeberjournalismus.“ Hömberg bedauert, daß in der heutigen Zeit „durch die Medienkonkurrenz die Reizdosierung in der Berichterstattung immer stärker, immer schärfer wird.“ Am Beispiel der Killer-Bakterien könne man sehr schön zeigen, daß gewisse „Nachrichtenwerte“, die für den Erfolg einer journalistischen Geschichte wichtig sind, genau getroffen wurden: „Negativismus“, die „Bedeutsamkeit" des Themas und die „potentielle Betroffenheit" des Lesers. Außerdem lasse sich die Story konkret an Menschen festmachen, und schließlich spiele noch der Aspekt der „Überraschung" eine Rolle. „Auf Meldungen dieses Typs werden Journalisten immer wieder anspringen", betonte der Medienexperte. Und so wird – nach den Regeln des Horror-Journalismus – die nächste Sensationsgeschichte über ein medizinisches Thema sicherlich nicht lange auf sich warten lassen. RS

(MK 24/94, 13. 6. 1994)

Ernährung

„Wollmilchsau" und „Eiertod"

Ein „starkes Stück" auf HR 3: „Essen und Kotzen in Deutschland"

Die Sendung „Dienstag" im dritten Fernsehprogramm des Hessischen Rundfunks hatte sich für den 28. Dezember das Thema „Essen und Kotzen in Deutschland" auserkoren. In fünf bunt zusammengewürfelten Beiträgen, die es dem Moderator Georg M. Hafner sichtlich schwermachten, einigermaßen sinnvolle Überleitungen zu finden, versuchte die „Dienstag"-Redaktion ihren Zuschauern zwischen den Festtagen den Appetit und die Lust am Essen zu verderben. Das Vorhaben gelang. Als eine gelungene Sendung kann dieses „starke Stück", wie die Sendung sich in der Unterzeile selbst nennt, deswegen jedoch nicht bezeichnet werden.

Zuerst wurden mit drohendem Zeigefinger vor Fett triefende Festtagsbraten in Großaufnahme gezeigt, dann – ebenfalls in Großaufnahme – übergewichtige Prominente: Marianne Sägebrecht, Helmut Kohl und Joschka Fischer als Opfer der eigenen Völlerei. Im zweiten Beitrag nahm „Dienstag"-Reporterin Elisabeth Pfister „Herbalife", ein Gewichtsreduktionsprogramm aus den USA, unter die Lupe. „Herbalife", die „Abspeck-Sekte" aus Amerika, erobere seit drei Jahren den deutschen Markt. Von einer Milliarde Mark Umsatz werde gemunkelt; Genaues wußte „Dienstag" nicht. Eine Dose „Herbalife" plus ein Fläschchen Ballaststoff-Pulver kosteten zusammen 110 Mark. Das in Milch aufzulösende Produkt werde nicht nur als Schlankmacher, sondern als „Selbstfindung aus der Dose" angepriesen, so die Kritik von Frau Pfister. Diese Kritik blieb leider vordergründig und oberflächlich, hatte doch Dr. Oskar Pack, „Herbalife"-Vertriebsleiter für Deutschland, der sonst keine Interviews gibt und keine Fernsehberichte duldet, „Dienstag" eigens eine Exklusiv-Filmerlaubnis erteilt. Und so konnte Pack sein Konzept „frisch, frei, motivierend und überzeugend" vorstellen. Aus dem Munde von „Herbalife-Ernährungsberatern", von denen es derzeit 1200 in Deutschland gibt, tönte es dann auch immer wieder „,Herbalife' ist wundervoll". So mancher abspeckwillige Zuschauer kam spätestens an dieser Stelle zu der Überzeugung, daß das teure Pulver mit der unglaublichen Erfolgsstory doch gut sein müsse.

Warnung des Bundesgesundheitsamtes fehlte

Was der ahnungslose Zuschauer nicht erfuhr, war im „Öko-Test"-Heft 3/93 nachzulesen: „Einige der ‚Berater' hatten bei der Werbung mit angeblichen Wunderwirkungen des Pulvers so maßlos übertrieben, daß sich sogar das Bundesgesundheitsamt (BGA) damit beschäftigte und pünktlich zur nachweihnachtlichen Abspeckkur alle bundesdeutschen Gläubigen warnte. Sorge bereitet der Berliner Gesundheitsbehörde vor allem, daß ‚Herbalife' sozusagen über den Gartenzaun verkauft wird. ‚Wenn das Pulver nämlich statt mit Milch nur mit Wasser angerührt wird, kann es zu beträchtlichen Nährstoffmängeln während der Kur kommen', stellte Hildegard Przyrembel, Fachgebietsleiterin für Ernährungsmedizin beim BGA, fest."

Die Fachzeitschrift „Vitamine, Mineralstoffe, Spurenelemente" (September 93) schrieb über Direktvertriebssysteme wie „Herbalife": „Durch den direkten Vertriebsweg entziehen sich die Produkte weitgehend der Kontrolle und Überwachung durch die zuständigen Behörden. Ein Schutz des Verbrauchers vor Irreführung, falschen Wirkversprechungen oder gar gesundheitlichen Schäden kann daher insoweit nicht sichergestellt werden. Behauptungen, daß die Produkte vom BGA genehmigt und als unbedenklich eingestuft worden seien, entbehren jeglicher Grundlage." Doch diese Zusammenhänge erwähnte Elisabeth Pfister nicht.

Angstbotschaften und das Lamento des Gourmetpapstes

Statt dessen ließ „Dienstag" dann im dritten Beitrag Drei-Sterne-Koch Franz Keller ein opulentes Fünf-Gänge-Menue anrichten und gleichzeitig gegen genmanipulierte Lebensmittel wettern. Nur 600 Kilometer von diesen lukullischen Genüssen entfernt, nämlich am Institut für Botanik der Universität Hamburg, ließen derweil „wie im Gruselkabinett von Dr. Frankenstein die Gen-Doktoren ihrer Phantasie freien Lauf", so „Dienstag". Das deutsche Schwein sei möglicherweise schon bald eine „Wollmilchsau", blaue Tomaten keine Utopie mehr und Gen-Käse aus Holland ohne jeglichen Hinweis bereits auf dem Markt. Daß nicht der deutsche Markt gemeint war, vergaß man zu sagen. Die Verbreitung von Horrorvisionen über gentechnisch hergestellte Lebensmittel ist und bleibt ein beliebtes Fernseh-Thema (siehe MK 47/93). Die subjektive Überzeugung von Redakteuren ist jedoch kein Beweis für drohende Gefahren aus dem Genlabor, und Unterstellungen sind keine zulässigen Argumente gegen eine neue Technologie. Nicht die Verbreitung von Angstbotschaften und Ideologien ist die Aufgabe des Fernsehens, sondern die objektive Information des Zuschauers. Letztere ließ „Dienstag" hier jedoch sträflich vermissen.

Im vierten Filmbericht zog schließlich Gourmetpapst Wolfram Siebeck gegen Fast Food und Schokoriegel zu Felde. Er propagierte „gutes“ Essen und Genuß, ohne jegliches Empfinden für die Belange der Dritten Welt. Was dieser Beitrag zwischen einem Film über genveränderte Lebensmittel und einem weiteren über Salmonellen zu suchen hatte, bleibt das Geheimnis der „Dienstag“-Redaktion.

Im fünften und letzten Beitrag berichtete „Dienstag“ schließlich über salmonellenverseuchte Lebensmittel. Im letzten Jahr habe allein die Salmonellen-Art PT-4 200 Todesfälle verursacht. 20 Milliarden Eier seien allein in Deutschland verbraucht worden. Ob dies pro Tag, Monat oder Jahr geschah, erfuhr der Zuschauer nicht, wohl aber, daß jedes zehntausendste Ei mit Salmonellen verseucht sei. In der Tat handelt es sich bei der Verunreinigung von Eiern und Geflügel mit Salmonellen um eine ernsthafte Bedrohung der Gesundheit. Doch Bangemachen hilft auch in diesem Fall den verunsicherten Verbrauchern nicht weiter; ebensowenig die Aussage, daß der Geflügelverband die Schuld nicht bei sich, sondern bei der mangelnden Hygiene der Hausfrauen sucht.

Was dem Zuschauer wirklich geholfen hätte, wären Zitate aus einer Presseinformation der Deutschen Gesellschaft für Ernährung (DGE) vom 9. Juli 1993 gewesen. Dort werden fünf einfach zu befolgende Tips gegeben, die helfen, der Salmonellengefahr wirkungsvoll zu begegnen. Doch für diese Presseinformation interessierte sich die „Dienstag“-Redaktion anscheinend nicht. Und so erfolgte auch kein Hinweis darauf, daß der Gesetzgeber in Form einer „Dringlichkeitsverordnung zur Vorbeugung von Salmonellen-Infektionen“, die am 30. Mai 1993 in Kraft getreten ist, dem Problem bereits zu Leibe gerückt ist. Danach müssen insbesondere Betriebe, in denen Eier produziert werden, aber auch gewerbliche Verkäufer und Gastronomie besondere Sorgfalt walten lassen. Bezüglich der Lagerung von Hühnereiern wurden umfassende Vorschriften erlassen. Die DGE sieht darin „einen großen Fortschritt“. Doch von alledem kein Wort in „Dienstag“. RS

(MK 2/94, 10. 1. 1994)

Nahrungsmittel

Der Lebensmittelchemiker als Medien-Star

Wie Udo Pollmer mit umstrittenen Thesen Auflagen bringt

Ein gerngesehener Gast ist der Lebensmittelchemiker Udo Pollmer seit vielen Jahren in zahlreichen Fernsehsendungen, die sich im weitesten Sinne mit dem Thema Ernährung beschäftigen, garantiert er doch aufgrund seiner aufsehenerregenden Äußerungen, die in aller Regel wissenschaftlich gesichertes Fachwissen negieren oder ins Lächerliche ziehen, hohe Einschaltquoten. Auch die Printmedien, insbesondere „stern“ und „natur“, bedienen sich seiner Kommentare, die dem erstaunten Leser immer wieder angeblich sensationelle Neuigkeiten über das Essen bescheren.

Udo Pollmer, Jahrgang 1954, ist, so verrät es der Klappentext seines neuen Buches „Prost Mahlzeit! Krank durch gesunde Ernährung“ (Kiepenheuer & Witsch), nicht nur Lebensmittelchemiker, sondern auch Dozent, Wissenschaftsjournalist und Unternehmensberater. Seine Medienkarriere begann 1982, als er mit Eva Kapfelsperger das Buch „Iß und Stirb. Chemie in unserer Nahrung“ schrieb, das zum Bestseller wurde. In den folgenden Jahren holte sich das ZDF häufig Rat bei Pollmer. Heute legen auch ARD und RTL Wert auf seine Auftritte. In der Zeitschrift „natur“ avancierte Pollmer zum Kolumnisten.

„Udo Pollmer sieht das anders“

Ob es sich um Lebensmittelzusatzstoffe, Gewichtsreduktion, BSE oder Vitamine dreht, Udo Pollmer weiß angeblich immer mehr als andere und er scheint auch – diesen Eindruck vermitteln die Medien derzeit – der einzige kompetente Experte zu sein, den man zu jedweden Ernährungsthemen befragen kann. Als der „stern“ (27/92) den Titel „Unser kläglich Brot“ veröffentlichte, war es Pollmer, der von „stern“-Reporter Gerd Schuster eingesetzt wurde, zu „beweisen“, daß unser Brot vor gesundheitsschädlichen Stoffen nur so strotze. Die Firma Uldo sei auf ihre „chemielastigen“ Brot-Kreationen auch noch stolz, schrieb Schuster. Aber, so der „stern“-Autor: „Der Lebensmittelchemiker Udo Pollmer sieht das anders.“ Die heutige Brotherstellung habe mehr mit Alchimie zu tun als mit Backen, verkündete Pollmer im „stern“. Dem Verbraucher wurde völlig zu Unrecht der Appetit auf Brot verdorben (siehe MK 28/92), denn, so die Deutsche Gesellschaft für Ernährung: „Industriell vorgefertigte oder fertig erzeugte Lebensmittel enthalten keine gesundheitsschädlichen Stoffe und sind auch nicht wertlos.“

Als am 1. Januar 1993 der gemeinsame EG-Binnenmarkt in Kraft trat und die Medien vor bestrahlten Lebensmitteln aus dem europäischen Ausland warnten, sah Pollmer wieder „alles anders“. Sein überraschender Kommentar zur Lebensmittelbestrahlung im „stern“ (53/92): „Die Deutschen sollten sich nicht so aufregen.“ In „natur“ (2/94) erklärte Pollmer allen Dicken, daß „Kalorienzählerei“ Unfug sei: „‚Kalorienbewußtes‘ Essen läßt weder Bierbauch noch Oberschenkelfett ‚abschmelzen‘. Diese Hoffnung ist so abwegig wie die Vorstellung, kurze Beine würden durch mehr Essen noch wachsen ... Deshalb empfehle ich: Nutzen Sie Kalorientabellen rein kalorisch, werfen Sie die Druckwerke einfach in den Kamin, und genießen Sie zur wohligen Wärme des Feuers die restlichen Weihnachtsplätzchen.“ In einer weiteren Ausgabe von „natur“ (8/94) gab Pollmer seine persönliche

Meinung zur Rinderseuche BSE zum Besten und schürte die Angst der Leser mit der Warnung: „Die Seuche ist womöglich längst hier. Sie hat nur ein anderes Gesicht“ (siehe MK 36/94).

Für sein neues Buch „Prost Mahlzeit! Krank durch gesunde Ernährung“, das der „stern“ mit Hilfe einer Artikelserie populär machte, mußte sich Pollmer nun von der Fachwelt harsche Kritik gefallen lassen. Der „stern“ sah sich einer Flut von Leserbriefen ausgesetzt, die in der Ausgabe vom 25. August (35/94) veröffentlicht wurden. Dort schrieb Professor Dr. Klaus Pietrzik von der Gesellschaft für angewandte Vitaminforschung, Bonn: „Unser Präsidium weist die Theorien des Lebensmittelchemikers Udo Pollmer als wissenschaftlich unhaltbar zurück. Der ‚stern’-Beitrag stellt langjährige Forschung an Vitaminen ungerechtfertigt in ein zweifelhaftes Licht.“ Professor Dr. Michael Hamm vom Fachbereich Ernährung und Hauswirtschaft der Fachhochschule Hamburg fragte: „Wie lange müssen wir eigentlich noch solche wissenschaftlich zweifelhaften Ernährungsinformationen schlucken?“ Und Dr. Helmut Oberritter von der Deutschen Gesellschaft für Ernährung (DGE) merkte an: „Die Art und Weise, wie die von allen wissenschaftlichen Institutionen anerkannten Empfehlungen unserer Gesellschaft zur Nährstoffzufuhr disqualifiziert werden, zeigt, daß es hier nicht um eine sachliche Aufarbeitung, sondern um pure Verunglimpfung der wissenschaftlichen Lehrmeinung geht. Die DGE sah sich aufgrund der „stern“-Artikel zu einer Presseinformation (DGE-aktuell vom 23. August) veranlaßt. „Dieser Artikel hätte ein Beitrag zu sinnvoller Ernährungsaufklärung sein können. Daß dies nicht so war, lag daran, daß Autor Schuster sich vor allem auf die Thesen des Lebensmittelchemikers Udo Pollmer gestützt hat“, so die Mitteilung an die Presse.

„Sie haben das Ganze ja auch in Buchform“

Ungeachtet dieser Kritik setzte Pollmer seinen Siegeszug durch die Medien fort. Wie der „stern“, so stellte auch das ARD-Magazin „Brisant“ (MDR) Pollmers Thesen vor. Am 31. August war Pollmer schließlich Studiogast bei Günther Jauch in „stern-TV“ (RTL). Horrorvisionen von neuartigen Lebensmitteln wurden den Zuschauern dort aufgetischt (siehe MK 37/94). Anschließend kam von Jauch ein kurzer Hinweis auf Pollmers neues Buch: „Herr Pollmer, Sie haben das Ganze ja auch in Buchform, überall erhältlich.“ Sieht man sich aber das Buch einmal genauer an, so wird schnell deutlich, warum Jauch den Hinweis so knapp faßte: Keines der von „stern-TV“ angeprangerten Lebensmittel-Imitate wird in Pollmers Buch behandelt. Doch das merkt der Zuschauer ja erst nach dem Kauf. Prost Mahlzeit! Der „stern“ (22. September) sah sich schließlich gezwungen, ein Streitgespräch zwischen Pollmer und dem Präsidenten der Deutschen Gesellschaft für Ernährung, Professor Volker Pudel, zu veröffentlichen. Leider trug auch diese Debatte um Vitamine und Kalorien nur dazu bei, die Verbraucher zu verunsichern und die Auflage des „stern“ zu steigern.

Auch im Oktober, zwei Monate nach Erscheinen von „Prost Mahlzeit", ist die Medien-Berichterstattung von und über Pollmer noch in vollem Gange. Die Frauenzeitschrift „Elle" (10/94) zitierte ihn mit Begeisterung. „Der renommierte Germersheimer Lebensmittelchemiker Udo Pollmer kam zu der Erkenntnis, daß Kunst-Vitamine nur der Pharmaindustrie zuträglich seien", so „Elle". „Mehr noch. Er hält auch ‚normale' Dosen von Vitaminen in Pillenform für nicht ganz ungefährlich, selbst die als harmlos geltenden wasserlöslichen Vitamine B und C." Insgesamt tauchte Pollmer als Kronzeuge in dem drei Seiten langen „Elle"-Artikel fünfmal auf. Privatdozent Dr. Bodo Kuklinski, Chefarzt am Klinikum Südstadt in Rostock, der im Gegensatz zu Pollmer davon ausgeht, daß der Mensch an einer „extremen Verarmung" an bestimmten Vitaminen leidet, mußte sich mit zwei kurzen Zitaten zufriedengeben.

„Kabarettreife Eloquenz"

In der Fachzeitschrift „Ernährungs-Umschau" (10/94) übte Professor Berthold Gaßmann in einer Rezension heftige Kritik an „Prost Mahlzeit": „Wer das in der Tagespresse als Kampfschrift apostrophierte Buch wegen seiner kabarettreifen Eloquenz und verblüffenden Simplifizierung tatsächlich ‚verkonsumiert', (wie es gelegentlich heißt), fragt sich am Ende nach dem Cui bono (?)." Pollmer müsse man „wohl nur insofern ernst nehmen, als er aufs höchste verunsicherte Leser zurückläßt", urteilte der Ernährungswissenschaftler Gaßmann. Pollmer selbst widmete sich unterdessen in der Zeitschrift „natur" (10/94) wieder der Verunglimpfung der Deutschen Gesellschaft für Ernährung. Er stritt den bei vielen Frauen im gebärfähigen Alter vorliegenden Eisenmangel rundheraus ab und verstrickte sich in einer völlig absurden Argumentationskette, die die Aussagen der DGE verdrehte: „Nehmen wir einmal an, die Argumentation der DGE stimme. Das hieße, viele Frauen litten an Verhaltensstörungen. Obendrein müßten sie wegen des Eisenmangels mit geringerer Intelligenz zurechtkommen. Völlig absurd geraten solche Behauptungen, wenn die DGE einen versteckten Eisenmangel wittert. Der könne ‚auch bei sorgfältiger Suche nicht festgestellt werden'. Im Klartext: Die Experten haben einen Mangel gefunden, den es gar nicht gibt. Ein akuter Mangel an Intelligenz?" Dem Chefredakteur von „natur", Gunter Haaf, scheinen Pollmers groteske Thesen wider die wissenschaftliche Lehrmeinung und Beleidigungen zu gefallen, mögen sie doch die Verkaufszahlen des Magazins steigern. Daß er aber mit Kompetenz beurteilen kann, was sein Kolumnist da regelmäßig von sich gibt, muß ernsthaft in Frage gestellt werden. RS

(MK 44/94, 31. 10. 1994)

Die Autoren

AS	Alfred B.J. Siebers ist Wirtschaftspublizist und Sachverständiger für Warentermin-, Termin- und Wertpapierhandel. Er ist Lehrbeauftragter der Universität Rostock.
dkg	Dieter Korger ist Redakteur am F.A.Z.-Medieninstitut, Buchautor und Verfasser wissenschaftlicher Beiträge zur Europa-Politik.
-ck	Alfred Lambeck ist Fachautor für Unternehmenskommunikation. Er war 21 Jahre lang Leiter der Presse- und Öffentlichkeitsarbeit von Philips Deutschland.
emb	Evamaria Berg ist nach wissenschaftlicher Arbeit zu internationaler Wirtschaftskooperation in Lateinamerika und Asien jetzt Beraterin in einem Frankfurter Unternehmen für Finanzkommunikation.
GCM	Gregor Mauer ist Doktorand bei dem Bonner Politologen Prof. Hans-Adolf Jacobsen und wissenschaftlicher Mitarbeiter im Deutschen Bundestag.
gka	Dr. Gero Kalt ist Chefredakteur am F.A.Z.-Medieninstitut in Frankfurt am Main.
HDS	Hans-Dieter Sauer ist Diplom-Physiker und Wissenschaftsjournalist in Krailing bei München.
JG	Jutta Gröschl ist freie Journalistin. Sie arbeitet für verschiedene Tochterunternehmen der F.A.Z.
jmo	Jörg Moberg ist Abteilungsleiter Kommunikationsberatung im Genossenschaftsverband Hessen/Rheinland-Pfalz/Thüringen.
LS	Dr. Lothar Schuh ist Diplom-Chemiker und Fachjournalist in Plankstadt. Er ist Autor mehrerer Fachbücher.
MH	Michael Hanfeld ist Redakteur im Feuilleton der F.A.Z. Zuvor war er Leitender Redakteur der „Medien-Kritik".
mwh.	Martin W. Huff ist Rechtsanwalt und Redakteur in der Wirtschaftsredaktion der F.A.Z.
RS	Rita Schuh ist Diplom-Ökotrophologin und Wissenschaftsjournalistin. Sie schreibt u. a. für die „Ärztezeitung" und die „Deutsche Apothekerzeitung".
sp	Dr. Peter Sweerts-Sporck ist Mitherausgeber der „Medien-Kritik" und ehemaliger Chefredakteur des „Volkswirtes" und der „Wirtschaftswoche".
SH	Stefan Heddesheimer ist Fachautor und Ingenieur in Luxemburg.
std.	Heinz Stadlmann ist Berater der F.A.Z. Von 1959 bis 1991 arbeitete er in der Redaktion, zuletzt verantwortlich für Witschaftsberichterstattung und Unternehmen.

Weiterführende Literatur

Altschull, J. Herbert: Agenten der Macht. Die Welt der Nachrichtenmedien – eine kritische Studie, Konstanz 1989

Baerns, Barbara: Öffentlichkeitsarbeit oder Journalismus? Zum Einfluß im Mediensystem, 2. erw. Auflage, Köln 1991

Bamme, Arno u.a. (Hg.): Publizistische Qualität. Probleme und Perspektiven ihrer Bewertung, München/Wien 1993

Beck, Ulrich: Risikogesellschaft – Auf dem Weg in eine andere Moderne, Frankfurt am Main 1986

Beck, Ulrich: Gegengifte. Die organisierte Unverantwortlichkeit, Frankfurt am Main 1988

Bentele, Günter/Robert Ruoff (Hg.): Wie objektiv sind unsere Medien?, Frankfurt am Main 1982

Bieger, Eckhard u.a.: Zeitgeistlich. Religion und Fernsehen in den neunziger Jahren, Köln 1993

Bodenstedt, Andreas A./Sigrid Weggemann (Hg.): Medien und Ernährungsverhalten, Schriftenreihe der Arbeitsgemeinschaft Ernährungsverhalten e.V., Band 6, Frankfurt am Main 1989

Bonfadelli, Heinz/Werner A. Meier (Hg.): Krieg, Aids, Katastrophen ... Gegenwartsprobleme als Herausforderung der Publizistikwissenschaft, Konstanz 1993

Boventer, Hermann: Medienspektakel. Wozu Journalismus? USA und Deutschland, Frankfurt 1995

Boventer, Hermann: Pressefreiheit ist nicht grenzenlos. Einführung in die Medienethik, Bonn 1989

Boventer, Hermann: Ethik des Journalismus. Zur Philosophie der Medienkultur, Konstanz 1984

Brosius, Hans-Bernd/Frank Esser: Eskalation durch Berichterstattung? Massenmedien und fremdenfeindliche Gewalt, Opladen 1995

Burghart, Heinz: Medienknechte. Wie die Politik das Fernsehen verdarb, München 1993

Deutscher Presserat, Jahrbuch, Spruchpraxis des Deutschen Presserats (erscheint jährlich)

Eilingsfeld, Heinrich: Defizite ökologischer Kommunikation. Wie reagiert die Gesellschaft auf Umweltprobleme?, Ludwigshafen 1990

Eilingsfeld, Heinrich: Der sanfte Wahn. Ökologismus Total, Mannheim 1989

Erbring, Lutz u.a. (Hg.): Medien ohne Moral. Variationen über Journalismus und Ethik, Berlin 1988

Hamm, Ingrid (Hg.): Bericht zur Lage des Fernsehens, Gütersloh 1995

Hermann, Günter: Rundfunkrecht. Fernsehen und Hörfunk mit neuen Medien, München 1994

Heuermann, Hartmut/Matthias Kuzina: Gefährliche Musen. Medienmacht und Medienmißbrauch, Stuttgart/Weimar 1995

Hömberg, Walter: Das verspätete Ressort. Die Situation des Wissenschaftsjournalismus, Konstanz 1989

Jäger, Wolfgang: Fernsehen und Demokratie. Scheinplebiszitäre Tendenzen und Repräsentation in den USA, Großbritannien, Frankreich und Deutschland, München 1992

Jungermann, Helmut/Bernd Rohrmann /Peter M. Wiedemann (Hg.): Risiko-Konzepte. Risiko-Konflikte. Risiko-Kommunikation, in: Monographien des Forschungszentrums Jülich, Band 3, Jülich 1990

Jungermann, Helmut/Peter M. Wiedemann: Ursachen von Dissens und bedingungen des Konsens bei der Beurteilung von Risiken, Forschungszentrum Jülich, Programmgruppe Mensch, Umwelt, Technik, Arbeiten zur Risikokommunikation, Jülich 1990

Kalt, Gero: Soll und Haben im Informationswettbewerb. Gewichtung, Tendenz und Aufbereitung von Wirtschaftsthemen in Fernsehnachrichten, Frankfurt am Main 1994

Kalt, Gero (Hg.): Schlecht informiert. Wie Medien die Wirklichkeit verzerren. Eine Fallsammlung, 2. Auflage, Frankfurt am Main 1993

Kalt, Gero (Hg.): Wirtschaft in den Medien. Defizite, Chancen und Grenzen. Eine kritische Bestandsaufnahme, Frankfurt am Main 1990

Kepplinger, Hans Mathias: Ereignismanagement. Wirklichkeit und Massenmedien, Zürich 1992

Kepplinger, Hans Mathias: Künstliche Horizonte. Folge, Darstellung und Akzeptanz von Technik in der Bundesrepublik, Frankfurt am Main 1989

Kepplinger, Hans Mathias: Die Kernenergie in den Massenmedien oder Die Rhetorik der Angst, in: Deutsches Atomforum e.V. (Hg.): Kernenergie heute. Die großen Themen, Bonn 1988

Kepplinger, Hans Mathias/Hans-Bernd Brosius/Stefan Dahlem: Wie das Fernsehen Wahlen beeinflußt, München 1994

Kepplinger, Hans Mathias/Simone Christine Ehmig/Christine Ahlheim: Gentechnik im Widerstreit. Zum Verhältnis von Wissenschaft und Journalismus, Frankfurt am Main/New York 1991

Kriele, Martin: „Wahrheit“ in Funk und Fernsehen, Köln 1992

Krüger, Jens/Stephan Ruß-Mohl (Hg.): Risikokommunikation. Technikakzeptanz, Medien und Kommunikationsrisiken, Berlin 1991

Löffler, Martin/Reinhart Ricker: Handbuch des Presserechts, München 1986

Mathes, Rainer: Die Politisierung und Umbewertung von Technik und technischem Fortschritt in der Bundesrepublik Deutschland. Zum Verhältnis von Technikakzeptanz, Pressedarstellung und neuen intellektuellen und sozialen Bewegungen, in: A. Bamme/E. Katzmann/ H. Reschenberg (Hg.): Unverständliche Wissenschaft, Probleme und Perspektiven der Wissenschaftspublizistik, München 1989

„Medien-Kritik“, wöchentlich erscheinender Informationsdienst, Institut für Medienentwicklung und Kommunikation GmbH, Frankfurt am Main, ca. 15 S., DM 32,10 zuzügl. Versandkosten, ISSN-Nr. 0176-3849

Meyrowitz, Joshua: Die Fernsehgesellschaft. Wirklichkeit und Identität im Medienzeitalter, Basel 1987

Noelle-Neumann, Elisabeth/ Winfried Schulz/ Jürgen Wilke (Hg.): Fischer Lexikon Publizistik/ Massenkommunikation, Frankfurt am Main 1994

Noelle-Neumann, Elisabeth/Renate Köcher: Die verletzte Nation, Stuttgart 1987

Reineke, Wolfgang: Das Medien-Brevier Funk und Fernsehen. Beobachtung – Kritik – Nutzung, Köln 1994

Reiter, Sybille/ Stephan Ruß-Mohl (Hg.): Zukunft oder Ende des Journalismus?, Gütersloh 1994

Revel, Jean-Francois: Die Herrschaft der Lüge – Wie Medien und Politiker die Öffentlichkeit manipulieren, Wien 1990

Ricker, Reinhart: Freiheit und Aufgabe der Presse. Individualrechtliche und institutionelle Aspekte, Freiburg/München 1983

Riehl-Heyse, Herbert: Bestellte Wahrheiten. Anmerkungen zur Freiheit eines Journalistenmenschen, München 1989

Röhl, Henning: Die Macht der Nachrichten. Hinter den Kulissen der Tagesschau, Berlin/Frankfurt am Main 1992

Rossmann, Torsten: Das Beispiel Greenpeace. Öffentlichkeitsarbeit und ihr Einfluß auf die Medien, in: Media Perspektiven 2/1993, S. 85-94

Roßnagel, Alexander (Hg.): Freiheit im Griff. Informationsgesellschaft und Grundgesetz, Stuttgart 1989

Ruß-Mohl, Stephan: Der I-Faktor. Qualität im amerikanischen Journalismus. Modell für Europa?, Zürich 1994

Scharioth, Joachim/ Harald Uhl (Hg.): Medien und Technikakzeptanz, in: Sozialwissenschaftliche Reihe des Batelle-Instituts, Band 12, München 1988

Schneider, Wolf: Unsere tägliche Desinformation. Wie Massenmedien uns in die Irre führen, 3. Auflage, Hamburg 1988

Scholz, Rainer/Peter Joseph: Gewalt- und Sexdarstellung im Fernsehen, Bonn 1993

Schröter, Detlef: Qualität im Journalismus. Testfall: Unternehmensberichterstattung in Printmedien, München/Mühlheim 1992

Schulz, Winfried (Hg.): Medienwirkungen. Einflüsse von Presse, Radio und Fernsehen auf Individuum und Gesellschaft, Weinheim 1991

Spindler, Gert P.: Das Unternehmen in kritischer Umwelt. Öffentlichkeitsarbeit zwischen Macht und Menschen, Wiesbaden 1987

Steinbuch, Karl: Die desinformierte Gesellschaft, Herford 1989

Thomas, Hans (Hg.): Die Welt als Medieninszenierung. Wirklichkeit – Information – Simulation, Köln 1988

Voss, Gerhard: Die veröffentlichte Umweltpolitik. Ein sozio-ökologisches Lehrstück, Köln 1990

Wagner, Hans: Medien-Tabus und Kommunikationsverbote. Die manipulierbare Wirklichkeit, München 1991

Wegener, Claudia: Reality-TV. Fernsehen zwischen Emotion und Information, Opladen 1994

Wiedemann, Peter M./ L. Hennen: Schwierigkeiten bei der Kommunikation über technische Risiken, in: MUT-Arbeiten zur Risiko-Kommunikation, Forschungszentrum Jülich, Heft 9, Jülich 1989